ADOBE® ACROBAT® 9
Für Standard, Pro und Pro Extended

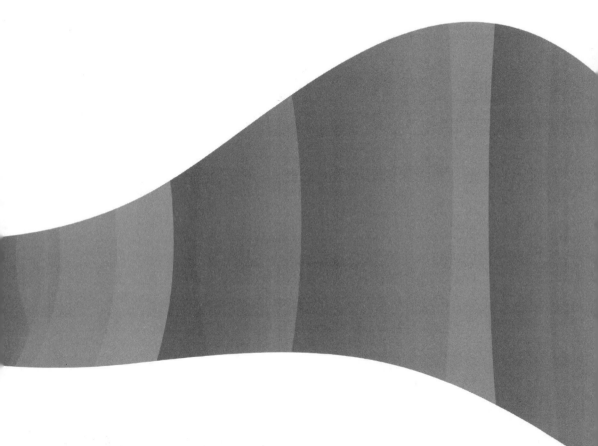

CLASSROOM IN A BOOK®
Das offizielle Trainingsbuch von Adobe Systems

Die Deutsche Nationalbibliothek verzeichnet diese Publikation in der Deutschen Nationalbibliografie; detaillierte bibliografische Daten sind im Internet über http://dnb.d-nb.de abrufbar.

Die Informationen in diesem Produkt werden ohne Rücksicht auf einen eventuellen Patentschutz veröffentlicht. Warennamen werden ohne Gewährleistung der freien Verwendbarkeit benutzt. Bei der Zusammenstellung von Texten und Abbildungen wurde mit größter Sorgfalt vorgegangen. Trotzdem können Fehler nicht vollständig ausgeschlossen werden.
Verlag, Herausgeber und Autoren können für fehlerhafte Angaben und deren Folgen weder eine juristische Verantwortung noch irgendeine Haftung übernehmen.
Für Verbesserungsvorschläge und Hinweise auf Fehler sind Verlag und Herausgeber dankbar.

Autorisierte Übersetzung der amerikanischen Originalausgabe:
»Adobe Acrobat 9 – Classroom in a Book«

Alle Rechte vorbehalten, auch die der fotomechanischen Wiedergabe und der Speicherung in elektronischen Medien.
Die gewerbliche Nutzung der in diesem Produkt gezeigten Modelle und Arbeiten ist nicht zulässig.

Fast alle Hard- und Softwarebezeichnungen in diesem Buch und weitere Stichworte und sonstige Angaben, die in diesem Buch verwendet werden, sind als eingetragene Marken geschützt. Da es nicht möglich ist, in allen Fällen zeitnah zu ermitteln, ob ein Markenschutz besteht, wird das ®-Symbol in diesem Buch nicht verwendet.

Authorized translation from the English language edition, entitled ADOBE® Acrobat® 9 CLASSROOM IN A BOOK®, 1st Edition by ADOBE CREATIVE TEAM, published by Pearson Education, Inc, publishing as Adobe Press, Copyright © 2009.
All rights reserved. No part of this book may be reproduced or transmitted in any form or by any means, electronic or mechanical, including photocopying, recording or by any information storage retrieval system, without permission from Pearson Education, Inc.
GERMAN language edition published by PEARSON EDUCATION DEUTSCHLAND, Copyright © 2009.

Umwelthinweis:
Dieses Buch wurde auf chlorfrei gebleichtem Papier gedruckt. Um Rohstoffe zu sparen haben wir auf Folienverpackung verzichtet.

10 9 8 7 6 5 4 3 2 1
11 10 09

ISBN 978-3-8273-2756-7

© 2009 by Addison-Wesley Verlag,
ein Imprint der Pearson Education Deutschland GmbH
Martin-Kollar-Str. 10-12, 81829 München/Germany
Alle Rechte vorbehalten
Einbandgestaltung: Adobe Press
Fachlektorat: Isolde Kommer, kommer@mersinkommer.de
Korrektorat: Petra Heubach-Erdmann, pc-auf-zeit.juergenerdmann@t-online.de
Lektorat: Sylvia Hasselbach, shasselbach@pearson.de
        Sabrina Spiegl, sspiegel@pearson.de
Herstellung: Philipp Burkart, pburkart@pearson.de
Übersetzung und Satz: Maik-Felix Gomm, Sehestedt
Druck: Kösel, Krugzell (www.koeselbuch.de)
Dieses Buch wurde mit Adobe Photoshop CS3,
Adobe InDesign CS3 und Adobe Illustrator CS3 auf dem Macintosh erstellt.
Printed in Germany

INHALT

EINFÜHRUNG

Über dieses Buch 12
Acrobat Pro, Acrobat Pro Extended und Acrobat Standard... 13
Voraussetzungen 14
Adobe Acrobat installieren 15
Adobe Acrobat starten 15
Die *Classroom in a Book*-Dateien kopieren 15
Den Ordner *Video-Training* installieren.................... 16
Zusätzliche Quellen 16
Adobe-Zertifizierung...................................... 17

1 EINFÜHRUNG IN ACROBAT 9

Überblick.. 18
Adobe PDF 20
Adobe Acrobat 20
Adobe PDF im World Wide Web 24
Ein Blick auf den Arbeitsbereich 25
PDF-Präsentationen im Vollbildmodus..................... 29
Dokumente für die Bildschirmdarstellung entwickeln 31
Acrobat-Hilfe 34
Fragen und Antworten.................................... 37

2 DER ARBEITSBEREICH

Überblick.. 38
Eine PDF-Datei im Arbeitsbereich öffnen 40
Acrobat-Werkzeuge und -Werkzeugleisten................. 40
Acrobat-Aufgabenschaltflächen........................... 50
Das Navigationsfenster 51
Der Organizer 55
Fragen und Antworten.................................... 61

3   ADOBE PDF-DATEIEN ERSTELLEN

Überblick. 62
Über das Erstellen von Adobe PDF-Dateien 64
Der Befehl »PDF erstellen« 65
Drag&Drop mit Dateien. 67
Unterschiedliche Dateitypen umwandeln und
zusammenführen. 68
Adobe PDF-Dateien mit dem Drucken-Befehl erstellen 72
Die Adobe PDF-Einstellungen (Voreinstellungen) 74
Dateigröße verringern 76
Komprimieren und neu berechnen 77
Multimediadateien einfügen. 78
Ein Papierdokument scannen 81
E-Mails in PDF konvertieren (Windows). 82
Webseiten in Adobe PDF konvertieren 86
Eigene Übung: Adobe PDF-Dateien über das Kontextmenü
erstellen (Windows). 93
Fragen und Antworten. 95

4   MICROSOFT OFFICE-DATEIEN KONVERTIEREN (WINDOWS)

Überblick. 96
PDFMaker 98
Microsoft Word-Dateien in Adobe PDF konvertieren 99
3D-Inhalt in eine PowerPoint-Präsentation einfügen
(Acrobat Pro Extended) 106
Ein Excel-Dokument konvertieren und eine Überprüfung
beginnen. 111
Webseiten aus dem Internet Explorer heraus konvertieren . 116
Eigene Übung: Tabellen aus PDF-Dateien exportieren. 116
Eigene Übung: Mehrere Office-Dateien
konvertieren und zusammenfassen 117
Fragen und Antworten. 119

5 DATEIEN ZU PDF-PORTFOLIOS ZUSAMMENFÜHREN

Überblick...120

PDF-Portfolios 122

Vorbereitungen...123

Ein PDF-Portfolio erstellen 123

Ihr PDF-Portfolio anpassen................................126

Gemeinsame PDF-Portfolios 132

Eine PDF-Portfoliodatei vor unbefugtem Zugriff sichern....133

Ein PDF-Portfolio durchsuchen 134

Fragen und Antworten....................................136

6 PDF-DATEIEN LESEN UND BEARBEITEN

Überblick...138

Die Ansicht beim Öffnen ändern 140

Die Bildschirmanzeige 142

PDF-Dokumente lesen 142

In PDF-Dokumenten suchen 151

PDF-Dokumente drucken 154

PDF-Formulare ausfüllen..................................155

Flexibilität, Barrierefreiheit und Struktur 157

Barrierefreie Dokumente..................................159

Dateien flexibel und zugänglich machen 161

Tags hinzufügen 164

Alternativtext einfügen 164

Die Ein-/Ausgabehilfe-Funktionen von Acrobat 165

Fragen und Antworten....................................172

7 PDF-DOKUMENTE MODIFIZIEREN

Überblick...174

Die Arbeitsdatei 176

Seiten mit Miniaturseiten verschieben.....................178

Adobe PDF-Seiten bearbeiten.............................180

Verknüpfungen bearbeiten 183

Eine PDF-Datei in eine andere PDF-Datei einfügen.........185

Mit Lesezeichen arbeiten..................................187

Eine Seite löschen 191

Seitennummerierung ändern 192

Text und Bilder entnehmen und bearbeiten 194

Bilder mit dem TouchUp-Objektwerkzeug bearbeiten 201

PDF-Seiten in Bildformatdateien konvertieren 203

Fragen und Antworten. 204

8 DIGITALE UNTERSCHRIFTEN UND SICHERHEIT

Überblick. 206

Vorbereitungen. 208

Digitale Unterschriften. 208

Digitale Unterschriften erstellen. 208

Sicherheit 221

Sicherheitseinstellungen. 222

PDF-Dateien Sicherheitsmerkmale hinzufügen 224

Kennwörter hinzufügen. 224

PDF-Dateien zertifizieren. 227

Zertifizierte Dokumente unterschreiben 230

Eigene Übung: Sicherheitsumschläge verwenden 231

Fragen und Antworten. 233

9 ACROBAT IN EINER DOKUMENTÜBERPRÜFUNG

Überblick. 234

Der Überprüfungsvorgang 236

Vorbereitungen. 237

Kommentare in ein PDF-Dokument einfügen 237

Kommentar-Werkzeuge. 238

Kommentare 243

Eine gemeinsame Überprüfung starten. 248

Eigene Übung: Echtzeitzusammenarbeit starten 253

Fragen und Antworten. 256

10 PDF-FORMULARE ERSTELLEN

Überblick. 258

Vorbereitungen. 260

PDF-Dateien in interaktive PDF-Formulare konvertieren. . . . 260

Formularfelder hinzufügen. 262

Formulare verteilen 268
Formulardaten erfassen 272
Mit Formulardaten arbeiten 274
Eigene Übung: Numerische Felder
berechnen und validieren 276
Fragen und Antworten 278

11 MULTIMEDIA-PRÄSENTATIONEN ERZEUGEN

Überblick 280
Vorbereitungen 282
Eine Video-Datei in eine PDF-Datei einfügen
(Acrobat Pro und Pro Extended) 282
Eine Flash-Animation einfügen
(Acrobat Pro und Pro Extended) 285
Eine Standbilddatei für einen Video-Clip oder eine
Animation zuweisen (Acrobat Pro und Pro Extended) 287
Eine Präsentation erstellen 290
Fragen und Antworten 294

12 ACROBAT IN RECHTSWESEN UND VERWALTUNG

Überblick 296
Bates-Nummerierung und Schwärzung 298
Bates-Nummerierung hinzufügen 299
Bates-Nummerierung festlegen 301
Bates-Nummerierung bearbeiten 305
Schwärzung zuweisen 305
Dokumentvoreinstellungen ändern 306
Die Schwärzung-Werkzeugeigenschaften einstellen 307
Text zum Schwärzen suchen 308
PDF-Portfolios erstellen 311
Fragen und Antworten 312

13 ACROBAT UND TECHNISCHE ANWENDUNGEN

Überblick 314
Vorbereitungen 316
Mit Ebenen arbeiten 316
Das Schwenk- und Zoomfenster 320
2D-Messwerkzeuge 322

Das Lupen-Werkzeug 325

Eine Zeichendatei in PDF konvertieren
(nur Acrobat Pro Extended) 326

Text dauerhaft aus PDF-Dokumenten entfernen 329

PDF-Dateien mit Geodaten. 329

Geospatiale Referenzierung (nur Acrobat Pro Extended) . . . 331

Fragen und Antworten. 335

14 ACROBAT IN DER DRUCKPRODUKTION

Überblick. 336

Vorbereitungen. 338

PDF-Dateien für die Druckproduktion erstellen 339

Preflight von Dateien (Acrobat Pro und Pro Extended) 343

Transparenz(Acrobat Pro und Pro Extended) 346

Farbmanagement einrichten 351

Ausgabevorschau. 352

Erweiterte Druckfunktionen. 354

Fragen und Antworten. 358

15 3D IN PDF-DATEIEN

Überblick. 360

Acrobat Pro Extended und Adobe 3D Reviewer (Windows) .362

3D-Inhalt in PDF-Dateien. 363

3D-Modelle überprüfen und kommentieren 379

3D-Dateien in PDF konvertieren (Acrobat Pro Extended) . . . 381

3D-PDF-Dateien in Ihrem Produktionsablauf
(Acrobat Pro Extended) 385

3D-Modelle in technischen Veröffentlichungen
(Acrobat Pro Extended) 388

Fragen und Antworten. 392

INDEX 394

AUF DER DVD

Lektionsdateien und vieles mehr

Die *Adobe Acrobat 9 Classroom in a Book*-DVD enthält Verzeichnisse mit allen elektronischen Dateien für die Lektionen dieses Buchs, Video-Trainings über Adobe Acrobat 9 sowie die 30 Tage uneingeschränkt gültige Testversion von Adobe Acrobat 9 Pro Extended für Windows. Das folgende Diagramm zeigt Ihnen Inhalt und Struktur der Buch-DVD.

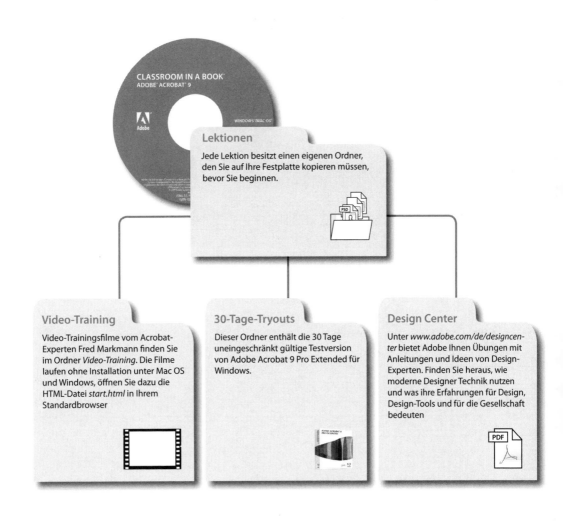

EINFÜHRUNG

Mit Adobe Acrobat 9 haben Sie den modernen elektronischen Arbeitsablauf im Griff! Mit Acrobat Standard, Acrobat Pro und Acrobat Pro Extended konvertieren Sie praktisch jedes Dokument ins Adobe Portable Document Format (PDF) und behalten dabei das genaue Aussehen und den Inhalt der Originale einschließlich aller Schriften und Grafiken bei. Acrobat unterstützt jetzt außerdem Adobe Flash, damit Multimedia-Elemente in einer PDF reibungslos abgespielt werden.

Sie können Dokumente, Tabellen, Präsentationen, E-Mails, Rich Media und vieles mehr zu einem zusammenhängenden PDF-Portfolio verbinden und die Dateien dort unabhängig vom Portfolio oder der Originaldatei selbst bearbeiten.

Mit Acrobat verschicken Sie Ihre PDF-Dokumente zuverlässig und sicher per E-Mail oder stellen sie im Internet, einem Intranet, auf einem Dateiaustauschsystem oder auf einer CD-ROM oder einem Webservice wie *Acrobat.com* zur Verfügung. Mit Dokumentüberprüfungen arbeiten Sie und Ihre Kollegen mühelos an der Perfektionierung von Dokumenten zusammen. Andere Anwender können Ihre Dokumente dann unabhängig vom jeweiligen Betriebssystem betrachten und bearbeiten. Mit Acrobat sammeln und verwalten Sie außerdem problemlos Daten aus Dokumentüberprüfungen und Formularen.

Acrobat Pro und Acrobat Pro Extended bieten verbesserte Werkzeuge für einen schnelleren und zuverlässigeren Druckarbeitsablauf. Manche Funktionen, die bisher nur Acrobat Pro vorbehalten waren, stehen jetzt auch in Acrobat Standard zur Verfügung. So können Sie nun mit jeder Version von Acrobat 9 interaktive Formulare erzeugen und Anwendern mit dem kostenlos erhältlichen Adobe Reader 9 das Speichern des ausgefüllten Formulars ermöglichen.

Über dieses Buch

Adobe Acrobat 9 Classroom in a Book® gehört zu den offiziellen Trainingsbüchern für Adobe-Grafik- und Satzprogramme. Die Lektionen sind so angelegt, dass Sie Ihren Lernrhythmus selbst bestimmen. Wenn Sie mit Adobe Acrobat noch nicht vertraut sind, lernen Sie alle wichtigen Grundlagen und Funktionen kennen, die Sie für die Arbeit mit dem Programm benötigen. Arbeiten Sie bereits mit Acrobat, finden Sie in Classroom in a Book viele wichtige weitergehende Funktionen und Lektionen, die sich insbesondere an Architekten, Techniker und Fachleute aus der Justiz und dem Druckwesen richten.

Die Lektionen in dieser Ausgabe bieten Informationen zu allen wichtigen Funktionen in Adobe Acrobat:

- Mit dem Organizer PDF-Dateien verwalten
- PDF-Portfolios erzeugen
- Adobe PDF-Dateien mit einem einzigen Klick erstellen
- Websites und den Inhalt der Zwischenablage als PDF-Datei sichern
- Den Inhalt von Adobe PDF-Dateien in anderen Anwendungen verwenden (wenn vom PDF-Autor erlaubt)
- PDF-Dokumente bearbeiten
- Multimedia-Präsentationen erzeugen
- Überprüfung und Kommentierung von PDF-Dokumenten mit der Möglichkeit, Dokumente auch für Live-Überprüfungen freizugeben
- Formularerstellung und -verteilung sowie Datenerfassung
- Messwerkzeuge für Anwender in technischen Bereichen
- Ausgabe- und Bates-Nummerierung für Anwender im Rechtswesen
- Erweiterte Dokumentensicherheit
- Mit 3D-Objekten in PDF-Dateien arbeiten

Obwohl in jeder Lektion Schritt-für-Schritt-Anweisungen für das Erstellen eines bestimmten Projekts gegeben werden, gibt es viele Möglichkeiten für eigene Experimente. Sie können das Buch von Anfang bis Ende durcharbeiten oder sich in beliebiger Reihenfolge nur die Lektionen vornehmen, für die Sie sich interessieren.

Acrobat Pro, Acrobat Pro Extended und Acrobat Standard

Dieses Buch beschreibt sowohl Acrobat Pro, Acrobat Pro Extended (nur für Windows erhältlich) und Acrobat Standard. Wo ein Werkzeug oder eine Funktion nicht für Acrobat Standard verfügbar ist, ist der Absatz entsprechend gekennzeichnet. Einzig die Lektion 15, »3D in PDF-Dateien«, erfordert Acrobat Pro Extended.

Die folgenden Funktionen stehen ausschließlich in Acrobat Pro und Pro Extended zur Verfügung:

- Preflight von Dokumenten und andere Aufgaben der Druckproduktion
- PDF-Portfolios mit Überschriften und Deckblättern versehen
- Ebenenbasierte und großformatige technische Zeichnungen in Adobe PDF konvertieren
- Umflussreihenfolge von Objekten auf einer Seite, um die Verfügbarkeit von Dateien zu optimieren
- Video- und Sounddateien in PDF-Dokumente einfügen
- Ausgabe- oder Bates-Nummerierung zuweisen

Voraussetzungen

Bevor Sie mit *Adobe Acrobat 9 Classroom in a Book* beginnen, sollten Sie mit der Arbeitsweise und dem Betriebssystem Ihres Computers vertraut sein. Sie sollten mit der Maus sowie den standardmäßigen Menüs und Befehlen umgehen können und Ihnen sollte außerdem bekannt sein, wie Sie Dateien öffnen, speichern und schließen. Um diese Techniken noch einmal aufzufrischen, informieren Sie sich in den Dokumentationen, die mit Microsoft Windows oder Apple Mac OS X ausgeliefert wurden.

***Hinweis:** Wenn sich die Anweisungen für die verschiedenen Betriebssysteme unterscheiden, erscheinen zuerst die Befehle für Windows und dann die für Mac OS, wobei das jeweilige Betriebssystem in Klammern genannt wird. Die Strg-Taste unter Windows entspricht der Befehlstaste (auch Apfel-Taste genannt) unter Mac OS. Beispiel: »Drücken Sie die Strg- (Windows) bzw. Befehlstaste (Mac OS).« Allgemein gebräuchliche Befehle werden noch weiter abgekürzt, wobei der Windows-Befehl zuerst genannt wird, gefolgt von einem Schrägstrich und dem Befehl für Mac OS, ohne dabei die Betriebssysteme in Klammern zu nennen. Beispiel: »Klicken Sie mit gedrückter Strg-/Befehlstaste.« Die Alt-Taste gibt es sowohl unter Windows als auch unter Mac OS, wo sie auch Wahl- oder Optionstaste heißt. Mit der rechten Maustaste lässt sich zu zahlreichen Funktionen ein Kontextmenü einblenden. Falls Sie unter Mac OS noch mit einer Eintastenmaus arbeiten, rufen Sie das Kontextmenü mit gedrückter Ctrl-Taste und Mausklick auf.*

Adobe Acrobat installieren

Bevor Sie mit *Adobe Acrobat 9 Classroom in a Book* beginnen, muss Ihr System korrekt eingerichtet und die notwendige Soft- und Hardware installiert sein. Sie müssen das Programm Adobe Acrobat 9 gesondert erwerben. Die vollständigen Hinweise zu den Systemvoraussetzungen für Adobe Acrobat 9 Pro finden Sie auf der Adobe-Website unter *http://www.adobe.com/de/products/acrobatpro/systemreqs/*.

Sie müssen das Programm von der *Adobe Acrobat 9*-DVD auf Ihre Festplatte installieren – die Anwendung kann nicht direkt von der DVD gestartet werden. Befolgen Sie dazu die Installationsanweisungen auf dem Bildschirm und halten Sie die Seriennummer bereit; Sie finden sie auf der CD-Hülle oder der Registrierungskarte.

Adobe Acrobat starten

Sie starten Acrobat wie jedes andere Programm.

- **Windows:** Wählen Sie **Start: Programme:** (oder **Alle Programme:**) **Adobe Acrobat 9 Standard, Adobe Acrobat 9 Pro** oder **Adobe Acrobat 9 Pro Extended**.
- **Mac OS:** Öffnen Sie den Ordner *Adobe Acrobat 9 Standard* oder *Adobe Acrobat 9 Pro* und doppelklicken Sie auf das entsprechende Programmsymbol.

Die *Classroom in a Book*-Dateien kopieren

Die DVD-ROM *Adobe Acrobat 9 Classroom in a Book* enthält für jede Lektion dieses Buches einen eigenen Ordner mit allen Dateien; den entsprechenden Ordner müssen Sie auf Ihre Festplatte kopieren. Sie können die Ordner für die jeweilige Lektion auch erst bei Bedarf einrichten und den Ordner wieder löschen, sobald Sie die Lektion beendet haben.

Die *Classroom in a Book*-Dateien installieren:

> **Hinweis:** Sie werden während der Arbeit in den einzelnen Lektionen die Ausgangs- bzw. Startdateien überschreiben. Um die ursprünglichen Dateien wiederherzustellen, kopieren Sie einfach den jeweiligen Lektionsordner erneut von der *Classroom in a Book*-DVD in den Ordner *AA9_CIB* auf Ihrer Festplatte.

1 Legen Sie die DVD *Adobe Acrobat 9 Classroom in a Book* in Ihr Laufwerk.

2 Legen Sie einen Ordner namens **AA9_CIB** auf Ihrer Festplatte an.

3 Kopieren Sie alle (oder nur die von Ihnen benötigten) Lektionen auf Ihre Festplatte:

- Um alle Lektionen zu kopieren, ziehen Sie den Ordner *Lektionen* von der DVD in den Ordner *AA9_CIB*.

- Um eine einzelne Lektion zu kopieren, ziehen Sie den entsprechenden Lektionsordner von der DVD in den Ordner *AA9_CIB*.

Den Ordner *Video-Training* installieren

1 Legen Sie die *Adobe Acrobat 9 Classroom in a Book*-DVD in Ihr Laufwerk.

2 Erstellen Sie einen Ordner namens **Video-Training** auf Ihrer Festplatte.

3 Ziehen Sie den Inhalt des Ordners *Video-Training* von der DVD in den neu erstellten Ordner *Video-Training* auf Ihrer Festplatte.

Die Filme laufen ohne weitere Installation unter Mac OS und Windows. Öffnen Sie dazu die HTML-Datei *start.html* in Ihrem Standard-Webbrowser und wählen Sie in der Übersicht ein Thema bzw. einen Videofilm.

Zusätzliche Quellen

Adobe Acrobat 9 Classroom in a Book ist nicht als Ersatz für die mit dem Programm Adobe Acrobat 9 gelieferte Dokumentation gedacht, da im vorliegenden Buch nur die jeweils verwendeten Befehle und Optionen erklärt werden. Ausführliche Informationen über die Programmfunktionen finden Sie in folgenden Quellen:

- Die Adobe Acrobat 9 Hilfe beschreibt komplett alle Funktionen. Sie rufen sie mit dem Befehl **Hilfe: Adobe Acrobat 9 Hilfe** auf.
- Es gibt eine eigene Adobe-Website zu Adobe Acrobat 9 (*http://www.adobe.com/de/products/acrobat/*). Um sie nutzen zu können, müssen Sie über eine Internet-Verbindung verfügen.
- Die Acrobat-Support-Datenbank, die Sie über **Hilfe: Online-Support: Support-Datenbank** erreichen. Um sie nutzen zu können, müssen Sie über eine Internet-Verbindung verfügen.

Adobe-Zertifizierung

Das Adobe-Trainings- und Zertifizierungsprogramm bietet Anwendern und Schulungszentren die Möglichkeit, ihre Professionalität im Umgang mit dem Programm darzustellen und sich als Adobe Certified Expert (ACE) zu qualifizieren. Informationen über dieses Zertifizierungsprogramm finden Sie auf der Website:
http://www.adobe.com/de/support/certification/ace.html.

Ihre Meinung interessiert uns: Schreiben Sie an info@pearson.de, *wenn Sie Lob oder Kritik loswerden möchten.*

Wir haben ein offenes Ohr für Ihre Fragen! Bitte haben Sie Verständnis, wenn die Beantwortung Ihrer Mail aufgrund der eingegangenen Nachrichten einige Tage dauern kann.

1 EINFÜHRUNG IN ADOBE ACROBAT 9

Überblick

In dieser Lektion lernen Sie Folgendes:

- Das Adobe-PDF-Dokumentformat und Acrobat 9 erkunden
- Ein erster Blick auf den Acrobat-Arbeitsbereich
- Beispiele für PDF-Dokumente, die jeweils für die Druckausgabe und die Betrachtung am Bildschirm optimiert wurden
- Welche Entscheidungen Sie beim Erzeugen von elektronischen Publikationen hinsichtlich Formatierung und Design treffen müssen
- Eine PDF-Datei im Vollbildmodus betrachten
- Mit der Adobe Acrobat 9 Hilfe arbeiten

 Für diese Lektion benötigen Sie ungefähr 45 Minuten. Falls nötig, kopieren Sie jetzt den Ordner *Lektion01* auf Ihre Festplatte.

Adobe PDF

Das *Adobe Portable Document Format* (PDF) ist ein universelles Format, das unabhängig vom Erstellungsprogramm bzw. Betriebssystem sämtliche Schriften, Formatierungen, Farben und Grafiken des jeweiligen Quelldokuments beibehält. Adobe PDF-Dateien sind kompakt und sicher und lassen sich mit dem frei verfügbaren Adobe Reader so verteilen, betrachten, navigieren und drucken, wie Sie es wünschen. Anwender von Acrobat 9 können weitere Funktionen für Adobe Reader-Anwender freischalten, um diesen das Ausfüllen und Speichern von PDF-Formularen zu ermöglichen und sie ein PDF-Dokument digital signieren zu lassen. Mit Acrobat Pro oder Pro Extended können Reader-Anwender außerdem an PDF-Überprüfungen und -Kommentierungen beteiligt werden.

- Adobe PDF behält das Layout, die Schriften und die Textformatierung der elektronischen Dokumente genau bei, unabhängig vom Computersystem bzw. Betriebssystem, das zum Betrachten dieser Dokumente benutzt wird.
- PDF-Dokumente können auf einer Seite mehrere Sprachen wie z.B. Japanisch und Deutsch enthalten.
- PDF-Dokumente lassen sich kontrolliert und vorhersehbar mit den richtigen Seitenrändern und Seitenumbrüchen drucken.
- PDF-Dateien lassen sich mit Kennwörtern vor unerwünschten Änderungen und Ausdrucken schützen; außerdem kann der Zugriff auf vertrauliche Dokumente eingeschränkt werden.
- Die Ansicht einer PDF-Seite lässt sich in Acrobat oder im Adobe Reader verkleinern bzw. vergrößern. Letzteres ist besonders bei Grafiken oder Diagrammen mit vielen Details von Vorteil.

Adobe Acrobat

Mit Acrobat erzeugen, bearbeiten, betrachten und drucken Sie *Portable Document Format*-(PDF-)Dokumente.

Adobe PDF-Dateien erzeugen

Nahezu jedes Dokument – ob Text- oder Layout-Datei, ein gescanntes Dokument, eine Webseite oder ein Digitalfoto – lässt sich mit Adobe Acrobat oder einer vergleichbaren Drittanbieteranwendung in Adobe PDF konvertieren. Ihr Workflow (Arbeitsablauf) und die

Art der verwendeten Dokumente bestimmen, wie Sie eine PDF-Datei erzeugen.

- Benutzen Sie die Befehle »PDF erstellen« in der Acrobat-Menüleiste, um unterschiedliche Dateiformate schnell in Adobe PDF zu konvertieren und in Acrobat zu öffnen. Sie erreichen die »PDF erstellen«-Befehle auch über die Schaltfläche »Erstellen« in der Aufgaben-Menüleiste. Dabei können Sie Dateien nacheinander oder mehrere unterschiedliche Dateitypen auf einmal konvertieren und zu einer kompakten PDF-Datei zusammensetzen oder in einem PDF-Portfolio gruppieren. Mit dem PDF-Editor können Sie zudem eine leere PDF-Seite erzeugen.

- Mit dem Adobe PDF-Drucker konvertieren Sie bequem aus jedem Programm nahezu jede Datei in Adobe PDF. In den meisten Anwendungen können Sie die Einstellungen für den Adobe PDF-Drucker im Dialogfenster »Drucken« anpassen.

- Aus Microsoft Office und anderen beliebten Programmen für Windows nutzen Sie Acrobat PDFMaker. Bei der Installation von Acrobat wird Adobe PDFMaker automatisch in die entsprechenden vorhandenen Anwendungen auf Ihrem Computer eingefügt. Klicken Sie dazu einfach in der Acrobat-Symbolleiste auf die Schaltfläche »PDF erzeugen« ( ) (Office 2007) bzw. »In Adobe PDF konvertieren« ( ) in der Menüleiste der Anwendung. In den Einstellungen können Sie festlegen, ob Lesezeichen, Hyperlinks oder Barrierefreiheitsfunktionen mit eingebunden werden.

- Scannen Sie Papierdokumente und konvertieren Sie sie in Adobe PDF.

- Mit dem Befehl »PDF erstellen: Aus Webseite« laden Sie Webseiten herunter und konvertieren sie in Adobe PDF.

Lektion 3, »Adobe PDF-Dateien erstellen«, Lektion 4, »Microsoft Office-Dateien konvertieren (Windows)« und Lektion 14, »Acrobat in der Druckproduktion« bieten Schritt-für-Schritt-Anleitungen zum Erstellen von Adobe PDF mit diesen Methoden.

Mit PDF-Dateien arbeiten

Nie war das Arbeiten mit PDF-Dateien einfacher.

- Nutzen Sie die Organizer-Funktion zur Verwaltung Ihrer PDF-Dateien. (Lektion 2, »Der Arbeitsbereich«)

- Passen Sie den Acrobat-Arbeitsbereich nach Ihren Vorstellungen an. Die Benutzeroberfläche von Acrobat 9 bietet zahlreiche

Möglichkeiten zum Anpassen der Werkzeugleisten und der Navigationsleiste. (Lektion 2, »Der Arbeitsbereich«)

- Gruppieren Sie mehrere Dokumente zu einem PDF-Portfolio, in dem die Dateien als einzelne PDF-Dokumente beibehalten werden und sich unabhängig voneinander lesen, bearbeiten und drucken lassen. (Lektion 5, »Dateien in PDF-Portfolios zusammenführen«)

- Konvertieren Sie Webseiten in bearbeitbare und durchsuchbare PDF-Dateien und behalten Sie die enthaltenen Verknüpfungen bei. (Lektion 3, »Adobe PDF-Dateien erstellen«)

- Konvertieren Sie E-Mail-Nachrichten unter Windows aus Microsoft Outlook und aus Lotus Notes. Sie können einzelne E-Mails in PDF-Dokumente konvertieren oder einen Ordner mit mehreren Nachrichten in eine zusammengeführte PDF-Datei bzw. ein PDF-Portfolio. (Lektion 4, »Microsoft Office-Dateien konvertieren (Windows)«)

- Suchen Sie mit der integrierten Werkzeugleiste nach einfachen Wörtern oder verwenden Sie die erweiterte Suchfunktion mit dem Dialogfenster »Suchen«. (Lektion 6, »PDF-Dateien lesen und bearbeiten«)

- Drehen und beschneiden Sie PDF-Seiten, fügen Sie PDF-Dateien und -Seiten in ein Dokument ein, passen Sie Lesezeichen an und nummerieren Sie Seiten neu. (Lektion 7, »PDF-Dokumente modifizieren«)

- Bearbeiten Sie PDF-Inhalte mit dem TouchUp-Textwerkzeug und (in Acrobat 9 Pro und Pro Extended) dem TouchUp-Objektwerkzeug. Nutzen Sie den Inhalt einer PDF-Datei in anderen Anwendungen (wenn vom Autor des Dokuments erlaubt), indem Sie den Inhalt in andere Dateiformate konvertieren, Bilder entnehmen und PDF-Seiten in Bildformate konvertieren. (Lektion 7, »PDF-Dokumente modifizieren«)

- Mit einer digitalen Signatur bestätigen Sie den Inhalt oder die Gültigkeit eines Dokuments. Schützen Sie außerdem vertrauliche PDF-Dateien wirksam und verhindern Sie so, dass Unbefugte Text- oder Grafikelemente kopieren, Dokumente drucken oder sogar öffnen. (Lektion 8, »Digitale Unterschriften und Sicherheit«)

- Fügen Sie im Rahmen einer vollständig elektronischen Dokumentüberprüfung Kommentare und Markup-Text hinzu. Mit Acrobat 9 lassen sich Überprüfungen per E-Mail, webbasiert oder mit einem zentralen Server durchführen und Sie können »live« mit den neuen Funktionen des Dienstes Acrobat.com zusammenarbeiten.

Mit Acrobat 9 Pro und Pro Extended können Sie auch Anwender von Adobe Reader an Überprüfungen teilnehmen lassen. (Lektion 9, »Acrobat in einer Dokumentüberprüfung«)

- Erzeugen Sie interaktive PDF-Formulare aus beliebigen elektronischen Dokumenten oder aus gescannten Papierformularen, die Sie auch für Anwender mit Adobe Reader freischalten können, damit diese sie ausfüllen und speichern können. Werkzeuge in Acrobat helfen Ihnen bei der Verteilung von Formularen, dem Verfolgen von Antworten und der Analyse der Formulardaten. (Lektion 10, »PDF-Formulare erstellen«)

- Mit Acrobat 9 Pro und Pro Extended erzeugen Sie raffinierte Multimedia-Präsentationen. Eingebettete Video-, Animations- oder Sound-Dateien benötigen keine zusätzliche Software, die PDF-Datei enthält alles, was der Anwender zum Betrachten in Acrobat 9 oder dem kostenlos zu ladenden Adobe Reader 9 benötigt. (Lektion 11, »Multimedia-Präsentationen erzeugen«)

- Verarbeiten und liefern Sie rechtswirksame Dokumente auf elektronischem Weg. Um den Vorgaben von Gerichten und Rechtsanwaltskanzleien zu entsprechen, verfügen Acrobat 9 Pro und Pro Extended über Funktionen zum endgültigen und irreversiblen Schwärzen vertraulicher Inhalte in einem PDF-Dokument und die Bates-Nummerierung zur Kennzeichnung von Dokumenten. (Lektion 12, »Acrobat in Rechtswesen und Verwaltung«)

- Verteilen Sie technische Zeichnungen und Dokumente an Kunden oder Kollegen, und nutzen Sie die Überprüfungs- und Kommentarwerkzeuge, die sich nach den Bedürfnissen von Architekten, Ingenieuren und Entwicklern richten. (Lektion 13, »Acrobat und technische Anwendungen«)

- Erzeugen Sie qualitativ hochwertige PDF-Dateien mit Acrobat 9. Mit den Spezialwerkzeugen für die Druckproduktion in Acrobat 9 Pro und Pro Extended prüfen Sie Farbseparationen, passen die Darstellung transparenter Objekte an und farbseparieren PDF-Dateien. Das neue Dialogfenster »Standard« erkennt PDF/X-, PDF/A- und PDF/E-Dateien, und die verbesserte Preflight-Funktion vereinfacht die Prüfungen Ihrer PDF-Datei für die Druckproduktion. (Lektion 14, »Acrobat in der Druckproduktion«)

- Konvertieren Sie mit Acrobat 9 Pro Extended unterstützte 3D-CAD-Dateien unmittelbar in 3D-PDF-Dateien, bearbeiten Sie 3D-Inhalt in nativen Dateiformaten und interagieren Sie mit 3D-Modellen, erzeugen Sie Kameraansichten, fügen Sie Kommentare ein und legen Sie umfassende Dokumentationen an. (Lektion 15, »3D in PDF-Dateien«)

PDF-Dateien lesen

PDF-Dokumente können mit dem Adobe Reader, Acrobat Standard, Acrobat Pro und Acrobat Pro Extended gelesen werden. Publizieren können Sie Ihre PDF-Dateien im Netzwerk, auf Webservern, CDs, DVDs und anderen Wechselmedien sowie über den Web-Service Acrobat.com.

Adobe PDF im World Wide Web

Das World Wide Web hat die Möglichkeiten, elektronische Dokumente einer breiten Öffentlichkeit zugänglich zu machen, erheblich erweitert. Da in einem Webbrowserfenster mehrere unterschiedliche Programme ablaufen können, lassen sich auch PDF-Dateien in Websites integrieren. Besucher laden dann diese Dateien herunter oder betrachten sie mit Adobe Reader im Browserfenster.

Wenn Sie eine PDF-Datei in Ihre Webseite integrieren, sollten Sie auch einen Link auf die Adobe-Website anbieten, damit die Besucher sich dort den Adobe Reader kostenlos herunterladen können, sofern sie das erste Mal mit PDF konfrontiert werden und noch nicht über einen PDF-Reader verfügen.

PDF-Dokumente lassen sich im Web seitenweise betrachten und drucken; der seitenweise Download verkürzt die Lade- und Downloadzeit erheblich. Außerdem kann der Anwender einzelne oder alle Seiten eines Dokuments drucken. PDF ist das ideale Format für die Veröffentlichung umfangreicher elektronischer Dokumente im Web, denn PDF-Dokumente werden vorhersehbar mit den richtigen Seitenrändern und Seitenumbrüchen ausgegeben.

Webseiten lassen sich außerdem herunterladen, in Adobe PDF konvertieren und anschließend einfach speichern, verteilen und drucken. (Weitere Informationen finden Sie in Lektion 3, »Adobe PDF-Dateien erstellen«)

Adobe Reader-Installationsprogramme zur Verfügung stellen

Adobe Reader darf kostenlos mit Ihren Dokumenten verteilt werden, damit Ihr Publikum Ihre PDF-Dokumente problemlos betrachten kann. Dabei sollten Sie entweder eine Kopie des Reader-Installationsprogramms auf Ihrer CD anbieten (wenn Sie Ihre Dokumente auf diese Weise veröffentlichen) oder Ihr Publikum auf die kostenlosen Downloads auf der Adobe-Website unter *http://www.adobe.de* hinweisen.

Wenn Sie Installationsprogramme für Adobe Reader auf einer CD-ROM zur Verfügung stellen, sollten Sie auch eine entsprechende Liesmich-Textdatei mit auf die oberste Ebene der CD kopieren, in der Sie den Installationsvorgang beschreiben und aktuelle Informationen anbieten können. Falls Sie die Reader-Installationsprogramme auf einer Website anbieten, können Sie die Installationsanleitung zusammen mit dem Downloadlink für die Software anbieten.

Wenn Sie Dokumente im Web veröffentlichen, können Sie Ihre Leser auch auf die Adobe-Website leiten, um sich dort die kostenlose Adobe Reader-Anwendung herunterzuladen.

Sie dürfen den Adobe Reader beliebig oft kopieren und weitergeben, auch zur kommerziellen Nutzung. Für einen umfassenden Überblick und vollständige Informationen zur Verteilung von Adobe Reader besuchen Sie bitte die Adobe-Website unter *http://www.adobe.com/de/products/acrobat/distribute.html*.

Zur Verteilung des Adobe Reader ist bei Adobe außerdem ein besonderes Logo erhältlich.

Ein Blick auf den Arbeitsbereich

Die elektronische Publikation eines Dokuments ist eine flexible und bequeme Möglichkeit der Informationsverbreitung. Solche »elektronischen« PDF-Dokumente lassen sich für den Druck, für Multimediapräsentationen und zur Verbreitung auf CD oder online verwenden. Sie sehen sich nun zuerst einige PDF-Dokumente in Acrobat an, um sich mit der Oberfläche von Acrobat 9 vertraut zu machen und ein Gefühl für die Layoutüberlegungen bei elektronischen Dokumenten zu bekommen.

1 Wählen Sie in Acrobat **Datei: Öffnen**. Markieren Sie die Datei *Hilaptorex.pdf* im Ordner *Lektion01* und klicken Sie auf »Öffnen«.

Es handelt sich um einen einseitigen Artikel, der zur bequemen elektronischen Verbreitung in Adobe PDF konvertiert wurde.

2 Sehen Sie sich den Arbeitsbereich an. Dazu gehört zunächst eine Menüleiste am oberen Bildschirmrand. 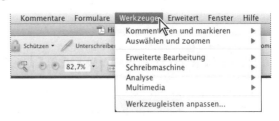 Durch Klicken auf die Menüeinträge blenden Sie weitere Menüs mit Befehlen ein. Wir haben auf »Werkzeuge« geklickt.

Die Menüleiste sollte beim Arbeiten mit Acrobat geöffnet bleiben. Falls Sie die Menüleiste mit dem Menübefehl **Anzeige: Menüleiste** ausblenden, können Sie nicht mehr auf die Menübefehle zugreifen, mit denen Sie sie wieder einblenden könnten. Drücken Sie dann F9 (Windows) bzw. den Tastaturbefehl Umschalt+Befehl+M (Mac OS).

3   Unterhalb der Menüleiste sind zwei Werkzeugleisten angeordnet, von denen jede über einen Anfasser am linken Rand verfügt. Bewegen Sie Ihren Mauszeiger auf einen der Anfasser, um den Namen der zugehörigen Werkzeugleiste einzublenden.

Die Werkzeugleisten fassen die Acrobat-Werkzeuge zu aufgabenbezogenen Gruppen zusammen. Acrobat zeigt standardmäßig nur die in der Menüleiste eingeschalteten Werkzeugleisten an. In Lektion 2, »Der Arbeitsbereich«, erfahren Sie, wie Sie Werkzeugleisten ein- und ausblenden und einzelne Werkzeuge hinzufügen.

4   Die obere Zeile besteht aus einer einzelnen Werkzeugleiste, der Aufgaben-Werkzeugleiste. Klicken Sie in der Aufgaben-Werkzeugleiste rechts von der Schaltfläche »Erstellen« auf den kleinen nach unten weisenden Pfeil, um ein Menü mit zugehörigen Befehlen einzublenden. Mit diesen Menübefehlen starten Sie Arbeitsschritte zum Erstellen einer PDF-Datei. Klicken Sie außerhalb des Menüs, um es wieder zu schließen.

Die Schaltflächen in der Aufgaben-Werkzeugleiste unterscheiden sich von den einzelnen Werkzeugschaltflächen in anderen Werkzeugleisten, da sie Ihnen weitere Menübefehle bieten.

5   Die unteren Werkzeugleisten enthalten Schaltflächen für weitere Werkzeuge, deren Namen bzw. Funktion Sie durch Überfahren mit dem Mauszeiger einblenden können.

Standardmäßig zeigt Acrobat nur eine Auswahl an Werkzeugen. In Lektion 2, »Der Arbeitsbereich«, erfahren Sie, wie Sie weitere Werkzeuge und Werkzeugleisten anzeigen.

6   Bewegen Sie Ihren Mauszeiger an den unteren linken Dokumentfensterrand, um dort die Seitenmaße einzublenden. (Das Dokumentfenster ist der Teil des Arbeitsbereichs, der ein geöffnetes

Dokument zeigt.) Acrobat blendet die Seitenmaße aus, sobald Sie den Mauszeiger wieder von dort wegbewegen.

Die Seitenmaße betragen 215,9 cm x 279,4 cm, um die Seite sowohl auf einem Drucker ausgeben als auch bequem auf dem Bildschirm betrachten zu können.

7 Wählen Sie **Datei: Öffnen** und öffnen Sie die Datei *Application.pdf* im Ordner *Lektion01*. Acrobat öffnet die Datei in einem eigenen Arbeitsbereich mit eigenen Werkzeugleisten. Mit dem Fenster-Menü können Sie zwischen den beiden geöffneten Dokumenten, *Hilaptorex.pdf* und *Application.pdf*, umschalten.

8 Wählen Sie »Fenster« und dann unten im Menü in der Liste mit geöffneten Fenstern den Eintrag »Application.pdf«. Später erfahren Sie noch, wie sich Fensteransichten teilen lassen, um mehrere Dateien zugleich betrachten zu können.

9 Klicken Sie links im Arbeitsbereich im Navigationsfenster auf die Schaltfläche »Lesezeichen« und klicken Sie dann auf das Lesezeichen »Harry Tanaka CV«, um unmittelbar auf die Zielseite dieses Lesezeichens im Dokument zu gelangen.

Das Navigationsfenster zeigt die Standardnavigationsleisten mit der Lesezeichenleiste an. Um weitere Navigationsfenster einzublenden, wählen Sie **Anzeige: Navigationsfenster**. Weitere Informationen über das Navigationsfenster und seine Elemente erhalten Sie in Lektion 2, »Der Arbeitsbereich«.

10 Die Datei *Application.pdf* ist aktiv, das heißt, sie befindet sich im Vordergrund; wählen Sie **Datei: Schließen**, um sie ohne Speichern der Änderungen zu schließen. Schließen Sie die Datei *Hilaptorex.pdf* auf die gleiche Art.

Damit ist der kurze Blick auf den Acrobat 9-Arbeitsbereich beendet und Sie haben dabei die Menüleiste, die Werkzeugleisten, die Aufgabenschaltflächen und -Werkzeuge, das Dokumentfenster und das Navigationsfenster kennen gelernt. Mehr über diese Elemente erfahren Sie, wenn Sie dieses Buch durcharbeiten.

PDF-Präsentationen im Vollbildmodus

Im Vollbildmodus blendet Acrobat die Menüleiste, die Aufgabenleiste und die Werkzeugleisten bei der Anzeige eines Dokuments aus.

1 Wählen Sie **Datei: Öffnen** und doppelklicken Sie auf die Datei *Aquo_Financial.pdf* im Ordner *Lektion01*.

2 Klicken Sie im Dialogfenster »Vollbild« auf die Schaltfläche »Ja«, um das Dokument im Vollbildmodus zu öffnen.

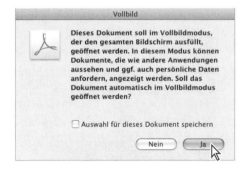

Im Vollbildmodus stellt Acrobat dem Dokument den Bildschirm vollständig zur Verfügung und blendet alle Acrobat-Werkzeugleisten, Menüs und Fenster aus.

Dieses Dokument ist eine Bilanzpräsentation, die ausschließlich für die Bildschirmwiedergabe entworfen wurde. Dabei wurde bewusst auf

farbige Grafiken, einen großen Schriftgrad und das querformatige Seitenlayout für die bestmögliche Darstellung auf einem Bildschirm geachtet.

Sie können beim Erzeugen oder Bearbeiten einer PDF-Datei bestimmen, ob Acrobat sie zur Betrachtung im Vollbildmodus anzeigt. Wählen Sie dafür **Datei: Eigenschaften** und klicken Sie im Dialogfenster »Dokumenteigenschaften« auf den Reiter »Ansicht beim Öffnen«. Aktivieren Sie das Kontrollkästchen vor »Im Vollbildmodus öffnen« und klicken Sie auf OK. Anschließend speichern Sie das Dokument.

Weitere Informationen erhalten Sie in Lektion 11, »Multimediapräsentationen erzeugen«.

Sie können sich jede PDF-Datei in Vollbildmodus ansehen, indem Sie sie in Acrobat öffnen und dann **Anzeige: Vollbildmodus** wählen.

3 Drücken Sie die Eingabetaste, um seitenweise durch die Präsentation zu blättern.

4 Drücken Sie die Esc-Taste, um den Vollbildmodus zu verlassen.

5 Um auch im Vollbildmodus stets über Navigationsschaltflächen zu verfügen, wählen Sie **Bearbeiten: Voreinstellungen** (Windows) bzw. **Acrobat: Voreinstellungen** (Mac OS) und dann links im Dialogfenster »Voreinstellungen« den Eintrag »Vollbild«. Schalten Sie im Bereich »Vollbild-Navigation« das Kontrollkästchen vor »Navigationsleiste anzeigen« ein und klicken Sie auf OK, um Ihre Änderungen zu übernehmen.

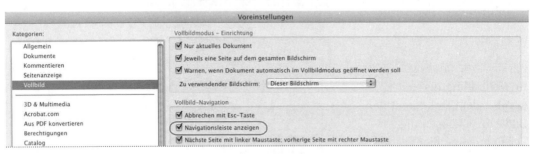

Von nun an zeigt Acrobat auf Ihrem Computer im Vollbildmodus unten links am Bildrand die Schaltflächen »Nächste Seite«, »Vorherige Seite« und »Vollbildmodus verlassen« an. Acrobat blendet diese Schaltflächen zunächst ein, wenn Sie das Dokument das erste Mal im Vollbildmodus betrachten, und blendet sie dann wieder aus, um die Präsentation nicht zu stören. Um sie wieder einzublenden, bewegen Sie den Mauszeiger wieder auf den Bereich unten links auf dem Bildrand. Allerdings beziehen sich diese Grundeinstellungen immer auf den Computer, auf dem die PDF-Präsentation gezeigt wird, und nicht auf ein bestimmtes PDF-Dokument.

6 Wählen Sie **Datei: Schließen** und schließen Sie die Datei, ohne die Änderungen zu speichern.

Dokumente für die Bildschirmdarstellung entwickeln

Wenn Sie Ihre Dokumente online verfügbar machen möchten, sollten Sie sich Gedanken darüber machen, wie Sie die Publikation attraktiv und einfach in der Handhabung gestalten können. Wenn Sie lediglich ein Papierdokument in das elektronische Format konvertieren, müssen Sie abwägen, ob die Vorteile, die Sie durch eine Überarbeitung des Dokuments erzielen, den Zeit- und Kostenaufwand wert sind. Soll Ihre Publikation sowohl am Bildschirm als auch auf Papier betrachtet werden, müssen Sie das Layout diesen unterschiedlichen Anforderungen anpassen.

Dazu sehen Sie sich zunächst eine PDF-Datei an, die unverändert aus einem für den Druck vorgesehenen Prospekt erzeugt wurde. Durch die Konvertierung in PDF kann ein Dokument günstiger und einfacher verbreitet werden. Außerdem lassen sich Funktionen wie Hypertext-Verknüpfungen verwenden, die das Navigieren in längeren Dokumenten, z.B. von Firmen sowohl leichter als auch intuitiver machen.

> **Tipp:** Im Lesenmodus maximiert Acrobat den für ein Dokument zur Verfügung stehenden Bildschirmplatz, um die Lesefreundlichkeit zu erhöhen. Wählen Sie **Anzeige: Lesenmodus**, um bis auf das Dokument und die Menüleiste alle Elemente des Arbeitsbereichs auszublenden. Wenn Sie zu Ende gelesen haben, wählen Sie erneut **Anzeige: Lesenmodus**, um den Arbeitsbereich wieder auf die vorherige Ansicht einzustellen.

1 Wählen Sie **Datei: Öffnen** und öffnen Sie die Datei *Aquo_FAQs_Print.pdf* im Ordner *Lektion01*.

Das lange schmale Seitenformat lässt sich auf dem Bildschirm schlecht lesen, Sie müssen nach unten scrollen, um die Seite vollständig lesen zu können.

2   Um die komplette Seite im Dokumentfenster anzuzeigen, wählen Sie **Anzeige: Zoom: Fenstergröße** oder klicken Sie auf die Schaltfläche »Eine Seite« ().

Auch wenn Acrobat die Seiten nun in Bildschirmgröße anzeigt, wird deutlich, dass dieses Dokument nicht für das Lesen am Monitor entwickelt wurde. Die langen schmalen Seiten sind für die Bildschirmdarstellung ungünstig geformt und die kleinen Bilder und Schriften machen das Lesen am Bildschirm zur Qual.

Sehen Sie sich nun das gleiche Dokument in einer für die Bildschirmdarstellung überarbeiteten und optimierten Fassung an.

3   Wählen Sie **Datei: Öffnen** und doppelklicken Sie auf die Datei *Aquo_FAQs_Web.pdf*.

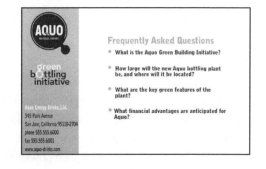

Die horizontale Seitenausrichtung ist für die Bildschirmdarstellung viel besser geeignet als die vertikale Ausrichtung im vorigen Dokument.

4   Klicken Sie im Navigationsfenster auf die Schaltfläche »Lesezeichen«, um das Lesezeichen-Fenster einzublenden.

5   Klicken Sie auf das Lesezeichen »Size and location of the plant«.

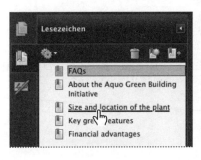
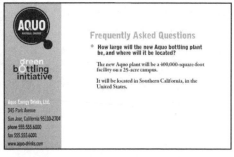

Acrobat blendet Frage und Antwort zu Größe und Lage der Pflanze ein. Die größere Schrift und die angepasste Seitengröße erleichtern die Lesbarkeit dieses Dokuments im Vergleich zu dem Dokument, das für den Druck bestimmt ist.

6 Klicken Sie auf das Lesezeichen *FAQs*.

7 Klicken Sie auf eine der Fragen, um auf die zugehörige Seite zu springen.

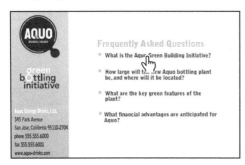 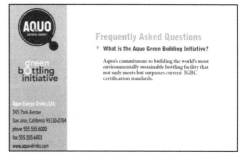

Jede Frage auf der ersten Seite des Dokuments ist eine Verknüpfung, die den Betrachter zur entsprechenden Frage führt. Das Originaldokument wurde überarbeitet, um eine Navigationsstruktur zu unterstützen, die auf eigenständigen, an den Bildschirm angepassten Einheiten basiert.

Die Vorüberlegungen zu Formatierungen von Online-Publikationen – Zeichensätze, Seitengröße, Layout, Farbe und Auflösung – sind die gleichen wie bei anderen Publikationen; allerdings muss jedes dieser Elemente im Hinblick auf die Betrachtung am Bildschirm überprüft werden. Entscheidungen über Farbe und Auflösung, die in traditionellen Publikationen häufig Kompromisse zwischen Qualität und Kosten sind, erfordern bei der digitalen Veröffentlichung vergleichbare Kompromisse zwischen Qualität und Dateigröße. Sobald Sie die für Sie wichtigen Seitenelemente ermittelt haben, wählen Sie die Publishing-Werkzeuge und das Format, das die gewünschten Elemente am besten erhält.

8 Wählen Sie **Datei: Schließen**, um die geöffnete PDF-Datei zu schließen.

In diesem Teil der Lektion haben Sie vielfältige digitale Dokumente untersucht, die in unterschiedlichen Dateiformaten für unterschiedliche Zwecke entworfen wurden, und haben dabei den Acrobat 9-Arbeitsbereich kennen gelernt. In den nächsten Lektionen in diesem Buch erlangen Sie weitere praktische Kenntnisse beim Erzeugen und Anpassen elektronischer Dokumente.

Acrobat-Hilfe

Acrobat bietet Ihnen eine umfangreiche Hilfe, die Ihnen den Umgang mit dem Programm erleichtert und Ihnen seine Funktionen näherbringt:

- Die Adobe Acrobat 9 Hilfe umfasst detaillierte Informationen zu allen Acrobat-Befehlen und -Funktionen.
- Sie können direkt aus Acrobat heraus auf aktuelle Online-Unterstützungsseiten auf der Adobe-Website zugreifen (vorausgesetzt, Sie verfügen über einen Internet-Zugang).

Die Adobe Acrobat 9 Hilfe

Die Lektionen in diesem Classroom in a Book konzentrieren sich auf häufig verwendete Werkzeuge und Funktionen von Acrobat 9. In der *Adobe Acrobat 9 Hilfe* erhalten Sie umfassende Informationen zu allen Werkzeugen, Befehlen und Funktionen in Acrobat für Windows- und Mac OS-Systeme. Sie ist mühelos bedienbar, da Sie ihren Inhalt unterschiedlich erforschen können:

- Durchsuchen Sie das Inhaltsverzeichnis.
- Suchen Sie nach Schlüsselwörtern.

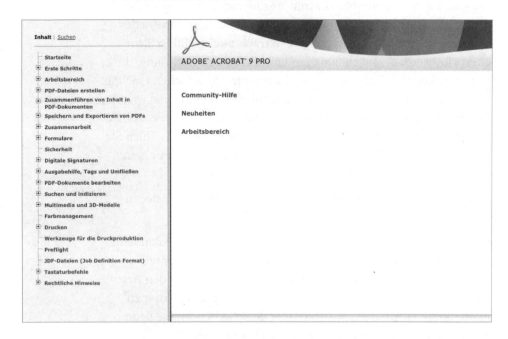

- Springen Sie mit den Links zu verwandten Informationen von Thema zu Thema.

Sie verwenden die Acrobat 9 Hilfe nun zum Suchen von Informationen über die Anwendung.

1   Wählen Sie **Hilfe: Adobe Acrobat 9 Hilfe**, um das Dialogfenster »Adobe Acrobat 9 Hilfe« in Ihrem Standardwebbrowser aufzurufen.

Acrobat zeigt den Inhalt der Hilfe im rechten Teilfenster – im Lesebereich; die Navigationsinformationen befinden sich im linken Teilfenster – dem Navigationsbereich.

2   Falls nötig, klicken Sie oben im Navigationsfenster auf den Link »Inhalt«, um das Inhaltsverzeichnis im Navigationsbereich einzublenden. Klicken Sie links von den Überschriften auf die Plus-Symbole, um weitere Unterüberschriften einzublenden.

3   Ein Klick auf eine Überschrift oder Unterüberschrift blendet rechts im Lesebereich den zugehörigen Informationsinhalt ein.

4   Blättern Sie mit den Überschriften oder mit den Navigationsschaltflächen oben im Navigationsbereich durch den Inhalt.

5 Klicken Sie oben im Navigationsbereich auf den Link »Suchen«, um mit einer gezielten Suche nach Stichwörtern zu beginnen.

● **Hinweis:** Die Suche unterscheidet nicht zwischen Groß- und Kleinschreibung.

6 Geben Sie das gewünschte Stichwort (oder die Stichwörter) ein, etwa **PDF Portfolio**, und klicken Sie auf die Schaltfläche »Suchen«.

Acrobat zeigt die Suchergebnisse im Navigationsbereich.

7 Um ein Hilfethema auszudrucken, wählen Sie **Datei: Drucken** oder klicken Sie in der Werkzeugleiste Ihres Browsers auf die Schaltfläche »Drucken«.

Sie können sich die Hilfethemen auf dem Bildschirm durchlesen oder ausdrucken.

8 Schließen Sie den Browser, um die Acrobat 9 Hilfe zu schließen.

9 Schließen Sie Acrobat über **Datei: Beenden** (Windows) bzw. **Acrobat: Acrobat beenden** (Mac OS).

Damit endet die Einführung in Adobe Acrobat; nun können Sie die Lektionen in diesem *Classroom in a Book* durcharbeiten und lernen, wie Sie Adobe PDF-Dateien erstellen und mit ihnen arbeiten.

Fragen

1 Nennen Sie zwei Möglichkeiten, um ein PDF-Dokument zu erzeugen.

2 Nennen Sie zwei Vorteile von PDF-Dokumenten.

3 Wie gelangen Sie vom Vollbildmodus zurück zu Ihrem Arbeitsbereich?

Antworten

1 Sie können den Befehl »Erstellen« in Acrobat verwenden, den Adobe PDF-Drucker aus jeder Anwendung heraus aufrufen, Acrobat PDFMaker aus Microsoft Office unter Windows oder einer anderen unterstützten Anwendung wählen, ein Dokument scannen und in PDF konvertieren oder eine PDF-Datei mit dem Befehl »PDF von Webseite« in Acrobat erzeugen.

2 Adobe PDF bietet zahlreiche Vorteile, beispielsweise:

- Adobe PDF behält das exakte Layout, die Schriften und die Textformatierungen elektronischer Dokumente unabhängig vom Betriebssystem oder der Plattform zur Betrachtung dieser Dokumente bei.
- PDF-Dokumente können mehrere Sprachen auf derselben Seite enthalten, z.B. Japanisch und Deutsch.
- PDF-Dokumente lassen sich vorhersehbar mit den richtigen Seitenrändern und Seitenumbrüchen drucken.
- Sie können PDF-Dateien schützen, um zu verhindern, dass Unbefugte sie ändern oder ausdrucken, oder um den Zugriff auf vertrauliche Dokumente mit einem Passwort einzuschränken.
- Sie können die Vergrößerung einer PDF-Seite in Acrobat oder Adobe Reader anpassen, um beispielsweise Grafiken oder Diagramme mit komplexen Inhalten besser lesen zu können.

3 Um den Vollbildmodus zu verlassen und wieder zu Ihrem normalen Arbeitsbereich zurückzukehren, drücken Sie die Esc-Taste.

2 DER ARBEITSBEREICH

Überblick

In dieser Lektion lernen Sie Folgendes:

- Die Anzeige und die Anordnung von Acrobat-Werkzeugleisten und -Werkzeugen anpassen
- Verborgene Werkzeuge in Werkzeugleisten einfügen
- Mit dem Navigationsfenster auf bestimmte Seiten in einem geöffneten Dokument springen
- Die Dokumentansicht im Dokumentfenster ändern
- Den Organizer erkunden, eine Acrobat-Funktion, die Ihnen bei der Verwaltung Ihrer Dateien helfen kann

 Für diese Lektion benötigen Sie ungefähr 30 Minuten. Falls nötig, kopieren Sie jetzt den Ordner *Lektion02* auf Ihre Festplatte.

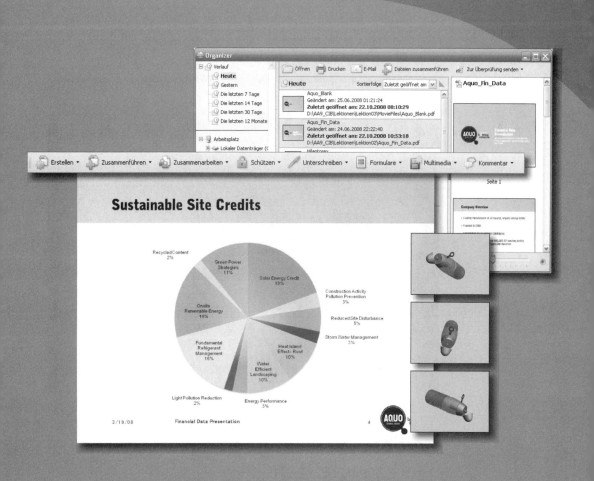

Eine PDF-Datei im Arbeitsbereich öffnen

Acrobat 9 bietet einen übersichtlichen Standardarbeitsbereich mit mühelosem Zugriff auf die häufig benutzten Werkzeuge für den Umgang mit PDF-Dateien.

1 Starten Sie Acrobat.

2 Wählen Sie **Datei: Öffnen**, markieren Sie die Datei *Aquo_Fin_Data.pdf* im Ordner *Lektion02* und klicken Sie auf »Öffnen«.

▶ **Tipp:** Unter Windows können Sie durch Klicken auf das entsprechende Dateisymbol in der Windows-Aufgabenleiste zwischen geöffneten PDF-Dokumenten wechseln.

Die Standardwerkzeugleisten befinden sich oben im Arbeitsbereich. In Acrobat 9 verfügt jedes geöffnete Dokument über einen eigenen Arbeitsbereich und eigene Werkzeugleisten.

Acrobat-Werkzeuge und -Werkzeugleisten

Die Acrobat-Standardwerkzeugleisten enthalten häufig benötigte Werkzeuge und Befehle für den Umgang mit PDF-Dateien. Sie sind nach Funktionen zusammengefasst, so dass jede Werkzeugleiste Werkzeuge für bestimmte Aufgaben wie Dateiverwaltung, Seitennavigation und Seitenansicht enthält.

Neben den Standardwerkzeugleisten sind über das Menü **Anzeige: Werkzeugleisten** weitere Werkzeugleisten verfügbar, von denen Sie im Verlauf dieses *Classroom in a Book* einige verwenden werden.

Sie können die Werkzeugleisten an Ihre Bedürfnisse anpassen, indem Sie sie schwebend oder angedockt anordnen, umstellen, weitere Werkzeugleisten öffnen oder ausblenden, um Ihren Arbeitsbereich zu maximieren. Außerdem können Sie bestimmen, welche Werkzeuge in einer Werkzeugleiste zur Verfügung stehen sollen.

Die meisten Werkzeuge und Werkzeugleisten stehen in allen Acrobat-Varianten zur Verfügung – Acrobat Pro Extended, Acrobat Pro und Acrobat Standard. Ist ein bestimmtes Werkzeug oder eine bestimmte Werkzeugleiste nicht in allen drei Programmvarianten verfügbar, weist Sie dieses *Classroom in a Book* darauf hin.

Sie können Acrobat auf zwei verschiedene Arten öffnen – als eigenständige Anwendung oder in einem Webbrowser. Die entsprechenden Arbeitsbereiche unterscheiden sich zwar nur geringfügig, aber in wichtigen Punkten voneinander. Dieses *Classroom in a Book* geht davon aus, dass Sie Acrobat als eigenständiges Programm verwenden.

Die Werkzeugleisten

Dieser Abschnitt beschreibt die Standardwerkzeuge und -werkzeugleisten. Im Verlauf dieses *Classroom in a Book* lernen Sie die Funktionsweise jedes dieser Werkzeuge kennen. Sie können den Namen einer Werkzeugleiste einblenden, indem Sie den Mauszeiger auf ihre Griffleiste bewegen. Um den Namen oder die Beschreibung eines Werkzeugs einzublenden, bewegen Sie Ihren Mauszeiger auf die entsprechende Schaltfläche in einer Werkzeugleiste.

Zu den Standardwerkzeugleisten gehören »Datei«, »Seitennavigation«, »Auswählen und zoomen«, »Seitenanzeige«, »Suchen« und »Aufgaben«. Jede von ihnen zeigt entweder alle oder nur eine Auswahl der jeweils zugehörigen Werkzeuge. Die Aufgaben-Werkzeugleiste umfasst eine Reihe von Schaltflächen, mit denen Sie schnellen Zugriff auf Befehle für eine bestimmte Aufgabe erhalten. Weitere Informationen über die Aufgaben-Werkzeugleiste finden Sie unter »Acrobat-Aufgabenschaltflächen« weiter hinten in dieser Lektion.

Die Werkzeugleiste »Datei« mit den Schaltflächen »Öffnen«, »Drucken«, »Speichern«, »E-Mail« und »Dokumente auf Acrobat.com hochladen«

Die Werkzeugleiste »Seitennavigation« mit den Schaltflächen »Vorherige Seite«, »Nächste Seite« und »Seitennummer«

Die Werkzeugleiste »Auswählen und zoomen« mit den Schaltflächen »Auswahl-Werkzeug«, »Hand-Werkzeug«, »Zoom-Auswahlrahmen«, den »Verkleinern«- und »Vergrößern«-Werkzeugen und der Zoomwert-Anzeige mit dem Zoom-Menü

Die Werkzeugleiste »Seitenanzeige« mit den Schaltflächen »Seiten durchblättern« und »Eine vollständige Seite«

Die Werkzeugleiste »Suchen« mit dem Texteingabefenster »Suchen«

1 Wählen Sie in der Acrobat-Menüleiste **Anzeige: Gehe zu: Letzte Seite**.

2 Klicken Sie im Dokumentfenster auf die Flasche.

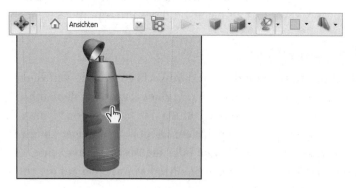

Acrobat blendet automatisach die 3D-Werkzeugleiste ein, wenn Sie 3D-Inhalte in einem PDF-Dokument aktivieren.

3 Ziehen Sie die Flasche mit gedrückter Maustaste herum, um mit den 3D-Funktionen der PDF-Datei zu experimentieren.

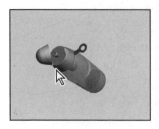  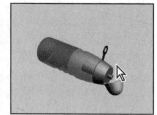

Weitere Informationen über die 3D-Werkzeugleiste und das Bearbeiten von Modellen finden Sie in Lektion 15, »3D in PDF-Dateien«.

4 Wählen Sie in der Acrobat-Menüleiste **Anzeige: Gehe zu: Erste Seite**, um zurück zur ersten Seite des Dokuments zu springen.

Werkzeugleisten ein- und ausblenden

Der Standardarbeitsbereich blendet zweckmäßigerweise nicht alle verfügbaren Werkzeugleisten ein und nicht jede Werkzeugleiste zeigt alle verfügbaren Werkzeuge. So können Sie in einer aufgeräumten Arbeitsumgebung mit viel Platz für Ihr Dokument und den häufig gebrauchten Werkzeugen arbeiten. Darüber hinaus benötigte Werkzeuge oder Werkzeugleisten fügen Sie schnell und mühelos in Ihren Arbeitsbereich ein, während Sie weniger oft verwendete Werkzeugleisten für mehr Platz im Arbeitsbereich entsprechend ausblenden können.

1 Wählen Sie **Anzeige: Werkzeugleisten**, um die verfügbaren Werkzeugleisten im Menü zu sehen. Die aktuell eingeblendeten Werkzeugleisten sind im Menü mit einem Häkchen versehen.

2 Wählen Sie den Menüeintrag »Bearbeiten«, um die Bearbeiten-Werkzeugleiste einzublenden.

Die Bearbeiten-Werkzeugleiste mit den Werkzeugen »Rechtschreibprüfung« (für die Prüfung der Rechtschreibung in Kommentaren und Formularfeldern), »Rückgängig«, »Wiederherstellen« und »Kopieren« (für die Textbearbeitung in Notizen)

Acrobat blendet die Bearbeiten-Werkzeugleiste im Arbeitsbereich auf dem geöffneten Dokument schwebend ein. Belassen Sie die Werkzeugleiste fürs Erste an diesem Platz.

Als Nächstes blenden Sie eine Werkzeugleiste aus.

3 Wählen Sie **Anzeige: Werkzeugleisten**. Um die Suchen-Werkzeugleiste auszublenden, die Acrobat standardmäßig im Werkzeugleistenbereich zeigt, markieren Sie den Menüeintrag »Suchen«.

Die Suchen-Werkzeugleiste verschwindet aus dem Werkzeugleistenbereich. Sie können sie jederzeit wieder mit **Anzeige: Werkzeugleisten: Suchen** einblenden.

Werkzeugleisten andocken, schweben lassen und neu anordnen

Sie können Werkzeugleisten im Werkzeugleistenbereich andocken oder von dort als schwebende Werkzeugleisten entfernen und angedockte Werkzeugleisten nach Ihren Vorstellungen neu anordnen.

1. Um die schwebende Bearbeiten-Werkzeugleiste anzudocken, ziehen Sie sie mit gedrückter Maustaste an ihrer Titelleiste oder ihrer Griffleiste (der Trennlinie) oben im Arbeitsbereich in die Zeile mit den angedockten Werkzeugleisten. Bewegen Sie sie in einen leeren Bereich oder ziehen Sie sie auf eine der vorhandenen Werkzeugleistentrennlinien und lassen Sie die Maustaste los, sobald die Trennlinie die Farbe wechselt.

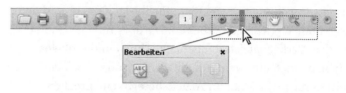

> **Tipp:** Um für ein großes Dokument möglichst viel Platz im Arbeitsbereich zu schaffen, wählen Sie **Anzeige: Werkzeugleisten: Werkzeugleisten ausblenden**. Um die Werkzeugleisten im Arbeitsbereich in derselben Anordnung wiederherzustellen, wählen Sie entsprechend **Anzeige: Werkzeugleisten: Werkzeugleisten einblenden**. Um alle Werkzeugleisten bis auf die Menüleiste auszublenden, wählen Sie **Anzeige: Lesemodus**. Durch erneutes Wählen von **Anzeige: Lesemodus** beenden Sie diesen Modus wieder.

Damit haben Sie die Bearbeiten-Werkzeugleiste an die übrigen Werkzeugleisten angedockt.

2. Um die Bearbeiten-Werkzeugleiste im Werkzeugleistenbereich an einen anderen Platz zu bewegen, ziehen Sie sie an ihrer Trennlinie und lassen Sie sie in einem leeren Bereich oder auf einer der Trennlinien der übrigen angedockten Werkzeugleiste fallen.

Um eine angedockte Werkzeugleiste in eine schwebende Werkzeugleiste zu konvertieren, ziehen Sie sie an ihrer Titel- oder Griffleiste aus dem Werkzeugleistenbereich heraus.

3. Ziehen Sie die Bearbeiten-Werkzeugleiste wieder zurück in das Dokumentfenster.

Schaltflächenbeschriftungen ausblenden

Wird Ihr Werkzeugleistenbereich durch zusätzliche Werkzeugleisten unübersichtlich, können Sie durch Ausblenden von Werkzeugschaltflächenbeschriftungen mehr Platz schaffen.

Wählen Sie **Anzeige: Werkzeugleisten: Schaltflächenbeschriftungen**. Wählen Sie den Menüeintrag »Ohne Beschriftung«, um alle Beschriftungen auszublenden, »Alle Beschriftungen«, um alle Beschriftungen einzublenden, die in den Werkzeugleistenbereich passen, oder »Standardbeschriftungen«, um nur die Standardbeschriftungen einzublenden. Selbst wenn Sie »Alle Beschriftungen« wählen, blendet Acrobat automatisch Schaltflächenbeschriftungen aus, wenn der Werkzeugleistenbereich zu viele Werkzeugleisten enthält.

Werkzeugleistenposition sperren

Sie können Ihre persönliche Anordnung der angedockten Werkzeugleisten und Werkzeuge im Werkzeugleistenbereich sperren, um sie für zukünftige Arbeiten mit Acrobat beizubehalten. (Die Position schwebender Werkzeugleisten lässt sich nicht sperren.)

▶ **Tipp:** Sie können die Werkzeugleisten bei mehreren geöffneten PDF-Dateien für jede Datei unabhängig anpassen; die Einstellungen bleiben beim Umschalten zwischen den PDF-Dateien erhalten

1 Wählen Sie **Anzeige: Werkzeugleisten: Werkzeugleistenposition sperren**.

Im gesperrten Zustand sind die Griffleisten bzw. Trennlinien der Werkzeugleisten ausgeblendet.

2 Um die Werkzeugleistenpositionssperre wieder aufzuheben, wählen Sie erneut **Anzeige: Werkzeugleisten: Werkzeugleistenposition sperren**.

Werkzeugleistenposition zurücksetzen

Experimentieren Sie mit einer neuen Anordnung Ihrer Werkzeugleisten. Falls Ihnen das Ergebnis nicht zusagt, können Sie die standardmäßige Anordnung der Werkzeugleisten in Acrobat mit einem Befehl wiederherstellen.

1 Wählen Sie **Anzeige: Werkzeugleisten: Werkzeugleistenposition zurücksetzen**.

Dieser Zurücksetzen-Befehl funktioniert nicht, wenn die Werkzeugleistenpositionen gesperrt sind. In dem Fall müssen Sie die Sperre zunächst aufheben, bevor Sie die Positionen zurücksetzen können. Der Zurücksetzen-Befehl stellt nicht die Standardschaltflächenbeschriftungen wieder her.

2 Um die Standardschaltflächenbeschriftungen wiederherzustellen, wählen Sie **Anzeige: Werkzeugleisten: Schaltflächenbeschriftungen: Standardbeschriftungen**.

Werkzeuge wählen

Das Standardwerkzeug in Acrobat ist das Auswahl-Werkzeug (I).

Um ein Werkzeug in einer Werkzeugleiste zu wählen, klicken Sie in der entsprechenden Leiste auf die zugehörige Werkzeugschaltfläche. Normalerweise bleibt ein gewähltes Werkzeug so lange aktiv, bis Sie ein anderes Werkzeug wählen. In diesem Abschnitt der Lektion probieren Sie einige Werkzeuge aus.

1 Klicken Sie in der Werkzeugleiste »Seitennavigation« dreimal auf die Schaltfläche »Nächste Seite« (⬇), um im Dokument auf Seite 4 zu blättern.

2 Klicken Sie in der Werkzeugleiste »Auswählen und zoomen« auf die Schaltfläche »Zoom-Auswahlrahmen« ( ), um dieses Werkzeug zu wählen. Ziehen Sie mit gedrückter Maustaste diagonal über einen Bereich auf der Seite, um ihn zu vergrößern.

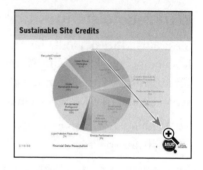

Die Zoom-Werkzeuge ändern nicht die tatsächliche Größe eines Dokuments, sondern lediglich die Bildschirmdarstellung.

3 Halten Sie die Leertaste gedrückt und ziehen Sie mit gedrückter Maustaste im Dokumentfenster. Damit bewegen Sie das vergrößerte Dokument im Dokumentfenster und können so andere Bereiche sehen. Wenn Sie die Leertaste loslassen, ist wieder das Zoom-Auswahlrahmen-Werkzeug aktiv.

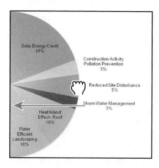 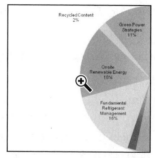

Durch Drücken der Leertaste bei einem aktivierten Werkzeug wechseln Sie vorübergehend zum Hand-Werkzeug.

4 Klicken Sie rechts vom Texteingabefeld »Zoom-Wert« auf den kleinen schwarzen Pfeil, und wählen Sie im Menü den Eintrag »100%«, um die Dokumentanzeige wieder auf 100% einzustellen.

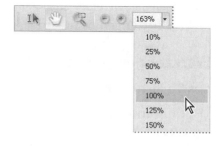

Ein kleiner schwarzer Pfeil rechts von einem Werkzeug weist auf ein zu diesem Werkzeug gehörendes Menü hin; klicken auf diesen Pfeil blendet dieses Menü ein.

Verborgene Werkzeuge und Werkzeugleisten im Werkzeuge-Menü

Das Werkzeuge-Menü bietet eine weitere Möglichkeit, um auf verborgene Werkzeuge und Werkzeugleisten zuzugreifen. Es führt verschiedene häufig verwendete Werkzeugleisten und alle darin enthaltenen Werkzeuge auf. Beim Einblenden einer Werkzeugleiste zeigt Acrobat nicht immer automatisch alle ihre Werkzeuge an.

Das Werkzeuge-Menü bietet bequemen Zugriff auf verborgene Werkzeuge, ohne den Werkzeugleistenbereich mit Werkzeugleisten zu überfrachten.

1 Ziehen Sie die Werkzeugleiste »Auswählen und zoomen« aus dem Werkzeugleistenbereich nach  unten zum Dokumentfensterrand. Die Werkzeugleiste enthält mehrere Werkzeuge und ein Texteingabefeld.

2 Wählen Sie **Werkzeuge: Auswählen und zoomen**. Dieses Menü bietet Ihnen den Zugriff auf weitere Werkzeuge.

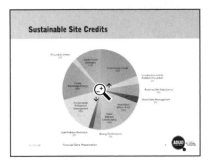

3 Wählen Sie das Werkzeug »Dynamischer Zoom« ( ) im Menü »Auswählen und zoomen«. Ziehen Sie damit im Dokumentfenster nach unten, um die Dokumentansicht zu verkleinern, und nach oben, um sie zu vergrößern.

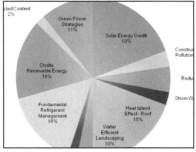

Sie können die Werkzeuge sowohl in der Werkzeugleiste als auch im Werkzeuge-Menü wählen.

4 Wählen Sie wieder das Auswahl-Werkzeug in der Werkzeugleiste.

Werkzeuge zu einer Werkzeugleiste hinzufügen

Wie Sie bereits zuvor gesehen haben, gehören zu manchen Standardwerkzeugleisten weitere verborgene Werkzeuge. Sie können jede beliebige Werkzeugleiste durch Hinzufügen von verborgenen Werkzeugen oder Entfernen nicht benötigter Werkzeuge an Ihre Anforderungen anpassen.

1 Klicken Sie mit der rechten Maustaste auf die Griffleiste bzw. die Trennlinie der Seitennavigation-Werkzeugleiste.

Das Kontextmenü führt alle Werkzeuge auf, die Sie in der Seitennavigation-Werkzeugleiste anzeigen können. Alle Menüelemente mit einem Häkchen zeigt Acrobat bereits in der Werkzeugleiste an – die ohne Häkchen jedoch nicht.

2 Wählen Sie das Element »Erste Seite« (bisher ohne Häkchen), um die zugehörige Schaltfläche »Erste Seite« in die Seitennavigation-Werkzeugleiste einzufügen.

3 Klicken Sie auf die Schaltfläche »Erste Seite« (≡), um auf die Titelseite des Dokuments zu gelangen.

4 Um ein Werkzeug aus einer Werkzeugleiste zu entfernen, klicken Sie mit der rechten Maustaste auf das Werkzeug und wählen den entsprechenden Eintrag im Kontextmenü, um es zu entfernen. Wir haben die Schaltfläche »Erste Seite« wieder entfernt.

Die zuvor beschriebene Methode eignet sich, um einer Werkzeugleiste ein verborgenes Werkzeug hinzuzufügen, wenn Sie wissen, welches Werkzeug Sie suchen und zu welcher der Werkzeugleisten es gehört. In allen anderen Fällen sollten Sie nach der folgenden Methode vorgehen, um ein verborgenes Werkzeug in eine Werkzeugleiste einzufügen.

5 Wählen Sie **Werkzeuge: Werkzeugleisten anpassen**.

Das Dialogfenster »Weitere Werkzeuge« führt alle Werkzeugleisten und Werkzeuge auf. Mit einem Häkchen versehene Werkzeuge zeigt Acrobat bereits an; Werkzeuge ohne Häkchen sind bisher ausgeblendet.

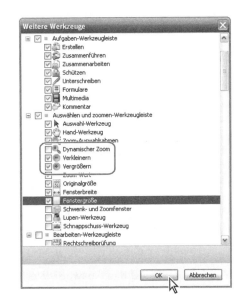

6 Rollen Sie im Dialogfenster »Weitere Werkzeuge« nach unten bis zur Werkzeugleiste »Auswählen und zoomen«.

7 Schalten Sie die Kontrollkästchen vor »Originalgröße« (), »Fensterbreite« () und »Fenstergröße« () ein und klicken Sie auf OK.

Acrobat fügt diese drei Werkzeuge in die Werkzeugleiste »Auswählen

und zoomen« in Ihrem Arbeitsbereich ein. Klicken Sie auf jedes der Werkzeuge, um die Wirkung auf die Anzeigegröße des Dokuments im Arbeitsbereich zu erkunden.

8 Um die Werkzeugleisten wieder so einzustellen, dass sie nur die Standardwerkzeuge anzeigen, wählen Sie **Anzeige: Werkzeugleisten: Werkzeugleistenposition zurücksetzen**.

Werkzeuge mit Zugriffstasten wählen

Sie können in den Acrobat-Voreinstellungen Zugriffstasten zur Auswahl eines Werkzeugs bestimmen.

1 Wählen Sie **Bearbeiten: Voreinstellungen** (Windows) bzw. **Acrobat: Voreinstellungen** (Mac OS) und dann im linken Teilfenster den Eintrag »Allgemein«.

2 Klicken Sie in das Kontrollkästchen vor der Option »Zugriffstasten zum Zugreifen auf Werkzeuge verwenden«.

Acrobat quittiert Ihre Wahl mit einem Häkchen im Kontrollkästchen.

3 Klicken Sie auf OK, um die Änderung zu übernehmen.

Wenn Sie jetzt Ihren Mauszeiger auf die Werkzeuge in den Werkzeugleisten bewegen, blendet Acrobat bei manchen Werkzeugen zusätzlich einen Buchstaben, eine Zahl oder ein Zeichen oder die Kombination Umschalt+[Buchstabe] bzw. [Zahl] oder [Zeichen] hinter dem jeweiligen Werkzeugnamen ein. Das ist die Zugriffstaste für das entsprechende Werkzeug.

4 Bewegen Sie Ihren Mauszeiger in der Werkzeugleiste »Auswählen und zoomen« auf das Werkzeug »Zoom-Auswahlrahmen« und achten Sie auf den Buchstaben »Z« am Ende der Beschreibung – das ist die zugehörige Zugriffstaste.

5 Bewegen Sie den Mauszeiger in das Dokumentfenster und drücken Sie die Taste »Z«. Der Mauszeiger ändert sich vom Auswahl- in das Vergrößern-Werkzeug.

6 Klicken Sie auf das Auswahl-Werkzeug oder drücken Sie die Taste »V«, um wieder zum Auswahl-Werkzeug zu wechseln.

Acrobat-Aufgabenschaltflächen

Die Aufgaben-Werkzeugleiste unterscheidet sich von den übrigen Werkzeugleisten. Jede Schaltfläche in dieser Werkzeugleiste bezieht sich auf eine bestimmte Aufgabe und verfügt über ein Einblendmenü mit aufgabenbezogenen Befehlen.

Sie können die Aufgaben-Werkzeugleiste wie jede andere Werkzeugleiste einblenden, ausblenden, schweben lassen und andocken. Allerdings verfügt die Aufgaben-Werkzeugleiste nicht über verborgene Werkzeuge oder Befehle.

1 Klicken Sie in der Aufgaben-Werkzeugleiste auf die Schaltfläche »Kommentar« ( ).

Das Kommentar-Schaltflächenmenü führt Elemente zum Überprüfen und Kommentieren eines Dokuments auf. Alle Schaltflächen der Aufgaben-Werkzeugleiste bieten ein ähnlich aufgebautes aufgabenorientiertes Menü, mit dem Sie Aufgaben in Acrobat mühelos beginnen können.

2 Wählen Sie im Kommentar-Schaltflächenmenü das Element »Notiz hinzufügen« ( ). Acrobat fügt automatisch eine Notiz in das Dokumentfenster ein. Falls nötig, klicken Sie in das Notizfenster, um dort eine Einfügemarke zu setzen, und geben Sie einen kurzen Dokumentkommentar ein. Wir haben »Ich teste das Notiz-Werkzeug« eingegeben.

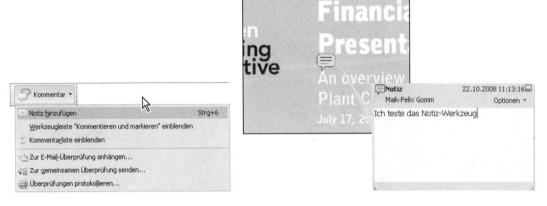

3 Klicken Sie außerhalb des Notizfensters, um die Auswahl aufzuheben. Klicken Sie auf die Schließen-Schaltfläche, um das Notizfenster zu schließen. Sie können das Notizfenster und das Notizsymbol frei im Dokumentfenster bewegen. Mehr über das Kommentieren von Dokumenten erfahren Sie in Lektion 9, »Acrobat in einer Dokumentüberprüfung«.

Das Navigationsfenster

Ein weiterer Hauptbestandteil des Acrobat 9-Arbeitsbereichs ist das Navigationsfenster.

Die Navigationsfensterschaltflächen

Die Schaltflächen am linken Dokumentfensterrand sind die Standard-Navigationsfensterschaltflächen. Jede von ihnen öffnet ein anderes Teilfenster im Navigationsfenster.

1 Bewegen Sie Ihren Mauszeiger auf jede der Standardschaltflächen, um ihre Namen und Beschreibungen einzublenden.

2 Weitere Navigationsfenster blenden Sie mit **Anzeige: Navigationsfenster** ein. Klicken Sie außerhalb des Menüs, um es ohne eine Auswahl wieder zu schließen.

Seiten

Lesezeichen

Unterschriften

Kommentare

Anlagen

Das Navigationsfenster

1 Klicken Sie im Navigationsfenster auf die Schaltfläche »Seiten« ( ).

Acrobat öffnet das Seiten-Navigationsfenster mit einer Miniaturansicht von jeder Seite des geöffneten Dokuments.

Durch Klicken auf die Miniaturseite im Seiten-Navigationsfenster springen Sie auf die entsprechende Seite in der PDF-Datei.

2 Klicken Sie in der Werkzeugleiste »Auswählen und zoomen« auf den Pfeil neben dem Texteingabefeld »Zoom-Wert« und wählen Sie den Menüeintrag »150%«. Klicken Sie anschließend auf die Miniaturseite der Seite 5, um diese Seite im Dokumentfenster anzuzeigen. (Eventuell müssen Sie im Seiten-Navigationsfenster nach unten rollen, um die Miniaturseite der Seite 5 zu sehen.)

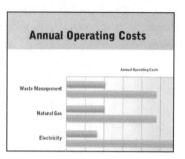

3 Ziehen Sie den oberen Rand des roten Rahmens in der Miniaturseite nach oben oder unten, um die zugehörige Seite im Dokumentfenster entsprechend zu bewegen.

 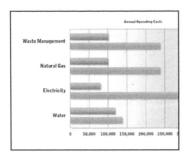

Der rote Rahmen zeigt den Bereich, der im Dokumentfenster zu sehen ist.

Mit den Miniaturseiten können Sie nicht nur in Ihrem Dokument navigieren, sondern auch die Seitenansicht in Ihrem Dokumentfenster ändern. Mehr über das Arbeiten mit Miniaturseiten erfahren Sie in Lektion 7, »PDF-Dokumente modifizieren«.

4 Klicken Sie im Navigationsfenster auf die Schaltfläche »Lesezeichen« ( ).

5 Klicken Sie im Lesezeichen-Navigationsfenster auf das Lesezeichensymbol »Construction Costs & Sustainable Site Credits«, um auf diese Seite im geöffneten Dokument zu gelangen.

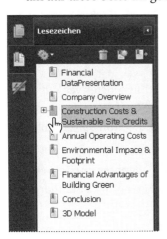 

Verschachtelte Lesezeichen versieht Acrobat mit einem Pluszeichen (Windows) bzw. einem grauen Dreieck (Mac OS). Ein solches verschachteltes Lesezeichen können Sie durch Klicken auf das entsprechende Symbol aus- und einklappen.

 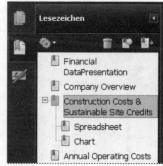

Die Schaltflächen für die Navigationsfenster »Anlagen« und »Kommentare« befinden sich am unteren Navigationsfensterrand. Acrobat öffnet beide jeweils unten quer über den Arbeitsbereich.

Sie können die Ausrichtung jedes Navigationsfensters beliebig vertikal oder horizontal wählen. Um ein Navigationsfenster vertikal auszurichten, ziehen Sie seine Schaltfläche in den oberen Teil zu den Schaltflächen der übrigen vertikal ausgerichteten Navigationsfenster. Um es horizontal auszurichten, ziehen Sie seine Schaltfläche entsprechend in den unteren Bereich zu den Schaltflächen der übrigen horizontal ausgerichteten Navigationsfenster.

6 Klicken Sie auf die Schaltfläche »Kommentare«.

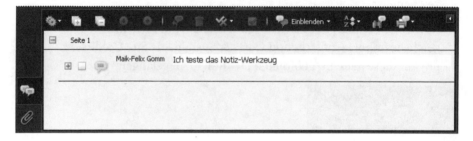

Die Kommentarliste im Kommentar-Navigationsfenster verfügt über eigene Schaltflächen und Befehle, mit denen Sie die Kommentare in einem PDF-Dokument verwalten. Siehe auch Lektion 9, »Acrobat in einer Dokumentüberprüfung«.

7 Wählen Sie **Anzeige: Navigationsfenster: Fenster zurücksetzen**, um die Navigationsfensterschaltflächen auf ihre Standardkonfiguration zurückzusetzen.

▶ **Tipp:** Die Breite eines geöffneten Navigationsfensters ändern Sie durch Ziehen an seinem rechten Rand.

Beim Durcharbeiten der Lektionen in diesem *Classroom in a Book* erfahren Sie mehr über die Funktionen des Navigationsfensters.

8 Wählen Sie **Datei: Schließen** und schließen Sie die Datei, ohne die Änderungen zu speichern.

Der Organizer

Der Organizer bietet leistungsfähige Such- und Verwaltungsfunktionen für Ihre PDF-Dateien in Acrobat. Er listet Ihnen nicht nur die bereits geöffneten PDF-Dateien nach Datum auf, sondern ermöglicht auch die Gruppierung Ihrer PDF-Dateien in Sammlungen und Favoriten und erlaubt auch das seitenweise Blättern in Dokumenten, ohne sie erst öffnen zu müssen, um genau das Gesuchte zu finden.

Video: Das Video »Organizer« auf der Buch-DVD zeigt mehr zu diesem Thema. Weitere Informationen finden Sie unter »Den Ordner *Video-Training* installieren« auf Seite 16.

Außerdem können Sie Ihre PDF-Dateien über die Schaltflächen in der Organizer-Werkzeugleiste öffnen, drucken und per E-Mail oder zur Überprüfung versenden. Sie können im Organizer-Fenster sogar mehrere PDF-Dateien zu einer PDF-Datei zusammenfassen. In dieser Lektion erhalten Sie einen Überblick über die Organizer-Funktion im Allgemeinen.

Falls Sie die Lektion 1 noch nicht bearbeitet haben, navigieren Sie jetzt bitte zum Ordner *Lektion01* und öffnen und schließen Sie jede Datei in diesem Ordner mindestens einmal.

Zuerst erfahren Sie, wie Sie über den Organizer schnell und einfach Zugriff auf Ihre PDF-Dokumente erhalten.

1 Um den Organizer aufzurufen, wählen Sie **Datei: Organizer: Organizer öffnen**.

2 Wählen Sie links im Fenster im Bereich »Verlauf« den Eintrag »Heute«. Das Organizer-Fenster verfügt über drei Teilfenster: das Kategorienfenster, die Dateienliste und das Seitenfenster.

Das Kategorienfenster (links) ist in drei Bereiche aufgeteilt.

- Im Verlauf-Bereich können Sie die Dateianzeige auf bestimmte Zeiträume beschränken: heute, gestern, innerhalb der letzten Woche, innerhalb der letzten zwei Wochen, innerhalb des letzten Monats oder innerhalb des letzten Jahres.
- Im Bereich »Arbeitsplatz« (Windows) bzw. *Computername* (Mac OS) zeigt der Organizer die Ordner- und Festplattenstruktur auf Ihrem Computer an; dazu gehören auch die von Ihnen als »Bevorzugte Speicherorte« bestimmten Ordner für schnellen Zugriff.
- Der Bereich »Sammlungen« führt Ihre PDF-Dateien auf, die Sie mit anderen für eine bestimmte Aufgabe oder einen bestimmten Zweck zusammengefasst haben. In Sammlungen können Sie Dateien kombinieren, die sich auch in verschiedenen Ordnern Ihres Computersystems befinden dürfen, um schnellen Zugriff auf zusammengehörige Dateien zu erhalten, ohne sie in denselben Ordner verschieben zu müssen.

Die Dateienliste (Mitte) listet alle PDF-Dateien auf, die Sie mit Ihrer Auswahl links unter »Kategorien« suchen.

Im Seitenfenster (rechts) zeigt der Organizer Miniaturseiten jeder PDF-Datei, die Sie in der Dateienliste in der Mitte wählen.

PDF-Dateien mit dem Organizer finden und ordnen

Sie sehen sich zunächst die Verlauf-Komponente im Kategorienfenster an.

1 Die Einträge »Heute« im Verlauf und »Zuletzt geöffnet am« oben in der Dateienliste im Menü »Sortierfolge« sind noch gewählt.

2 Hier finden Sie jetzt alle Dateien, die Sie heute geöffnet haben – die aus dieser Lektion und die aus Lektion 1. Wählen Sie die zuletzt geöffnete Datei, *Aquo_Fin_Data.pdf*.

Rechts im Seitenfenster zeigt Acrobat alle Seiten der Datei *Aquo_Fin_Data.pdf* als Miniaturseiten.

3 Ziehen Sie den Schieberegler unten im Seitenfenster so weit nach links, dass der Organizer alle Seiten der Datei *Aquo_Fin_Data.pdf* anzeigt, ohne dass Sie im Fenster rollen müssen.

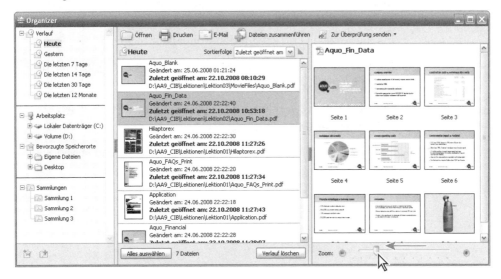

4 Um das Dokument *Aquo_Fin_Data.pdf* mit einer bestimmten Seite in Acrobat zu öffnen, doppelklicken Sie im Seitenfenster auf die Miniaturseite dieser Seite.

Damit haben Sie eine PDF-Datei unmittelbar aus dem Seitenfenster des Organizers geöffnet. Außerdem können Sie PDF-Dateien durch Doppelklick auf einen beliebigen Dateinamen in der Dateienliste öffnen.

5   Klicken Sie oben im Organizer in der Dateienliste auf den Pfeil rechts im Menü »Sortierfolge« und wählen Sie aus den zur Verfügung stehenden Sortierkriterien den Eintrag »Dateiname«, um die Dateien alphabetisch sortiert anzuzeigen.

Als Nächstes erfahren Sie, wie Sie mit dem Organizer schnell nach einer bestimmten Seite in einer Datei suchen können.

6   Um alle Seiten aller heute benutzten Dateien in der Dateienliste anzuzeigen, klicken Sie unten in der Dateienliste auf die Schaltfläche »Alles auswählen«.

7   Blättern Sie mit Hilfe des Rollbalkens durch die Seiten. Je nach Leistungsfähigkeit Ihres Systems kann es einen Augenblick dauern, bis die Anzeige korrekt auf den Rollbalken reagiert.

So können Sie schnell in mehreren PDF-Dateien nach einer bestimmten Seite suchen.

▶ **Tipp:** Mit der Schaltfläche »Verlauf löschen« unten im Organizer löschen Sie den Inhalt der Dateienliste; diesen Vorgang können Sie nicht rückgängig machen.

8   Vergrößern bzw. verkleinern Sie die Seitenansicht über den Schieberegler unten im Seitenfenster.

9   Schließen Sie alle geöffneten Dateien in Acrobat und lassen Sie den Organizer geöffnet.

Eine Sammlung erstellen

Sie erstellen nun eine PDF-Dateien-Sammlung. Eine Sammlung kann beliebig viele PDF-Dateien enthalten, die sich weder im selben Ordner noch auf demselben System befinden müssen. In dieser Lektion erstellen Sie eine Sammlung, die alle Dateien aus dem Ordner *Lektion01* enthalten soll.

1 Sehen Sie sich den Bereich »Sammlungen« unten im Kategorienfenster im Organizer an. Klicken Sie mit der rechten Maustaste auf das Symbol »Sammlung 1«. Wählen Sie im Kontextmenü den Befehl »Sammlung umbenennen«, geben Sie **Meine_Lektion_1** als Namen für Ihre neue Sammlung ein und klicken Sie anschließend außerhalb der Sammlungsbezeichnung, um den neuen Namen zu übernehmen.

Der Organizer enthält bereits einige leere Sammlungssymbole, mit denen Sie beginnen können; benennen Sie diese Sammlungen um oder fügen Sie mit der Schaltfläche »Neue Sammlung erstellen« ( ) unten im Kategorienfenster neue Sammlungen hinzu.

Als Nächstes fügen Sie der Sammlung Dateien aus dem Ordner *Lektion01* hinzu.

2 Klicken Sie erneut mit der rechten Maustaste auf das Sammlungssymbol »Meine_Lektion_1« und wählen Sie im Kontextmenü den Befehl »Dateien hinzufügen«.

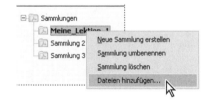

> **Tipp:** Acrobat zeigt den Speicherort auf der Festplatte im Windows-Explorer bzw. im Mac OS Finder an, wenn Sie in der Dateienliste mit der rechten Maustaste auf das Dateisymbol bzw. den Dateinamen klicken und im Kontextmenü den Befehl »In Windows-Explorer anzeigen« (Windows) bzw. »Im Finder anzeigen« (Mac OS) wählen.

3 Navigieren Sie im Dialogfenster »Wählen Sie Dateien aus, die Sie der Sammlung hinzufügen wollen« zum Ordner *Lektion01*. Klicken Sie mit gedrückter Umschalttaste zuerst auf die erste Datei in der Liste und dann auf die letzte, um alle Dateien im Ordner *Lektion01* zugleich zu markieren, und klicken Sie dann auf »Hinzufügen«.

Auf diese Weise können Sie der Sammlung weitere Dateien von unterschiedlichen Speicherorten Ihres Systems hinzufügen.

Um eine Datei aus einer Sammlung zu löschen, klicken Sie mit der rechten Maustaste in der Dateienliste auf die entsprechende Datei und wählen im aufgerufenen Kontextmenü den Befehl »Aus ["Sammlungsname"] entfernen«.

4 Wenn Sie damit fertig sind, klicken Sie im Organizer auf die Schaltfläche »Schließen« und verlassen Sie Acrobat.

Da die Lektionsdateien in diesem *Classroom in a Book* bereits in Ordnern zusammengefasst sind, benötigen Sie diese Funktion zum Zusammenfassen Ihrer PDF-Lektionsdateien im Organizer eigentlich nicht. Sobald Sie allerdings eigene PDF-Dateien erstellen und PDF-Dateien von anderen erhalten, werden Sie die umfassenden Verwaltungsfunktionen des Organizers zu schätzen wissen.

Fragen

1 Wie blenden Sie eine verborgene Werkzeugleiste im Arbeitsbereich ein?

2 Wie docken Sie eine schwebende Werkzeugleiste an?

3 Beschreiben Sie zwei Möglichkeiten, um ein verborgenes Werkzeug zu einer Werkzeugleiste hinzuzufügen.

4 Wie setzen Sie alle Werkzeugleisten und Werkzeuge auf ihre Standardkonfiguration zurück?

Antworten

1 Um eine verborgene Werkzeugleiste einzublenden, wählen Sie **Anzeige: Werkzeugleisten** und wählen den Namen der verborgenen Werkzeugleiste im Werkzeugleistenmenü.

2 Um eine schwebende Werkzeugleiste anzudocken, ziehen Sie sie an ihrer Titelleiste oder ihrer Griffleiste in die Leiste der angedockten Werkzeugleisten in Ihrem Arbeitsbereich. Bewegen Sie sie auf eine der Werkzeugleistentrennlinien und lassen Sie die Maustaste los, sobald die Trennlinie ihre Farbe ändert.

3 Um einer Werkzeugleiste ein verborgenes Werkzeug hinzuzufügen, klicken Sie mit der rechten Maustaste auf eine Werkzeugleiste in Ihrem Arbeitsbereich und wählen das gewünschte Werkzeug aus dem Kontextmenü. Alternativ wählen Sie **Werkzeuge: Werkzeugleisten anpassen** und wählen dann im Dialogfenster »Weitere Werkzeuge« den Werkzeugnamen und klicken auf OK.

4 Um alle Werkzeugleisten und Werkzeuge auf ihre Standardkonfiguration zurückzusetzen, wählen Sie **Anzeige: Werkzeugleisten: Werkzeugleistenposition zurücksetzen**.

3 ADOBE PDF-DATEIEN ERSTELLEN

Überblick

In dieser Lektion lernen Sie Folgendes:

- Eine TIFF-Datei mit dem Befehl »PDF erstellen« in Adobe PDF konvertieren

- Eine Datei im Erstellungsprogramm mit dem Drucken-Befehl als Adobe PDF speichern

- E-Mail-Nachrichten in Adobe PDF konvertieren

- Webseiten in Acrobat und unmittelbar im Internet Explorer (Windows) in Adobe PDF konvertieren

- Multimediadateien in Adobe PDF-Dateien konvertieren

- Die Adobe PDF-Einstellungen zum Konvertieren von Dateien in Adobe PDF erkunden

- Die Dateigröße der fertigen Adobe PDF-Datei verringern

 Für diese Lektion benötigen Sie ungefähr 60 Minuten. Falls nötig, kopieren Sie jetzt den Ordner *Lektion03* auf Ihre Festplatte.

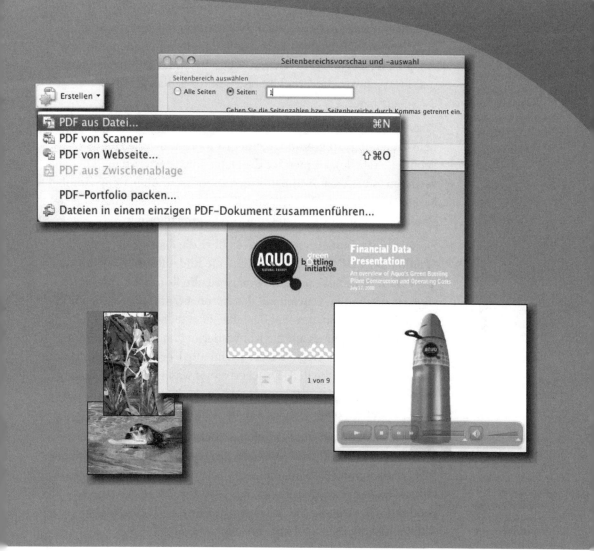

Über das Erstellen von Adobe PDF-Dateien

Zahlreiche Dateiformate lassen sich in das *Adobe Portable Document Format* (PDF) konvertieren, so dass dabei unabhängig von Erstellungsprogramm oder Plattform sämtliche Schriften, Formatierungen, Farben und Grafiken des jeweiligen Quelldokuments beibehalten werden. Neben der Möglichkeit, Adobe PDF-Dateien aus nahezu jedem Programm erzeugen zu können, erstellen Sie PDF-Dateien auch durch das Herunterladen und entsprechende Konvertieren von Webseiten oder durch Scannen und Erfassen von Papierdokumenten und aus dem Inhalt der Zwischenablage.

Wenn das Dokument, das Sie in PDF konvertieren möchten, in seinem Erstellungsprogramm geöffnet ist (beispielsweise eine in Excel geöffnete Tabelle), können Sie die Datei normalerweise in PDF konvertieren, ohne dazu Acrobat öffnen zu müssen. Aber wenn Acrobat bereits gestartet wurde, brauchen Sie für die Konvertierung einer Datei in PDF nicht das Erstellungsprogramm zu öffnen.

Sie sollten sich außerdem Gedanken über die Dateigröße und die Qualität der PDF-Datei machen (z.B. die Bildauflösung). Wenn solche Faktoren wichtig sind, ist es sinnvoll, die Konvertierungsoptionen steuern zu können. Dateien auf das Acrobat-Symbol zu ziehen und dort fallen zu lassen, um PDF-Dateien zu erzeugen, geht schnell und einfach. Mehr Einfluss auf die Konvertierung können Sie aber nehmen, wenn Sie den Weg über das Menü »PDF erzeugen« in Acrobat oder über den Adobe PDF-Druckertreiber wählen. Die von Ihnen vorgenommenen Konvertierungseinstellungen gelten für PDFMaker, Acrobat und Acrobat Distiller, bis Sie sie wieder ändern.

Hinweis: Um eine PDF-Datei unmittelbar aus Acrobat heraus erstellen zu können, müssen Sie die Anwendung, mit der die zu konvertierende Originaldatei erzeugt wurde, auf Ihrem System installiert haben.

In der nächsten Lektion, Lektion 4, »Microsoft Office-Dateien konvertieren (Windows)«, erfahren Sie, wie Sie in Windows Adobe PDF-Dateien mit PDFMaker direkt aus verschiedenen Microsoft Office-Dateien erzeugen. In Lektion 14, »Acrobat in der Druckproduktion«, erfahren Sie, wie Sie mit Hilfe des Distillers PDF-Dateien für die Druckvorstufe erstellen.

Immer häufiger wird der Inhalt von Adobe PDF-Dateien weiterverwendet – vorausgesetzt der Ersteller des jeweiligen Dokuments hat die Weiterverwendung des PDF-Dateiinhalts nicht in den Sicherheitseinstellungen beschränkt oder sogar verhindert. Entweder wird der Inhalt der PDF-Datei für andere Programme extrahiert oder auf PDAs bzw. Bildschirmlesegeräte übertragen. Der Erfolg, mit dem

Inhalte weiterverwendet werden können, hängt stark davon ab, wie die Informationen innerhalb einer PDF-Datei strukturiert sind. Je mehr dieser strukturellen Informationen in einem PDF-Dokument enthalten sind, desto erfolgreicher lässt sich der Inhalt weiterverwenden – beispielsweise für Bildschirmlesegeräte. (Weitere Informationen finden Sie in Lektion 6, »PDF-Dateien lesen und bearbeiten«)

Der Befehl »PDF erstellen«

Mit dem Befehl »PDF erstellen« in Acrobat können Sie zahlreiche unterschiedliche Dateiformate in Adobe PDF konvertieren.

In diesem Abschnitt der Lektion konvertieren Sie eine einzelne TIFF-Datei in eine Adobe PDF-Datei. Mit dieser Methode lassen sich sowohl Bilddateien als auch andere Dateitypen in Adobe PDF umwandeln.

1 Öffnen Sie Acrobat.

2 Führen Sie einen der folgenden Befehle aus:

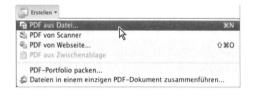

- Windows: Klicken Sie in der Aufgaben-Werkzeugleiste auf die Schaltfläche »Erstellen« und wählen Sie im Menü den Befehl »PDF aus Datei«.

- Mac OS: Wählen Sie **Datei: PDF erstellen: Aus Datei**. (Unter Mac OS ist die Aufgaben-Werkzeugleiste erst verfügbar, wenn ein PDF-Dokument geöffnet ist.)

3 Klicken Sie im Dialogfenster »Öffnen« auf den Menüpfeil unter »Dateityp« (Windows) bzw. »Einblenden« (Mac OS) und wählen Sie dort den Menüeintrag »TIFF«. (Das Menü führt alle Dateitypen auf, die Acrobat mit dieser Methode konvertieren kann.)

4 Klicken Sie auf die Schaltfläche »Einstellungen«, um das Dialogfenster »Adobe PDF-Einstellungen« aufzurufen.

Hier stellen Sie die Komprimierung für Bilder der Kategorie Monochrom, Graustufen und Farbe ein. Außerdem wählen Sie Farbmanagementoptionen, die für die Umwandlung in Adobe PDF benutzt werden sollen. Die Auflösung bestimmt Acrobat automatisch.

5   Klicken Sie auf »Abbrechen«, um die Optionen unverändert zu übernehmen.

Sie können die Konvertierungseinstellungen auch im Teilbereich »In PDF konvertieren« des Dialogfensters »Voreinstellungen« prüfen und bearbeiten.

6   Navigieren Sie im Dialogfenster »Öffnen« zum Ordner *Lektion03*, wählen Sie die Datei *GC_VendAgree.tif* und klicken Sie auf »Öffnen«.

Acrobat konvertiert die TIFF-Datei in Adobe PDF und öffnet anschließend automatisch diese PDF-Datei.

7   Wählen Sie **Anzeige: Zoom: Fenstergröße** oder klicken Sie in der Werkzeugleiste auf die Schaltfläche »Eine vollständige Seite« ( ), um die Vereinbarung vollständig im Fenster betrachten zu können.

Der handgeschriebene Hinweis des Unterzeichners der Vereinbarung ist auch in der Adobe PDF-Datei erhalten geblieben.

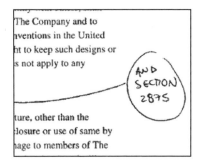

8   Wählen Sie **Datei: Speichern unter**, geben Sie der Datei den Namen **GCVend_Agree1.pdf** und speichern Sie sie im Ordner *Lektion03*. Wenn Sie fertig sind, wählen Sie **Datei: Schließen**, um die PDF-Datei zu schließen.

Unter Windows können Sie Adobe PDF-Dateien auch über das Kontextmenü mit den Befehlen »In Adobe PDF konvertieren« und »Unterstützte Dateien in Acrobat zusammenführen« erstellen. Weitere Informationen finden Sie unter »Eigene Übung: Adobe PDF über das Kontextmenü erstellen« am Ende dieser Lektion.

Drag&Drop mit Dateien

Sie können Adobe PDF-Dateien aus zahlreichen Dateitypen erstellen, indem Sie sie einfach auf das Acrobat-Programmsymbol ziehen und fallen lassen (Drag&Drop) oder (unter Windows) in das Dokumentfenster in Acrobat ziehen und fallen lassen.

Experimentieren Sie mit den Dateien *Orchids.jpg* und *H2O_Dog.jpg* und ziehen Sie sie in das Acrobat-Dokumentfenster (Windows), auf das Acrobat-Programmsymbol auf Ihrem Schreibtisch oder auf das Acrobat-Programmsymbol im Dock (Mac OS). Schließen Sie alle geöffneten PDF-Dateien, wenn Sie fertig sind.

> ### Adobe PDF aus Microsoft Office-Dateien erstellen (Mac OS)
>
> Mit Acrobat 9 konvertieren Sie Microsoft Office-Dateien wie jede andere Datei in Adobe PDF. Verwenden Sie den Drucken-Befehl in Microsoft Office mit dem Adobe PDF-Drucker, verwenden Sie das PDF erstellen-Menü in Acrobat oder ziehen Sie die Datei auf das Acrobat-Programmsymbol auf Ihrem Schreibtisch. PDFMaker ist in Acrobat 9 für Mac OS nicht verfügbar. Weitere Informationen finden Sie in den entsprechenden Abschnitten in dieser Lektion und unter »PDF-Dateien erstellen« in der Adobe Acrobat 9 Hilfe.

Unterschiedliche Dateitypen umwandeln und zusammenführen

Mit den Befehlen »PDF-Portfolio packen« und »Dateien in einem einzigen PDF-Dokument zusammenführen« aus dem Schaltflächenmenü »Erstellen« konvertieren Sie mühelos unterschiedliche Dateitypen in Adobe PDF und packen sie zu einem PDF-Portfolio oder führen sie zu einer einzigen PDF-Datei zusammen. Weitere Informationen zum Packen mehrerer Dateien in ein PDF-Portfolio finden Sie in Lektion 5, »Dateien in PDF-Portfolios zusammenführen«.

In diesem Abschnitt der Lektion konvertieren Sie eine Datei in Adobe PDF und führen sie mit mehreren anderen PDF-Dateien zusammen.

Dateien zusammenführen

1 Klicken Sie in Acrobat in der Aufgaben-Werkzeugleiste auf die Schaltfläche »Erstellen« oder »Zusammenführen« und wählen Sie »Dateien in einem einzigen PDF-Dokument zusammenführen«. (Unter Mac OS wählen Sie **Datei: PDF erstellen: Dateien in einem einzigen PDF-Dokument zusammenführen**.)

Im Dialogfenster »Dateien zusammenführen« stellen Sie Ihre Dokumente zusammen.

2 Klicken Sie oben im Dialogfenster »Dateien zusammenführen« auf die Schaltfläche »Dateien hinzufügen«.

Als Nächstes wählen Sie die Dateien aus, die Sie konvertieren und zusammenführen wollen. Welche Dateitypen Sie konvertieren können, hängt davon ab, ob Sie unter Windows oder unter Mac OS arbeiten.

3 Wählen Sie »Dateien hinzufügen« und navigieren Sie im Dialogfenster »Hinzufügen« zum Ordner *MultipleFiles* im Ordner *Lektion03*. Achten Sie darauf, dass unten im Dialogfenster im Menü »Dateityp« der Eintrag »Alle Dateien (*.*)« (Windows) bzw. im Menü »Einblenden« der Eintrag »Alle unterstützten Formate« (Mac OS) gewählt ist. Markieren Sie die Datei *bottle.jpg*. Klicken Sie mit gedrückter Strg- (Windows) bzw. Befehlstaste (Mac OS) auf folgende Dateien, um sie der Auswahl hinzuzufügen:

- *Analysis.xls.pdf*
- *Ad.pdf*
- *Data.ppt.pdf*
- *Install.pdf*
- *Application.pdf*

4 Klicken Sie auf »Hinzufügen«.

Die Reihenfolge der Dateien ist unwichtig, da Sie sie anschließend im Dialogfenster »Dateien zusammenführen« sortieren. Mit der Schaltfläche »Entfernen« können Sie unerwünschte Dateien aus der Liste löschen.

5 Wählen Sie nacheinander die übrigen Dateien in der Liste und ordnen Sie sie mit den Schaltflächen »Nach unten« bzw. »Nach oben« in dieser Reihenfolge:

- *Ad.pdf*
- *Data.ppt.pdf*
- *Analysis.xls.pdf*
- *Application.pdf*
- *Install.pdf*
- *bottle.jpg*

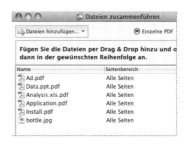

Sie können alle Seiten einer Datei, nur eine bestimmte Seite oder einen Seitenbereich konvertieren.

6 Wählen Sie die Datei *Data.ppt.pdf* im Dialogfenster »Dateien zusammenführen« und klicken Sie auf die Schaltfläche »Seiten wählen«. Blättern Sie mit den Schaltflächen für die Seitensteuerung im Dialogfenster »Seitenbereichsvorschau und -auswahl« durch die Seiten im Dokument.

7 Wählen Sie die Option »Seiten« und geben Sie in das Texteingabefeld **1** ein, um nur die erste Seite der Präsentation zu konvertieren. Klicken Sie auf OK. Acrobat hat den Eintrag in der Spalte »Seitenbereich« geändert.

Dateien konvertieren und zusammenführen

In dieser Lektion verwenden Sie für die Konvertierung der zusammengesetzten Dateien zu einer PDF-Datei die Dateigrößeneinstellung »Standardgröße«.

Mit der Option »Dateigröße« bestimmen Sie die Größe Ihrer PDF-Datei – kleiner, Standard oder größer.

1 Klicken Sie auf die Schaltfläche »Dateien zusammenführen«.

Acrobat blendet den Fortgang des Konvertierungs- und Zusammenführungsvorgangs mit einem Fortschrittsbalken ein.

2   Geben Sie der Datei im Dialogfenster »Speichern unter« den Namen **Aquo.pdf**, klicken Sie auf »Speichern« und sichern Sie Ihre Arbeit im Ordner *Lektion03*.

Acrobat öffnet die zusammengeführte Adobe PDF-Datei, die standardmäßig den Namen *Sammelmappe1.pdf* trägt, von Ihnen aber mit dem neuen Namen *Aquo.pdf* versehen wurde, automatisch.

3   Blättern Sie mit den Schaltflächen »Nächste Seite« (⬇) und »Vorherige Seite« (⬆) durch Ihre zusammengeführten Dokumente.

Damit haben Sie eine JPEG-Datei in PDF konvertiert und mit einigen anderen PDF-Dateien kombiniert, ohne dabei das Programm Acrobat zu verlassen.

4   Wählen Sie **Datei: Schließen**.

Ein PDF-Dokument aus einer leeren Seite erstellen

In Acrobat können Sie PDF-Dateien aus leeren Seiten erzeugen, um beispielsweise Deckblätter für Projekte anzulegen.

1   Wählen Sie in Acrobat **Datei: PDF erstellen: Aus leerer Seite**.

2   Geben Sie den gewünschten Text ein. Mit den Optionen in der Werkzeugleiste »Neues Dokument« können Sie die Textattribute ändern.

3   Um das Dokument zu sichern, wählen Sie **Datei: Speichern unter**.

4   Zur weiteren Bearbeitung wählen Sie **Dokument: Bearbeitung fortsetzen**.

5   Um das zukünftige Ändern des Inhalts der PDF zu verhindern, wählen Sie **Dokument: Keine weitere Bearbeitung**. (Dieser Befehl kann nicht rückgängig gemacht werden.)

Acrobat konvertiert Text in mit Tags versehene PDF-Dateien.

Standardschrift, -ränder und -seitenformat bestimmen Sie in den Voreinstellungen im Bereich »Neues Dokument«.

Adobe PDF-Dateien mit dem Drucken-Befehl erstellen

Wie Sie zuvor gesehen haben, können Sie mit den Schaltflächen »PDF erstellen« und »Dateien zusammenführen« ganz einfach PDF-Dateien erzeugen. Andere Programme wie Adobe InDesign, Adobe Photoshop und Adobe PageMaker verfügen über spezielle Befehle wie »Exportieren« und »Speichern unter«, mit denen Sie eine Datei in Adobe PDF konvertieren. Hinweise zum erfolgreichen Einsatz dieser Befehle finden Sie in der jeweiligen Software-Dokumentation.

Obwohl nicht alle Dateitypen von den Befehlen »PDF erstellen« bzw. »Dateien zusammenführen« unterstützt werden und nicht alle Programme über spezielle Schaltflächen oder Befehle für die Konvertierung verfügen, können Sie dennoch eine Adobe PDF-Datei aus fast jeder Anwendung erzeugen, und zwar mit Hilfe des Drucken-Befehls in Verbindung mit dem Adobe PDF-Drucker. Der Adobe PDF-Drucker übernimmt die Konvertierungseinstellungen des Distillers.

Der Adobe PDF-Drucker ist natürlich kein richtiger Drucker, wie der in Ihrem Büro oder auf dem Schreibtisch, sondern nur ein Druckertreiber, der Ihre Datei in Adobe PDF umwandelt, statt auf Papier zu drucken. Der Druckername lautet Adobe PDF (Windows) bzw. Adobe PDF 8.0 (Mac OS).

Der Adobe PDF-Drucker

Sie wandeln jetzt eine Textdatei in Adobe PDF um – mit dem Befehl **Datei: Drucken** und dem Adobe PDF-Drucker. Diese Technik können Sie in nahezu jedem Programm einsetzen, auch bei den Microsoft- und Adobe-Anwendungen, die über die integrierten Schaltflächen »In Adobe PDF konvertieren« bzw. die Befehle »Exportieren« oder »Speichern unter« mit der Option »Adobe PDF« verfügen. Achtung: Der Adobe PDF-Drucker erzeugt PDF-Dateien ohne Tags. Für den Textumbruch auf Mobilgeräten ist eine Tagstruktur erforderlich; diese empfiehlt sich auch für die zuverlässige Ausgabe über einen Screenreader.

Navigieren Sie auf Ihrem Desktop zum Ordner *Lektion03* und doppelklicken Sie auf die Datei *Memo.txt*.

Die Textdatei sollte sich jetzt in *WordPad* (Windows) bzw. in *TextEdit* (Mac OS) oder in einem anderen standardmäßigen Texteditor öffnen.

Folgen Sie nun den nachfolgenden für Ihr Betriebssystem vorgesehenen Schritten und konvertieren Sie die Datei in Adobe PDF.

Windows:

Die Schritte können variieren, je nachdem, ob Sie unter Windows XP oder Vista arbeiten. Die folgenden Schritte gehen davon aus, dass Sie Windows XP Professional verwenden.

1 Wählen Sie in einem Textbearbeitungsprogramm (etwa WordPad) **Datei: Seite einrichten**.

2 Klicken Sie im Dialogfenster »Seite einrichten« auf die Schaltfläche »Drucker«.

3 Klicken Sie auf den Pfeil neben dem Textfeld »Name«, um die Liste mit den verfügbaren Druckern anzuzeigen. Wählen Sie den Eintrag »Adobe PDF«. Falls Sie die Einstellungen für die Konvertierung der Textdatei in Adobe PDF ändern wollen, müssen Sie im Dialogfenster »Seite einrichten« für die Druckerwahl auf die Schaltfläche »Eigenschaften« klicken. Im nächsten Abschnitt »Die Adobe PDF-Einstellungen (Voreinstellungen)« in dieser Lektion finden Sie ausführliche Informationen über diese Adobe PDF-Einstellungen.

4 Klicken Sie auf OK und nochmals auf OK, um wieder zurück zum Memo zu gelangen.

5 Wählen Sie **Datei: Drucken**, achten Sie darauf, dass der Drucker »Adobe PDF« gewählt ist, und klicken Sie auf »Drucken«.

6 Speichern Sie die Datei mit ihrem Standardnamen (*Memo.pdf*) in dem Ordner *Lektion03* und klicken Sie im Dialogfenster »PDF-Datei speichern unter« auf »Speichern«.

7 Falls sich die PDF-Datei anschließend nicht automatisch öffnet, doppelklicken Sie im Verzeichnis »Eigene Dateien« auf die Datei *Memo.pdf*, um sie in Acrobat zu öffnen. Schließen Sie dann die Datei und beenden Sie WordPad (bzw. das Textbearbeitungsprogramm).

Mit dem Adobe PDF-Drucker erzeugen Sie mühelos und bequem aus praktisch jedem Dokument eine PDF-Datei. Wenn Sie mit Microsoft Office-Dateien arbeiten, sollten Sie für beste Ergebnisse mit den

Schaltflächen »In Adobe PDF konvertieren« oder dem PDFMaker arbeiten. Die mit dem Adobe PDF-Drucker erzeugten PDF-Dateien sind weder mit Tags versehen noch enthalten sie Lesezeichen oder Hyperlinks.

8   Schließen Sie alle geöffneten Dateien.

Mac OS:

1   Wählen Sie **Datei: Drucken** und achten Sie darauf, dass im Menü »Drucker« der Drucker *Adobe PDF 9.0* gewählt ist.

Wenn Sie die Konvertierungseinstellungen für die Textdatei in Adobe PDF ändern wollten, müssten Sie sie im entsprechenden Einblendmenü unterhalb von »Voreinstellungen« wählen.

2   Blenden Sie das PDF-Menü unten im Dialogfenster ein und wählen Sie »Als PDF sichern«.

3   Sie könnten im Dialogfenster »Speichern« die PDF-Datei benennen und den Speicherort wählen. An dieser Stelle speichern Sie die Datei jedoch als **Memo.pdf** im Ordner *Lektion03*.

4   Klicken Sie auf »Sichern«.

5   Falls sich anschließend die PDF-Datei nicht automatisch öffnet, doppelklicken Sie im Ordner *Lektion03* auf die Datei *Memo.pdf*, um sie in Acrobat zu öffnen. Schließen Sie anschließend die PDF-Datei und beenden Sie TextEdit bzw. das Textbearbeitungsprogramm.

Sie haben gerade ein einfaches Textdokument über den Drucken-Befehl der Textverarbeitungsanwendung in ein Adobe PDF-Dokument konvertiert.

6   Schließen Sie alle geöffneten Dateien.

Die Adobe PDF-Einstellungen (Voreinstellungen)

In diesem Teil der Lektion erfahren Sie, mit welchen Adobe PDF-Konvertierungseinstellungen (bzw. Voreinstellungen) Sie beim Erzeugen von Adobe PDF-Dateien den besten Kompromiss zwischen Qualität und Dateigröße für Ihre Anforderungen erzielen. So erfordert beispielsweise eine PDF-Datei für den qualitativ hochwertigen Druck eine andere Konvertierungseinstellung als eine PDF-Datei, die zur Betrachtung am Monitor und das schnelle Herunterladen im Internet vorgesehen ist.

Die Adobe PDF-Einstellungen bzw. -Voreinstellungen – die die Konvertierung von Dateien in Adobe PDF bestimmen – lassen sich auf verschiedene Weise aufrufen und festlegen. Sie erreichen die Adobe PDF-Einstellungen über den Distiller, über den Adobe PDF-Drucker, über das Adobe PDF-Menü in Microsoft Office-Anwendungen (Windows), in vielen Anwendungen über das Dialogfenster »Drucken« und unter Windows über das Menü »Start«. Gleichgültig, von wo aus Sie die Einstellungen aufgerufen haben, das Dialogfenster »Adobe PDF-Einstellungen« und die enthaltenen Optionen sind immer dieselben. (Das Dialogfenster zum Einstellen der Druckvoreinstellungen kann je nachdem, von wo aus Sie es aufrufen, unterschiedlich bezeichnet sein: Adobe PDF-Einstellungen, Adobe PDF-Druckvoreinstellungen oder Adobe PDF-Dokumenteigenschaften.) Führen Sie einen der folgenden Schritte aus, um das Dialogfenster »Adobe PDF-Einstellungen« aufzurufen:

- In Acrobat wählen Sie **Erweitert: Druckproduktion: Acrobat Distiller**, um den Distiller aufzurufen. Dort sind die vordefinierten Einstellungen im Menü »Standardeinstellungen« verfügbar, die Sie mit **Voreinstellungen: Adobe PDF-Einstellungen bearbeiten** auch an Ihre Bedürfnisse anpassen können.

- Unter Windows öffnen Sie eine Datei in einer Anwendung wie Adobe FrameMaker oder Microsoft Word, wählen **Datei: Drucken** und dann im Druckermenü den Eintrag »Adobe PDF«. Abhängig von Ihrer Anwendung klicken Sie dann auf die Schaltfläche »Einstellungen« oder »Voreinstellungen«. (In manchen Anwendungen müssen Sie eventuell im Dialogfenster »Drucken« auf »Einstellungen« klicken, um Zugriff auf die Druckerliste und die Schaltflächen »Einstellungen« bzw. »Voreinstellungen« zu erlangen.) Im Menü »Standardeinstellungen« sind neben den Standardeinstellungen auch eventuell von Ihnen für den Distiller festgelegte

Einstellungen aufgeführt. Durch Klicken auf die Schaltfläche »Bearbeiten« können Sie die vorhandenen Einstellungen anpassen.

- In Office 2007 wählen Sie **Acrobat: Voreinstellungen**.
- Unter Mac OS öffnen Sie eine Datei in einer Anwendung wie Microsoft Word oder TextEdit und wählen **Datei: Drucken** und dann im Druckermenü den Eintrag »Adobe PDF 9.0«. Wählen Sie im Einblendmenü darunter (»Kopien & Seiten«) den Eintrag »PDF-Optionen«, um Zugriff auf die Adobe PDF-Einstellungen zu erlangen. Hier sind neben den Standardeinstellungen auch eventuell von Ihnen für den Distiller festgelegte Einstellungen aufgeführt.

▶ **Tipp:** Unabhängig davon, wie Sie die Adobe PDF-Einstellungen aufrufen, sollten Sie Ihre Einstellungen regelmäßig vor dem Erstellen von PDF-Dateien prüfen. Die Anwendungen, die Adobe PDF erzeugen, greifen immer auf die zuletzt verwendete Adobe PDF-Einstellung zu; diese Einstellung wird nicht automatisch auf die Standardeinstellungen zurückgesetzt.

Informationen zum Ändern der Adobe PDF-Einstellungen in PDFMaker unter Windows finden Sie in Lektion 4, »Microsoft Office-Dateien konvertieren (Windows)«. (Unter Mac OS nutzt PDFMaker die Distiller-Einstellungen.)

Dateigröße verringern

Die Größe Ihrer PDF-Datei kann je nach den beim Erstellen der Datei verwendeten Adobe PDF-Einstellungen enorm schwanken. Mit der Vorgabe »Qualitativ hochwertiger Druck« erzeugte Dateien sind größer als solche, die mit der Vorgabe »Standardqualität« oder »Kleinste Dateigröße« erstellt wurden. Unabhängig von der verwendeten Vorgabe lässt sich die Dateigröße solcher Dateien häufig verringern, ohne die PDF-Datei erneut erstellen zu müssen.

In diesem Abschnitt vermindern Sie die Dateigröße der Datei *Ad.pdf* deutlich mit dem Befehl »Dateigröße verringern«.

1 Öffnen Sie in Acrobat die Datei *Ad.pdf* im Ordner *Lektion03/ MultipleFiles*.

2 Wählen Sie **Dokument: Dateigröße verringern**.

3 Wählen Sie im Einblendmenü »Kompatibilität herstellen für« den Eintrag »Acrobat 8.0 und höher« und klicken Sie auf OK.

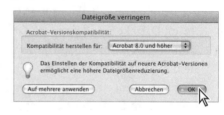

Denken Sie beim Wählen der Kompatibilität daran, dass neuere Versionen von Acrobat kleinere Dateien ermöglichen. Falls Sie sich für die Kompatibilität mit Acrobat 9 entscheiden, muss Ihre Zielgruppe allerdings ebenfalls über die Version 9 bzw. den Adobe Reader 9 verfügen.

4   Geben Sie der geänderten Datei den Namen **Ad_Reduce.pdf**. Klicken Sie auf »Speichern«, um den Vorgang abzuschließen.

Sie sollten die Datei immer unter einem anderen Namen sichern, um nicht versehentlich die unveränderte Datei zu überschreiben.

Acrobat optimiert automatisch Ihre PDF-Datei; ein Vorgang, der eine Weile dauern kann. Dabei möglicherweise auftretende Unregelmäßigkeiten zeigt Acrobat im Fenster »Konvertierungswarnung« an. Klicken Sie dann nötigenfalls auf OK, um das Fenster zu schließen.

5   Minimieren Sie das Acrobat-Fenster. Öffnen Sie unter Windows über den Explorer den Ordner *MultipleFiles* im Ordner *Lektion03* und achten Sie auf die Größe der Datei *Ad_Reduce.pdf*. Unter Mac OS öffnen Sie im Finder den Ordner *Lektion03* und sehen sich mit der Listenansicht (**Darstellung: Als Liste**) die Datei *Ad_Reduce.pdf* an. Die Dateigröße hat sich verringert.

Sie können die Schritte 1–5 mit verschiedenen Kompatibilitätseinstellungen wiederholen, um die resultierenden Dateigrößen zu vergleichen. Manche Einstellungen verursachen sogar eine größere Datei.

Der PDF-Optimizer bietet mehr Möglichkeiten zur Qualitätsabstimmung.

6   Schließen Sie Ihre Datei mit **Datei: Schließen**.

Komprimieren und neu berechnen

Dateigröße und -qualität werden von vielen Faktoren beeinflusst, aber beim Arbeiten mit Dateien mit vielen Bildern ist die Komprimierung und Neuberechnung besonders wichtig.

Dabei können Sie zwischen zahlreichen Dateikomprimierungsmethoden wählen, um den von Farb-, Graustufen- und Schwarzweißbildern benötigten Speicherplatz in Ihren Dokumenten zu verringern. Die Wahl der Methode hängt dabei von der Art der zu komprimierenden Bilder ab. Die vordefinierten Adobe PDF-Einstellungen verwenden für die Komprimierung von Farb- und Graustufenbildern die Einstellung »Automatisch (JPEG)« und für Schwarzweißbilder die Einstellung »CCITT Group 4«.

Neben der Wahl der Komprimierungsmethode können Sie die Bitmap-Bilder in Ihrer Datei auch neu berechnen lassen, um die Dateigröße noch weiter zu verringern. Ein Bitmap-Bild besteht aus digitalen Einheiten namens Pixel, deren Gesamtanzahl die Dateigröße bestimmt. Bei der Neuberechnung eines Bitmap-Bilds wird die Information mehrerer Bildpixel zu einem einzelnen größeren Pixel kombiniert. Diesen Vorgang nennt man auch Downsampling (Herunterrechnen), weil dabei die Pixelanzahl im Bild verringert wird. (Beim Downsampling bzw. Verringern der Pixelanzahl werden Bildinformationen gelöscht.)

Komprimierung und Neuberechnung haben keine Auswirkung auf die Qualität von Text oder Strichzeichnungen.

> ### PDF-Dateien aus der Zwischenablage erzeugen
>
> Unter Windows können Sie Inhalte aus beliebigen Dateitypen kopieren und anschließend in Acrobat **Datei: PDF erstellen: Aus Zwischenablage** wählen, um daraus eine neue PDF-Datei zu erzeugen. Dabei nutzt Acrobat den Distiller zum Konvertieren von Inhalten in PDF; der auf diese Weise erzeugte PDF-Inhalt ist vollständig durchsuchbar, es handelt sich dabei um kein Bild. (Unter Mac OS können Sie Bildschirmfotos [*Screenshots*] mit dem Befehl **PDF erstellen: Aus Bildschirmaufnahme** in PDF konvertieren.)
>
> Unter Windows können Sie außerdem einer vorhandenen PDF-Datei mühelos Text und Grafiken, die Sie in die Zwischenablage kopiert haben, hinzufügen. Öffnen Sie dazu die PDF-Datei und wählen Sie **Dokument: Seiten einfügen: Aus Zwischenablage**.

Multimediadateien einfügen

Mit Acrobat Pro oder Pro Extended fügen Sie einer vorhandenen PDF-Datei Multimediainhalte mit dem 3D-Werkzeug, dem Flash-Werkzeug, dem Audio-Werkzeug oder dem Video-Werkzeug hinzu.

1 Navigieren Sie in Acrobat Pro oder Pro Extended zum Ordner *MovieFiles* im Ordner *Lektion03* und öffnen Sie die Datei *Aquo_Blank.pdf*.

Sie fügen nun in diese Datei einen Video-Clip ein. (Adobe Acrobat Pro Extended konvertiert die Datei dabei in das Flash-Format.)

2   Klicken Sie in der Aufgaben-Werkzeugleiste auf die Multimedia-Schaltfläche und wählen Sie das Video-Werkzeug.

3   Ziehen Sie rechts vom Text einen Rahmen auf. Die Größe und die Position des Rahmens sind zunächst egal, Sie werden sie später noch anpassen. Sobald Sie die Maustaste loslassen, öffnet Acrobat das Dialogfenster »Video einfügen«.

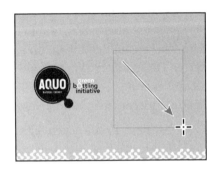

4   Klicken Sie im Dialogfenster »Video einfügen« auf die Schaltfläche »Wählen«, navigieren Sie zum Ordnerpfad *Lesson03/MovieFiles*, markieren Sie die Datei *Bottle.mov* und klicken Sie auf »Öffnen«.

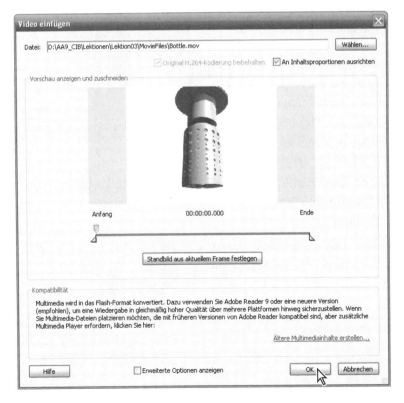

5 Führen Sie abhängig von Ihrer Acrobat-Version einen der folgenden Schritte aus:

- **Acrobat Pro Extended:** Klicken Sie im Dialogfenster »Video einfügen« auf OK. Acrobat konvertiert die QuickTime-Datei in eine FLV-Datei und bettet sie vollständig in die PDF-Datei ein. Acrobat zeigt einen Fortschrittsbalken und fügt ein Bild aus dem Film in den von Ihnen aufgezogenen Rahmen ein.

Falls Sie im Dialogfenster »Video einfügen« das Kontrollkästchen vor »Erweiterte Optionen anzeigen« eingeschaltet haben, können Sie festlegen, ob der Film automatisch abgespielt wird oder erst nach dem Klicken auf den Inhalt, ob er in der Seite oder in einem unverankerten Fenster abspielen soll und vieles mehr. Mehr darüber erfahren Sie in Lektion 11, »Multimedia-Präsentationen erzeugen«. In dieser Lektion übernehmen Sie die Standardeinstellungen.

- **Acrobat Pro:** Klicken Sie auf »Fortfahren«, um das Dialogfenster zu bestätigen, das darauf hinweist, dass Betrachter einen externen Player wie QuickTime benötigen, um den Film abzuspielen. Klicken Sie im Dialogfenster »Movie hinzufügen« auf OK.

6 Wählen Sie das Hand-Werkzeug und klicken Sie damit auf das Filmbild, um den Video-Clip zu starten. Unter Acrobat Pro werden Sie gefragt, ob Sie dem Inhalt vertrauen, bevor ein externer Player startet; wählen Sie eine Option und klicken Sie auf »Abspielen«.

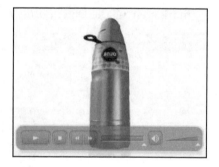

7 Wenn Sie mit dem Betrachten des Clips fertig sind, wählen Sie **Datei: Schließen**, um die Datei ohne Übernahme der Änderungen zu schließen.

3D-, Flash- und Audioinhalte lassen sich mit Acrobat 9 Pro oder Pro Extended ebenso mühelos einfügen.

> ## Adobe Reviewer (nur Pro Extended)
>
> Mit dem Adobe Reviewer können Sie die meisten 3D-Modelle im ursprünglichen Dateiformat und in PDF bearbeiten; das ist hilfreich, um Elemente eines 3D-Modells zu ändern oder zu entfernen, auch wenn Sie nicht über die entsprechende Erstellungsanwendung verfügen.

Ein Papierdokument scannen

Das Scannen von Papierdokumenten in PDF wurde in Acrobat 9 deutlich verbessert. Sie können mit einer großen Auswahl an Scannern in PDF oder PDF/A scannen, dabei Metadaten einfügen und die gescannte PDF-Datei optimieren. Unter Windows stehen Ihnen Voreinstellungen für Schwarzweiß, Graustufen, Farbdokumente und Farbbilder zur Verfügung, mit denen Sie die Qualität Ihrer gescannten Dokumente verbessern. Außerdem können Sie eigene Konvertierungseinstellungen festlegen.

Wenn Sie an Ihrem System keinen Scanner betreiben, überspringen Sie diesen Abschnitt der Lektion.

1 Legen Sie ein einseitiges Dokument in Ihren Scanner ein und drücken Sie auf dessen Scan-Taste, damit ein Dialogfenster geöffnet wird, das nach dem gewünschten Programm zum Scannen fragt. Wählen Sie Acrobat oder führen Sie alternativ einen der folgenden Schritte aus:

   - **Unter Windows:** In Acrobat wählen Sie **Datei: PDF erstellen: Über den Scanner** und wählen eine Voreinstellung für Ihr Dokument.
   - **Unter Mac OS:** Wählen Sie **Datei: PDF erstellen: Über den Scanner**, wählen Sie die gewünschten Optionen im Dialogfenster »Benutzerdefiniertes Scannen« und klicken Sie auf »Scannen«.

Acrobat führt den Scan automatisch aus.

2 Wenn Acrobat Sie dazu auffordert, klicken Sie auf OK, um das Scannen abzuschließen.

Acrobat zeigt die fertige PDF-Datei des Scanergebnisses an.

3 Wählen Sie **Datei: Speichern** und speichern Sie den Scan im Ordner *Lektion03* als **Scan.pdf**.

4 Um unter Windows die für die Konvertierung verwendeten Einstellungen zu sehen, wählen Sie **Datei: PDF erstellen: Über den Scanner: Vorgaben konfigurieren**. In diesem Dialogfenster können Sie zahlreiche Optionen einstellen, beispielsweise ein- oder beidseitiges Scannen, Papierformat, zum Scannen weiterer Seiten auffordern, Dateigröße, Texterkennung und Hinzufügen von Metadaten zum Dialogfenster »Dokumenteigenschaften«. Klicken Sie auf »Abbrechen«, um das Dialogfenster ohne Änderungen zu schließen.

5 Wählen Sie **Datei: Schließen**.

E-Mails in PDF konvertieren (Windows)

Für diesen Abschnitt der Lektion müssen Sie mit einem der verbreiteten E-Mail-Programme Microsoft Outlook oder Lotus Notes unter Windows arbeiten und dafür Ihre eigenen E-Mail-Dateien verwenden.

Für die Archivierung und für besser durchsuchbare Dateien wäre es oft hilfreich, E-Mails in einer vom E-Mail-Programm unabhängigen Form speichern zu können. Acrobat fügt während der Installation Schaltflächen und Menübefehle in die Werkzeugleiste von Microsoft Outlook oder Lotus Notes ein, mit denen Sie einzelne E-Mails oder ganze E-Mail-Ordner in Adobe PDF konvertieren können. Für die Konvertierung kommt PDFMaker zum Einsatz.

Sollten die Acrobat-Befehle und -Schaltflächen in Microsoft Outlook oder Lotus Notes nicht verfügbar sein, informieren Sie sich in der Online Adobe Acrobat 9 Hilfe unter »PDFMaker in Microsoft Office und Lotus Notes einblenden bzw. aktivieren«.

Sie können eine oder mehrere E-Mails oder sogar einen Ordner mit E-Mails in Adobe PDF konvertieren.

E-Mail-Ordner konvertieren

Nach Abschluss eines Projekts ist Ihr E-Mail-Fach häufig mit einem oder sogar mehreren Ordnern mit projektbezogenen E-Mails gefüllt. Mit Acrobat 9 konvertieren Sie diese Ordner mühelos in eine von Ihrem E-Mail-Programm unabhängige und vollständig durchsuchbare Adobe PDF-Datei.

Jede E-Mail-Nachricht im Ordner wird als einzelne Datei konvertiert und standardmäßig in einem PDF-Portfolio gespeichert.

1 Wählen Sie in Microsoft Outlook oder Lotus Notes einen beliebigen Ordner (wir haben den Posteingangsordner gewählt) und klicken Sie in der Werkzeugleiste Ihres E-Mail-Programms auf die Schaltfläche »Adobe PDF aus Ordnern erstellen« (Outlook) bzw. »Gewählten Ordner in Adobe PDF konvertieren« (Lotus Notes). Klicken Sie auf OK, um das Warndialogfenster zu schließen.

Da die Konvertierung sehr großer E-Mail-Ordner eine Weile dauern kann, sollten Sie in dieser Lektion keine Ordner mit Hunderten von E-Mails wählen.

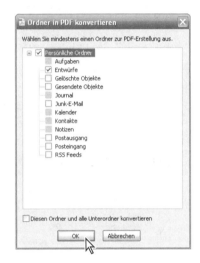

2 In Outlook können Sie im Dialogfenster »Ordner in PDF konvertieren« weitere zu konvertierende Ordner wählen. Mit der Option »Diesen Ordner und alle Unterordner konvertieren« schließen Sie automatisch alle Unterordner ein. Alternativ erweitern Sie den Ordner und wählen die gewünschten Unterordner einzeln von Hand. Wir haben den Ordner »Entwürfe« gewählt und die Option »Diesen Ordner und alle Unterordner konvertieren« ausgeschaltet gelassen. Klicken Sie auf OK.

3 Klicken Sie in Outlook bzw. Lotus Notes im Dialogfenster »Adobe PDF-Datei speichern unter« auf »Speichern«, um die PDF-Datei im Ordner *Lektion03* mit dem E-Mail-Ordnernamen zu speichern (*Entwürfe.pdf*). Eventuell müssen Sie den Zugriff auf Ihr E-Mail-Programm erlauben.

Acrobat öffnet Ihre konvertierten E-Mails automatisch in einem PDF-Portfolio.

Automatische Archivierung einrichten

Mit Acrobat 9 können Sie mühelos automatische Backups Ihrer E-Mail-Nachrichten erzeugen.

1 In Outlook wählen Sie **Adobe PDF: Automatische Archivierung einrichten**. In Lotus Notes wählen Sie **Aktionen: Automatische Archivierung einrichten**.

2   Klicken Sie im Dialogfenster »Acrobat PDFMaker« auf das Register »Automatische Archivierung« und schalten Sie die Option »Automatische Archivierung aktivieren« ein.

Als Nächstes legen Sie fest, wie häufig der Backup-Vorgang ausgeführt werden soll. Wir haben uns dafür entschieden, die E-Mails wöchentlich samstags um Mitternacht zu sichern.

3   Wählen Sie die Option »Wöchentlich« und im zugehörigen Einblendmenü »Samstag«.

4   Im Menü »Ausführen um« stellen Sie 00:00:00 ein und benutzen dafür die Pfeil-Schaltflächen rechts im Einblendmenü oder wählen die Stunden-, Minuten- und Sekundeneinträge einzeln aus und geben die neuen Werte ein.

▶ **Tipp:** Die Option »Index zur schnelleren Suche einbetten« ist hilfreich, wenn Sie große E-Mail-Ordner konvertieren. Es wird ein Index für die gesamte E-Mail-Kollektion angelegt, der sich wesentlich schneller als die einzelnen PDF-Dateien durchsuchen lässt.

Für die übrigen Optionen belassen Sie es bei den Standardeinstellungen.

5   Um die zu archivierenden Ordner auszuwählen, klicken Sie auf »Hinzufügen«.

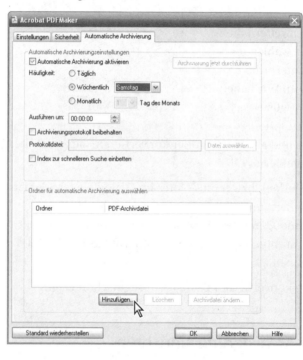

6 Wählen Sie im Dialogfenster »Adobe PDF aus Ordnern erstellen« die zu archivierenden Ordner. Zusätzlich zum Ordner »Entwürfe« haben wir noch die Ordner »Posteingang«, »Postausgang« und »Gesendete Objekte« gewählt. Erweitern Sie alle Ordner mit Unterordnern (also die Ordner, die mit einem Plus-Zeichen versehen sind), damit Sie wirklich alle enthaltenen Unterordner archivieren.

Wenn Sie die Option »Diesen Ordner und alle Unterordner konvertieren« einschalten, werden automatisch alle Ordner im Ordner »Posteingang« archiviert. Wenn Sie nicht alle Unterordner konvertieren möchten, müssen Sie diese Option ausschalten und die nicht zu konvertierenden Unterordner abwählen. Wir haben die Option eingeschaltet.

7 Klicken Sie im Anschluss an Ihre Auswahl auf OK und geben Sie im Dialogfenster »PDF-Archivdatei speichern unter« einen Dateinamen ein. Wir haben das Archiv mit der Dateibezeichnung **EmailArc** im Ordner *Lektion03* gespeichert. Klicken Sie anschließend auf »Öffnen«.

8 Klicken Sie auf OK, um den Vorgang abzuschließen. PDFMaker archiviert Ihre E-Mail-Dateien in den festgelegten Ordner nun automatisch jeden Samstag um Mitternacht.

Beim Archivieren wird jeweils die Archivdatei der Vorwoche überschrieben.

Sie können den Archivierungsvorgang jetzt einmal ausführen, um sich die Archivdatei anzusehen.

9 Wählen Sie **Adobe PDF: Automatische Archivierung einrichten**. Klicken Sie im Dialogfenster »Acrobat PDFMaker« auf das Register »Automatische Archivierung« und dann auf »Archivierung jetzt durchführen«. Ihre PDF-Dateien werden automatisch erstellt und in der entsprechenden Datei gespeichert.

Mit den Schaltflächen »Hinzufügen« und »Löschen« im Register »Automatische Archivierung« im Dialogfenster »Acrobat PDFMaker« können Sie jederzeit Ordner in den automatischen Archivierungsvorgang einfügen oder entfernen. Den Namen und/oder den Speicherort der Archivdatei können Sie mit der Schaltfläche »Archivdatei ändern« im selben Dialogfenster ändern.

10 Wenn Sie damit fertig sind, schließen Sie zunächst alle geöffneten PDF-Dateien und beenden dann Outlook bzw. Lotus Notes.

Webseiten in Adobe PDF konvertieren

Sie können markierten Inhalt einer Webseite, eine ganze Webseite oder mehrere Ebenen einer mehrseitigen Website aus dem Internet herunterladen bzw. »erfassen« und in Adobe PDF konvertieren. Dabei können Sie ein Seitenlayout festlegen, Anzeigeoptionen für Zeichensätze und andere Bildelemente bestimmen und Lesezeichen für die ins PDF-Format konvertierten Webseiten erzeugen. Acrobat behält die HTML-Datei und alle zugehörigen Dateien – wie JPEG-Bilder, Cascading Style Sheets, Textdateien, Imagemaps und Formulare – beim Konvertierungsvorgang bei, so dass sich die resultierende PDF-Datei praktisch wie die ursprüngliche Webseite handhaben lässt.

Da die konvertierten Webseiten als Adobe PDF vorliegen, können Sie sie mühelos speichern, drucken, per E-Mail versenden oder zum eigenen zukünftigen Gebrauch bzw. zur Überprüfung archivieren.

Für diesen Abschnitt der Lektion sind keine Lektionsdateien verfügbar.

Mit dem Internet verbinden

Bevor Sie Webseiten herunterladen und konvertieren können, benötigen Sie Zugriff auf das World Wide Web. Für Hilfe zur Konfiguration Ihrer Internetverbindung sollten Sie Kontakt mit Ihrem Internet Service Provider (ISP) aufnehmen.

Wenn Sie über eine Internet-Verbindung verfügen, können Sie Ihre Acrobat-Voreinstellungen für den Umgang mit Adobe PDF-Dateien vornehmen.

1 Für den Zugang zu Ihren Internet-Voreinstellungen in Acrobat wählen Sie **Bearbeiten: Voreinstellungen** (Windows) bzw. **Acrobat: Voreinstellungen** (Mac OS) und wählen Sie im linken Bereich des Dialogfensters »Voreinstellungen« die Option »Internet«. Klicken Sie rechts im Bereich »Internetoptionen« auf die Schaltfläche »Internet-Einstellungen« (Windows) bzw. »Netzwerkeinstellungen« (Mac OS), um Zugriff auf diese Einstellungen zu erhalten. Unter Windows finden Sie diese Einstellungen in der Registerkarte »Verbindungen«. Klicken Sie auf »Abbrechen«, um dieses Dialogfenster ohne Änderungen zu verlassen.

In Acrobat sind standardmäßig einige Internet-Voreinstellungsoptionen eingeschaltet, die für die Steuerung von Acrobat mit Ihrem Webbrowser nötig sind.

- »PDF in Browser anzeigen« stellt alle im Web geöffneten PDF-Dokumente im Browserfenster dar. Ist diese Option nicht eingeschaltet, öffnen PDF-Dokumente in einem weiteren Acrobat-Fenster.

- »Schnelle Web-Anzeige zulassen« lädt PDF-Dokumente zur Betrachtung seitenweise herunter. Ist diese Option nicht eingeschaltet, wird erst die gesamte PDF-Datei heruntergeladen, bevor sie angezeigt wird. Wenn die gesamte PDF-Datei während der Betrachtung der ersten angeforderten Seite im Hintergrund weiter heruntergeladen werden soll, schalten Sie außerdem die Option »Herunterladen im Hintergrund zulassen« ein.

- »Herunterladen im Hintergrund zulassen« ermöglicht, dass ein PDF-Dokument weiter aus dem Web heruntergeladen wird, auch wenn die erste angeforderte Seite bereits angezeigt wird. Das Herunterladen stoppt, sobald eine andere Aufgabe in Acrobat ausgelöst wird, beispielsweise durch das Dokument blättern.

2 Wenn Sie mit der Prüfung Ihrer Interneteinstellungen fertig sind, klicken Sie im Dialogfenster »Voreinstellungen« auf OK, um eventuelle Änderungen zuzuweisen. Um das Dialogfenster ohne Änderungen zu verlassen, klicken Sie auf »Abbrechen«.

Optionen für das Konvertieren von Webseiten festlegen

Bevor Sie Seiten aus dem Internet herunterladen, sollten Sie die Optionen für die Struktur und die Darstellung Ihrer erfassten Seiten im Dialogfenster »Webseitenkonvertierung – Einstellungen« bestimmen. Um es in Acrobat aufzurufen, wählen Sie **Datei: PDF erstellen: Aus Webseite** und klicken im Dialogfenster »PDF aus Webseite erstellen« auf die Schaltfläche »Einstellungen«.

Um chinesische, japanische und koreanische (*CJK*) Webseiten auf einem romanischen (westeuropäischen) System unter Windows zu konvertieren, müssen Sie vor oder während der Installation von Acrobat die entsprechenden CJK-Sprachunterstützungsdateien installiert haben. Außerdem sollten Sie in den HTML-Konvertierungseinstellungen eine passende Kodierung wählen.

Webseiten in Acrobat konvertieren

Da Webseiten regelmäßig aktualisiert werden, mag sich der Inhalt der in dieser Lektion beschriebenen Webseiten zwischenzeitlich geändert haben. Obwohl wir Verknüpfungen ausgewählt haben, die vermutlich sehr beständig sind, müssen Sie eventuell mit anderen Links arbeiten. Die in dieser Lektion beschriebenen Schritte sollten Sie mit nahezu jeder Website anwenden können. Wenn Sie innerhalb einer Firmen-Firewall arbeiten, ist es möglicherweise sinnvoller, die Sites von Adobe Press oder Addison-Wesley durch eine interne Site zu ersetzen.

Sie geben jetzt in das Dialogfenster »PDF aus Webseite erstellen« einen URL ein und erfassen einige Webseiten.

1 Falls das Dialogfenster »PDF aus Webseite erstellen« nicht mehr geöffnet ist, wählen Sie **Datei: PDF erstellen: Aus Webseite**.

2 Geben Sie unter »URL« die Adresse einer Webseite ein, die Sie erfassen möchten. (Wir haben uns für die Website von Adobe Press entschieden; die Adresse lautet *http://www.adobepress.com*.)

3 Klicken Sie auf die Schaltfläche »Mehrere Ebenen erfassen«.

Nun können Sie angeben, wie viele Ebenen der Seitenhierarchie - und damit wie viele Seiten - erfasst werden sollen. Ausgangspunkt ist dabei immer der eingegebene URL Ein Beispiel: Die oberste Ebene besteht zumeist aus dem angegebenen URL, die zweite Ebene besteht aus Seiten, die mit der obersten Ebene verknüpft sind, usw. Überprüfen Sie vor dem gleichzeitigen Herunterladen von mehreren Ebenen einer Website, wie groß und komplex der Seitenbereich ist, den Sie laden möchten. Das Herunterladen einer umfangreichen Site kann sehr viel Zeit in Anspruch nehmen. Verwenden Sie den Befehl »Gesamte Website laden« mit großer Vorsicht. Das Herunterladen von Seiten über eine Modemverbindung nimmt außerdem normalerweise viel mehr Zeit in Anspruch als das Herunterladen über eine schnelle Verbindung wie zum Beispiel DSL.

4 Achten Sie darauf, dass die Option »Nur« aktiviert ist und dass Sie 1 für die Anzahl der Ebenen gewählt haben.

5 Schalten Sie »Pfad beibehalten« ein, um nur Seiten zu erfassen, die dem eingegebenen URL untergeordnet sind.

6 Schalten Sie »Server beibehalten« ein, um ausschließlich Seiten herunterzuladen, die sich auf dem gleichen Server befinden wie Ihr eingegebener URL.

7 Klicken Sie auf »Erstellen«. Das Dialogfenster »Downloadstatus« zeigt den Fortgang des Herunterladens an. Wenn Acrobat mit dem Herunterladen und Konvertieren fertig ist, stellt es die erfasste Website im Acrobat-Dokumentfenster mit Lesezeichen in der Lesezeichen-Registerkarte dar.

Falls sich verknüpftes Material nicht herunterladen lässt, erhalten Sie eine Fehlermeldung. Entfernen Sie etwaige Fehlermeldungen durch Klicken auf OK.

8 Klicken Sie oben in der Acrobat-Werkzeugleiste auf die Schaltfläche »Eine vollständige Seite« ( ), um die Ansicht der konvertierten Webseite an Ihren Bildschirm anzupassen.

9 Blättern Sie über die Schaltflächen »Nächste Seite« ( ) und »Vorherige Seite« ( ) durch die PDF-Seiten.

10 Wählen Sie **Datei: Speichern unter**, geben Sie der Datei den Namen **Web.pdf** und speichern Sie sie im Ordner *Lektion03*.

Wenn Sie unter Windows mehr als eine Ebene mit Seiten herunterladen, wird das Dialogfenster »Downloadstatus« nach dem Herunterladen der ersten Ebene in den Hintergrund verschoben.

Wählen Sie **Erweitert: Web Capture: Statusdialogfelder im Vordergrund anzeigen**, um das Dialogfenster wieder anzuzeigen. (Unter Mac OS bleibt das Dialogfenster »Downloadstatus« immer im Vordergrund.)

In der erfassten Website können Sie genau wie in jedem anderen PDF-Dokument auch navigieren und arbeiten. Acrobat formatiert die Seiten und berücksichtigt dabei sowohl die Konvertierungseinstellungen als auch das Aussehen der ursprünglichen Website.

Links in einer konvertierten Webseite herunterladen und konvertieren

Wenn Sie in der Adobe PDF-Version einer Webseite auf eine Web-Verknüpfung klicken, die auf eine bisher nicht konvertierte Seite verweist, öffnet Acrobat diese Seite nach einer Sicherheitsabfrage in Ihrem Browser.

1 Suchen Sie in der erfassten Website nach einer noch nicht konvertierten Seite und klicken Sie auf die Verknüpfung (wir haben den Link »Events & Promotions« in der Navigationsleiste

gewählt). Der Mauszeiger ändert sich in einen Zeigefinger, sobald er sich über einer bisher nicht konvertierten Web-Verknüpfung befindet, und der URL der Verknüpfung wird angezeigt.

2 Klicken Sie mit der rechten Maustaste auf den Weblink und wählen Sie im Kontextmenü »An Dokument anhängen«.

Acrobat ruft wieder das Dialogfenster »Downloadstatus« auf und zeigt den Fortschritt des Herunterladens an. Sobald das Herunterladen und Konvertieren beendet ist, ruft Acrobat die verknüpfte Seite im Acrobat-Fenster auf und fügt der Lesezeichenliste ein Lesezeichen für diese Seite hinzu.

3 Wählen Sie **Datei: Speichern unter**, benennen Sie die Datei neu mit **Web1.pdf** und speichern Sie sie im Ordner *Lektion03*.

4 Wenn Sie mit dem Betrachten Ihrer konvertierten Webseiten fertig sind, verlassen Sie Acrobat.

Als Nächstes konvertieren Sie Webseiten direkt im Internet Explorer.

Webseiten im Internet Explorer (Windows) konvertieren

Wenn Sie bereits die Probleme kennen, die beim Drucken einer Webseite aus dem Browser heraus auftreten können, wie beispielsweise fehlender Text am Zeilenende, wird Ihnen die Acrobat-Funktion gefallen, mit der Sie problemlos Adobe PDF ohne Verlassen des Browsers erzeugen und drucken können.

Unter Windows fügt Acrobat in der Werkzeugleiste des Internet Explorers (Version 6 oder aktueller) eine Schaltfläche mit einem Menü ein, über das sich eine aktuell angezeigte Webseite in eine Adobe PDF-Datei konvertieren und/oder in einem Schritt sofort drucken, per E-Mail oder zur Überprüfung versenden lässt. Wenn Sie eine Webseite drucken, die zuvor in Adobe PDF umgewandelt wurde, formatiert Acrobat diese Seite mit logischen Seitenumbrüchen auf die standardmäßige Seitengröße um.

Zuerst führen Sie die für das Erstellen von Adobe PDF-Seiten aus Webseiten erforderlichen Voreinstellungen durch.

Voreinstellungen für die Konvertierung

Die Voreinstellungen nehmen Sie in dem Menü vor, das Acrobat in die Menüleiste des Internet Explorers eingefügt hat.

1 Öffnen Sie den Internet Explorer und gehen Sie zur von Ihnen bevorzugten Website. Wir haben die Homepage von Addison-Wesley mit der Adresse *http://www.addison-wesley.de* geöffnet.

2 Klicken Sie im Internet Explorer in der Werkzeugleiste auf den Pfeil rechts neben der Schaltfläche »Konvertiert die aktuelle Webseite in eine Adobe PDF-Datei« ( ) und wählen Sie im Menü die Option »Voreinstellungen«. (Die Schaltfläche befindet sich in der Werkzeugleiste des Internet Explorers.) Diese Voreinstellungen sind die gleichen wie unter »Optionen für das Konvertieren von Webseiten festlegen« weiter vorn in dieser Lektion.

Wird die Schaltfläche im Internet Explorer nicht angezeigt, wählen Sie **Ansicht: Symbolleisten: Adobe PDF**.

3   Klicken Sie auf »Abbrechen«, um das Dialogfenster ohne Änderungen wieder zu schließen.

Jetzt konvertieren Sie die Addison-Wesley-Homepage in Adobe PDF.

Ausgewählte Bereiche einer Webseite in Adobe PDF konvertieren

1   Navigieren Sie im Internet Explorer zu der zu konvertierenden Webseite. Wir haben die Homepage von Addison-Wesley mit der Adresse *http://www.addison-wesley.de* gewählt.

2   Klicken Sie in der Adobe PDF-Werkzeugleiste auf die Schaltfläche »Auswählen« (), um Elemente und Bereiche auswählen zu können.

Wenn Sie Ihren Mauszeiger auf der Webseite bewegen, werden Ihnen mittels einer roten gepunkteten Linie die Bereiche der Webseite angezeigt, die Sie auswählen können.

3   Wählen Sie links in der Menüleiste den Inhalt »Grafik + Multimedia« und »DPI«.

4   Bewegen Sie Ihren Mauszeiger zum Menüpunkt »Grafik + Multimedia« und achten Sie auf den rot gepunkteten Rahmen. Klicken Sie in den Rahmen, um Ihre Auswahl zu bestätigen, und bewegen Sie Ihren Mauszeiger zum Menüpunkt »DPI«. Auch hier erscheint ein rot gepunkteter Rahmen. Klicken Sie mit gedrückter Strg-Taste, um ihn Ihrer Auswahl hinzuzufügen.

5   Klicken Sie in der Internet Explorer-Werkzeugleiste auf den Menüpfeil rechts neben der Schaltfläche »Konvertieren«, um das Schaltflächenmenü zu erweitern, und wählen Sie »Webseite in PDF konvertieren«.

6   Navigieren Sie im Dialogfenster »Webseite in Adobe PDF konvertieren« zum Ordner *Lektion03*. Wir haben als Dateinamen **AddisonWesleyHome.pdf** eingegeben. Klicken Sie anschließend auf »Speichern«.

Der von Acrobat vorgegebene Dateiname ist der im HTML-Tag <TITLE> vorhandene Text. Alle ungültigen Zeichen im Dateinamen der Webseite werden beim Herunterladen und Speichern in einen Unterstrich (_) umgewandelt.

Acrobat konvertiert Ihren ausgewählten Text in PDF und öffnet die Datei automatisch.

7 Wenn Sie fertig sind, schließen Sie den Internet Explorer, Acrobat und alle geöffneten PDF-Dateien.

Mit dem Befehl »Webseite konvertieren und per E-Mail senden« im Schaltflächenmenü »Konvertieren« können Sie eine Webseite in Adobe PDF konvertieren und per E-Mail verschicken. (Weitere Informationen finden Sie in der Adobe Acrobat 9 Hilfe.)

Eigene Übung: Adobe PDF-Dateien über das Kontextmenü erstellen (Windows)

Unter Windows lassen sich Adobe PDF-Dateien auch über das Kontextmenü erstellen und zusammenführen.

Den Befehl »In Adobe PDF konvertieren« anwenden

1 Navigieren Sie zum Ordner *Lektion03* und klicken Sie mit der rechten Maustaste auf die Datei *Memo.txt*.

2 Wählen Sie im Kontextmenü den Befehl »In Adobe PDF konvertieren«.

Textdateien werden mit Hilfe von Web Capture in Adobe PDF umgewandelt und dann in Acrobat geöffnet. Es gibt noch andere Umwandlungsmethoden, die je nach Dateityp automatisch von Acrobat angewandt werden.

3 Wählen Sie **Datei: Speichern**. Benennen Sie die Datei im Dialogfenster »Speichern unter« und wählen Sie einen Speicherort.

Wenn Sie damit fertig sind, schließen Sie alle geöffneten Adobe PDF-Dateien und verlassen Sie Acrobat.

Den Befehl »Unterstützte Dateien in Acrobat zusammenführen« anwenden

1 Navigieren Sie zum Ordnerpfad *Lektion03/MultipleFiles* und wählen Sie die Datei *bottle.jpg*.

2 Klicken Sie mit gedrückter Strg-Taste, um der Auswahl weitere Dateien hinzuzufügen. Wir haben *Application.pdf* hinzugefügt.

3 Klicken Sie mit der rechten Maustaste und wählen Sie aus dem Kontextmenü den Befehl »Unterstützte Dateien in Adobe Acrobat zusammenführen«.

Acrobat öffnet das Dialogfenster »Dateien zusammenführen« und führt die soeben gewählten Dateien auf. Sie können weitere Dateien einfügen, die Dateien neu anordnen, löschen, konvertieren und zusammenführen, wie zuvor in dieser Lektion beschrieben.

Wenn Sie fertig sind, schließen Sie alle geöffneten PDF-Dateien und beenden Sie Acrobat.

Fragen

1 Wie finden Sie heraus, welche Dateitypen sich mit den Befehlen »PDF erstellen: Aus Datei« und »PDF erstellen: Stapelerstellung von mehreren Dateien« in Adobe PDF konvertieren lassen?

2 Wie erstellen Sie eine PDF-Datei, wenn Sie mit einem Dateityp arbeiten, der nicht von den Befehlen »PDF erstellen: Aus Datei« und »PDF erstellen: Stapelerstellung von mehreren Dateien« unterstützt wird?

3 Können Sie Ihre E-Mails mit Acrobat archivieren?

Antworten

1 Führen Sie einen der folgenden Schritte aus:

- Wählen Sie **Datei: PDF erstellen: Aus Datei**. Öffnen Sie im Dialogfenster »Öffnen« das Einblendmenü »Dateityp« (Windows) bzw. »Anzeigen« (Mac OS) für die unterstützten Dateiformate.

- Wählen Sie **Datei: PDF erstellen: Stapelerstellung von mehreren Dateien**. Klicken Sie auf die Schaltfläche »Dateien hinzufügen« und öffnen Sie im Dialogfenster »Hinzufügen« das Einblendmenü »Dateityp« (Windows) bzw. »Anzeigen« (Mac OS) für die unterstützten Dateiformate.

2 Drucken Sie die Dateien mit dem Adobe PDF-Drucker. Wählen Sie im Erstellungsprogramm **Datei: Drucken** und dann den Adobe PDF-Drucker im Dialogfenster »Drucken« oder »Seite einrichten«. Sobald Sie auf die Schaltfläche »Drucken« klicken, erzeugt Acrobat eine Adobe PDF-Datei, statt die Datei an einen angeschlossenen Drucker zu senden.

3 Ja. Unter Windows ermöglichen Microsoft Outlook und Lotus Notes den Einsatz von Acrobat für die Archivierung von E-Mails. Wählen Sie dafür in Outlook **Adobe PDF: Automatische Archivierung einrichten**. In Lotus Notes wählen Sie **Aktionen: Automatische Archivierung einrichten**.

4 MICROSOFT OFFICE-DATEIEN KONVERTIEREN (WINDOWS)

Überblick

In dieser Lektion lernen Sie Folgendes:

- Eine Microsoft Word-Datei in Adobe PDF konvertieren
- Word-Überschriften und -Formate in Adobe PDF-Lesezeichen konvertieren
- Die Adobe PDF-Konvertierungseinstellungen ändern
- Ein 3D-Modell in eine PowerPoint-Datei einfügen
- Eine Microsoft Excel-Datei konvertieren und zur Überprüfung versenden

 Für diese Lektion benötigen Sie ungefähr 60 Minuten. Falls nötig, kopieren Sie jetzt den Ordner *Lektion04* auf Ihre Festplatte.

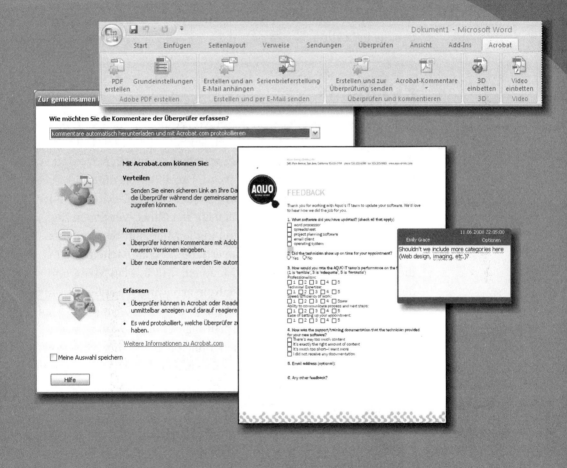

Diese Lektion richtet sich an Windows-Anwender, die Microsoft Office-Anwendungen – Microsoft Word, Microsoft PowerPoint und/oder Microsoft Excel – auf ihren Rechnern installiert haben. Sie können diese Lektion nicht durcharbeiten, ohne nicht mindestens eine dieser Microsoft-Anwendungen installiert zu haben. Falls Sie nicht mit Microsoft Office-Anwendungen arbeiten, sollten Sie diese Lektion überspringen. Welche Microsoft Office-Versionen unterstützt werden, können Sie auf der Adobe-Website (*www.adobe.de*) erfahren.

In dieser Lektion haben wir Microsoft Office 2007 eingesetzt.

Informationen zum Konvertieren von Outlook-Dateien in PDF finden Sie in Lektion 3.

PDFMaker

PDFMaker wird bei der Installation von Adobe Acrobat automatisch mit installiert; mit PDFMaker erzeugen Sie Adobe PDF-Dateien direkt aus Microsoft Office-Anwendungen heraus. In Microsoft Office 2007-Anwendungen wie Word, Excel, PowerPoint und Access erreichen Sie die Optionen zum Erzeugen von PDF-Dateien in der Acrobat-Multifunktionsleiste. Bei früheren Office-Versionen fügt Adobe Acrobat bei der Installation in die Microsoft-Symbolleiste automatisch »In Adobe PDF konvertieren«-Schaltflächen und in die Menüleiste ein Adobe PDF-Menü ein. Mit diesem Menü und den Schaltflächen können Sie die Konvertierungseinstellungen für die Adobe PDF-Dateien vornehmen, Ihre PDF-Dateien per E-Mail verschicken und eine Vorabüberprüfung der per E-Mail zu versendenden PDF-Datei veranlassen, ohne dazu erst Ihre Microsoft Office-Anwendung verlassen zu müssen. Acrobat 9 kann außerdem die Original-Office-Datei an die PDF-Datei anhängen.

PDF-Dateien, die mit PDFMaker erstellt wurden, haben meistens einen deutlich geringeren Speicherbedarf als ihre Quelldateien (mit Ausnahme von umfangreichen Excel-Dateien) und werden deutlich schneller konvertiert. Außerdem können Sie aus jeder Office-Datei eine PDF/A-kompatible Datei erzeugen. (Allerdings bietet PDFMaker keine PDF/A-Unterstützung für Microsoft Publisher.)

Falls in Office 2007-Anwendungen nicht die Acrobat-Multifunktionsleiste zur Verfügung steht, wählen Sie im Dialogfenster »Optionen« »Zusätze« und dann »Acrobat PDFMaker Office COM Addin«. In Office 2003 (und früher) wählen Sie **?: Info** und klicken unten im Dialogfenster auf die Schaltfläche »Deaktivierte Elemente«. Wählen Sie »Adobe PDF« in der Liste und klicken Sie auf »Aktivieren«. Schließen Sie danach Ihre Microsoft-Anwendung und starten Sie sie neu.

Acrobat installiert in den Programmen Word, PowerPoint und Excel im Wesentlichen die gleichen Schaltflächen und Befehle. Es gibt zwar ein paar anwendungsbezogene Unterschiede in der Schnittstelle Acrobat/Office, dennoch sollten Sie alle Abschnitte dieser Lektion auch dann durcharbeiten können, wenn Sie nur eine Microsoft Office-Anwendung, beispielsweise Word, auf Ihrem Rechner installiert haben.

Folgen Sie den Schritten in jedem Abschnitt, lassen Sie die anwendungsspezifischen Schritte aus, und verwenden Sie die Lektionsdatei, die zu Ihrer installierten Microsoft Office-Anwendung passt.

Microsoft Word-Dateien in Adobe PDF konvertieren

Word ist eine weit verbreitete Textverarbeitung, mit der sich die unterschiedlichsten Dokumente erzeugen lassen. Um Dokumente besser lesbar zu machen, verwenden Word-Anwender häufig Formatvorlagen, mit denen sie Überschriften und Hyperlinks erstellen. Beim Korrekturlesen lassen sich außerdem Word-Kommentare einfügen. Bei der Konvertierung eines Word-Dokuments in ein Adobe PDF-Dokument können Sie Word-Formate und -Überschriften in Acrobat-Lesezeichen und Word-Kommentare in Acrobat-Notizen konvertieren. Hyperlinks Ihres Word-Dokuments bleiben dabei erhalten. Ihre Adobe PDF-Datei sieht genau so aus wie Ihre Word-Datei, sie behält die gleiche Funktionsvielfalt bei und lässt sich darüber hinaus von Anwendern unter allen Betriebssystemen öffnen, unabhängig davon, ob sie Word besitzen oder nicht. (PDF-Dateien aus Word-Dateien sind mit Tags versehene PDF-Dateien, mit denen ihr Inhalt besser zugänglich und so noch besser weiterverwendbar wird.)

Hinweis: Unter Acrobat Pro Extended verfügt PDFMaker über eine Option zum Einbetten zahlreicher Multimedia-Dateitypen in Microsoft Word-Dateien. Die Dateien werden dabei in das FLV-Format konvertiert. Ein Dokument enthält nach der Konvertierung in PDF eine abspielbare FLV-Datei.

Die Microsoft Word-Datei

Sie schauen sich nun zunächst die Word-Datei an, die Sie anschließend in Adobe PDF konvertieren.

1 Starten Sie Microsoft Word.

2 Wählen Sie im Schaltflächenmenü »Office« im Ordner *Lektion04* die Datei *Feedback.doc* und klicken Sie auf »Öffnen«. Im Office-Schaltflächenmenü wählen Sie »Speichern unter«, geben Sie der Datei den neuen Namen **Feedback1.doc** und speichern Sie sie im Ordner *Lektion04*.

3 Platzieren Sie den Mauszeiger auf der Überschrift »FEEDBACK« und klicken Sie einmal, um eine Einfügemarke zu setzen. Das Word-Format ist mit »Titel« bezeichnet. (Formate sind in der Registerkarte »Start« aufgeführt.)

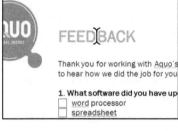

Mit diesen Informationen konvertieren Sie nun Ihr Word-Format in ein Adobe PDF-Lesezeichen.

Dem Word-Dokument wurde außerdem ein Word-Kommentar hinzugefügt, der auf einen noch zu korrigierenden Fehler hinweist. Im nächsten Abschnitt sorgen Sie dafür, dass dieser Kommentar im PDF-Dokument zu einer Acrobat-Notiz konvertiert wird.

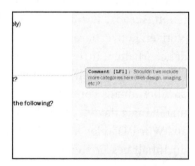

Word-Überschriften und -Formate in PDF-Lesezeichen konvertieren

Wenn Ihr Word-Dokument Überschriften und Formate enthält, die Sie in Adobe PDF-Lesezeichen konvertieren möchten, müssen Sie diese Überschriften und Formate im Dialogfenster »Acrobat PDFMaker« angeben. (Die Word-Formate Überschrift 1 bis Überschrift 9 werden automatisch konvertiert und behalten ihre Ebenen-Hierarchie bei.) Da die Überschriften in diesem Dokument nicht mit einer der Überschriften 1 bis 9 formatiert wurden, sorgen Sie jetzt dafür, dass die verwendeten Formate beim Erzeugen der Adobe PDF-Datei in Lesezeichen konvertiert werden.

1 Klicken Sie in Word 2007 in der Acrobat-Multifunktionsleiste auf »Grundeinstellungen« ( ).
In früheren Word-Versionen wählen Sie in der Word-Menüleiste **Adobe PDF: Konvertierungseinstellungen ändern**, um das Dialogfenster »Acrobat PDFMaker« aufzurufen.

Im Dialogfenster »Acrobat PDFMaker« bestimmen Sie die Einstellungen für die Konvertierung Ihrer Microsoft-Anwendungsdateien in Adobe PDF-Dateien. Die dort verfügbaren Registerkarten variieren je nach verwendeter Microsoft Office-Anwendung. Da Sie im Augenblick Microsoft Word nutzen, sind im Dialogfenster »Acrobat PDFMaker« die Register »Word« und »Lesezeichen« sichtbar. Im Verlauf dieser Lektion öffnen Sie das Dialogfenster »Acrobat PDFMaker« aus PowerPoint und Excel; in diesen Anwendungen sind jeweils andere Registerkarten verfügbar.

In Acrobat Pro Extended ist im Dialogfenster »PDFMaker« ein neues Register »Video« verfügbar, in dem Sie Optionen oder Multimedia-Dateien bestimmen, die in das FLV-Format konvertiert und in Word- oder PowerPoint-Dateien eingefügt werden.

2 Klicken Sie auf das Register »Lesezeichen«.

In dieser Registerkarte legen Sie fest, welche Word-Überschriften und Stile bzw. Formate in Adobe PDF-Lesezeichen konvertiert werden sollen.

3 Rollen Sie in der Liste mit Lesezeichen und Formaten nach unten, bis Sie den Stil bzw. das Format »Titel« sehen.

4   Platzieren Sie Ihren Mauszeiger auf dem leeren Kontrollkästchen in der Spalte »Lesezeichen« in der Zeile »Titel« und klicken Sie.

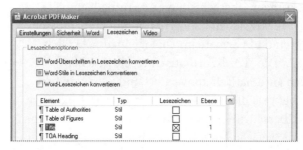

Ein Kreuz zeigt an, dass PDFMaker für dieses diesen Stil bzw. dieses Format ein Lesezeichen erzeugt. Sie sehen, dass die Ebene nun automatisch auf 1 gesetzt ist, die hierarchische Ebene des PDF-Lesezeichens. (Für eine zweite Überschriftenebene würden Sie die Ebene auf 2 setzen.)

5   Rollen Sie wieder durch die Liste und heben Sie die Auswahl aller übrigen markierten Formate auf.

Einstellungen, die Sie in der Registerkarte »Lesezeichen« vornehmen, wirken sich ausschließlich auf die Konvertierung von Word-Dokumenten aus.

Word-Kommentare in PDF-Notizen konvertieren

Auch in Ihrem Word-Dokument vorhandene Kommentare bleiben bei der Konvertierung in Adobe PDF erhalten.

1   Klicken Sie im Dialogfenster »Acrobat PDFMaker« auf das Register »Word« und achten Sie darauf, dass das Kontrollkästchen vor der Option »Angezeigte Kommentare im PDF-Dokument in Notizen konvertieren« eingeschaltet ist.

Im Abschnitt »Kommentare« sehen Sie einen einzuschließenden Kommentar. Vergewissern Sie sich, dass das entsprechende Kontrollkästchen in der Spalte »Einschließen« eingeschaltet ist.

2   Um die Farbe der Notiz im Adobe PDF-Dokument zu ändern, klicken Sie so oft auf das Symbol in der Spalte »Farbe«, bis es die gewünschte Farbe aufweist. Wir haben uns für Blau entschieden.

3   Damit sich die Notiz automatisch im PDF-Dokument öffnet, klicken Sie in der Spalte »Notizen geöffnet« auf das entsprechende Kontrollkästchen. Sie können die Notiz später immer noch im PDF-Dokument schließen.

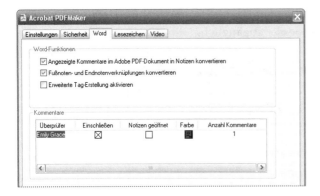

Einstellungen, die Sie in der Registerkarte »Word« vornehmen, wirken sich ausschließlich auf die Konvertierung von Word-Dokumenten aus.

4   Klicken Sie auf das Register »Einstellungen«.

Die Konvertierungseinstellungen

1   Klicken Sie im Dialogfenster »Acrobat PDFMaker« auf das Pfeilsymbol rechts im Menü »Konvertierungseinstellungen«.

In diesem Menü finden Sie die vorgegebenen Konvertierungseinstellungen zum Erzeugen von Adobe PDF-Dateien. Für die meisten Anwender genügen diese Einstellungen (bzw. Voreinstellungen). Um sie anzupassen, wechseln Sie über die Schaltfläche »Erweiterte Einstellungen« in das Dialogfenster »Adobe PDF-Einstellungen«. In diesem Menü führt PDFMaker auch alle von Ihnen erstellten und gespeicherten Einstellungen auf.

Um Erklärungen der Standard-Konvertierungseinstellungen anzuzeigen, wählen Sie im Einblendmenü »Konvertierungseinstellungen« eine Einstellung; das Dialogfenster blendet dann rechts neben dem Informationssymbol eine entsprechende Beschreibung ein. Um mehrzeilige Beschreibungen vollständig lesen zu können, verwenden Sie die zugehörigen Rollpfeile.

2   Wenn Sie damit fertig sind, wählen Sie im Einblendmenü »Konvertierungseinstellungen« den Eintrag »Standard«.

3   Achten Sie darauf, dass die Option »Adobe PDF-Ergebnis anzeigen« eingeschaltet ist. Damit startet Acrobat nach der Konvertierung automatisch und zeigt die erzeugte Adobe PDF-Datei an.

4   Achten Sie darauf, dass die Option »Ein-/Ausgabehilfe und Umfließen durch Erstellen von PDF mit Tags aktivieren«

eingeschaltet (mit einem Häkchen versehen) ist. Dadurch machen Sie Ihre Dateien besser zugänglich.

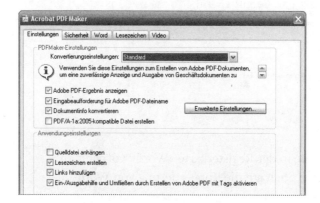

Weitere Informationen über barrierefrei zugängliche PDF-Dateien finden Sie in Lektion 6, »PDF-Dateien lesen und bearbeiten«.

Wenn Sie die Quelldatei als Anlage an die PDF-Datei anhängen möchten, schalten Sie die Option »Quelldatei anhängen« in diesem Dialogfenster ein.

5   Klicken Sie auf OK, um Ihre Einstellungen zu übernehmen.

● **Hinweis:** Adobe PDFMaker verwendet diese Konvertierungseinstellungen für die Konvertierung von Word-Dokumenten, bis Sie sie ändern.

Damit haben Sie die Konvertierungseinstellungen festgelegt und können nun mit der Konvertierung Ihrer Word-Datei in Adobe PDF beginnen; vorher sollten Sie Ihre Datei allerdings noch speichern.

6   Wählen Sie im Office-Schaltflächenmenü **Speichern unter: Word-Dokument**, um Ihre bisherige Arbeit im Ordner *Lektion04* zu sichern.

Ihre Word-Datei konvertieren

■ **Video:** Das Video »PDF aus Word – Serienbrief« auf der Buch-DVD zeigt mehr zu diesem Thema. Weitere Informationen finden Sie unter »Den Ordner *Video-Training* installieren« auf Seite 16.

1   In Microsoft Office 2007 Word klicken Sie in der Acrobat-Multifunktionsleiste auf die Schaltfläche »PDF erstellen« ( ). In früheren Word-Versionen klicken Sie in der Word-Menüleiste auf die Schaltfläche »In Adobe PDF konvertieren« ( ).

2   Geben Sie Ihrer Datei im Dialogfenster »Adobe PDF-Datei speichern unter« einen Namen und speichern Sie sie. Wir haben die Datei **Feedback1.pdf** genannt und sie im Ordner *Lektion04* gespeichert.

Acrobat PDFMaker konvertiert Ihre Datei nun in Adobe PDF und zeigt den Konvertierungsstatus gleichzeitig im Informationsfenster »Acrobat PDFMaker« an.

3 Nun zeigt Acrobat Ihre konvertierte Datei an. Sie sehen, dass PDFMaker den Word-Kommentar in eine geöffnete Adobe PDF-Notiz konvertiert hat. Eventuell müssen Sie im Dokument nach unten rollen, um die Notiz sehen zu können.

4 Wenn Sie die Notiz gelesen haben, schließen Sie sie durch Klicken auf ihr Schließfeld.

5 Klicken Sie in der Navigationsleiste auf das Register »Lesezeichen« ( ). Sie sehen, dass PDFMaker automatisch Lesezeichen erzeugt hat.

▶ **Tipp:** In Acrobat 9 können Sie Überschriften und Fußnoten aus Office 2007-Dateien in PDF-Dateien bearbeiten.

Wenn Sie in Acrobat 9 in der Navigationsleiste Ihrer PDF-Datei auf ein Lesezeichen klicken, leitet die Verknüpfung Sie direkt zur entsprechenden Überschrift und nicht an den Anfang der Seite mit der Überschrift.

6 Falls Sie Ihre Word-Datei als Anlage an die PDF-Datei angehängt haben, klicken Sie unten in der Navigationsleiste auf das Register »Anlagen«, um zu prüfen, ob die Original-Word-Datei angehängt wurde.

7 Wenn Sie mit dem Betrachten der Datei fertig sind, schließen Sie sie.

8 Wählen Sie **Datei: Beenden**, um Acrobat zu verlassen.

9 Beenden Sie Microsoft Word.

▶ **Tipp:** Wenn Sie Ihre Microsoft Office-Datei mit den gegenwärtigen PDFMaker-Konvertierungseinstellungen in Adobe PDF konvertieren möchten, ziehen Sie die Office-Datei auf das Acrobat 9-Symbol auf Ihrem Schreibtisch oder in ein leeres Dokumentfenster im Acrobat-Arbeitsbereich.

PDF-Dateien anhand von Word-Vorlagen für den Seriendruck erstellen

Mit Word-Vorlagen für den Seriendruck können Sie Dokumente, wie Serienbriefe, erstellen, die dann mit Informationen wie den Namen und Adressen der Empfänger personalisiert werden. Mit Acrobat PDFMaker können Sie über eine Word-Vorlage für den Seriendruck und einer entsprechenden Datendatei den Seriendruck direkt in ein PDF-Dokument umleiten und so Zeit sparen. Darüber hinaus besteht die Möglichkeit, PDFMaker so zu konfigurieren, dass diese PDFs an E-Mail-Nachrichten, die bei der PDF-Erstellung generiert werden, angehängt werden.

3D-Inhalt in eine PowerPoint-Präsentation einfügen (Acrobat Pro Extended)

Mit Acrobat Pro Extended können Sie die meisten 3D-Modelle in Microsoft Word-, Excel- und PowerPoint-Dateien einfügen. In diesem Abschnitt der Lektion fügen Sie ein 3D-Modell in eine PowerPoint-Datei ein, bearbeiten das Modell und konvertieren die Datei dann in PDF.

Auf ähnliche Weise fügen Sie ein 3D-Modell auch in eine Excel- oder eine Word-Datei ein.

1 Öffnen Sie Microsoft PowerPoint und erstellen Sie eine neue leere Folie. Geben Sie in den Textrahmen »Titel durch Klicken hinzufügen« den Text **Aquo Water Bottle** ein.

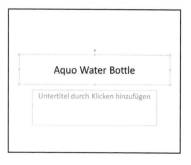

2 Wählen Sie im Office-Schaltflächenmenü **Speichern unter: PowerPoint Präsentation**. Geben Sie Ihrem Dokument den neuen Namen **3D_Insert** und sichern Sie es im Ordner *Lektion04*. (In PowerPoint 2003 oder früher wählen Sie **Datei: Speichern unter**.)

3 Platzieren Sie eine Einfügemarke an der Stelle in Ihrer PowerPoint-Folie, an der das 3D-Modell erscheinen soll. Wir haben die Einfügemarke in den Textrahmen für den Untertitel gesetzt. Klicken Sie dann in der Acrobat-Multifunktionsleiste auf die Schaltfläche »3D einbetten« ( ). (In PowerPoint 2003 oder früher klicken Sie in der Acrobat PDFMaker 9.0-Werkzeugleiste auf die Schaltfläche »Acrobat 3D-Modell einfügen« ( ).)

Das in die Office-Datei eingefügte 3D-Modell wird durch eine Abbildung bzw. ein Vorschaubild angezeigt. Klicken auf diese Abbildung bzw. Vorschau in der Office-Anwendung aktiviert das Modell und ermöglicht rudimentäre Bearbeitungsfunktionen. Nach der Konvertierung der Office-Datei in Adobe PDF bietet Klicken auf die Abbildung (bzw. das Vorschaubild) in Acrobat oder Adobe Reader den uneingeschränkten Zugriff auf die 3D-Werkzeugleiste zur Bearbeitung des Modells.

4 Klicken Sie im Dialogfenster »3D-Daten hinzufügen« auf die Schaltfläche »Nach Modell suchen«.

5 Navigieren Sie im Dialogfenster »Öffnen« zum Ordner *Lektion04*, wählen Sie die Datei *Aquo_Bottle.u3d* und klicken Sie auf »Öffnen«.

6 Erweitern Sie das Menü »Profil für Importeinstellungen« und wählen Sie den Eintrag »Visualisierung/Kleine Datei«, um eine kleine PDF-Datei für den mühelosen Dateiaustausch mit Kollegen zu erstellen.

Wenn Sie in die 3D-Datei ein JavaScript einbetten möchten, wählen Sie es in diesem Dialogfenster aus. In dieser Lektion fügen Sie nur ein 3D-Modell hinzu.

7 Klicken Sie auf OK, um das 3D-Modell einzufügen.

Vorschaugröße ändern

Jetzt passen Sie die Größe der Vorschau an.

1   Klicken Sie in das 3D-Modell, um es auszuwählen. Bewegen Sie den Mauszeiger auf einen der Eckenanfasser des 3D-Modell-Platzhalters, so dass er sich in einen Doppelpfeil ändert, und ziehen Sie den Eckenanfasser mit gedrückter Umschalttaste, um das Modell in den Untertitelrahmen einzupassen. (Durch Ziehen mit gedrückter Umschalttaste passen Sie den Platzhalter proportional an.) Richten Sie den Platzhalter mittig unter Ihrem Titeltext aus.

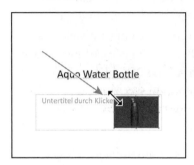
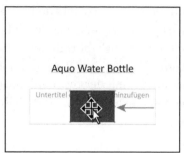

2   Wählen Sie im Office-Schaltflächenmenü »Speichern«, um Ihre PowerPoint-Folie im Ordner *Lektion04* zu sichern. Übernehmen Sie den Dateinamen.

Als Nächstes konvertieren Sie Ihre PowerPoint-Folie in Adobe PDF, um zu beobachten, wie das 3D-Modell dabei behandelt wird.

Standardansicht ändern

Bevor Sie Ihre Folie in PDF konvertieren, ändern Sie die Standardansicht Ihres 3D-Modells.

1   In PowerPoint 2007 klicken Sie auf das Register »Ansicht« und wählen »Bildschirmpräsentation«. Die Folie öffnet in der Vollbildansicht.

2   Bewegen Sie Ihren Mauszeiger in das Vorschaufenster, um das 3D-Modell zu aktivieren und die Acrobat 3D-Werkzeugleiste einzublenden. Mit diesen Werkzeugen bearbeiten Sie Ihr Modell. (Hilfe zu diesen Werkzeugen finden Sie in Lektion 2, »Der Arbeitsbereich«.)

3   Wählen Sie ganz links das Drehen-Werkzeug (✦) und ziehen Sie damit über das Modell, um die Ansicht zu ändern.

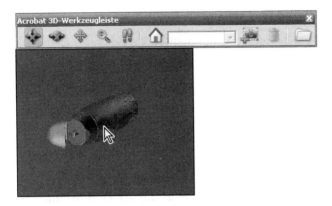

Jetzt ändern Sie die Hintergrundfarbe und den Rendermodus.

4 Klicken Sie mit der rechten Maustaste auf das Modell und wählen Sie **Anzeigeoptionen: Modell-Rendermodus: Schattierte Abbildung** als Rendermodus.

5 Klicken Sie mit der rechten Maustaste auf das Modell und wählen Sie **Anzeigeoptionen: Hintergrundfarbe auswählen**. Wählen Sie eine Farbe in der Farbpalette. Wir haben Gelb gewählt. Klicken Sie auf OK.

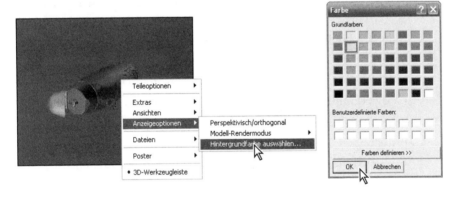

Als Nächstes ändern Sie die neue Anzeige in die Standardanzeige.

6 Klicken Sie mit der rechten Maustaste auf das Modell und wählen Sie **Ansichten: Als Standardansicht festlegen**.

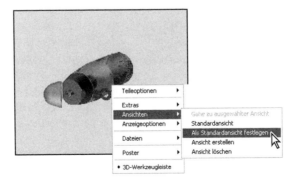

7 Drücken Sie auf die Esc-Taste, um die Vollbildansicht zu verlassen.

8 Wählen Sie im Office-Schaltflächenmenü »Speichern«, um Ihre PowerPoint-Folie im Ordner *Lektion04* zu sichern. Übernehmen Sie den Dateinamen.

In Adobe PDF konvertieren

1 Die Datei *3D_Insert.ppt* ist noch geöffnet; klicken Sie in der Acrobat-Multifunktionsleiste auf »PDF erstellen« ( ).
(In PowerPoint 2003 oder früher klicken Sie in der Acrobat PDFMaker 9.0-Werkzeugleiste auf die Schaltfläche »In Adobe PDF konvertieren« ( ).) Klicken Sie auf »Speichern«, um die Datei in denselben Ordner zu sichern und den gleichen Namen mit der PDF-Dateinamenerweiterung zu verwenden. PDFMaker blendet den Fortgang der Konvertierung der PowerPoint-Datei in Adobe PDF im Dialogfenster ein.

2 Ihre PDF-Datei öffnet automatisch in Acrobat.

Acrobat zeigt das 3D-Modell in der von Ihnen eingestellten neuen Standardansicht.

3 Klicken Sie im Acrobat-Dokumentfenster in das Modell, um die 3D-Werkzeugleiste einzublenden. Jeder Acrobat-Anwender kann die 3D-Effekte mit den Werkzeugen in dieser Werkzeugleiste ausprobieren.

4 Wenn Sie damit fertig sind, schließen Sie die PDF-Datei und die PowerPoint-Datei und beenden Sie PowerPoint.

In Office 2007-Anwendungen ändern Sie die PDF-Konvertierungseinstellungen über die Schaltfläche »Grundeinstellungen« in der Acrobat-Multifunktionsleiste; nehmen Sie die Einstellungen vor, bevor Sie die Datei in PDF konvertieren.

Adobe Presenter (Acrobat Pro Extended)

Mit Adobe Presenter können Microsoft PowerPoint-Dateien in beeindruckende Präsentationen mit Begleitkommentaren und Multimedia-Inhalten wie Videos, Animationen und Produktsimulationen umgewandelt werden. Presenter ermöglicht auch technisch weniger versierten Anwendern, ansprechende Präsentationen vollständig innerhalb der PowerPoint-Umgebung zu erstellen. Mit Presenter lassen sich Präsentationen in das Adobe Flash-Format konvertieren, online veröffentlichen und jederzeit aufrufen. Zum Öffnen von Presenter PDF-Dateien ist der Adobe Reader 9 oder Acrobat 9 erforderlich.

> ## Video-Clips in Microsoft Office-Dateien einfügen
>
> Mit Acrobat 9 Pro oder Pro Extended können Sie mühelos Multimedia-Inhalte in Ihre Microsoft Office-Dateien einfügen.
>
> Mit Acrobat Pro Extended können Sie in Office 2003 mit **Adobe PDF: Video einfügen und in Flash Video-Format konvertieren** Videoinhalte in eine Word- oder PowerPoint-Datei einfügen. In Office 2007 verwenden Sie dafür die Schaltfläche »Video einbetten« in der Acrobat-Multifunktionsleiste.

Ein Excel-Dokument konvertieren und eine Überprüfung beginnen

In diesem Abschnitt erzeugen Sie eine PDF-Datei aus einem Excel-Dokument und beginnen einen formalen Überprüfungsvorgang, indem Sie die PDF-Datei per E-Mail an ausgewählte Korrektoren schicken. Über den Sendevorgang per E-Mail hinaus bietet Acrobat umfangreiche Datei- und Kommentarverwaltungswerkzeuge zur Erleichterung der Überprüfung.

Mit Acrobat 9 können Sie mühelos Tabellen für die Konvertierung wählen und anordnen und alle Verknüpfungen und Lesezeichen konvertieren.

Die Excel-Datei

1. Starten Sie Microsoft Excel.
2. Öffnen Sie in Excel die Datei *Financial2008.xls* im Ordner *Lektion04* und klicken Sie auf »Öffnen«. Wählen Sie anschließend »Speichern unter: Excel-Arbeitsmappe«, geben Sie den neuen Namen **Financial2008_1.xls** für die Datei ein und sichern Sie sie im Ordner *Lektion04*.

Sie überprüfen jetzt die Excel-Datei. Die erste Tabelle enthält Konstruktionskostenkalkulationen.

3. Klicken Sie unten in der Excel-Arbeitsmappe auf die Schaltfläche »Annual Operating Costs«. Die zweite Tabelle umfasst jährliche Betriebskosten.

 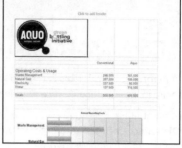

Diese beiden Tabellen müssen Sie beim Erstellen Ihrer PDF-Datei konvertieren.

Die gesamte Arbeitsmappe konvertieren

In Office 2007 können Sie wählen, ob eine Arbeitsmappe insgesamt, eine Auswahl oder bestimmte Tabellen in PDF konvertiert werden. In früheren Office-Versionen müssen Sie entweder im Adobe PDF-Einblendmenü die Option »Gesamte Arbeitsmappe konvertieren« einschalten (**Adobe PDF: Konvertierungseinstellungen ändern**) oder den Seitenbereich im Dialogfenster »Adobe PDF-Einstellungen« ändern.

1 Kicken Sie in Excel 2007 in der Acrobat-Multifunktionsleiste auf »Grundeinstellungen«.

2 Da Sie die PDF-Datei per E-Mail versenden wollen, wählen Sie im Dialogfenster »Acrobat PDFMaker« in der Registerkarte »Einstellungen« im Menü »Konvertierungseinstellungen« den Eintrag »Kleinste Dateigröße«.

3 Wählen Sie die Option »Arbeitsblatt auf die Größe einer einzigen Seite anpassen«.

4 Achten Sie darauf, dass die Option »Ein-/Ausgabehilfe und Umfließen durch Erstellen von PDF mit Tags aktivieren« eingeschaltet ist. Mit Tags versehene PDF-Dateien ermöglichen das mühelose Kopieren von Tabellendaten aus PDF-Dateien in Tabellenkalkulationsanwendungen. Weitere Informationen finden Sie unter »Eigene Übung« in dieser Lektion. Außerdem sind mit Tags versehene PDF leichter zugänglich.

5 Schalten Sie die Option »Aufforderung zur Auswahl von Excel-Arbeitsblättern« ein, um zu Beginn der Dateikonvertierung ein Dialogfenster einzublenden, in dem Sie festlegen können, welche Arbeitsblätter in welcher Reihenfolge eingefügt werden sollen.

Diese Einstellungen für die Konvertierung von Excel-Dokumenten gelten so lange, bis Sie sie ändern.

6 Klicken Sie auf OK, um Ihre Einstellungen zu übernehmen.

In Acrobat 9 können Sie ein großes Arbeitsblatt in eine PDF-Datei konvertieren, die eine Seite breit und mehrere Seiten lang ist. In der Registerkarte »Einstellungen« im Dialogfenster »Acrobat PDFMaker« passen Sie mit der Option »Arbeitsblatt auf die Größe einer einzigen Seite anpassen« die Größe eines einzelnen Arbeitsblatts so an, dass alle Einträge eines Arbeitsblatts auf einer Seite im PDF-Dokument angezeigt werden. Mit der Option »An Seitenbreite anpassen« passen Sie die Breite der einzelnen Arbeitsblätter so an, dass alle Spalten eines Arbeitsblatts auf einer Seite im PDF-Dokument angezeigt werden.

Eine E-Mail-basierte Überprüfung beginnen

Über die Schaltfläche »Erstellen und zur Überprüfung senden« in der Acrobat-Multifunktionsleiste (Excel 2007) bzw. die Schaltfläche »In Adobe PDF konvertieren und zur Überprüfung senden« in früheren Office-Versionen können Sie eine Datei zur Überprüfung per E-Mail versenden. Der Empfänger erhält eine E-Mail mit Anweisungen zur Teilnahme an der Überprüfung und zum Hinzufügen und Zurücksenden von Kommentaren über den Acrobat.com-Service.

Sie können auch das Überprüfungsprotokoll verwenden, um weitere Korrektoren in den Überprüfungsvorgang einzubinden oder um Erinnerungsnachrichten an Korrektoren zu senden. Außerdem können Sie Anwender am Überprüfungsvorgang teilhaben lassen, die nur über den Adobe Reader verfügen. Weitere Informationen zur Verwendung von Acrobat in Überprüfungs- und

Kommentationsvorgängen finden Sie in Lektion 9, »Acrobat in einer Dokumentüberprüfung«.

1 In Office 2007 klicken Sie in der Acrobat-Multifunktionsleiste auf die Schaltfläche »Erstellen und zur Überprüfung senden« ( ). (In Office 2003 oder früher wählen Sie **Adobe PDF: In Adobe PDF konvertieren und zur Überprüfung senden**.)

2 Wählen Sie im Dialogfenster »Acrobat PDFMaker«, ob die gesamte Arbeitsmappe, ausgewählte Arbeitsblätter oder ein Arbeitsblatt konvertiert werden soll. Wir haben die gesamte Arbeitsmappe zur Konvertierung gewählt.

3 Klicken Sie auf »In PDF konvertieren«.

4 Klicken Sie im Dialogfenster »Adobe PDF-Datei speichern unter« auf »Speichern«, um die Datei unter **Financial2008_1.pdf** im Ordner *Lektion04* zu sichern.

Acrobat ruft das Dialogfenster »Zur gemeinsamen Überprüfung senden« auf, das Sie durch den weiteren Ablauf führen soll.

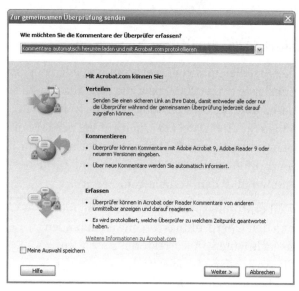

5 Wählen Sie im Einblendmenü, ob Acrobat.com oder Ihr interner Server für den Überprüfungsvorgang verwendet werden soll, und klicken Sie auf »Weiter«.

Die nachfolgenden Schritte hängen davon ab, wie Sie die Daten von Ihren Korrektoren erfassen.

6 Wenn Sie die Schritte im Assistenten ausgeführt und Ihre Datei per E-Mail verschickt haben, schließen Sie die PDF-Datei und beenden Sie Microsoft Excel.

Sie können die E-Mail-Überprüfung nicht ohne die Hilfe von mindestens einem weiteren Teilnehmer durchführen. Wir empfehlen Ihnen, diese Funktion mit einer Dokumentüberprüfung durch Kollegen zu üben.

Die Ansicht »Tabellenteilung«

Beim Arbeiten mit Tabellen wäre es oft praktisch, wenn die Spalten- und Zeilenbeschriftungen auch beim Blättern durch Spalten und Zeilen sichtbar sind. Mit den Befehlen »Teilung« und »Tabellenteilung« in Acrobat ist genau das möglich.

1 Navigieren Sie zum Ordner *Lektion04* und öffnen Sie die Datei *GE_Schedule.pdf*.

Dieser Ablaufplan lässt sich mit seiner kleinen Schrift in der Ansicht »Fenstergröße« auf dem Bildschirm schlecht lesen. Sie verwenden jetzt den Befehl »Tabellenteilung«, um sich einige Daten genauer anzusehen. Dazu ändern Sie zuerst die Seitenansicht.

2 Wählen Sie **Fenster: Tabellenteilung**, um das Dokumentfenster in vier Unterabschnitte zu teilen.

Ziehen Sie die Teilungsrahmen nach oben, unten, links oder rechts, um die Fensterabschnitte in die gewünschte Größe zu bringen.

In der Ansicht »Tabellenteilung« wirkt sich eine Änderung des Vergrößerungsfaktors auf alle Teilfenster aus. (In der Ansicht »Teilung« können Sie dagegen in jedem der beiden Fensterabschnitte unterschiedliche Vergrößerungen einstellen.)

3 Ziehen Sie den senkrechten Teilungsrahmen nach links, bis die Kategorien das linke Teilfenster ausfüllen.

4 Ziehen Sie den waagerechten Teilungsrahmen nach oben, bis er sich unmittelbar unterhalb der Spaltenüberschriften befindet.

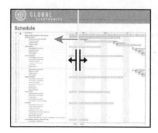 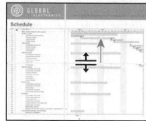 

5   Richten Sie die Teilungsrahmen an den Spaltenüberschriften und Zeilenbeschriftungen aus.

6   Mit dem senkrechten Rollbalken können Sie nach unten durch die Aufgaben blättern. Da die Spaltenüberschriften sichtbar bleiben, lässt sich der Ablaufplan mühelos für jede Aufgabe auswerten.

7   Wenn Sie damit fertig sind, wählen Sie **Datei: Schließen**, um die Datei *GE_Presentation.pdf* ohne Speichern der Änderungen zu schließen.

Webseiten aus dem Internet Explorer heraus konvertieren

Acrobat 9 fügt in die Symbolleiste des Microsoft Internet Explorers (ab Version 6) eine Schaltfläche und ein Menü ein, mit denen Sie die aktuelle Webseite oder einen Teil davon in eine Adobe PDF-Datei konvertieren können. Sie können sie in einem einzigen komfortablen Vorgang konvertieren und drucken oder per E-Mail versenden. Wenn Sie eine bereits in Adobe PDF konvertierte Webseite drucken, formatiert Acrobat die Seite neu auf die Standarddruckerseitengröße und sorgt für sinnvolle Seitenumbrüche. Ihre gedruckte Kopie verfügt auf jeden Fall über den vollständigen Inhalt der Webseite, die Sie auf dem Bildschirm sehen.

Weitere Informationen zum Konvertieren von Webseiten aus dem Internet Explorer heraus finden Sie in Lektion 3, »Adobe PDF-Dateien erstellen«.

Eigene Übung: Tabellen aus PDF-Dateien exportieren

Tabellen lassen sich leicht aus PDF-Dateien mit Tags kopieren und in Tabellenkalkulationsanwendungen wie zum Beispiel Microsoft Excel einfügen. Weiter vorn in dieser Lektion (»Ein

Excel-Dokument konvertieren und eine Überprüfung beginnen«) haben Sie bereits eine Excel-Arbeitsmappe in eine PDF-Datei konvertiert. Sie verwenden diese Datei jetzt, um zu sehen, wie einfach sich Tabellen aus PDF-Dateien kopieren und zurück in eine Tabellenkalkulationsanwendung einfügen lassen.

1 Navigieren Sie zum Ordner *Lektion04* und doppelklicken Sie auf die Datei *Financial2008_1.pdf*, um sie in Acrobat zu öffnen.

2 Klicken Sie in der Acrobat-Werkzeugleiste auf das Auswahl-Werkzeug (I).

3 Ziehen Sie in der Tabelle mit gedrückter Maustaste von oben links nach unten rechts, um den Text in der Tabelle zu markieren, oder klicken Sie mit der Maustaste in die Tabelle. Der Mauszeiger ändert sich in das Tabellenauswahl-Werkzeug.

4 Klicken Sie mit der rechten Maustaste in die markierte Tabelle und wählen Sie im aufgerufenen Kontextmenü den Eintrag »Tabelle in Tabellenkalkulation öffnen«.

Acrobat kopiert die Tabelle, startet automatisch Excel und fügt die Tabelle in eine neue Tabelle ein.

5 Wenn Sie fertig sind, schließen Sie die Excel-Tabelle und beenden Sie Excel. Schließen Sie dann die Datei *Financial2008_1.pdf*.

Eigene Übung: Mehrere Office-Dateien konvertieren und zusammenfassen

In dieser Lektion haben Sie erfahren, wie Sie Office-Dateien aus der jeweiligen Office-Anwendung heraus in Adobe PDF konvertieren. Falls Sie mehrere verschiedene Office-Dateien umwandeln möchten – zum Beispiel eine Word-Datei, eine PowerPoint-Datei und eine Excel-Datei –, können Sie sie auch in einem einzigen Schritt aus Acrobat heraus konvertieren und zusammenfassen.

1 Klicken Sie in Acrobat in der Aufgaben-Werkzeugleiste auf die Schaltfläche »Zusammenführen«, um das Menü einzublenden.

2 Wählen Sie »Dateien in einem einzigen PDF-Dokument zusammenführen«. Klicken Sie im Dialogfenster »Dateien zusammenführen« auf »Dateien hinzufügen« und wählen Sie den Eintrag »Dateien hinzufügen«.

3 Navigieren Sie im Dialogfenster »Hinzufügen« zum Ordner *Lektion04*.

Hinweis: Informationen über das Zusammenführen von Office-Dateien in ein PDF-Portfolio finden Sie in Lektion 5, »Dateien in PDF-Portfolios zusammenführen«.

4   Achten Sie darauf, dass im Einblendmenü »Dateityp« der Eintrag »Alle Dateien (*.*)« bzw. »Alle unterstützten Formate« gewählt ist, und klicken Sie mit gedrückter Strg-/Befehltaste auf die Dateien *Feedback.doc* und *Financial2008.xls*. Klicken Sie anschließend auf »Hinzufügen«.

Sie können die Reihenfolge der Dateien im Dialogfenster »Dateien zusammenführen« nach Wunsch ändern, in dieser Lektion konvertieren Sie die Dateien allerdings in der vorgegebenen Reihenfolge.

5   Klicken Sie auf »Dateien zusammenführen«.

Acrobat konvertiert die Dateien in Adobe PDF und fasst sie in einer Datei zusammen. Wenn Sie die PDF-Dateien einzeln erzeugen und sie anschließend manuell zusammenfassen, können Sie den Konvertierungsvorgang besser steuern. Falls Sie allerdings zahlreiche ähnliche einfache Dateien umwandeln müssen, ist das Erstellen einer PDF-Datei aus mehreren Dateien in einem einzigen Schritt sehr bequem.

6   Klicken Sie auf »Speichern«, um die zusammengeführte und konvertierte Datei zu sichern.

Acrobat öffnet die zusammengeführte PDF-Datei.

7   Wenn Sie mit dem Betrachten der Datei fertig sind, schließen Sie sie, ohne sie zu speichern, und beenden Sie Acrobat.

Fragen

1 Wie stellen Sie sicher, dass Word-Formate und -Überschriften beim Konvertieren in Adobe PDF mit PDFMaker in Acrobat-Lesezeichen konvertiert werden?

2 Können Sie eine komplette Excel-Arbeitsmappe in Adobe PDF konvertieren?

3 Wie ändern Sie die Abbildung für einen 3D-Inhalt in einer PDF-Datei?

Antworten

1 Wenn Sie Word-Überschriften und -Formate in Acrobat-Lesezeichen konvertieren möchten, müssen Sie zunächst die entsprechenden Überschriften und Formate für die Konvertierung im Dialogfenster »Acrobat PDFMaker« festlegen. In Microsoft Word wählen Sie **Adobe PDF: Konvertierungseinstellungen ändern** (in Office 2007-Anwendungen klicken Sie in der Acrobat-Multifunktionsleiste auf »Grundeinstellungen«) und klicken auf das Register »Lesezeichen«. Vergewissern Sie sich, dass die entsprechenden Überschriften und Formate eingeschaltet sind.

2 Ja. In Excel 2007 klicken Sie in der Acrobat-Multifunktionsleiste auf die Schaltfläche »Grundeinstellungen« und schalten die Option »Aufforderung zur Auswahl von Excel-Arbeitsblättern« im Dialogfenster »Acrobat PDFMaker« ein. In früheren Excel-Versionen wählen Sie **Adobe PDF: Gesamte Arbeitsmappe konvertieren**. Die Option ist eingeschaltet, wenn das Kontrollkästchen links mit einem Häkchen versehen ist.

3 Klicken Sie in PowerPoint im Bildschirmpräsentationsmodus auf das 3D-Modell, um den 3D-Inhalt zu aktivieren. Klicken Sie mit der rechten Maustaste und ändern Sie die Ansicht mit dem Menü »Ansichtoptionen«. Anschließend legen Sie die neue Ansicht mit dem Ansicht-Menü als Standardansicht fest.

5 DATEIEN IN PDF-PORTFOLIOS ZUSAMMENFÜHREN

Überblick

In dieser Lektion lernen Sie Folgendes:

- Unterschiedliche Dateitypen schnell und mühelos zu einem PDF-Portfolio zusammenführen

- Ein PDF-Portfolio optisch und inhaltlich anpassen

- Eine Überschrift in ein PDF-Portfolio einfügen (nur Acrobat 9 Pro und Pro Extended)

- Einem PDF-Portfolio ein Deckblatt hinzufügen (nur Acrobat 9 Pro und Pro Extended)

- Ein PDF-Portfolio verteilen

- Ein PDF-Portfolio durchsuchen

- Ein vorhandenes PDF-Portfolio ändern

- Ein PDF-Portfolio vor unbefugtem Zugriff sichern

- Dateien in eine PDF-Datei zusammenfassen, ohne ein PDF-Portfolio zu erstellen

 Für diese Lektion benötigen Sie ungefähr 45 Minuten. Falls nötig, kopieren Sie jetzt den Ordner *Lektion05* auf Ihre Festplatte.

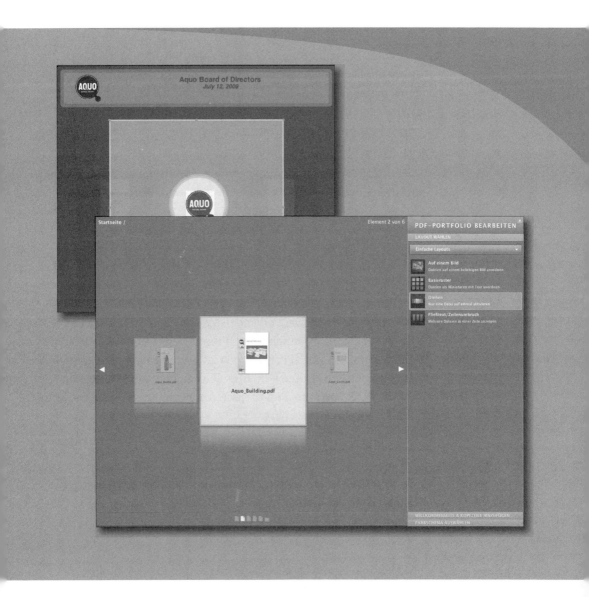

PDF-Portfolios

Mit Acrobat 9 können Sie mehrere Dokumente zu einem zusammenhängenden PDF-Portfolio zusammenführen. Die Dateien in einem Portfolio können in verschiedenen Formaten aus verschiedenen Anwendungsprogrammen vorliegen, ohne sie in PDF konvertieren zu müssen. So können Sie beispielsweise alle Dokumente wie Texten, E-Mail-Nachrichten, Kalkulationsblättern, CAD-Zeichnungen und PowerPoint-Präsentationen für ein bestimmtes Projekt zusammenfassen. Die Originaldateien bleiben mit ihren spezifischen Eigenschaften erhalten, obwohl sie zu einem Teil der PDF-Portfolio-Datei werden. Jede Komponentendatei kann unabhängig von den übrigen Komponentendateien im PDF-Portfolio geöffnet, gelesen, bearbeitet und formatiert werden.

PDF-Portfolios bieten im Vergleich zum Zusammenführen mehrerer Dateien in ein klassisches PDF-Dokument verschiedene Vorteile:

- Sie können Dateien problemlos hinzufügen oder entfernen.
- Sie können Komponentendateien schnell in der Vorschau anzeigen, ohne sie in ihren jeweiligen Anwendungen öffnen zu müssen.
- Sie können einzelne Dateien im PDF-Portfolio ohne Auswirkungen auf andere Dateien ändern. Sie können beispielsweise Seiten in einem Dokument neu nummerieren, ohne dabei andere Dokumente im PDF-Portfolio neu zu nummerieren. Sie können auch Nicht-PDF-Dateien in ihren jeweiligen Anwendungen in einem PDF-Portfolio ändern. Jede Änderung wird in der Datei im PDF-Portfolio gespeichert.
- Sie können ein PDF-Portfolio für andere bereitstellen und dafür sorgen, dass sie alle Komponententeile erhalten.
- Sie können Komponentendateien nach Kategorien sortieren, die Sie anpassen können.
- Sie können eine, alle oder PDF-Dateien in einem Portfolio drucken.
- Sie können eine oder alle Dateien in einem PDF-Portfolio durchsuchen, sogar Nicht-PDF-Komponentendateien.
- Sie können Dateien, die nicht als PDF vorliegen, einem vorhandenen PDF-Portfolio hinzufügen, ohne sie zuvor in PDF zu konvertieren.

- Die Quelldateien eines PDF-Portfolios werden bei ihrer Erstellung nicht verändert, und Änderungen, die Sie an den Komponentendateien innerhalb eines PDF-Portfolios vornehmen, wirken sich nicht auf die Originaldateien aus.

Vorbereitungen

In dieser Lektion erstellen Sie ein PDF-Portfolio mit Dokumenten für die Aufsichtstratssitzung eines fiktiven Getränkeunternehmens. Das PDF-Portfolio soll ein Microsoft Excel-Arbeitsblatt, ein Microsoft Word-Dokument, eine Microsoft PowerPoint-Präsentation und mehrere PDF-Dateien aufnehmen. Mit Acrobat Pro oder Acrobat Pro Extended fügen Sie noch eine Kopfzeile und ein animiertes Firmenlogo in das PDF-Portfolio ein.

Video: Das Video »Portfolios – Was ist das, wie erstellt man diese?« auf der Buch-DVD zeigt mehr zu diesem Thema. Weitere Informationen finden Sie unter »Den Ordner *Video-Training* installieren« auf Seite 16.

Ein PDF-Portfolio erstellen

Sie erstellen zuerst ein PDF-Portfolio und fügen anschließend die gewünschten Dateien ein.

1 Starten Sie Acrobat 9.

2 Wählen Sie **Datei: PDF-Portfolio erstellen**.

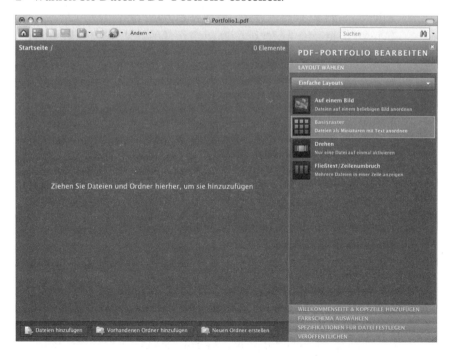

Acrobat blendet das »PDF-Portfolio bearbeiten«-Teilfenster am rechten Dokumentrand ein und zeigt zusätzlich die PDF-Portfolio-Werkzeugleiste unter der Menüleiste an, die jedes Mal beim Öffnen eines PDF-Portfolios eingeblendet wird.

3 Klicken Sie unten im Fenster auf »Dateien hinzufügen«.

4 Navigieren Sie zum Ordner *Lektion05*.

Der Ordner enthält ein Excel-Arbeitsblatt, eine PowerPoint-Präsentation, ein Word-Dokument und mehrere PDF-Dateien.

5 Markieren Sie die Datei *Aquo_Bottle.pdf* und klicken Sie auf »Öffnen«.

Acrobat fügt die gewählte Datei in das PDF-Portfolio ein.

6 Klicken Sie erneut auf »Dateien hinzufügen«.

7 Klicken Sie mit gedrückter Strg- (Windows) bzw. Befehlstaste (Mac OS) auf die folgenden Dateien im Ordner *Lektion05*, um sie auszuwählen:

- *Aquo_Building.pdf*
- *Aquo_Costs.pdf*
- *Aquo_Fin_Ana.xls*
- *Aquo_Fin_Data.pptx*
- *Aquo_Mkt_Summ.doc*
- *Aquo_Overview.pdf*

8 Klicken Sie auf die Schaltfläche »Öffnen«, um diese Dateien in das PDF-Portfolio einzufügen.

Acrobat fügt beim Einfügen einer Datei in ein PDF-Portfolio eine Kopie des Originaldokuments in die PDF-Datei ein. Acrobat und Reader unterstützen manche Dateiformate direkt, etwa TIFF. Für die Darstellung einiger Formate benötigen die Betrachter allerdings eine entsprechende Anwendung. Welche Formate das sind, hängt vom Betriebssystem des Anwenders ab. Wenn Sie z.B. eine PowerPoint-

Präsentation in Ihr Portfolio einfügen, benötigt ein Windows XP-Anwender PowerPoint auf seinem System, um sie öffnen zu können, während ein Windows Vista-Anwender sich die Präsentation ohne PowerPoint unmittelbar ansehen kann.

Dateien in Ordnern verwalten

Sie können einen Ordner komplett in ein PDF-Portfolio einfügen oder vorhandene Dateien in einem neuen Ordner kombinieren. Sie erstellen jetzt einen Ordner für die Finanzdaten.

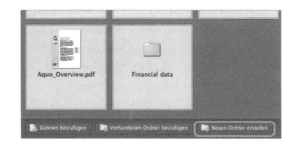

1 Klicken Sie auf die Schaltfläche »Neuen Ordner erstellen«.

2 Geben Sie dem neuen Ordner den Namen **Financial data** und klicken Sie auf OK.

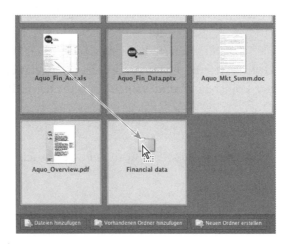

3 Ziehen Sie die Dateien *Aquo_Fin_Ana.xls* und *Aquo_Fin_Data.pptx* in den neuen Ordner.

4 Wählen Sie **Datei: Portfolio speichern**. Geben Sie dem PDF-Portfolio den Namen **Aquo Board Meeting** und klicken Sie auf »Speichern«.

Komponentendateien mit Beschreibungen versehen

Sie können Dateien und Ordnern im PDF-Portfolio Beschreibungen hinzufügen, um den Betrachtern die Suche nach den gewünschten Dateien zu erleichtern.

1. Klicken Sie unterhalb der Wörter »Financial data« in den Beschreibungsbereich. Acrobat blendet dort die Wörter »Beschreibung hinzufügen« ein. Klicken Sie dort noch einmal, um eine Einfügemarke zu platzieren.

2. Geben Sie **Financial analysis spreadsheet and financial presentation** in das Beschreibungsfeld ein.

Ihr PDF-Portfolio anpassen

▶ **Tipp:** Um ein PDF-Portfolio zu bearbeiten, öffnen Sie es und wählen in der PDF-Portfolio-Werkzeugleiste **Ändern: Portfolio bearbeiten**.

Das Fenster »PDF-Portfolio bearbeiten« umfasst zahlreiche Optionen zur Anpassung Ihres PDF-Portfolios. Sie wählen jetzt ein Layout und ein Farbschema, um dem Dokument ein professionelleres Aussehen zu verleihen. Mit Acrobat 9 Pro oder Pro Extended fügen Sie außerdem eine Kopfzeile mit dem Firmenlogo und eine Willkommenseite mit einer SWF-Datei (Flash-Animation) ein, um das Aussehen abzurunden.

Ein Layout wählen

Acrobat 9 bietet zahlreiche Layout-Optionen für PDF-Portfolios. Mit dem Layout bestimmen Sie, wie Komponentendokumente auf der Startseite eines PDF-Portfolios gezeigt werden und wie die Betrachter durch den Inhalt navigieren. Standardmäßig ist das Grundraster zugewiesen. Sie sehen sich jetzt die übrigen Layouts in der Vorschau an und wählen eines für dieses PDF-Portfolio aus.

1. Klicken Sie im »PDF-Portfolio bearbeiten«-Fenster auf »Layout wählen«.

2. Klicken Sie auf »Fließtext/Zeilenumbruch«.

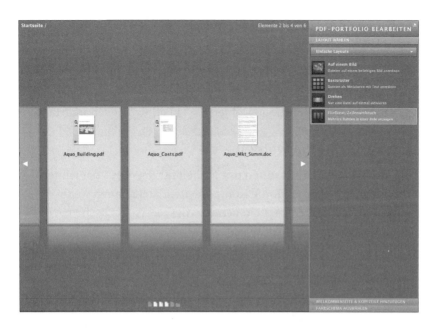

Acrobat zeigt die Dokumente in einer Reihe an, darunter Seitensymbole, die bei der Navigation helfen. Außerdem können Sie die Dokumente mit den Pfeilsymbolen am Fensterrand nach links oder rechts verschieben.

3   Klicken Sie auf »Drehen«.

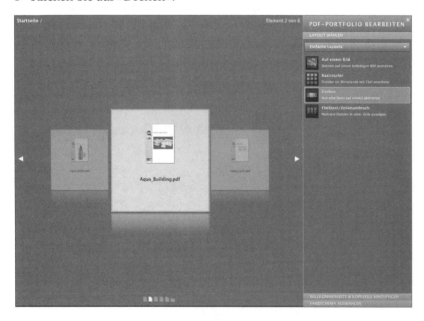

In diesem Layout befindet sich ein Dokument im Vordergrund, zwei weitere Dokumente sind dahinter sichtbar. Sie können mit den Seitensymbolen am unteren Fensterrand oder mit den Pfeilsymbolen links und rechts an den Fensterrändern durch die Dokumente navigieren.

4 Wählen Sie auch die übrigen Layouts und sehen Sie sich an, wie sie die Dokumente im PDF-Portfolio darstellen.

5 Für dieses PDF-Portfolio wählen Sie »Fließtext/Zeilenumbruch«.

Ein Farbschema wählen

Sie können ein PDF-Portfolio mit Farben für den Text, die Hintergründe und Bereiche für die Komponentendateien noch weiter anpassen. Sie wählen jetzt ein benutzerdefiniertes Farbschema, das zum Aquo-Logo passt.

1 Klicken Sie im »PDF-Portfolio bearbeiten«-Fenster auf »Farbschema wählen«.

2 Klicken Sie auf ein Farbschemafeld, um zu beobachten, wie es die Farben beeinflusst.

3 Klicken Sie auf »Farbschema anpassen«.

4 Klicken Sie auf »Grundfarben für Text« und wählen Sie eine Farbe im Farbwähler oder geben Sie eine Farbzahl in das Eingabefeld ein. Wir haben **060606** für schwarzen Text eingegeben.

5 Passen Sie auch die übrigen Farben an. Wir haben **666666** (grau) für die Sekundärfarbe für Text, **617E59** (grün) für die Hintergrundfarbe, **480000** (burgunderrot) für die Kartenfarbe und **BDC089** (helloliv) für die Sekundärfarbe für Karten eingegeben.

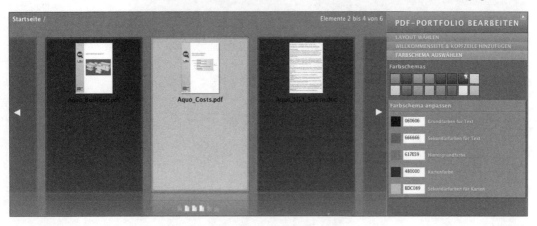

6 Wählen Sie **Datei: Portfolio speichern**.

Eine Kopfzeile einfügen

Wenn Sie Acrobat 9 Pro oder Pro Extended einsetzen, können Sie eine Kopfzeile in Ihr PDF-Portfolio einfügen, die oben im Layout angezeigt wird. Die Kopfzeile kann Text und eine Grafik enthalten sowie wichtige Informationen wie ein Logo, den Firmennamen oder Kontaktinformationen. Sie fügen jetzt das Firmenlogo und die Art und das Datum für das nächste Treffen in die Kopfzeile ein.

1 Klicken Sie im »PDF-Portfolio bearbeiten«-Fenster auf »Willkommenseite & Kopfzeile hinzufügen«.

2 Klicken Sie auf »Kopfzeile«.

Acrobat blendet mehrere Kopfzeilenvorlagen für unterschiedliche Text- und Grafikkonfigurationen ein.

3 Klicken Sie auf »Logo & Text«.

4 Klicken Sie links in der Kopfzeile auf den Platzhalter »Bild hinzufügen«.

5 Navigieren Sie zum Ordner *Lektion05* und doppelklicken Sie auf die Datei *Logo.gif*.

6 Klicken Sie in der Kopfzeile auf »Titel hinzufügen« und geben Sie **Aquo Board of Directors** ein.

7 Drücken Sie die Eingabetaste und geben Sie **July 12, 2009** ein.

8 Markieren Sie den Text »Aquo Board of Directors«, ändern Sie die Schriftgröße in der Titeltext-Werkzeugleiste in **22** und klicken Sie auf die Schaltfläche »Zentrieren«.

9 Markieren Sie den Text »July 12, 2009«, klicken Sie auf die Schaltfläche »Kursiv« und dann auf »Zentrieren«.

10 Klicken Sie rechts in der Werkzeugleiste auf die Schaltfläche »Hintergrundfarbe«.

● **Hinweis:** Sie können auch die Größe und die Deckkraft des Logos ändern. Klicken Sie dafür auf das Logo und passen Sie die Skalierung und die Deckkraft mit den entsprechenden Schiebereglern an.

11 Wählen Sie eine grüne Farbe, die zum Grün im Aquo-Logo passt, oder eine Komplementärfarbe und klicken Sie auf OK. (Wir haben die Farbe 617E59 gewählt.)

12 Schließen Sie die Titeltext-Werkzeugleiste.

Eine Willkommenseite einfügen

● **Hinweis:** Acrobat-Willkommenseiten unterstützen SWF-Dateien, die mit ActionScript3 erstellt wurden. Informationen über ActionScript 3 in Adobe Flash-Dateien finden Sie in der Flash-Hilfe.

In Acrobat 9 Pro oder Pro Extended können Sie außerdem eine Willkommenseite mit Informationen oder Anweisungen für den Gebrauch des PDF-Portfolios oder mit einem Klang einfügen, die beim Öffnen der PDF-Portfoliodatei wiedergegeben wird. Die Willkommenseite kann Text, Bilder oder beides und sogar auch eine Flash-Animation enthalten. Sie fügen der Willkommenseite für dieses PDF-Portfolio nun ein animiertes Logo hinzu.

1. Klicken Sie rechts im »PDF-Portfolio bearbeiten«-Fenster auf »Willkommenseite«.
2. Wählen Sie »Flash-Movie«.
3. Klicken Sie auf den »Flash-Datei hinzufügen«-Platzhalter.
4. Navigieren Sie zum Ordner *Lektion05*, wählen Sie die Datei *Aquo_logo_ani.swf* und klicken Sie auf »Öffnen«.
5. Bewegen Sie den Schieberegler »Skalierung« nach rechts, um das Logo zu vergrößern.
6. Wenn Sie den Film wie gewünscht positioniert haben, klicken Sie auf »Fertig«.

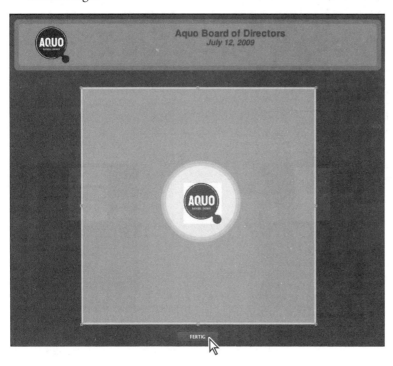

7. Wählen Sie **Datei: Portfolio speichern**, um die PDF-Portfoliodatei zu sichern.

> ### Dateidetails ansehen
>
> Die Listenansicht für Dateidetails zeigt die PDF-Portfolio Komponentendateien in Tabellenform mit Spalten für z.B. Dateibeschreibung, Größe und Änderungsdatum an. Um die Spalten für die Dateidetails in der Listenansicht anzupassen, klicken Sie rechts im »PDF-Portfolio bearbeiten«-Fenster auf »Spezifikationen für Dateidetails festlegen« und wählen die gewünschten Spalten und ihre Reihenfolge dort aus.

Gemeinsame PDF-Portfolios

● **Hinweis:** Um eine Datei von *Acrobat.com* herunterladen zu können, benötigen die Empfänger eine kostenlos erhältliche Adobe-ID. Einzelheiten zum Herauladen eineiner PDF-Portfoliodatei auf *Acrobat.com* finden Sie in der Adobe Acrobat 9 Hilfe.

Ein PDF-Portfolio ist eine PDF-Datei, die Sie genau wie jede andere PDF-Datei verbreiten können. Sie können die Datei speichern und per E-Mail an einen Empfänger verschicken, sie auf eine CD oder DVD brennen oder auf einen Server oder eine Website laden. Mit Acrobat können Sie Ihre PDF-Portfolios mühelos per E-Mail versenden oder auf *Acrobat.com*, einem sicheren webbasierten Service veröffentlichen. In dieser Lektion senden Sie das PDF-Portfolio per E-Mail an sich selbst.

1 Klicken Sie im »PDF-Portfolio bearbeiten«-Fenster auf »Veröffentlichen«.

2 Klicken Sie auf »E-Mail«.

Acrobat öffnet Ihr Standard-E-Mail-Programm mit einer neuen E-Mail-Nachricht, an die die PDF-Portfoliodatei bereits als Anhang angehängt ist.

3 Geben Sie in das Texteingabefeld »An« Ihre E-Mail-Adresse ein und formulieren Sie eine Betreffzeile und eine kurze Nachricht.

4 Senden Sie die Nachricht.

Eine PDF-Portfoliodatei vor unbefugtem Zugriff sichern

Mit den gleichen Sicherheitsmechanismen wie für einfache PDF-Dateien können Sie bestimmen, wer Ihr PDF-Portfolio öffnen, drucken oder ändern darf. Sie schützen Ihr PDF-Portfolio nun mit einem Kennwort, um seine Verwendung einzuschränken.

1. Wählen Sie in der PDF-Portfolio-Werkzeugleiste **Ändern: Portfolio schützen**.

Acrobat blendet das Dialogfenster »Dokumenteigenschaften« mit geöffneter Registerkarte »Sicherheit« ein.

2. Wählen Sie im Menü »Sicherheitssystem« den Eintrag »Kennwortschutz«; Acrobat öffnet das Dialogfenster »Kennwortschutz – Einstellungen«.

3. Aktivieren Sie im Fensterbereich »Berechtigungen« des Dialogfensters die Option »Einschränkung für Bearbeitung und Drucken des Dokuments. Kennwort zum Ändern dieser Berechtigungseinstellungen erforderlich.« ein.

4. Geben Sie in das Eingabefeld »Berechtigungskennwort ändern« ein Kennwort ein, das Sie sich gut merken können.

5. Wählen Sie im Menü »Zulässiges Drucken« den Eintrag »Hohe Auflösung« und übernehmen Sie im Menü »Zulässige Änderungen« den Eintrag »Nicht zulässig«. Damit können die Betrachter Komponenten oder das gesamte PDF-Portfolio drucken, aber ohne das Kennwort keine Änderungen vornehmen.

6. Klicken Sie auf OK.

7 Klicken Sie noch einmal auf OK, um das Warndialogfenster zu schließen.

8 Geben Sie das Kennwort ein, wenn Acrobat Sie dazu auffordert.

9 Ein Warndialogfenster informiert Sie darüber, dass die Sicherheitseinstellungen erst beim Speichern des Dokuments angewendet werden. Klicken Sie hier auf OK.

10 Wenn Sie die Sicherheitseinstellungen auf das PDF-Portfolio anwenden möchten, wählen Sie **Datei: Portfolio speichern**. Wenn Sie das PDF-Portfolio zukünftig ohne ein Kennwort bearbeiten wollen, schließen Sie das PDF-Portfolio, ohne es zu speichern, und öffnen es erneut.

Ein PDF-Portfolio durchsuchen

● **Hinweis:** Acrobat kann jedes Dokument in einem PDF-Portfolio durchsuchen, solange es auf das Dokument zugreifen kann. Wenn Sie eine PDF-Portfolio-Komponente nicht betrachten können, weil die entsprechende Anwendung nicht auf Ihrem Rechner installiert ist, können Sie die Komponente auch nicht durchsuchen.

Sie können in allen Komponenten eines PDF-Portfolios nach bestimmten Wörtern suchen, auch in denen, die keine PDF-Dateien sind. Sie suchen nun nach dem Namen einer bestimmten Person.

1 Klicken Sie oben rechts in der PDF-Portfolio-Werkzeugleiste in das Suchtexteingabefeld.

2 Geben Sie **Schneider** ein, um nach dem stellvertretenden Vorsitzenden der Firma zu suchen.

3 Klicken Sie auf das Fernglas-Symbol (🔍).

Acrobat zeigt die Suchergebnisse unterhalb des Suchtexteingabefelds an.

4 Schließen Sie das PDF-Portfolio und alle anderen geöffneten Dateien.

Zu einer PDF-Datei zusammenführen

Sie können mehrere Dateien zu einer einzelnen PDF-Datei kombinieren, ohne dafür ein PDF-Portfolio zu erzeugen, werden konvertierte Dokumente in einer zusammengeführten PDF-Datei der Reihe nach in ein einzelnes PDF-Dokument eingebunden.

So erstellen Sie eine zusammengeführte PDF-Datei:

1 Wählen Sie **Datei: Zusammenführen: Dateien in einem einzigen PDF-Dokument zusammenführen**.

2 Vergewissern Sie sich, dass in der rechten oberen Ecke des Dialogfelds »Dateien zusammenführen« die Option »Einzelne PDF« ausgewählt ist.

3 Klicken Sie auf »Dateien hinzufügen« und dann auf »Dateien hinzufügen« oder »Ordner hinzufügen«.

4 Wählen Sie die gewünschten Dateien bzw. Ordner und klicken Sie auf »Hinzufügen« bzw. »OK«.

5 Ordnen Sie die Dateien in der gewünschten Reihenfolge für die zusammengeführte PDF-Datei an. Zum Ändern der Dateireihenfolge der Dateien in der Liste wählen Sie eine Datei aus und klicken Sie auf »Nach oben« bzw. »Nach unten« oder ziehen sie an die gewünschte Position.

6 Um nur bestimmte Seiten eines Dokuments einzubinden, wählen Sie die Datei aus, und klicken Sie auf die Schaltfläche »Seiten wählen«. Sehen Sie sich die Seiten in der Vorschau an und treffen Sie Ihre Auswahl.

7 Klicken Sie auf »Optionen«, um Konvertierungseinstellungen festzulegen, z.B. Lesezeichen hinzufügen oder Ausgabe-/Eingabehilfen zu aktivieren.

8 Geben Sie eine Dateigröße an, indem Sie unten rechts im Dialogfenster auf die Symbole »Kleinere Datei«, »Standardgröße« oder »Größere Datei« klicken.

Die Komprimierungs- und Auflösungseinstellungen für »Kleinere Datei« eignen sich für die Bildschirmdarstellung, »Standardgröße« erzeugt PDF-

Dateien für Geschäftskorrespondenz und Bildschirmdarstellung und »Größere Datei« verwendet die Adobe PDF-Einstellungen für hohe Qualität.

9   Klicken Sie auf »Dateien zusammenführen«.

In einem Statusdialogfeld wird der Fortschritt der Dateikonvertierungen angezeigt. Einige Ausgangsanwendungen werden automatisch gestartet und geschlossen.

Fragen

1   Nennen Sie drei Vorteile eines PDF-Portfolios.

2   Müssen Sie Dokumente erst in PDF konvertieren, um sie in ein PDF-Portfolio einzufügen?

3   Was ist eine Willkommenseite?

4   Wie bearbeiten Sie ein PDF-Portfolio?

5   Richtig oder falsch: Sie können alle Dokumente in einem PDF-Portfolio durchsuchen, selbst Komponenten, die nicht als PDF vorliegen.

Antworten

1   PDF-Portfolios bieten zahlreiche Vorteile:

- Sie können Komponentendokumente umgehend hinzufügen oder entfernen – auch Dateien, die nicht als PDF vorliegen.
- Komponentendateien lassen sich schnell in der Vorschau betrachten.
- Sie können einzelne Dateien im PDF-Portfolio unabhängig voneinander bearbeiten.
- PDF-Portfolios enthalten alle Komponenten, und können daher leicht weitergegeben werden.

- Sie können Komponentendateien nach Kategorien sortieren und in der gewünschten Reihenfolge anordnen.
- Drucken Sie eine, alle oder eine beliebige Kombination der Komponenten eines PDF-Portfolios.
- Sie können das gesamte PDF-Portfolio durchsuchen, auch Komponentendateien, die nicht als PDF vorliegen.
- Die Quelldateien eines PDF-Portfolios werden nicht verändert, wenn Sie die PDF-Datei erstellen, und Änderungen, die Sie an den Komponentendateien vornehmen, beeinflussen nicht die Originaldateien.

2 Nein. Sie können beliebige Dokumente in einem PDF-Portfolio zusammenführen, die in ihrem Originalformat erhalten bleiben.

3 Mit Acrobat 9 Pro oder Pro Extended können Sie einem PDF-Portfolio eine Willkommenseite hinzufügen, die erscheint, wenn ein Betrachter das Portfolio öffnet. Die Willkommenseite kann Anweisungen, Informationen über das PDF-Portfolio oder eine Introanimation enthalten.

4 Um ein PDF-Portfolio zu bearbeiten, wählen Sie in der PDF-Portfolio-Werkzeugleiste **Ändern: Portfolio bearbeiten**.

5 Richtig. Acrobat kann jedes Dokument in einem PDF-Portfolio durchsuchen, vorausgesetzt, es ist eine entsprechende Anwendung zum Öffnen der Datei auf dem Rechner installiert.

6 PDF-DATEIEN LESEN UND BEARBEITEN

Überblick

In dieser Lektion lernen Sie Folgendes:

- Mit der Acrobat-Navigationssteuerung in einem Adobe PDF-Dokument navigieren

- Den Bildlauf und die Anzeige eines Adobe PDF-Dokuments im Dokumentfenster ändern

- Ein PDF-Dokument nach einem Wort oder Satzteil durchsuchen

- Ein PDF-Formular ausfüllen

- Ein PDF-Dokument ganz oder teilweise drucken

- Funktionen für die barrierefreie Zugänglichkeit prüfen, mit der Anwender mit Sehbehinderungen und Bewegungseinschränkungen Acrobat besser nutzen können

 Für diese Lektion benötigen Sie ungefähr 60 Minuten. Falls nötig, kopieren Sie jetzt den Ordner *Lektion06* auf Ihre Festplatte.

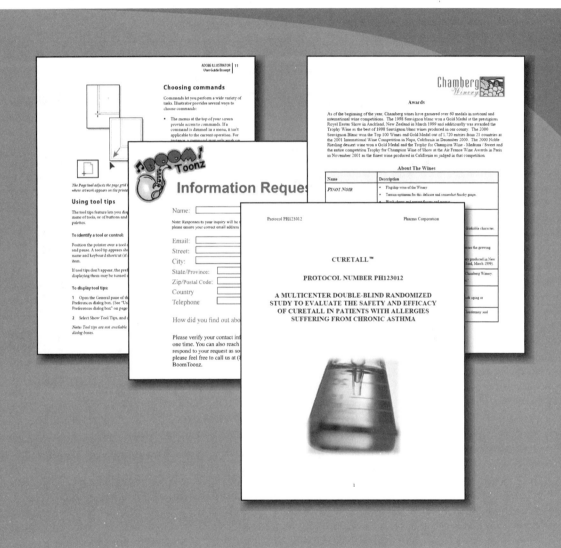

Die Ansicht beim Öffnen ändern

Sie öffnen als Erstes eine PDF-Datei, sehen sich ihre Einstellungen für die Ansicht beim Öffnen an und passen diese Einstellungen anschließend nach Ihren Vorstellungen an.

1 Wählen Sie in Acrobat **Datei: Öffnen**, navigieren Sie zum Ordner *Lektion06* und wählen Sie die Datei *Protocol.pdf*. Klicken Sie auf »Öffnen«.

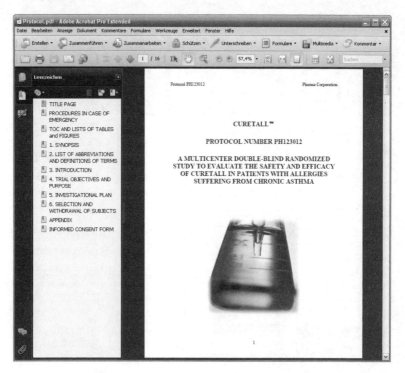

Acrobat öffnet die Datei mit der ersten Seite. Das Navigationsteilfenster ist geöffnet und zeigt die Lesezeichen an.

2 Um sich die Einstellungen zur Ansicht beim Öffnen anzusehen, wählen Sie **Datei: Eigenschaften** und klicken im Dialogfenster »Dokumenteigenschaften« auf das Register »Ansicht beim Öffnen«.

Im Abschnitt »Layout und Vergrößerung« sehen Sie, dass der Dokumentautor die Datei auf Seite 1 formatfüllend (Fenstergröße) und mit geöffnetem Lesezeichen-Fenster öffnen wollte.

Sie probieren jetzt unterschiedliche Ansichten beim Öffnen aus.

3   Wählen Sie im Einblendmenü »Navigationsregisterkarte« in diesem Dialogfenster »Nur Seite«, um das Lesezeichen-Fenster beim Öffnen des Dokuments auszublenden. Ändern Sie das »Seitenlayout« in »Zwei Seiten (Doppelseite)« und »Vergrößerung« in »Fensterbreite«. Klicken Sie auf OK, um die Einstellungen zu übernehmen und das Dialogfenster zu schließen.

Sie müssen die Datei speichern, schließen und erneut öffnen, damit die Einstellungen wirksam werden.

4   Wählen Sie **Datei: Speichern unter**, sichern Sie die Datei mit dem Namen **Protocol1.pdf** im Ordner *Lektion06* und wählen Sie anschließend **Datei: Schließen**, um das Dokument zu schließen

5   Wählen Sie **Datei: Öffnen** und öffnen Sie die Datei *Protocol1.pdf*. Nun blendet Acrobat das Navigationsteilfenster beim Öffnen aus und zeigt das Dokument doppelseitig an.

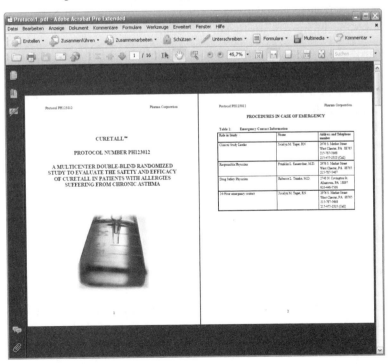

Mit der Ansicht beim Öffnen können Sie das Aussehen von eigenen und fremden Dokumenten beim Öffnen in Acrobat und im Adobe Reader bestimmen.

6   Für diese Lektion stellen Sie die ursprüngliche Ansicht beim Öffnen (Lesezeichen-Fenster und Seite, Einzelne Seite, Fenstergröße) wieder her und speichern, schließen und öffnen die Datei anschließend erneut; oder Sie schließen Ihre Datei (*Protocol1.pdf*) und öffnen die ursprüngliche Arbeitsdatei *Protocol.pdf*.

Die Bildschirmanzeige

Sehen Sie sich die Werkzeugleiste »Auswählen und zoomen« oben im Dokumentfenster an.

▶ **Tipp:** Um die Druckgröße Ihrer Seite zu sehen, bewegen Sie den Mauszeiger in die untere linke Ecke des Dokumentfensters; Acrobat blendet dort die Dokumentmaße ein.

Die Anzeigegröße in der Zoom-Werkzeugleiste bezieht sich nicht auf die Größe der Seite beim Drucken, sondern darauf, wie sie auf dem Bildschirm angezeigt wird. Acrobat bestimmt die Bildschirmdarstellung einer Seite, indem es die Seite wie ein Bild mit 72 ppi (Pixel pro Zoll) behandelt. Wenn Ihre Seite beispielsweise eine Druckgröße von 2 x 2 Zoll (5,08 x 5,08 cm) hat, behandelt Acrobat sie, als ob sie 144 Pixel breit und 144 Pixel hoch wäre (72 x 2 = 144). Bei einer Anzeigegröße von 100% entspricht jedes Pixel der Seite einem Bildschirmpixel auf Ihrem Monitor.

Wie groß die Seite dann tatsächlich auf dem Bildschirm erscheint, hängt von der Größe Ihres Monitors (zum Beispiel 19 Zoll) und der gewählten Bildschirmauflösung (beispielsweise 1280 x 1024) ab. Wenn Sie die Auflösung Ihres Monitors erhöhen, dann erhöhen Sie die Anzahl der Bildschirmpixel innerhalb desselben Monitorbereiches. Dadurch erhalten Sie kleinere Bildschirmpixel und eine kleinere Seitenansicht, da die Anzahl der Pixel in der Seite gleich bleibt.

PDF-Dokumente lesen

Acrobat bietet zahlreiche Möglichkeiten für das Blättern in einem PDF-Dokument und zum Anpassen der Bildschirmvergrößerung. So können Sie beispielsweise mit dem Rollbalken am rechten Fensterrand durch das Dokument rollen, die Seiten mit den Schaltflächen »Nächste Seite« und »Vorherige Seite« in der Seitennavigation-Werkzeugleiste wie in einem Buch durchblättern; oder Sie springen auf eine bestimmte Seite.

Der Lesenmodus

Im Lesenmodus maximiert Acrobat den verfügbaren Bildschirmplatz für ein Dokument und vergrößert damit die Anzeige des Dokuments.

1 Wählen Sie **Anzeige: Lesenmodus**. Damit blenden Sie bis auf das Dokumentfenster und die Menüleiste alle Elemente des Arbeitsbereichs aus.

2 Blättern Sie mit den Tasten »Bild hoch«, »Bild runter« oder den Pfeiltasten oder mit dem Rollbalken durch das Dokument.

3 Wenn Sie damit fertig sind, wählen Sie erneut **Anzeige: Lesenmodus**, um wieder die vorherige Ansicht des Arbeitsbereichs einzustellen.

Sie probieren nun noch einige weitere Methoden aus, um sich durch ein Dokument zu bewegen.

Im Dokument blättern

1 Falls Acrobat nicht die erste Seite des Dokuments zeigt, geben Sie in das Seitenzahl-Feld in der Seitennavigation-Werkzeugleiste **1** ein und drücken Sie die Eingabetaste.

2 Wählen Sie **Anzeige: Zoom: Fensterbreite** oder klicken Sie in der Seitenanzeige-Werkzeugleiste auf die Schaltfläche »Seiten durchblättern« ( ), um Ihre Seite an die Breite Ihres Dokumentfensters anzupassen.

3 Wählen Sie in der Werkzeugleiste das Hand-Werkzeug ( ) und platzieren Sie den Zeiger im Dokument. Halten Sie die Maustaste gedrückt; der Mauszeiger ändert seine Form beim Drücken der Maustaste in eine geschlossene Greifhand.

4 Ziehen Sie die geschlossene Greifhand im Fenster umher, um die Seite auf dem Bildschirm zu bewegen. Das funktioniert ähnlich, als würden Sie ein Blatt Papier auf einem Schreibtisch bewegen.

5 Drücken Sie die Eingabetaste, um den nächsten Teil der Seite anzuzeigen. Sie können die Eingabetaste mehrmals hintereinander drücken, um das Dokument von Anfang bis Ende in bildschirmgerechten Abschnitten zu betrachten.

6 Wählen Sie **Anzeige: Zoom: Fenstergröße** oder klicken Sie auf die Schaltfläche »Eine vollständige Seite« (). Klicken Sie so oft auf die Schaltfläche »Vorherige Seite« (), bis Sie wieder auf Seite 1 gelangen.

7 Klicken Sie auf den nach unten weisenden Pfeil in der Bildlaufleiste oder in den Leerraum unterhalb des Rollbalkens.

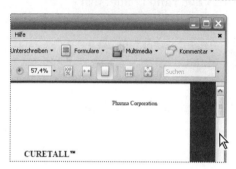
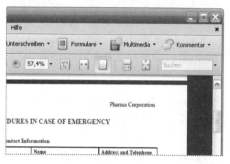

Das Dokument blättert automatisch weiter, um die komplette Seite 2 anzuzeigen. In den nächsten Schritten steuern Sie das Blättern und Anzeigen von PDF-Seiten.

Die Befehle »Originalgröße«, »Fenstergröße«, »Fensterbreite« und »Seitenbreite« erreichen Sie auch über das Einblendmenü »Vergrößerung« (die Pfeiltaste neben der Seitengrößen-Darstellung) in der Werkzeugleiste »Auswählen und zoomen«.

8 Klicken Sie in der Seitenanzeige-Werkzeugleiste auf die Schaltfläche »Seiten durchblättern« () und blättern Sie mit dem Rollbalken auf Seite 3 von 16.

Diese Option »Seiten durchblättern« zeigt die Seiten zusammenhängend wie die Bilder eines Filmstreifens an.

9 Wählen Sie **Anzeige: Gehe zu: Erste Seite** (oder drücken Sie die Pos1-Taste), um auf Seite 1 des Dokuments zu gelangen.

10 Klicken Sie auf die Schaltfläche »Eine vollständige Seite« (), um wieder das Original-Seitenlayout anzuzeigen.

Sie können auch das Seitenzahl-Feld in der Seitennavigation-Werkzeugleiste benutzen, um unmittelbar auf eine bestimmte Seite zu gelangen.

11 Klicken Sie in das Seitenzahl-Feld, um die aktuelle Seitenzahl auszuwählen und hervorzuheben.

12 Geben Sie **15** ein, um die aktuelle Seitenzahl zu ersetzen, und drücken Sie die Eingabetaste.

Sie sollten nun die Seite 15 sehen.

Sie können auch mit der Bildlaufleiste (dem Rollbalken) auf eine bestimmte Seite navigieren.

13 Ziehen Sie den Rollbalken in der Bildlaufleiste nach oben. Während Sie ziehen, blendet Acrobat eine Seitenvorschau ein. Lassen Sie die Maustaste los, sobald die Seite 3 von 16 in dieser Vorschau erscheint.

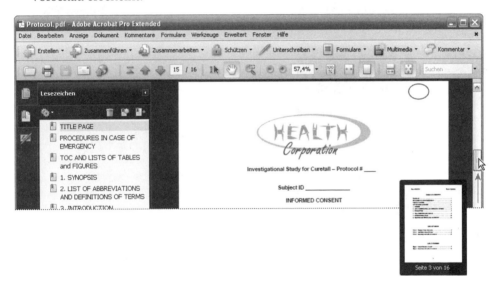

Nun sollten Sie sich wieder am Anfang des Kapitels 1 im Dokument befinden.

Mit Miniaturseiten blättern

Miniaturseiten (auch als Seitenminiaturen, Miniaturbilder oder Seitenpiktogramme bezeichnet) sind verkleinerte Vorschauansichten von Dokumentseiten, die Acrobat im Seiten-Fenster anzeigt, das sich im Navigationsteilfenster links vom Dokumentfenster befindet.

In diesem Teil der Lektion navigieren Sie mit Hilfe von Miniaturseiten und ändern die Ansicht der Seiten. In Lektion 7, »PDF-Dokumente modifizieren«, erfahren Sie dann, wie Sie mit Miniaturseiten die Seitenfolge in einem Dokument ändern können.

1 Wählen Sie **Anzeige: Zoom: Fensterbreite** oder klicken Sie auf die Schaltfläche »Seiten durchblättern«, um die volle Breite der Seite anzuzeigen. Sie sollten immer noch die Seite 3 sehen.

2 Klicken Sie im Navigationsteilfenster auf die Schaltfläche »Seiten« ( ), um das Seiten-Fenster im Navigationsteilfenster zu öffnen und in den Vordergrund zu bringen.

Acrobat zeigt die Miniaturseiten der einzelnen Dokumentseiten automatisch im Navigationsteilfenster an. Die Miniaturseiten repräsentieren den Inhalt und die Ausrichtung der Seiten im Dokument. Unter jeder Miniatur wird ein Feld mit der Seitenzahl angezeigt.

3 Klicken Sie auf die Miniaturseite der Seite 7, um auf diese Seite zu gelangen. Eventuell müssen Sie zur Anzeige aller Miniaturseiten die Bildlaufleiste benutzen.

Die Seitenzahl für die Miniatur ist markiert und im Dokumentfenster wird die volle Breite von Seite 7 angezeigt. Die Seite ist an der Stelle zentriert, an der Sie geklickt hatten.

Sehen Sie sich die Miniatur der Seite 7 an. Das Rechteck innerhalb der Miniatur steht für den in der aktuellen Seitenansicht angezeigten Bereich. Sie können dieses Seitenansicht-Feld benutzen, um den angezeigten Bereich und die Vergrößerung zu ändern.

4 Platzieren Sie den Zeiger auf der unteren rechten Ecke des Seitenansicht-Feldes. Der Zeiger ändert sich in einen diagonalen Doppelpfeil.

5 Ziehen Sie, um das Seitenansicht-Feld zu verkleinern, und lassen Sie die Maustaste los. Beachten Sie, dass sich der Vergrößerungsgrad in der Werkzeugleiste »Auswählen und zoomen« vergrößert hat, das heißt, es wird ein kleinerer Bereich angezeigt.

 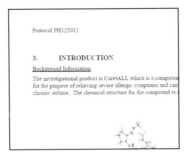

6 Platzieren Sie den Zeiger nun auf dem unteren Rand des Seitenansicht-Feldes. Der Zeiger ändert sich in eine Hand.

7 Ziehen Sie das Seitenansicht-Feld innerhalb der Miniatur und beobachten Sie, wie sich die Ansicht im Dokumentfenster ändert.

8 Ziehen Sie das Seitenansicht-Feld nach unten, um die Ansicht auf den Inhalt des unteren Seitenbereiches einzustellen.

 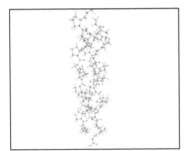

Miniaturseiten bieten eine gute Möglichkeit, schnell und einfach die Seitenansicht in einem Dokument einzustellen.

9 Klicken Sie auf die Schaltfläche »Seiten«, um das Navigationsteilfenster auszublenden.

Anzeigegröße einer Seite ändern

Sie ändern die Anzeigegröße einer Seitenansicht über die Steuerelemente in der Werkzeugleiste »Auswählen und zoomen«.

1 Wählen Sie **Anzeige: Zoom: Fensterbreite** oder klicken Sie auf die Schaltfläche »Seiten durchblättern«. Acrobat zeigt die neue Vergrößerung in der Werkzeugleiste »Auswählen und zoomen« an.

2 Klicken Sie so oft auf die Schaltfläche »Vorherige Seite« (), bis Sie auf Seite 3 angelangt sind. Die Anzeigegröße der Seiten bleibt gleich.

3 Wählen Sie **Anzeige: Zoom: Originalgröße**, um die Seite wieder in der 100%-Ansicht zu zeigen.

4 Klicken Sie rechts im Einblendmenü »Vergrößerung« in der Werkzeugleiste »Auswählen und zoomen« auf den Pfeil, um die Vergrößerungsoptionen anzuzeigen. Wählen Sie die Anzeigegröße 200%.

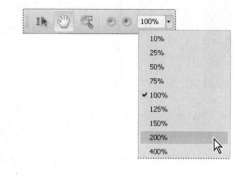

Sie können auch einen eigenen Wert für die Anzeigegröße eingeben.

5 Klicken Sie rechts im Einblendmenü »Vergrößerung« in der Werkzeugleiste »Auswählen und zoomen« auf den Pfeil und wählen Sie »Originalgröße«, um die Seite wieder mit 100% im Fenster anzuzeigen.

Als Nächstes vergrößern Sie die Ansicht mit der Vergrößern-Schaltfläche.

6 Markieren Sie die Seitenzahl in der Seitennavigation-Werkzeugleiste, geben Sie **7** ein und drücken Sie die Eingabetaste, um auf Seite 7 zu gelangen.

7 Klicken Sie einmal auf die Vergrößern-Schaltfläche ().

8 Klicken Sie noch einmal auf die Vergrößern-Schaltfläche, um weiter zu vergrößern.

Jeder Klick auf die Vergrößern- oder Verkleinern-Schaltfläche vergrößert bzw. verkleinert um einen bestimmten Wert.

9 Klicken Sie zweimal auf die Verkleinern-Schaltfläche (), um wieder zur 100%-Ansicht zurückzukehren.

Jetzt vergrößern Sie das Bild mit dem Zoom-Auswahlrahmen-Werkzeug.

10 Wählen Sie das Zoom-Auswahlrahmen-Werkzeug () in der Werkzeugleiste »Auswählen und zoomen«. Platzieren Sie den Mauszeiger nahe der oberen linken Bildecke und ziehen Sie über den Text, wie in der folgenden Abbildung gezeigt.

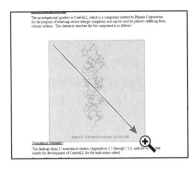
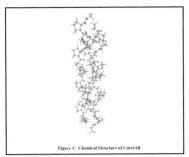

Acrobat vergrößert die Ansicht des von Ihnen markierten Bereiches fensterfüllend. Dies nennt man Auswahlrahmen-Vergrößerung.

11 Wählen Sie **Anzeige: Zoom: Fenstergröße**.

Das Werkzeug »Dynamischer Zoom«

Mit dem Werkzeug »Dynamischer Zoom« vergrößern oder verkleinern Sie die Anzeige, indem Sie die Maus nach oben oder unten ziehen.

▶ **Tipp:** Sie können die Schaltflächen »Fenstergröße« und »Fensterbreite« in Ihre Werkzeugleiste »Auswählen und zoomen« einfügen. Klicken Sie dazu mit der rechten Maustaste auf die Griffleiste der Werkzeugleiste »Auswählen und zoomen« und wählen Sie die Werkzeuge, die Sie in die Leiste einfügen möchten.

1 Wählen Sie **Werkzeuge: Auswählen und zoomen: Dynamischer Zoom.**

2 Klicken Sie in das Dokumentfenster, halten Sie die Maustaste gedrückt und ziehen Sie nach oben, um die Ansicht zu vergrößern, und nach unten, um die Ansicht zu verkleinern.

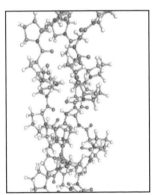

3 Klicken Sie anschließend erst wieder auf das Hand-Werkzeug und dann auf die Schaltfläche »Eine vollständige Seite« ( ).

Informationen zum Gebrauch des Lupen-Werkzeugs und des Schwenk- und Zoomfensters finden Sie in Lektion 13, »Acrobat und technische Anwendungen«.

Verknüpfungen folgen

In einem PDF-Dokument müssen Sie die Seiten nicht unbedingt immer in der vorgegebenen Reihenfolge betrachten. Sie können sofort von einem Abschnitt eines Dokuments zu einem anderen springen, indem Sie die Navigationshilfen wie beispielsweise Verknüpfungen verwenden.

Einer der Vorteile von Onlinedokumenten besteht darin, dass Sie übliche Querverweise in Links konvertieren können. Dann kann der Nutzer direkt zum verknüpften Abschnitt oder Dokument springen. Beispielsweise wandeln Sie jeden Eintrag eines Inhaltsverzeichnisses in eine Verknüpfung um, mit der man direkt auf den entsprechenden Abschnitt springen kann. Außerdem können Sie Verknüpfungen auch dazu verwenden, herkömmlichen Buchelementen wie Verzeichnissen oder Indizes Interaktivität hinzuzufügen.

Zunächst fügen Sie der Seitennavigation-Werkzeugleiste weitere Navigationswerkzeuge hinzu.

1 Klicken Sie mit der rechten Maustaste irgendwo in die Seitennavigation-Werkzeugleiste und wählen Sie im Kontextmenü »Alle Werkzeuge einblenden«.

Jetzt probieren Sie eine vorhandene Verknüpfung aus.

2 Klicken Sie in der Seitennavigation-Werkzeugleiste auf die Schaltfläche »Erste Seite« (⎯), um zur ersten Dokumentseite zurückzukehren, und dann zweimal auf die Schaltfläche »Nächste Seite« (⬇), um zur Seite mit dem Inhaltsverzeichnis zu gelangen (Seite 3).

3 Bewegen Sie den Mauszeiger im Inhaltsverzeichnis auf die Überschrift »3. Introduction«. Das Hand-Werkzeug ändert sich in einen Zeigefinger als Hinweis auf eine Verknüpfung. Klicken Sie, um der Verknüpfung zu folgen.

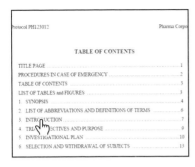 

Dieses Element ist mit der Einführung (*Introduction*) verknüpft.

4 Klicken Sie auf die Schaltfläche »Vorherige Ansicht« ( ), um zu Ihrer vorherigen Ansicht des Inhalts zurückzukehren.

Sie können jederzeit auf die Schaltfläche »Vorherige Ansicht« klicken, um Ihre Ansichten durch ein Dokument zurückzuverfolgen. Die Schaltfläche »Nächste Ansicht« ermöglicht Ihnen, die letzte Benutzung von »Vorherige Ansicht« rückgängig zu machen.

Sie haben in diesem Abschnitt gesehen, wie Sie in einem PDF-Dokument blättern, die Vergrößerung und den Seitenlayout-Modus einstellen sowie Verknüpfungen folgen.

Jetzt setzen Sie die Werkzeugleiste wieder auf die Standardkonfiguration zurück.

5 Wählen Sie **Anzeige: Werkzeugleisten: Werkzeugleistenposition zurücksetzen**.

In PDF-Dokumenten suchen

Sie können ein PDF-Dokument schnell nach einem Wort oder einem Satzteil durchsuchen. Wenn Sie beispielsweise dieses *Protocol*-Dokument nicht vollständig durchlesen, sondern nur nach dem Vorkommen von *adverse event* suchen, können Sie dafür die Suchen-Werkzeugleiste und die Erweiterte Suche verwenden. Mit der Suchen-Werkzeugleiste suchen Sie nach einem Begriff im aktiven Dokument. Mit der Erweiterten Suche können Sie in einem Dokument, über mehrere Dokumente hinweg oder in einem PDF-Portfolio suchen. In beiden Fällen werden in Acrobat Text, Ebenen, Formularfelder und digitale Unterschriften von PDF-Dokumenten durchsucht.

Sie beginnen mit einem einfachen Suchvorgang im geöffneten Dokument.

1 Geben Sie den zu suchenden Text in das Textfeld der Suchen-Werkzeugleiste ein. Wir haben **adverse event** eingegeben.

Um die verfügbaren Optionen zu sehen, klicken Sie auf den Pfeil rechts neben dem Textfeld. Mit diesen Optionen können Sie Ihre Suche verfeinern, nur nach ganzen Wörtern suchen, nach Groß- und Kleinschreibung unterscheiden und Lesezeichen und Kommentare mit in die Suche einbeziehen. Die Optionen sind aktiv (eingeschaltet), wenn Acrobat neben ihrem Namen ein Häkchen anzeigt.

2 Drücken Sie die Eingabetaste, um den Suchvorgang zu starten.

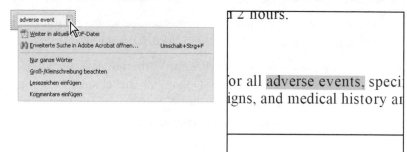

Acrobat hebt das erste Vorkommen von *adverse event* auf Seite 5 des Dokuments hervor.

3 Klicken Sie in der Werkzeugleiste auf die Schaltfläche »Weiter-suchen« ( ), um das nächste Vorkommen des Wortes anzuzeigen.

Als Nächstes führen Sie mit der Erweiterten Suche eine umfangreichere Suche im *Protocol*-Dokument durch. In dieser Lektion suchen Sie nur im geöffneten *Protocol*-Dokument, aber die Erweiterte Suche ermöglicht auch das Suchen in allen Dokumenten eines Ordners und in allen Dokumenten in einem PDF-Portfolio. Sie können sogar Dateien in einem PDF-Portfolio durchsuchen, die keine PDF-Dateien sind.

4 Wählen Sie **Bearbeiten: Erweiterte Suche**.

5 Um nur das geöffnete Dokument zu durchsuchen, wählen Sie die Option »Im aktuellen Dokument«.

Diesmal suchen wir nur nach wichtigen Vorkommen von *adverse events*.

6 Geben Sie im Fenster »Erweiterte Suche« in das Textfeld **adverse events sign** ein.

7 Klicken Sie unten im Fenster »Erweiterte Suche« auf die Verknüpfung »Erweiterte Suchoptionen verwenden«.

8 Wählen Sie im Menü »Suchergebnisse müssen enthalten« den Eintrag »Beliebige Wörter«. Damit gibt Acrobat jeweils alle Ergebnisse für »adverse«, »events« und »sign« aus.

9 Klicken Sie auf »Suchen«.

10 Acrobat zeigt die Suchergebnisse im Fenster »Erweiterte Suche« an.

11 Klicken Sie unter »Ergebnisse« auf irgendein Suchergebnis, um auf die Seite mit diesem Begriff zu gelangen.

Sie können jedes Suchergebnis durch Anklicken im Fenster »Erweiterte Suche« überprüfen.

12 Wenn Sie damit fertig sind, klicken Sie oben im Fenster »Erweiterte Suche« auf die Schließen-Schaltfläche.

Beim Verwenden des Fensters »Erweiterte Suche« durchsucht Acrobat auch Objektdaten und Metadaten von Bildern im XIF-Format (erweitertes Bilddateiformat). Bei Suchvorgängen in mehreren PDF-Dokumenten durchsucht Acrobat auch die Dokumenteigenschaften und XMP-Metadaten. Verfügen die zu durchsuchenden PDF-Dateien über PDF-Anlagen, können Sie diese auch in den Suchvorgang einschließen. Beim Durchsuchen eines PDF-Index berücksichtigt Acrobat auch indexierte Struktur-Tags. Um ein verschlüsseltes Dokument zu durchsuchen, muss es zuvor geöffnet werden.

> **Tipp:** In den Voreinstellungen für die Erweiterte Suche sind weitere Optionen verfügbar. Wählen Sie dazu **Bearbeiten: Voreinstellungen** (Windows) bzw. **Acrobat: Voreinstellungen** (Mac OS) und dann links im Dialogfenster »Suchen«.

PDF-Dokumente drucken

Beim Drucken von Adobe PDF-Dokumenten werden Sie feststellen, dass viele der benötigten Optionen im Acrobat-Dialogfeld »Drucken« den Optionen in den »Drucken«-Dialogfeldern anderer Programme entsprechen. Sie können beispielsweise über das Drucken-Dialogfeld in Acrobat eine Seite, eine komplette Datei oder aber einen bestimmten Seitenbereich innerhalb einer PDF-Datei drucken. (Unter Windows wie unter Mac OS können Sie den Drucken-Befehl auch im Kontextmenü wählen.)

So drucken Sie nicht aufeinanderfolgende Seiten oder Bereiche von Seiten in Acrobat:

1 Falls nötig klicken Sie im Dokument *Protocol1.pdf* bzw. *Protocol.pdf* im Navigationsteilfenster auf die Schaltfläche »Seiten«, um das Navigationsfenster »Seiten« einzublenden. Klicken Sie dann auf die Miniaturseiten der Seiten, die Sie drucken wollen. Halten Sie beim Klicken auf die Miniaturseiten die Strg- (Windows) bzw. die Befehlstaste (Mac OS) gedrückt, um aufeinanderfolgende und nicht aufeinanderfolgende Seiten auszuwählen.

2 Wenn Sie einen Drucker haben, wählen Sie **Datei: Drucken**. Achten Sie darauf, dass der Name Ihres Druckers im Dialogfenster angezeigt wird. Wenn Sie Seiten im Seiten-Fenster gewählt haben, ist im Dialogfenster »Drucken« im Bereich »Druckbereich« automatisch die Option »Ausgewählte Seiten« aktiviert.

3 Klicken Sie auf OK bzw. »Drucken«, um die ausgewählten Seiten auszudrucken, oder auf »Abbrechen«, um den Druck abzubrechen.

Wenn Sie über einen Internet-Anschluss verfügen und einen Browser installiert haben, gelangen Sie im Drucken-Dialogfeld über die Schaltfläche »Drucktipps« (Windows) bzw. »Tipps zum Drucken« (Mac OS) zur englischsprachigen Adobe-Website. Hier erhalten Sie Tipps für den Druck und Lösungsvorschläge bei Druckproblemen.

4 Klicken Sie auf die Schaltfläche »Seiten«, um das Navigationsteilfenster zu schließen.

5 Wählen Sie **Datei: Schließen**, um Ihr *Protocol*-Dokument zu schließen.

Informationen zum Drucken von Kommentaren finden Sie in Lektion 9, »Acrobat in einer Dokumentüberprüfung«.

Wenn Ihr Drucker doppelseitiges Drucken unterstützt, können Sie Broschüren wie in der Adobe Acrobat 9 Hilfe unter »Broschüre drucken« beschrieben drucken.

Falls eine PDF-Datei unterschiedlich große Seiten enthält, können Sie im Drucken-Dialogfeld die Option »Anpassen der Seitengröße« bzw. »Seitenanpassung« zum Verkleinern, Vergrößern oder Teilen von Seiten wählen. Die Option »In Druckbereich einpassen« bzw. »An Druckränder anpassen« skaliert jede Seite auf das Druck-Seitenformat, das heißt, die Seiten der PDF-Datei werden entsprechend vergrößert oder verkleinert. Die Option »Druckbereich« bzw. »Auf Größe der Druckränder verkleinern« passt große Seiten an das Druck-Seitenformat an, wobei kleinere Seiten nicht vergrößert werden. Mit den Teilen-Optionen werden übergroße Seiten auf mehrere Seiten unterteilt ausgedruckt.

PDF-Formulare ausfüllen

Als PDF-Formulare können einfache PDF-Dokumente mit leeren Formularfeldern oder interaktive Dokumente dienen. Interaktive PDF-Formulare enthalten Formularfelder und verhalten sich ähnlich wie die meisten anderen im Web veröffentlichen oder per Mail zugesandten Formulare. Die Formularfelder in diesen interaktiven PDF-Formularen können Textfelder, Optionsschaltflächen, Auswahllisten usw. sein. Die entsprechenden Daten geben Sie mit dem Hand-Werkzeug oder dem Auswahl-Werkzeug ein. Abhängig von den Einstellungen des Formular-Erstellers können Anwender mit dem Adobe Reader eine Kopie des ausgefüllten Formulars speichern, bevor sie es zurücksenden.

Einfache PDF-Formulare (oder leere Formulare) sind eingescannte Papierformulare, die als Formularvorlage dienen. Sie enthalten nicht wirklich Formularfelder, sondern nur die Abbildungen von Formularfeldern. Normalerweise drucken Sie solche Formulare aus, füllen Sie von Hand oder mit der Schreibmaschine aus und senden sie per Post oder Fax an den Empfänger. Mit Acrobat 9 können Sie solche einfachen oder leeren Formulare mit dem Schreibmaschinen-Werkzeug online ausfüllen.

In diesem Abschnitt der Lektion füllen Sie ein einfaches PDF-Formular bzw. leeres Formular aus.

Informationen zum Erstellen von Formularen finden Sie in Lektion 10, »PDF-Formulare erstellen«.

1 Wählen Sie **Datei: Öffnen** und navigieren Sie zum Ordner *Lektion06*. Wählen Sie die Datei *FlatForm.pdf* und klicken Sie auf »Öffnen«.

2 Bewegen Sie Ihren Mauszeiger auf die eingezeichneten Formularfelder. Das Hand-Werkzeug ändert seine Gestalt nicht. In diesem Formular können Sie mit dem Hand-Werkzeug keine Daten eingeben.

3 Wählen Sie **Werkzeuge: Schreibmaschine: Werkzeugleiste "Schreibmaschine" einblenden**.

4 Bewegen Sie Ihren Mauszeiger auf die Werkzeuge in dieser Werkzeugleiste und lesen Sie sich die Werkzeugtipps durch. Mit diesen Werkzeugen können Sie die Größe und den Zeilenabstand des einzugebenden Texts ändern.

5 Wählen Sie das Schreibmaschinen-Werkzeug (). Das Hand-Werkzeugsymbol ändert sich.

6 Platzieren Sie den Mauszeiger auf dem Feld »Name« und klicken Sie, um dort eine Einfügemarke zu setzen, und geben Sie Ihren Namen ein. Wir haben **John Doe** eingegeben.

Wenn Sie möchten, können Sie das Formular noch weiter ausfüllen. Wenn Sie fertig sind, versuchen Sie, das Formular zurückzusetzen, um die Daten zu löschen.

7 Wählen Sie das Hand-Werkzeug und klicken Sie unten im Formular auf die Schaltfläche »Reset« (Zurücksetzen).

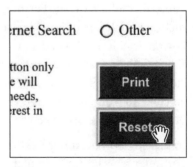

Weder die Reset-(Zurücksetzen-)noch die Print-(Drucken-)Schaltfläche funktionieren, da es nur Abbildungen von Schaltflächen sind. (Es handelt sich um ein normales Formular.) Um dieses Formular zu übermitteln, müssten Sie es als PDF-Datei sichern und per E-Mail an den Empfänger senden.

Alternativ könnten Sie das ausgefüllte Formular drucken und per Fax oder per Post an den Empfänger senden.

8   Wählen Sie **Datei: Speichern unter** und speichern Sie eine Kopie des Formulars mit dem Dateinamen **FlatForm_complete.pdf** im Ordner *Lektion06*.

Wenn Sie möchten, können Sie die gespeicherte Datei öffnen, um sich zu vergewissern, dass alle Daten gesichert wurden.

9   Klicken Sie auf die Schließen-Schaltfläche, um die Werkzeugleiste »Schreibmaschine« zu schließen.

10 Wählen Sie **Datei: Schließen**, um das Bestellformular zu schließen.

Mit Acrobat 9 füllen Sie die meisten Formulare mühelos aus und übermitteln die Daten auf dem elektronischen oder dem Postweg.

Flexibilität, Barrierefreiheit und Struktur

Barrierefreiheit und Flexibilität Ihrer Adobe PDF-Dateien bestimmen, wie Menschen mit Sehbehinderungen und Bewegungseinschränkungen und Anwender mit Handheld-Geräten den Inhalt Ihrer Dateien nutzen, und, wenn Sie es erlauben, weiterverwenden können. Sie steuern die Barrierefreiheit und Flexibilität Ihrer Adobe PDF-Dateien über den Strukturierungsgrad der Quelldatei und den Aufbau der Adobe PDF-Datei.

In diesem Teil der Lektion erfahren Sie, wie flexible, barrierefreie Dokumente aufgebaut sind. Dazu betrachten Sie zunächst ein PDF-Dokument mit Tags und lernen dabei, wie einfach Sie den Dokumentumfluss steuern und Inhalte extrahieren können.

Zugänglichere PDF-Dokumente können Ihren Leserkreis erweitern und die gesetzlichen Vorgaben der Barrierefreiheit besser erfüllen. Barrierefreiheit in Acrobat fällt in zwei Kategorien:

- Barrierefreiheit-Funktionen, mit denen Sie zugängliche Dokumente aus neuen oder vorhandenen PDF-Dokumenten erstellen. Zu diesen Funktionen zählen einfache Methoden zur Prüfung der Barrierefreiheit und zum Hinzufügen von Tags zu PDF-Dokumenten. (Siehe »Barrierefreie Dokumente« in dieser Lektion.) Mit Acrobat Pro und Pro Extended können Sie Probleme mit der Barrierefreiheit und der Lesereihenfolge in PDF-Dateien beheben, indem Sie die PDF-Dateistruktur bearbeiten.

- Barrierefreiheit-Funktionen, mit denen Leser mit Bewegungseinschränkungen oder Sehbehinderungen mühelose PDF-Dokumente betrachten und in ihnen navigieren können. Viele dieser Funktionen lassen sich bequem mit dem Setup-Assistenten für die Ein-/Ausgabehilfe einrichten.

Damit Adobe PDF-Dateien flexibel und barrierefrei nutzbar werden, benötigen sie eine Struktur; Adobe PDF-Dateien unterstützen drei Strukturformen – mit Tags, strukturiert und unstrukturiert. PDF-Dateien mit Tags sind am stärksten strukturiert. Strukturierte PDF-Dateien verfügen über eine gewisse Struktur, sind aber nicht so flexibel oder barrierefrei einsetzbar wie PDF-Dateien mit Tags. Unstrukturierte PDF-Dateien haben keine Struktur. (Sie werden später in dieser Lektion noch sehen, dass Sie unstrukturierten Dateien nachträglich noch ein wenig Struktur verleihen können.) Je besser strukturiert eine Datei ist, desto effektiver und zuverlässiger lässt sich ihr Inhalt verwenden.

Ein Dokument wird strukturiert, indem der Autor Überschriften und Spalten, Navigationshilfen wie Lesezeichen und zum Beispiel alternative Textbeschreibungen für Bilder einfügt. In vielen Fällen werden Dokumente bei der Konvertierung in PDF automatisch mit einer logischen Struktur und Tags versehen.

PDF-Dateien aus Microsoft Office-Dateien oder aus neueren Vresionen von Adobe FrameMaker, InDesign oder PageMaker oder mit Web Capture erstellte PDF-Dateien werden automatisch mit Tags versehen.

Die umfassendste integrierte Struktur erzielen Sie also mit klar strukturierten Dokumenten, die Sie anschließend in PDF-Dateien mit Tags konvertieren.

Die meisten Probleme mit PDF-Dokumenten, die nicht gut umfließen, können Sie in Acrobat Pro oder Pro Extended mit der Registerkarte »Inhalt« im Navigationsfenster oder dem TouchUp-Leserichtungwerkzeug beheben. Das ist allerdings deutlich umständlicher, als bereits zu Beginn ein gut strukturiertes Dokument aufzubauen. Ausführliche Informationen zum Erstellen barrierefreier PDF-Dokumente finden Sie auf der Adobe-Website unter *http://www.adobe.com/de/accessibility/index.html* (überwiegend in englischer Sprache).

Barrierefreie Dokumente

In diesem Abschnitt untersuchen Sie eine PDF-Datei mit Tags.

Adobe PDF-Datei mit Tags

Sie betrachten zunächst die Barrierefreiheit und Flexibilität einer PDF-Datei, die mit Word unter Windows erstellt wurde.

1 Öffnen Sie Acrobat 9, wählen Sie **Datei: Öffnen** und öffnen Sie die Datei *Tag_Wines.pdf* im Ordner *Lektion06*.

2 Wählen Sie **Datei: Speichern unter** und sichern Sie die Datei als **Tag_Wines1.pdf** im Ordner *Lektion06*.

Auf Barrierefreiheit prüfen

Sie sollten jedes PDF-Dokument vor der Freigabe auf Barrierefreiheit prüfen; mit der Acrobat-Funktion »Schnelle Prüfung« erfahren Sie ohne Umschweife, ob Ihr Dokument über die notwendigen Informationen verfügt, um es barrierefrei zu machen. Gleichzeitig können Sie damit prüfen, ob das Dokument Zugangsbeschränkungen unterliegt.

1 Wählen Sie **Erweitert: Ein-/Ausgabehilfe: Schnelle Prüfung.**

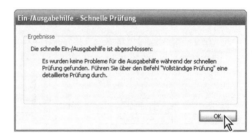

Der Warndialog zeigt, dass das Dokument *Tag_Wines1.pdf* in Bezug auf die Ausgabehilfe unproblematisch ist

2 Klicken Sie auf OK, um den Warndialog zu schließen.

Sie können Ihre PDF-Dateien mit Sicherheitseinstellungen versehen und trotzdem zugänglich machen. Mit der 128-Bit-Verschlüsselung von Acrobat 9 verhindern Sie, dass Anwender Text aus einer PDF-Datei kopieren und anderweitig einfügen, und können trotzdem Ausgabehilfen anbieten. Außerdem können Sie die Sicherheitseinstellungen mit der Option »Textzugriff für Bildschirmlesehilfen für Sehbehinderte aktivieren« auch für ältere PDF-Dokumente (ab Acrobat 3) ändern, um sie ohne Beeinträchtigung der Sicherheit zugänglich zu machen. Sie finden diese Option im Dialogfenster »Kennwortschutz-Einstellungen«.

Jetzt sehen Sie sich an, wie flexibel eine PDF-Datei mit Tags ist. Dafür lassen Sie die PDF-Datei zunächst umfließen und speichern ihren Inhalt dann als zugänglichen Text.

Eine flexible PDF-Datei umfließen lassen

Sie verkleinern zuerst das Dokumentfenster, um den kleineren Bildschirm eines Handheld-Geräts zu simulieren.

1 Wählen Sie **Anzeige: Zoom: Originalgröße**, um das Dokument mit 100% anzuzeigen.

2 Verkleinern Sie das Acrobat-Fenster auf etwa 50% des Bildschirms. Windows: Wenn das Fenster maximiert ist, klicken Sie auf seine Verkleinern-Schaltfläche; anderenfalls ziehen Sie an einer Ecke des Anwendungsfensters, um es zu verkleinern. Unter Mac OS passen Sie das Dokumentfenster durch Ziehen an einer Ecke an.

Dabei soll das Acrobat-Fenster so verkleinert werden, dass die Satzenden im Dokumentfenster abgeschnitten abgebildet werden.

3 Wählen Sie **Anzeige: Zoom: Umfließen**.

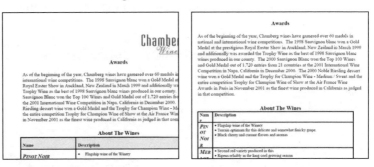

Acrobat lässt den Inhalt des Dokuments an das kleinere Format des Dokumentbildschirms angepasst so umfließen, dass Sie die Textzeilen ohne Einsatz des horizontalen Rollbalkens lesen können.

Beim Umfließen von Text können Elemente wie Seitenzahlen und Seitenüberschriften häufig wegfallen, da sie für die Seitenanzeige nicht mehr von Bedeutung sind. Text wird seitenweise umflossen, aber ein Dokument lässt sich nicht im umflossenen Zustand speichern.

Als Nächstes beobachten Sie, wie sich die Darstellung ändert, wenn Sie die Vergrößerung ändern.

4   Klicken Sie in der Werkzeugleiste auf den Pfeil neben dem Eingabefeld für Vergrößerung und wählen Sie im Einblendmenü »400%«.

Awards

As of the beginning of the year, Chamberg

5   Rollen Sie die Seite nach unten, um sich den Textumfluss anzusehen. Auch hier benötigen Sie für den umfließenden Text nicht die horizontalen Rollbalken, um den vergrößerten Text auf der Seite zu lesen. Acrobat behält den Text automatisch im Dokumentfenster.

6   Wenn Sie mit der Betrachtung des umfließenden Texts fertig sind, maximieren Sie das Acrobat-Dokumentfenster und schließen Sie Ihre Datei.

Acrobat ermöglicht außerdem das Speichern der Inhalte von Dokumenten mit Tags in einem anderen Dateiformat, um sie in anderen Anwendungen weiterzuverwenden. Wenn Sie diese Datei beispielsweise als zugänglichen Text sichern, werden selbst die Inhalte von Tabellen in einem mühelos verwendbaren Format gespeichert.

Mit Acrobat lassen sich sogar manche unstrukturierten Dokumente für alle Anwender zugänglicher machen. So können Sie einem PDF-Dokument mit dem Befehl **Erweitert: Ein-/Ausgabehilfe: Tags zu Dokument hinzufügen** in Acrobat Standard, Acrobat Pro und Pro Extended Tags hinzufügen. Allerdings lassen sich Tag- und Leserichtungsprobleme nur in Acrobat Pro und Pro Extended beheben. Im nächsten Abschnitt sehen Sie sich die Auswirkungen von hinzugefügten Tags an.

Dateien flexibel und zugänglich machen

Manche Adobe PDF-Dokumente mit Tags enthalten möglicherweise nicht alle notwendigen Informationen, um die Dokumentinhalte vollständig flexibel oder barrierefrei nutzbar zu machen. So fehlen Ihrer Datei vielleicht alternativer Text für Abbildungen, Hinweise auf Textabschnitte in einer anderen Sprache als der Standardsprache des Dokuments oder alternativer Text für Abkürzungen. (Durch Zuweisen der entsprechenden Sprache für bestimmte Textelemente können Sie dafür sorgen, dass bei der weiteren Verwendung des

Dokuments die richtigen Zeichen verwendet werden, dass Wörter bei der Sprachausgabe korrekt ausgegeben werden und dass das Dokument mit dem richtigen Wörterbuch korrigiert wird.)

Alternativen Text und mehrere Sprachen fügen Sie mit dem Bedienfeld »Tags« ein. (Ist für ein Dokument nur eine Sprache erforderlich, wählen Sie diese einfacher im Dialogfenster »Dokumenteigenschaften«.) Außerdem können Sie mit dem TouchUp-Leserichtungwerkzeug alternativen Text eingeben.

Nun begutachten Sie die Barrierefreiheit einer Seite aus einem Handbuch. Das Dokument wurde für den Druck konzipiert, weshalb der Barrierefreiheit keine weitere Beachtung geschenkt wurde.

1 Wählen Sie **Datei: Öffnen** und öffnen Sie die Datei *AI_UGEx.pdf* im Ordner *Lektion06*.

2 Wählen Sie **Erweitert: Ein-/Ausgabehilfe: Schnelle Prüfung**. Der Warndialog zeigt, dass das Dokument nicht strukturiert ist. Klicken Sie auf OK, um den Warndialog zu schließen.

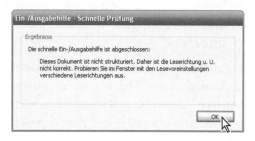

Achten Sie nun darauf, wie diese Seite umfließt.

3 Wählen Sie **Anzeige: Zoom: Originalgröße**, um das Dokument mit 100% anzuzeigen.

4 Verkleinern Sie das Dokumentfenster. Windows: Wenn das Fenster maximiert ist, klicken Sie auf die Verkleinern-Schaltfläche des Fensters; anderenfalls ziehen Sie an einer Ecke des Anwendungsfensters, um es zu verkleinern. Unter Mac OS passen Sie das Dokumentfenster durch Ziehen an einer Ecke an. Wir haben unser Acrobat-Fenster so weit verkleinert, dass die Seitenbreite nicht mehr auf dem Bildschirm angezeigt werden kann (bei 100%).

5 Wählen Sie **Anzeige: Zoom: Umfließen**.

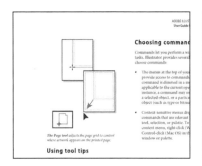 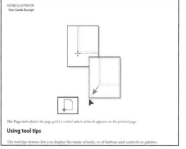

Trotz fehlender Struktur umfließt der Text recht gut.

6 Wählen Sie **Anzeige: Zoom: Fenstergröße**. Passen Sie die Größe des Acrobat-Fensters nach Ihren Vorstellungen an.

In diesem Lektionsabschnitt verbessern Sie die Flexibilität und Barrierefreiheit der Seite und fügen daher als Erstes mit Acrobat so vielen Elementen wie möglich Tags hinzu.

7 Wählen Sie **Erweitert: Ein-/Ausgabehilfe: Tags zu Dokument hinzufügen**.

Acrobat Pro und Pro Extended zeigen im Navigationsfenster einen Erkennungsbericht an. Lassen Sie das Fenster geöffnet.

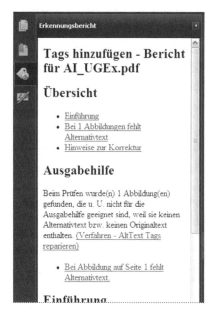

8 Wenn Sie mit Acrobat Pro oder Pro Extended arbeiten, lassen Sie die Datei geöffnet. Arbeiten Sie mit Acrobat Standard, wählen Sie **Datei: Schließen**, um das Dokument zu schließen. Der letzte Abschnitt dieser Lektion richtet sich nur an Anwender mit Acrobat Pro oder Pro Extended.

Beim Hinzufügen von Tags zu einem Dokument fügt Acrobat eine logische Baumstruktur ein, mit der die Reihenfolge des Seiteninhalts zum Umfließen und für die Ausgabe mit Bildschirmlesehilfen und der Sprachausgabefunktion bestimmt wird. Mit verhältnismäßig einfachen Seiten funktioniert der Befehl »Tags zu Dokument hinzufügen« recht gut. Für komplexere Seiten – Seiten mit unregelmäßig geformten Textspalten, Aufzählungen, Text über mehrere Spalten und so weiter – ist der Befehl »Tags zu Dokument hinzufügen« meist weniger erfolgreich.

Um solche komplexeren Seiten korrekt mit Tags zu versehen, benötigen Sie das TouchUp-Leserichtungwerkzeug.

Tags hinzufügen

Acrobat kann die Struktur der meisten Seitenelemente erkennen und ihnen die entsprechenden Tags zuweisen. Seiten mit komplexen Layouts oder ungewöhnlichen Elementen werden jedoch nicht immer erfolgreich in getaggte PDF-Dokumente umgewandelt und müssen möglicherweise nachbearbeitet werden. Wenn Sie eine PDF-Datei in Acrobat mit Tags versehen, liefert Acrobat im Naviagationsteilfenster einen Erkennungsbericht zurück. Dieser führt die problembehafteten Dokumentseiten auf und liefert dabei auch Lösungsansätze mit.

Sie sollten diese Elemente in den PDF-Dokumenten überprüfen, um festzustellen, ob und gegebenenfalls welche Veränderungen getroffen werden müssen. Machen Sie die Problembereiche im Erkennungsbericht ausfindig und steuern Sie diese direkt mit einen Mausklick auf die jeweilige Verknüpfung an. Korrigieren Sie das Problem dann mit dem TouchUp-Leserichtungwerkzeug.

Alternativtext einfügen

Nicht aus Text bestehende Elemente Ihres Dokuments, beispielsweise Abbildungen und Multimedia-Elemente, werden von Bildschirmlesehilfen und der Sprachausgabefunktion nur erkannt, wenn sie mit Alternativtext versehen wurden. Dem Erkennungsbericht können Sie entnehmen, dass den Abbildungen ein Alternativtext fehlt. Sie fügen jetzt Alternativtext ein und schließen dazu zunächst den Erkennungsbericht.

1 Klicken Sie auf die Reduzieren- oder Schließen-Schaltfläche, um den Erkennungsbericht zu schließen.

2 Wählen Sie **Werkzeuge: Erweiterte Bearbeitung: TouchUp-Leserichtungwerkzeug**. Klicken Sie mit der rechten Maustaste auf die Abbildung im Dokumentfenster und wählen Sie im Kontextmenü den Eintrag »Alternativtext bearbeiten«. Geben Sie im Dialogfenster »Alternativtext« den Text ein, den Bildschirmlesehilfen ausgeben sollen. Wir haben **Die Abbildung zeigt, wie sich die Zeichenfläche in Illustrator mit dem Hand-Werkzeug bewegen lässt** eingegeben. Klicken Sie anschließend auf OK.

> **Tipp:** Ist die Option »Tabellen und Abbildungen anzeigen« im Dialogfenster »TouchUp-Leserichtung« eingeschaltet, wird der alternative Text im Dokumentfenster auch in QuickInfos eingeblendet.

3 Um Ihren Alternativtext zu prüfen, wählen Sie **Anzeige: Sprachausgabe: Sprachausgabe aktivieren** und dann **Anzeige: Sprachausgabe: Nur diese Seite lesen**. Sie hören Ihren Alternativtext. Um die Sprachausgabe anzuhalten, wählen Sie Umschalt+Strg+E (Windows) bzw. Umschalt+Befehl+E (Mac OS).

Acrobat liest den Alternativtext und den Bildtext vor. Soll nur der Alternativtext ausgegeben werden, fassen Sie die Abbildung und die Bildtextelemente im Dialogfenster »TouchUp-Leserichtung« zusammen.

4 Wählen Sie **Datei: Schließen**, um Ihre Arbeit ohne Speichern der Änderungen zu schließen, und klicken Sie auf die Schließen-Schaltfläche, um das Dialogfenster »TouchUp-Leserichtung« zu schließen. Wählen Sie das Hand-Werkzeug.

Ausführliche Informationen zum Erstellen zugänglicher PDF-Dokumente finden Sie auf der Adobe-Website unter *http://www.adobe.com/de/accessibility/index.html* (überwiegend in englischer Sprache).

Die Ein-/Ausgabehilfe-Funktionen von Acrobat

Viele Menschen mit Sehbehinderungen und Bewegungseinschränkungen verwenden Computer, und Acrobat bietet zahlreiche Funktionen, die diesen Anwendern die Nutzung von Adobe PDF-Dokumenten erleichtern. Zu diesen Funktionen gehören:

- Automatischer Bildlauf
- Tastaturbefehle

- Unterstützung von Bildschirmlesehilfen einschließlich der in den Windows- und Mac OS-Systemen vorhandenen Sprachausgabefunktionen
- Erweiterte und verbesserte Bildschirmbetrachtung

Acrobat 9 bietet eine verbesserte Darstellung von XFA-Formularen in Acrobat und Adobe Reader, und die verbesserte Unterstützung von Bildschirmlesehilfen ermöglicht die mühelose Integration von Bildschirmlesehilfen von Drittanbietern.

Der Setup-Assistent für Ein-/Ausgabehilfe

Sowohl Acrobat 9 als auch der Adobe Reader verfügen über einen Setup-Assistenten für Ein-/Ausgabehilfe, der automatisch startet, wenn zum ersten Mal eine Bildschirmlesehilfe, eine Vergrößerungssoftware oder eine andere Hilfstechnik auf Ihrem System verwendet wird. (Sie können den Assistenten auch jederzeit mit **Erweitert: Ein-/Ausgabehilfe: Setup-Assistent** aufrufen.) Der Assistent führt Sie durch die Einstellungen für die Bildschirmdarstellung von PDF-Dokumenten; außerdem können Sie hier Einstellungen für die Ausgabe auf einen Braille-Drucker vornehmen.

Eine umfassende Beschreibung der im Setup-Assistenten für Ein-/Ausgabehilfe verfügbaren Optionen finden Sie in der Acrobat 9 Hilfe. Welche Optionen verfügbar sind, hängt von der installierten Hilfstechnik ab, die Sie im Startfenster des Setup-Assistenten für Ein-/Ausgabehilfe angeben müssen:

- »Optionen für Bildschirmlesehilfen festlegen« wählen Sie, wenn Sie eine Hilfseinrichtung zum Vorlesen von Text und/oder die Ausgabe auf einen Braille-Drucker einsetzen.
- Wählen Sie »Optionen für Vergrößerungssoftware festlegen« für Hilfseinrichtungen, die die Textausgabe auf dem Bildschirm vergrößern.
- Wählen Sie »Alle Optionen für die Ein-/Ausgabehilfe festlegen«, wenn Sie mehrere dieser Hilfseinrichtungen benutzen.
- »Empfohlene Einstellungen verwenden und Setup überspringen« wählen Sie, um die von Adobe empfohlenen Einstellungen für Anwender mit Sehbehinderungen und Bewegungseinschränkungen zu benutzen. (Diese Einstellungen unterscheiden sich von den Standardeinstellungen in Acrobat für Anwender ohne Hilfseinrichtungen.)

Zusätzlich zu den Optionen, die Sie im Setup-Assistenten für Ein-/Ausgabehilfe einstellen können, lassen sich zahlreiche Optionen in den Grundeinstellungen von Acrobat und dem Adobe Reader anpassen, mit denen Sie Einstellungen für den automatischen Bildlauf, die Sprachausgabe und die Leserichtung vornehmen können. Manche dieser Optionen sind eventuell auch dann nützlich, wenn Sie keine Hilfseinrichtungen auf Ihrem System installiert haben. So können Sie beispielsweise Ihre Multimedia-Voreinstellungen einrichten, um vorhandene Beschreibungen für Video- und Audioanhänge anzuzeigen.

Falls Sie den Setup-Assistenten für Ein-/Ausgabehilfe aufgerufen haben, klicken Sie auf »Abbrechen«, um das Dialogfenster ohne Änderungen zu verlassen.

Automatischer Bildlauf

Beim Lesen eines langen Dokuments erspart die Acrobat-Funktion »Automatischer Bildlauf« viele Tastatur- und Mausaktionen. Sie können die Bildlaufgeschwindigkeit steuern, vor und zurückrollen und den automatischen Bildlauf mit einem einzigen Tastendruck wieder beenden.

Sie probieren den automatischen Bildlauf jetzt aus.

1   Wählen Sie **Datei: Öffnen** und öffnen Sie die Datei *Protocol.pdf*. Falls nötig passen Sie das Acrobat-Fenster jetzt bildschirmfüllend an und wählen Sie das Hand-Werkzeug ( ).

2   Wählen Sie **Anzeige: Automatischer Bildlauf**.

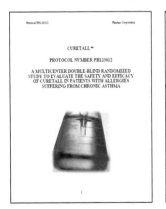

3   Mit den Zahlentasten bestimmen Sie die Bildlaufgeschwindigkeit. Je größer die Zahl, desto höher die Geschwindigkeit. Drücken Sie beispielsweise die 9 und dann die 1, um die Geschwindigkeiten zu vergleichen. Mit der Esc-Taste beenden Sie den automatischen Bildlauf wieder.

Tastaturbefehle

Eventuell müssen Sie erst Ihre allgemeinen Voreinstellungen ändern, um Tastaturbefehle zu ermöglichen (siehe Lektion 2, »Der Arbeitsbereich«).

Bei vielen Menübefehlen und Werkzeugen zeigt Acrobat rechts im Menüeintrag den zugehörigen Tastaturbefehl bzw. die zugehörige Zugriffstaste an. Eine Übersicht über die Tastaturbefehle finden Sie in der Adobe Acrobat 9 Hilfe.

Sie können Acrobat auch innerhalb von Microsoft Internet Explorer unter Windows mit der Tastatur steuern. Ist der Webbrowser im Vordergrund, verhalten sich alle Tastaturbefehle entsprechend den Einstellungen für die Navigation und Auswahl im Webbrowser. Mit dem gleichzeitigen Drücken der Tabulatortaste wechselt die Steuerung vom Browser zu Acrobat und dem PDF-Dokument, damit die Navigations- und Befehlstasten dort wie gewohnt funktionieren. Mit Strg + Tab wechseln Sie die Tastatursteuerung wieder vom PDF-Dokument zurück zum Webbrowser.

Seitenhintergrundfarbe ändern

Jetzt probieren Sie eine andere Hintergrundfarbe aus. Diese Änderung wirkt sich nur auf die Bildschirmdarstellung auf Ihrem System aus; die geänderte Hintergrundfarbe wird weder beim Drucken noch beim Speichern des Dokuments zur Anzeige auf einem anderen System übertragen.

1. Wählen Sie **Bearbeiten: Voreinstellungen** (Windows) bzw. **Acrobat: Voreinstellungen** (Mac OS) und dann links im Fenster »Ein-/Ausgabehilfe«.
2. Schalten Sie die Option »Dokumentfarben ersetzen« ein.
3. Wählen Sie die Option »Benutzerdefinierte Farbe«.
4. Klicken Sie auf das Farbfeld »Seitenhintergrund«, um den Farbwähler zu öffnen.
5. Sie können eine Farbe aus den vorhandenen Farben oder mit »Andere Farbe« eine benutzerdefinierte Farbe wählen. Wir haben ein helles Grau gewählt.

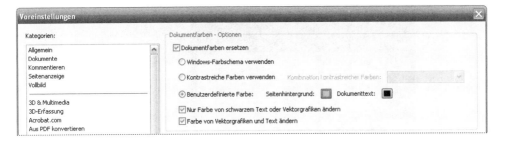

6   Klicken Sie auf OK, um die Änderungen zuzuweisen.

7   Wenn Sie fertig sind, können Sie die gewählte Seitenhintergrundfarbe beibehalten oder wieder Weiß einschalten.

In den Formular-Voreinstellungen können Sie bestimmen, dass die Farbe und die Hintergrundfarbe von Formularfeldern sich beim Überstreichen mit dem Mauszeiger ändert. Die Hintergrundfarbe für bildschirmfüllende Präsentationen im Vollbildmodus ändern Sie in den Vollbild-Voreinstellungen. Die Farbe zum Unterstreichen fehlerhafter Eingaben in der Rechtschreibung-Funktion bestimmen Sie in den Rechtschreibung-Voreinstellungen.

Text glätten

Acrobat ermöglicht das Glätten von Text, Bildern und Vektorgrafiken, um besonders die Lesbarkeit großer Schriften am Bildschirm zu verbessern. Wenn Sie mit einem Laptop oder einem LCD-Bildschirm arbeiten, können Sie in den Seitenanzeige-Voreinstellungen außerdem die Option »Text glätten« festlegen, um Ihre Bildschirmanzeige zu optimieren.

Lesezeichen-Text vergrößern

Sie können die Textgröße der Lesezeicheneinträge im Lesezeichen-Fenster ändern.

1   Falls nötig, klicken Sie auf die Lesezeichen-Schaltfläche, um das Lesezeichen-Fenster einzublenden.

2   Wählen Sie im Lesezeichen-Fenster im Einblendmenü »Optionen« **Textgröße: Groß**.

3   Setzen Sie die Lesezeichentextgröße wieder auf »Mittel« zurück.

Sie sollten mit den Optionen für die Bildschirmanzeige und die übrigen Hilfseinrichtungen experimentieren, um die beste Einstellung für Ihre Anforderungen zu ermitteln.

4   Wenn Sie fertig sind, wählen Sie **Datei: Schließen**. Sie brauchen Ihre Einstellungen nicht zu sichern.

Voreinstellungen für Bildschirmlesegeräte und Sprachausgabe

Nachdem Sie Ihre Bildschirmlesehilfe oder eine ähnliche Einrichtung installiert und für die Zusammenarbeit mit Acrobat eingerichtet haben, können Sie die Lesen-Voreinstellungen in Acrobat vornehmen. Diese Einstellungen nehmen Sie im selben Fenster vor, in dem Sie die Voreinstellungen für die Sprachausgabefunktion festlegen, die die Lautstärke, Tonhöhe und Geschwindigkeit sowie die Stimme und die Leserichtung bestimmen.

Neuere Systeme (Windows und Mac OS) verfügen bereits über Sprachausgabemodule. Auch wenn die Sprachausgabefunktion den Text einer PDF-Datei vorlesen kann, handelt es sich dabei nicht um ein Bildschirmlesegerät. Nicht alle Systeme unterstützen die Sprachausgabefunktion.

In diesem Abschnitt beschäftigen Sie sich mit den Einstellungen für die Sprachausgabe von Adobe PDF-Dokumenten. Wenn auf Ihrem System keine Sprachausgabefunktion vorhanden ist, brauchen Sie diese Voreinstellungen nicht vorzunehmen.

1   Wählen Sie **Datei: Öffnen** und öffnen Sie die Datei *Tag_Wines.pdf*.

2   Wenn Ihr System über eine Sprachausgabefunktion verfügt, wählen Sie **Anzeige: Sprachausgabe: Sprachausgabe**

aktivieren. (Je nachdem, wie weit Sie diese Lektion bereits bearbeitet haben, müssen Sie dafür möglicherweise jetzt mit **Anzeige: Sprachausgabe: Sprachausgabe aktivieren** erst die Sprachausgabefunktion einschalten.)

3   Anschließend wählen Sie **Anzeige: Sprachausgabe: Nur diese Seite lesen**. Acrobat beginnt damit, die aktuelle Seite vorzulesen. Um das Vorlesen anzuhalten, drücken Sie Umschalt+Strg+E (Windows) bzw. Umschalt+Befehl+E (Mac OS).

Probieren Sie die nachfolgenden Leseoptionen aus.

4   Wählen Sie **Bearbeiten: Voreinstellungen** (Windows) bzw. **Acrobat: Voreinstellungen** (Mac OS) und wählen Sie links im Fenster »Lesen«.

Hier können Sie die Lautstärke, die Tonhöhe, die Geschwindigkeit und die Stimme wählen, die Acrobat für das Vorlesen verwenden soll. Die Tonhöhe und die Geschwindigkeit der Standardstimme lässt sich nicht ändern.

Steht Ihnen auf Ihrem System nur wenig Arbeitsspeicher zur Verfügung, sollten Sie die Anzahl der Seiten verringern, die das System aufbereitet, bevor es mit dem Vorlesen beginnt. Der Standardwert beträgt 50 Seiten.

5   Klicken Sie im Dialogfenster »Voreinstellungen« auf OK, um Änderungen zu übernehmen, oder klicken Sie auf »Abbrechen«, um es ohne Änderungen zu verlassen.

6   Um Ihre Einstellungen zu prüfen, wählen Sie **Anzeige: Sprachausgabe: Nur diese Seite lesen**.

7   Um das Vorlesen zu beenden, drücken Sie Umschalt+Strg+E (Windows) bzw. Umschalt+Befehl+E (Mac OS).

8   Wenn Sie fertig sind, wählen Sie **Datei: Schließen**; Sie brauchen Ihre Arbeit nicht zu sichern. Beenden Sie Acrobat.

Fragen

1 Nennen Sie mehrere Möglichkeiten, um auf eine andere Seite zu gelangen.
2 Nennen Sie mehrere Möglichkeiten, um die Anzeigevergrößerung zu ändern.
3 Wie prüfen Sie, ob eine Datei barrierefrei zugänglich ist?
4 Wo schalten Sie Tastaturbefehle ein und aus?

Antworten

1. Klicken Sie in der Seitennavigation-Werkzeugleiste auf die Schaltflächen »Vorherige Seite« oder »Nächste Seite«, ziehen Sie den Rollbalken in der Bildlaufleiste, markieren Sie das Seitenfeld in der Seitennavigation-Werkzeugleiste und geben Sie eine Seitenzahl ein oder klicken Sie auf ein Lesezeichen, eine Miniaturseite oder eine Verknüpfung, die Sie auf eine andere Seite springen lässt.

2. Wählen Sie Anzeige: **Zoom: Originalgröße, Fenstergröße** oder **Fensterbreite**, wählen Sie einen Auswahlrahmen mit dem Zoom-Auswahlrahmen-Werkzeug, wählen Sie einen der voreingestellten Werte im Vergrößerung-Menü in der Werkzeugleiste »Auswählen und zoomen« oder markieren Sie den Wert im Vergrößerung-Feld und geben Sie eine Prozentzahl ein.

3. Wählen Sie **Erweitert: Ein-/Ausgabehilfe: Schnelle Prüfung**.

4. Tastaturbefehle schalten Sie in den allgemeinen Voreinstellungen mit der Option »Zugriffstasten zum Zugreifen auf Werkzeuge verwenden« ein oder aus.

7 PDF-DOKUMENTE MODIFIZIEREN

Überblick

In dieser Lektion lernen Sie Folgendes:

- Mit Hilfe von Miniaturseiten in einem Dokument Seiten neu anordnen und durch ein Dokument navigieren

- Seiten drehen, beschneiden und löschen

- Seiten in ein Dokument einfügen

- Mit Verknüpfungen und Lesezeichen arbeiten

- Seiten neu nummerieren

- Text aus einem Dokument kopieren

- Bilder aus einem Dokument kopieren

- Eine Bilddatei aus einer PDF-Datei erzeugen

 Für diese Lektion benötigen Sie ungefähr 45 Minuten. Falls nötig, kopieren Sie jetzt den Ordner *Lektion07* auf Ihre Festplatte.

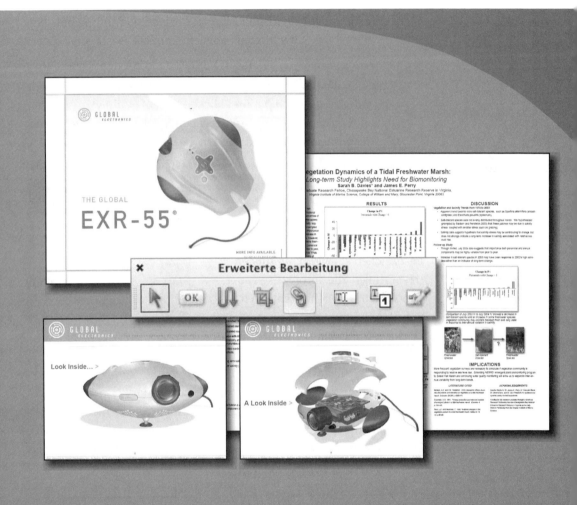

Die Arbeitsdatei

In dieser Lektion arbeiten Sie an einer Präsentation der fiktiven Firma *Global Electronics*. Diese Präsentation wurde sowohl für den Druck als auch für das Lesen am Bildschirm entworfen und in Adobe PDF konvertiert. Da sich die Online-Präsentation noch in der Entwicklungsphase befindet, enthält sie zahlreiche Fehler. Sie korrigieren in dieser Lektion die fehlerhaften Stellen im PDF-Dokument mit Acrobat.

1 Starten Sie Acrobat.

2 Wählen Sie **Datei: Öffnen**. Wählen Sie im Ordner *Lektion07* die Datei *GE_Presentation.pdf* und klicken Sie auf »Öffnen«. Wählen Sie dann **Datei: Speichern unter**, geben Sie der Datei den Namen **GE_Presentation1.pdf** und sichern Sie sie im Ordner *Lektion07*.

Acrobat ruft das Dokument mit geöffnetem Lesezeichen-Fenster am linken Rand auf; es wurden bereits Lesezeichen für die Präsentationsseiten angelegt. Lesezeichen sind Verknüpfungen (Hyperlinks), die automatisch aus den Inhaltsverzeichniseinträgen von Dokumenten der meisten Desktop-Publishing-Anwendungen oder aus entsprechend formatierten Überschriften in Programmen wie zum Beispiel Microsoft Word erzeugt werden können. Während diese automatisch erzeugten Lesezeichen normalerweise ausreichen, um durch ein Dokument zu navigieren, können Sie auch eigene Lesezeichen definieren, um Leser auf bestimmte Abschnitte in Ihrem Dokument zu verweisen. Außerdem können Sie das Erscheinungsbild der Lesezeichen festlegen und ihnen Aktionen hinzufügen.

3 Blättern Sie mit der Schaltfläche »Nächste Seite« ( ) durch die Präsentation.

Acrobat hebt das Lesezeichen der entsprechenden Seite hervor, während Sie durch die Seiten blättern. (Die vorhandenen Lesezeichenfehler korrigieren Sie im Verlauf dieser Lektion.)

4 Klicken Sie mit dem Hand-Werkzeug ( ) oder dem Auswahl-Werkzeug ( ) auf das Symbol für das Lesezeichen *Contents*, um wieder zurück auf die erste Seite der Präsentation zu gelangen, das Inhaltsverzeichnis.

5   Bewegen Sie den Mauszeiger im Dokumentfenster auf die unter *Contents* aufgeführten Listenelemente. Die Überschriften in der Liste wurden bereits verknüpft (das Hand-Symbol ändert sich in eine Hand mit ausgestrecktem Zeigefinger).

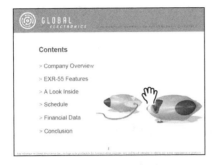 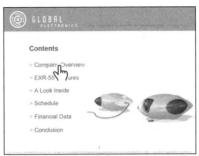

6   (Achten Sie darauf, in diesem Schritt auf den Eintrag im Inhaltsverzeichnis im Dokumentfenster zu klicken, nicht auf das entsprechende Lesezeichen im Lesezeichen-Fenster.) Klicken Sie auf den Eintrag »Company Overview« im Dokumentfenster, um der Verknüpfung zu folgen.

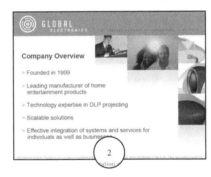

Sie sehen, dass die Seitennummer im Dokumentfenster »2« ist, während die Seitenzahl in der Statusleiste sie als Seite »4 von 7« zeigt. Die Seite befindet sich also nicht in der richtigen Reihenfolge.

7   Wählen Sie **Anzeige: Gehe zu: Vorherige Ansicht**, um wieder zum Inhaltsverzeichnis zu gelangen.

Als Nächstes machen Sie sich über die Miniaturseiten ein Bild von der Seitenreihenfolge in der Präsentation und korrigieren diese.

Aber zunächst werden Sie der Seitennavigation-Werkzeugleiste weitere Werkzeuge hinzufügen, um bequemer in der Präsentation blättern zu können.

8   Klicken Sie mit der rechten Maustaste in die Seitennavigation-Werkzeugleiste und wählen Sie im Kontextmenü »Alle Werkzeuge einblenden«.

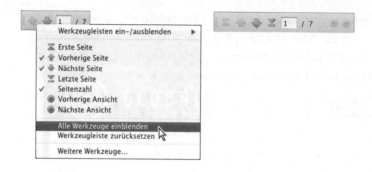

Seiten mit Miniaturseiten verschieben

Miniaturseiten bieten eine bequeme Vorschau auf Ihre Seiten. Mit ihnen navigieren Sie durch Ihr PDF-Dokument – das ist sehr hilfreich, wenn Sie nach einer bestimmten Seite mit einem besonderen Erscheinungsbild suchen. Und Sie können sie im Seiten-Fenster verschieben, um die Reihenfolge der Seiten zu ändern; das werden Sie als Nächstes ausführen.

1 Klicken Sie im Navigationsfenster auf die Schaltfläche »Seiten« ( ), um die Miniaturseiten der einzelnen Seiten der Präsentation einzublenden.

Sie vergrößern jetzt das Seiten-Fenster, um alle Miniaturseiten sehen zu können, ohne dafür rollen zu müssen.

2 Platzieren Sie Ihren Mauszeiger auf dem Rand zwischen dem Navigationsfenster und dem Dokumentfenster. Sobald der Zeiger sein Aussehen ändert, ziehen Sie mit gedrückter Maustaste nach rechts, um das Navigationsfenster zu erweitern. Passen Sie seine Breite so an, dass Sie zwei Spalten mit Miniaturseiten erhalten.

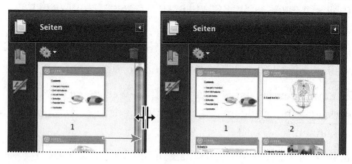

Nun verschieben Sie zwei Seiten der Präsentation, die nicht korrekt platziert wurden. Wie Sie bereits gesehen haben, befindet sich die Seite mit der Überschrift »Company Overview« nicht an der richtigen Stelle; sie sollte die erste Seite nach dem Inhaltsverzeichnis sein. Da die Seite *EXR-55 Features* (nach dem Inhaltsverzeichnis) unmittelbar auf die Seite *Company Overview* folgen soll, verschieben Sie beide Seiten zusammen.

3 Klicken Sie auf die Miniaturseite der Seite 4, um sie zu markieren.

4 Halten Sie die Strg-Taste (Windows) bzw. Befehlstaste (Mac OS) gedrückt und klicken Sie auf die Miniaturseite der Seite 5, um diese Seite ebenfalls zu markieren. Lassen Sie die Strg- bzw. Befehlstaste los.

5 Ziehen Sie die Miniaturseiten nach oben, bis Acrobat die Einfügemarke rechts neben der Miniaturseite der Seite 1 anzeigt. Diese Miniaturseite steht für die Inhaltsverzeichnisseite.

6 Lassen Sie die Maustaste los, um die Miniaturseiten an ihrer neuen Position einzufügen.

 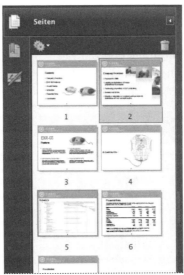

Nun folgt auf das Inhaltsverzeichnis die Seite *Company Overview*, auf die wiederum die Seite *EXR-55 Features* folgt.

7 Um die Seitenreihenfolge zu überprüfen, klicken Sie in der Seitennavigation-Werkzeugleiste auf die Schaltfläche »Erste Seite« (), um zur ersten Seite der Präsentation zu gelangen, und blättern Sie dann mit der Schaltfläche »Nächste Seite« () seitenweise durch die Präsentation. Dabei hebt Acrobat jeweils die entsprechenden Miniaturseiten hervor.

8 Wenn die Seitenreihenfolge stimmt, wählen Sie **Datei: Speichern**, um Ihre Arbeit zu sichern.

Adobe PDF-Seiten bearbeiten

Falls nötig, rufen Sie wieder die erste Seite der Präsentation (Seite 1 von 7) auf. Die erste Seite mit dem Inhaltsverzeichnis sieht ein wenig langweilig aus. Um die Präsentation attraktiver zu gestalten, haben wir eine neue Titelseite für Sie erstellt.

Eine Seite drehen

Sie öffnen eine Titelseite für die Präsentation und passen die Größe der neuen Seite an die übrigen Seiten der Präsentation an.

1 Wählen Sie **Datei: Öffnen**, navigieren Sie zum Ordner *Lektion07*, wählen Sie die Datei *Front.pdf* und klicken Sie auf »Öffnen«.

2 Klicken Sie auf die Schaltfläche »Seiten«, um das Seiten-Fenster einzublenden, klicken Sie oben links im Seiten-Fenster auf die Schaltfläche »Optionen« ( ) und wählen Sie »Seiten drehen«.

> **Tipp:** Falls Sie einmal alle Seiten in einer Datei nur zu Ansichtszwecken drehen möchten, wählen Sie **Anzeige: Ansicht drehen: Im UZS** bzw. **Gegen UZS**. Sobald Sie die Datei schließen, kehren die Seiten wieder zu ihrer ursprünglichen Ausrichtung zurück.

3 Wählen Sie im Dialogfenster »Seiten drehen« im Einblendmenü »Richtung« den Eintrag »90 Grad im UZS«. Da Sie nur eine Seite drehen, können Sie die übrigen Standardeinstellungen übernehmen; klicken Sie auf OK.

Eine Seite aus einer anderen Datei einfügen

Jetzt fügen Sie die Titelseite mit Hilfe der Miniaturseiten an den Anfang der Präsentation ein.

Da Sie in diesem Teil der Lektion die Fenster nebeneinander anordnen, kann es sinnvoll sein, die Breite des Seiten-Fensters so anzupassen, dass die Miniaturseiten senkrecht übereinander in einer Spalte angezeigt werden. Hilfe für diesen Vorgang erhalten Sie im vorigen Abschnitt »Seiten mit Miniaturseiten verschieben« in dieser Lektion.

1 Wählen Sie **Fenster: Anordnen: Nebeneinander**, um die beiden Dokumentfenster nebeneinander anzuordnen.

Sie können Seiten auch durch Ziehen von Miniaturseiten von einem Seiten-Fenster in ein anderes verschieben.

2   Markieren Sie im Seiten-Fenster des Fensters »Front.pdf« die Miniaturseite der Titelseite und ziehen Sie sie in das Seiten-Fenster im Fenster »GE_Presentation1. pdf«. Sobald Acrobat die Einfügemarke vor der Miniaturseite der Seite 1 anzeigt, lassen Sie die Maustaste los. (Bei einspaltigen Miniaturseiten erscheint die Einfügemarke oberhalb der Miniaturseite 1.)

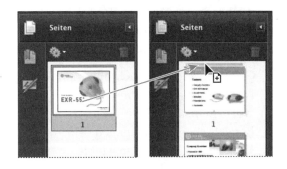

Acrobat fügt die Titelseite an der richtigen Stelle in die Präsentation ein.

3   Wählen Sie im Dokumentfenster »Front.pdf« **Datei: Schließen**, um die Datei *Front.pdf* ohne Änderungen zu speichern. Passen Sie das Fenster »GE_Presentation1.pdf« wieder formatfüllend an Ihr Dokumentfenster bzw. Ihren Bildschirm an.

4   Wählen Sie **Datei: Speichern**.

Sehen Sie sich die Miniaturseiten im Seiten-Fenster an. Die neue Titelseite scheint zwar die gleichen Maße wie die übrigen Seiten im Prospekt zu besitzen, der Bildbereich ist aber in Wirklichkeit kleiner. Das Titelbild verfügt über einen ausgeprägten weißen Rand.

Eine Seite beschneiden

Sie geben nun im Dialogfenster »Seiten beschneiden« die entsprechenden Maße für die importierte Seite ein, um sie an die übrigen Seiten im Dokument anzupassen. Dafür ändern Sie vorübergehend die Seiteneinheiten von Millimeter in Punkt.

Video: Das Video »Seiten beschneiden« auf der Buch-DVD zeigt mehr zu diesem Thema. Weitere Informationen finden Sie unter »Den Ordner *Video-Training* installieren« auf Seite 16.

1   Im Seiten-Fenster ist die Miniaturseite der Seite 1 immer noch markiert; klicken Sie oben im Seiten-Fenster auf die Schaltfläche »Optionen« und wählen Sie »Seiten beschneiden«.

Im aufgerufenen Dialogfenster »Seiten beschneiden« können Sie nun die Einheiten und Randeinstellungen bestimmen.

2   Achten Sie darauf, dass im Einblendmenü im Bereich »Ränder beschneiden« die Option »Beschnitt-Rahmen« gewählt ist.

3 Wählen Sie im Menü »Einheit« den Eintrag »Punkt«.

Änderungen der Einheiten in diesem Dialogfenster sind nur vorübergehend; wenn Sie den Wert der Einheiten dagegen in den Grundeinstellungen »Einheiten und Hilfslinien« vornehmen, bleiben sie bis zur nächsten Änderung in den Grundeinstellungen bestehen.

4 Geben Sie mit den Nach-oben- und Nach-unten-Pfeilen die folgenden Werte in die Eingabefelder im Bereich »Randeinstellungen« ein. Mit der Tab-Taste gelangen Sie jeweils zum nächsten Eingabefeld. (Wenn Sie die neuen Werte statt über die hier beschriebene Methode mit der Tastatur eingeben wollen, achten Sie darauf, nach der Eingabe des letzten Eintrags nicht die Eingabetaste zu drücken, da Acrobat ansonsten den Beschnittvorgang automatisch auslöst.)

- Oben: **52**
- Unten: **40**
- Links: **62**
- Rechts: **60**

5 Klicken Sie in den Vorschaubereich. Acrobat zeigt sowohl in der Vorschau des Dialogfensters als auch im Dokumentfenster Beschnittlinien an. Eventuell müssen Sie das Dialogfenster »Seiten beschneiden« verschieben, um die Beschneidungslinien im Dokument sehen zu können; ziehen Sie es dazu an seiner Titelleiste.

6 Passen Sie die Beschnittlinien gegebenenfalls nochmals mit den Nach-oben- und Nach-unten-Pfeil-Schaltflächen genauer an die Titelränder an.

7 Achten Sie im Bereich »Seitenbereich« darauf, dass Sie tatsächlich nur die markierte Seite (Seite 1 des Dokuments) beschneiden, und klicken Sie auf OK.

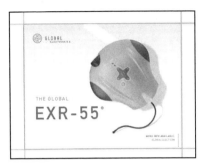

8   Wählen Sie **Datei: Speichern**, um die Datei *GE_Presentation1.pdf* zu sichern.

Sie können die Seite auch mit dem Beschneidungswerkzeug ( ) beschneiden. Wählen Sie dazu **Werkzeuge: Erweiterte Bearbeitung: Beschneidungswerkzeug**. Ziehen Sie im Dokumentfenster mit dem Beschnittwerkzeug den Beschnittrahmen auf und doppelklicken Sie hinein, um das Dialogfenster »Seiten beschneiden« aufzurufen. Folgen Sie den oben aufgeführten Schritten, um den Beschnittvorgang abzuschließen. Da Acrobat bei diesem Vorgehen Ihre oberen, unteren, rechten und linken Beschnittlinien automatisch in die entsprechenden Eingabefelder einträgt, brauchen Sie die Einstellungen anschließend nur noch auszurichten bzw. anzupassen.

Als Nächstes überprüfen Sie die Verknüpfungen auf der Inhaltsseite *Contents* in Ihrer Präsentation, ob die späteren Betrachter des Dokuments zu den richtigen Seiten gelangen.

9   Klicken Sie in der Werkzeugleiste in das Seitenzahl-Feld, um die Seitenzahl zu markieren (Sie können sie auch mit gedrückter Maustaste überstreichen), geben Sie **2** ein und drücken Sie die Eingabetaste, um zurück zur Seite *Contents* zu gelangen.

10 Klicken Sie in der Inhaltsseite *Contents* nacheinander auf jede Verknüpfung. (Dazu müssen Sie das Hand-Werkzeug gewählt haben.) Kehren Sie jedes Mal über die Schaltfläche »Vorherige Ansicht« ( ) zur Inhaltsseite *Contents* zurück. Wie Sie sehen, führt Sie die Verknüpfung »Schedule« zur falschen Seite, und die Verknüpfung »Financial Data« funktioniert nicht.

Verknüpfungen bearbeiten

Sie korrigieren jetzt diese unterbrochenen bzw. fehlerhaften Verknüpfungen.

1 Falls nötig, klicken Sie auf die Miniaturseite der Seite 2, um zurück zur Seite *Contents* zu gelangen.

2 Rollen Sie im Seiten-Fenster durch die Miniaturseiten nach unten. Die Seite *Financial Data* ist die Seite 7 in der Präsentation. Mit diesem Wissen setzen Sie nun die korrekte Verknüpfung.

3 Wählen Sie **Werkzeuge: Erweiterte Bearbeitung: Werkzeugleiste »Erweiterte Bearbeitung« einblenden**.

4 Wählen Sie das Verknüpfungswerkzeug ( ). Wenn das Verknüpfungswerkzeug aktiviert ist, stellt Acrobat alle Verknüpfungen auf der Seite im Dokumentfenster schwarz umrahmt dar.

5 Bewegen Sie den Mauszeiger auf die fehlerhafte Verknüpfung »Financial Data« im Dokumentfenster. Die Verknüpfung ist gewählt, wenn Acrobat am Verknüpfungsrahmen blaue Anfasser anzeigt. Klicken Sie dann mit der rechten Maustaste in den Verknüpfungsrahmen und wählen Sie im Kontextmenü den Eintrag »Eigenschaften«.

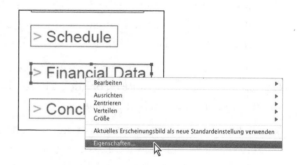

6 Klicken Sie im Dialogfenster »Verknüpfungseigenschaften« auf das Register »Aktionen«, um dort das richtige Ziel für die Verknüpfung zu setzen.

7   Wählen Sie im Einblendmenü »Aktion auswählen« den Eintrag »Gehe zu einer Seitenansicht« und klicken Sie auf »Hinzufügen«.

8   Benutzen Sie den Rollbalken rechts im Dokumentfenster, um zur Seite 7 zu gelangen. Sobald im eingeblendeten Seitenzahl-Feld »7 von 8« zu sehen ist, klicken Sie im Dialogfenster »"Gehe zu"-Ansicht erstellen« auf »Verknüpfung festlegen«.

9   Klicken Sie im Dialogfenster »Verknüpfungseigenschaften« auf OK, um der Verknüpfung Ihre Änderungen zuzuweisen.

10 Wählen Sie das Hand-Werkzeug ( ) und prüfen Sie Ihre Verknüpfung. Wenn Sie fertig sind, klicken Sie auf die Schaltfläche »Vorherige Ansicht« ( ), um wieder zurück zur *Contents*-Seite zu gelangen.

Weiter vorne in dieser Lektion haben Sie gesehen, dass die Verknüpfung »Schedule« Sie fälschlicherweise auf die Seite *A Look Inside* führt.

11 Korrigieren Sie nun die Verknüpfung »Schedule« und führen Sie dazu die gleichen Schritte wie in den Schritten 4 bis 10 beschrieben aus, allerdings verknüpfen Sie dabei die Verknüpfung »Schedule« mit Seite 6 statt mit Seite 7.

12 Wenn Sie fertig sind, klicken Sie auf die Schaltfläche »Vorherige Ansicht«, um zurück zur *Contents*-Seite zu gelangen.

13 Wählen Sie **Datei: Speichern**.

14 Wählen Sie **Werkzeuge: Erweiterte Bearbeitung: Werkzeugleiste „Erweiterte Bearbeitung" ausblenden**.

Eine PDF-Datei in eine andere PDF-Datei einfügen

In Acrobat können Sie einzelne Seiten, einen bestimmten Seitenbereich oder auch alle Seiten aus einem PDF-Dokument in ein anderes PDF-Dokument einfügen. Im vorigen Abschnitt haben Sie mit Hilfe von Miniaturseiten eine Seite aus einem PDF-Dokument in ein anderes eingefügt. Jetzt fügen Sie der Datei *GE_Presentation1.pdf* eine Produktdetailansicht hinzu, indem Sie alle Seiten einer anderen Datei einfügen (*Look_Inside.pdf*).

1 Das Hand-Werkzeug ( ) ist gewählt; klicken Sie im Navigationsfenster auf das Lesezeichen-Symbol, um das Lesezeichen-Fenster einzublenden. Falls notwendig, passen Sie das Navigationsfenster so an, dass Sie den vollständigen Lesezeichentext sehen.

Das Lesezeichen *A Look Inside* ist zwar in der Liste aufgeführt, die Präsentation enthält jedoch nur ein Platzhalterbild für die Produktdetailansicht. Sie fügen diese Produktdetailansicht nun aus einem anderen Dokument ein und korrigieren das Lesezeichen.

2 Ziehen Sie den Rollbalken im Dokumentfenster, um zur Seite 5 (5 von 8) im Dokument zu gelangen, oder klicken Sie im Lesezeichen-Fenster auf das Lesezeichen *A Look Inside*.

3 Wählen Sie **Dokument: Seiten einfügen: Aus Datei** (Windows) bzw. **Dokument: Seiten einfügen** (Mac OS).

4 Wählen Sie im Dialogfenster »Datei zum Einfügen auswählen« die Datei *Look_Inside.pdf* im Ordner *Lektion07*, und klicken Sie auf »Auswählen«.

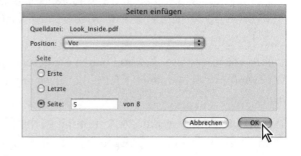

5 Wählen Sie im Dialogfenster »Seiten einfügen« im Einblendmenü »Position« den Eintrag »Vor«.

6 Achten Sie darauf, dass unten im Bereich »Seite« die Option »Seite« gewählt und im zugehörigen Textfeld **5** eingetragen ist; klicken Sie anschließend auf OK.

Acrobat fügt die Produktdetailansicht an der vorgegebenen Stelle ein.

7 Blättern Sie durch das Dokument, um sich zu vergewissern, dass Acrobat die Produktdetailansicht an der richtigen Stelle eingefügt hat.

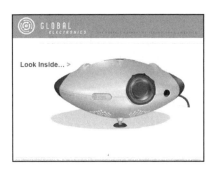

8 Wählen Sie **Datei: Speichern**.

Nun müssen Sie noch die Platzhalterseite löschen, fügen aber vorher noch ein Lesezeichen für die eingefügte Titelseite ein und aktualisieren anschließend die Verknüpfung für das Lesezeichen *A Look Inside*.

Multimediadateien einfügen

Mit Acrobat 9 Pro Extended verwandeln Sie Ihre PDF-Dateien durch das Hinzufügen von Video, Audio und Flash-Anwendungen in ansprechende mehrdimensionale Kommunikationswerkzeuge, die sich plattformübergreifend mit Adobe Acrobat 9 oder Reader 9 wiedergeben lassen.

Mit den neuen Multimediafunktionen in der Aufgaben-Werkzeugleiste, im Werkzeug-Menü und in der Multimedia-Werkzeugleiste in Acrobat Pro Extended konvertieren Sie Video- und Audiodateien in FLV-Dateien, die eine qualitativ hochwertige Anzeige und plattformübergreifende Kompatibilität garantieren. Die meisten Multimedia-Dateitypen (ASF, ASX, AVI, MOV, MP4, MPEG, MPG, QT, WFM, MP3, WAV, M4V und MPEG4) werden in das FLV-Format konvertiert. (FLV- und H.264-Dateien lassen sich ohne weitere Kodierung auch mit Acrobat Pro platzieren.)

Weitere Informationen finden Sie in Lektion 11, »Multimedia-Präsentationen erzeugen«.

Mit Lesezeichen arbeiten

Ein Lesezeichen ist eine Verknüpfung, die Acrobat bzw. der Adobe Reader durch Text im Lesezeichen-Fenster darstellt. Während Lesezeichen, die in vielen Quellanwendungen automatisch erzeugt werden, im Allgemeinen mit Überschriften im Text oder mit Bildunterschriften verknüpft sind, können Sie in Acrobat auch Ihre eigenen Lesezeichen anlegen, um mit ihnen eine kurze Gliederung eines Dokuments zu erstellen oder andere Dokumente zu öffnen.

Außerdem können Sie elektronische Lesezeichen wie »normale« Lesezeichen aus Papier oder Pappe verwenden – um eine Stelle im Dokument hervorzuheben oder um später wieder dorthin zurückzukehren.

Ein Lesezeichen einfügen

Als Erstes fügen Sie ein Lesezeichen für die Titelseite der Präsentation ein.

1 Klicken Sie in der Seitennavigation-Werkzeugleiste auf die Schaltfläche »Erste Seite« (![]), um das Titelbild der Präsentation anzuzeigen, und achten Sie darauf, dass in der Werkzeugleiste »Auswählen und zoomen« die Schaltfläche »Eine vollständige Seite« (![]) gewählt ist. Ein Lesezeichen stellt eine Seite immer mit der Vergrößerungseinstellung dar, bei der das Lesezeichen erstellt wurde.

2 Klicken Sie im Lesezeichen-Fenster auf die Schaltfläche »Neues Lesezeichen« (![]). Acrobat fügt am Ende der Lesezeichenliste oder unterhalb eines möglicherweise markierten Lesezeichens ein neues Lesezeichen *Unbenannt* ein.

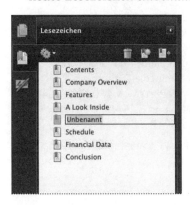
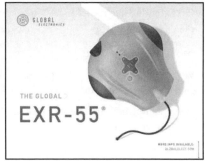

3 Falls nötig, klicken Sie in die Bezeichnung des neuen Lesezeichens, um den Text »Unbenannt« zu markieren, und geben Sie die gewünschte Lesezeichenbezeichnung ein. Wir haben **Title Page** (*Titelseite*) eingegeben. Klicken Sie auf eine leere Stelle im Lesezeichen-Fenster, um die Textauswahl aufzuheben und das Lesezeichen zu wählen.

Als Nächstes verschieben Sie das Lesezeichen in der Lesezeichen-Hierarchie an die richtige Position.

4 Ziehen Sie das Lesezeichen-Symbol nach oben und über das Lesezeichen-Symbol »Contents«. Lassen Sie es los, sobald Acrobat

das schwarze Dreieck mit der waagerechten schwarzen Linie unmittelbar über dem Lesezeichen-Symbol »Contents« anzeigt.

5 Wählen Sie **Datei: Speichern**.

Prüfen Sie Ihr neues Lesezeichen, indem Sie erst ein anderes Lesezeichen wählen, um die Dokumentansicht zu ändern, und dann wieder das Lesezeichen *Title Page* wählen.

Ein Lesezeichenziel ändern

1 Klicken Sie im Lesezeichen-Fenster auf das Lesezeichen-Symbol *A Look Inside*. Acrobat zeigt im Dokumentfenster die Platzhalterseite.

2 Klicken Sie zweimal auf die Schaltfläche »Vorherige Seite« (↑), um auf Seite 5 (5 von 10) des Dokuments zu gelangen. Das ist die Seite, auf die das Lesezeichen verweisen soll – die erste Seite der von Ihnen hinzugefügten Produktdetailansichtsseiten.

3 Klicken Sie oben im Lesezeichen-Fenster auf die Schaltfläche »Optionen« und wählen Sie im Menü den Eintrag »Lesezeichenziel festlegen«. Klicken Sie im nachfolgenden Dialogfenster auf »Ja«, um das Lesezeichenziel zu aktualisieren.

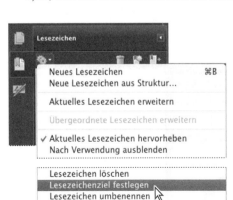 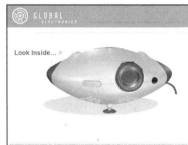

4 Wählen Sie **Datei: Speichern**, um die Datei *GE_Presentation1.pdf* zu sichern

Weitere Möglichkeiten, Lesezeichen zu erstellen

Mit den Werkzeugen in Acrobat können Sie in beliebige PDF-Dokumente Ihre eigenen Lesezeichen und Verknüpfungen einfügen. Nachfolgend sind ein paar alternative Methoden zum Einfügen von Lesezeichen beschrieben.

Mit Tastaturbefehlen

Sie können ein Lesezeichen mit dem Tastaturbefehl für den Befehl »Neues Lesezeichen« erstellen. (Viele Acrobat-Befehle lassen sich mit Tastaturbefehlen ausführen.)

1 Um ein neues Lesezeichen mit einem Tastaturbefehl zu erzeugen, drücken Sie Strg+B (Windows) bzw. Befehl+B (Mac OS) und geben eine Bezeichnung für das Lesezeichen ein. Klicken Sie anschließend außerhalb des Lesezeichens, um seine Markierung aufzuheben.

2 Navigieren Sie im Dokumentfenster auf die Seite, mit der das Lesezeichen verknüpft werden soll.

3 Markieren Sie das neue Lesezeichen in der Registerkarte »Lesezeichen« und wählen Sie oben in der Registerkarte »Lesezeichen« im Einblendmenü »Optionen« den Eintrag »Lesezeichenziel festlegen«.

Automatisch die korrekte Verknüpfung einstellen

Sie können ein Lesezeichen durch Markieren von Text im Dokumentfenster automatisch erstellen, bezeichnen und verknüpfen.

1 Wählen Sie das Auswahl-Werkzeug in der Werkzeugleiste.

2 Bewegen Sie die Einfügemarke in das Dokumentfenster und überstreichen Sie den als Lesezeichen gewünschten Text mit gedrückter Maustaste.

Achten Sie darauf, dass die Vergrößerungsansicht der Seite Ihren Vorstellungen entspricht. Das Lesezeichen übernimmt automatisch die eingestellte Vergrößerungsansicht.

3 Klicken Sie oben im Lesezeichen-Fenster auf die Schaltfläche »Neues Lesezeichen«. Acrobat erzeugt in der Lesezeichenliste ein neues Lesezeichen und setzt den markierten Text aus dem Dokumentfenster als Lesezeichenbezeichnung ein. Außerdem verknüpft das neue Lesezeichen standardmäßig mit der gegenwärtigen Seitenansicht im Dokumentfenster.

Lesezeichen verschieben

Wenn Sie ein Lesezeichen angelegt haben, können Sie es im Lesezeichen-Fenster einfach an die richtige Position ziehen. Außerdem können Sie einzelne Lesezeichen oder gruppierte Lesezeichen in der Lesezeichenliste nach oben oder unten verschieben und Lesezeichen verschachteln.

Sie verschachteln nun die Lesezeichen *Company Overview*, *Features*, *A Look Inside*, *Schedule*, *Financial Data* und *Conclusion* mit dem Lesezeichen *Contents*.

1 Halten Sie die Strg- (Windows) bzw. Befehlstaste (Mac OS) gedrückt und klicken Sie auf die Lesezeichen *Company Overview*, *Features*, *A Look Inside*, *Schedule*, *Financial Data* und *Conclusion*, um sie alle gleichzeitig zu markieren.

2 Platzieren Sie den Mauszeiger auf einem der markierten Lesezeichen, halten Sie die Maustaste gedrückt und ziehen Sie die Lesezeichen nach oben links unter das Lesezeichensymbol *Contents*. Sobald Acrobat das nach rechts weisende schwarze Einfügedreieck unmittelbar unterhalb des Lesezeichens *Contents* anzeigt, lassen Sie die Maustaste los.

 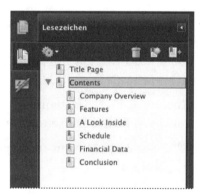

3 Wählen Sie **Datei: Speichern**.

Eine Seite löschen

Als Nächstes löschen Sie die Platzhalterseite aus der Präsentation.

1 Rollen Sie durch das Dokument bis zur Seite 7 von 10.

2 Wählen Sie **Dokument: Seiten löschen**.

3   Vergewissern Sie sich, dass Sie die Seite 7 von 10 in der Präsentation löschen. Klicken Sie auf OK. Klicken Sie auf »Ja«, um das Löschen der Seite 7 nochmals zu bestätigen.

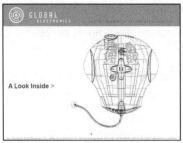

Acrobat löscht die Seite aus der Datei *GE_Presentation1.pdf*.

4   Wählen Sie **Datei: Speichern**.

Sie können durch die Präsentation blättern, um zu überprüfen, ob Acrobat die Platzhalterseite gelöscht hat.

Seitennummerierung ändern

Vielleicht haben Sie bemerkt, dass die Seitenzahlen auf den Dokumentseiten nicht immer mit den Seitenzahlen der Miniaturseiten und in der Werkzeugleiste übereinstimmen. Acrobat nummeriert die Seiten automatisch mit arabischen Ziffern, beginnend mit Seite 1 für die erste Seite in einem Dokument usw.

1   Klicken Sie im Navigationsfenster auf die Schaltfläche »Seiten«, um die Miniaturseiten einzublenden.

2   Klicken Sie auf die Miniaturseite der Seite 1, um auf die Titelseite zu gelangen.

Sie nummerieren die erste Seite im Dokument – die Titelseite – jetzt neu und verwenden dafür eine römische Ziffer (als Kleinbuchstabe).

3   Klicken Sie oben im Seiten-Fenster auf die Schaltfläche »Optionen« und wählen Sie »Seiten nummerieren«.

4   Wählen Sie im Dialogfenster »Seitennummerierung« im Bereich »Seiten« die Option »Von/Bis« und geben Sie in die zugehörigen Textfelder die Werte **1** bis **1** ein. Im Bereich »Nummerierung« wählen Sie die Option »Neuer Abschnitt«, im Einblendmenü »Stil« den Eintrag »i, ii, iii« und in das Textfeld »Start« geben Sie den Wert **1** ein. Klicken Sie anschließend auf OK.

 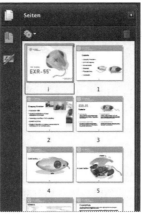

5 Wählen Sie **Anzeige: Gehe zu: Seite**. Geben Sie in das Textfeld **1** ein und klicken Sie auf OK.

Acrobat hat die arabische Ziffer 1 im Seitenzahl-Feld jetzt der *Contents*-Seite in der Präsentation zugeordnet.

6 Wählen Sie **Anzeige: Werkzeugleisten: Werkzeugleistenposition zurücksetzen**.

7 Wenn Sie fertig sind, schließen Sie die Datei. Sie brauchen Ihre Arbeit nicht zu sichern.

▶ **Tipp:** Sie können über den Befehl »Kopf- und Fußzeilen hinzufügen« zusätzliche Seitenzahlen in die Seiten Ihres PDF-Dokuments einfügen. Außerdem können Sie eine Bates-Nummerierung zuweisen.

Präsentationen einrichten

Präsentationen für Ihr Publikum sollten über den gesamten Bildschirm angezeigt werden, ohne störende Menü- und Werkzeugleisten oder andere Fensterbedienelemente.

Sie können jede beliebige PDF-Datei im Vollbildmodus anzeigen lassen, zahlreiche Übergangs- und Audioeffekte zwischen den Seiten festlegen und sogar die Geschwindigkeit für das »Umblättern« der Seiten bestimmen. Außerdem können Sie Präsentationen in PDF konvertieren, die Sie in anderen Anwendungen wie zum Beispiel PowerPoint erstellt haben, und dabei viele Spezialeffekte der ursprünglichen Anwendung beibehalten. Weitere Informationen finden Sie in Lektion 11, »Multimedia-Präsentationen erzeugen«.

Text und Bilder entnehmen und bearbeiten

Sie arbeiten in dieser Lektion mit einem Plakat, das die Zusammenfassung eines aktuellen Forschungsprojekts über Feuchtgebietsvegetationsformen abbildet. Sie kopieren Text und Bilder aus dem Poster, um sie auch in anderen Projekten zu verwenden.

Sie öffnen zunächst eine PDF-Version des Posters, aus dem Sie anschließend Text und Bilder kopieren.

1   Wählen Sie **Datei: Öffnen** und markieren Sie die Datei *FreshWater.pdf* im Ordner *Lektion07*. Klicken Sie anschließend auf »Öffnen«.

2   Wählen Sie dann **Datei: Speichern unter**, geben Sie der Datei den neuen Namen **FreshWater1.pdf** und sichern Sie sie im Ordner *Lektion07*.

Damit die Leser das gesamte Poster sehen, wurde die Datei so eingestellt, dass Acrobat bzw. Adobe Reader sie mit der Seitenansicht »Eine vollständige Seite« und geschlossenem Navigationsfenster öffnet.

Text bearbeiten

Mit dem TouchUp-Textwerkzeug führen Sie auch noch in letzter Minute Korrekturen am Text eines PDF-Dokuments durch. Damit können Sie Text bearbeiten und Textattribute wie zum Beispiel Zeichenabstand und -größe sowie die Textfarbe ändern. Um Textinhalte bearbeiten zu können, muss die jeweilige lizenzierte Schrift auf Ihrem System installiert sein; Textattribute lassen sich dagegen auch ohne die lizenzierte Schrift ändern, falls diese Schrift in die PDF-Datei eingebettet wurde.

Sie ändern nun mit dem TouchUp-Textwerkzeug die Farbe einer Überschrift.

1   Wählen Sie **Werkzeuge: Erweiterte Bearbeitung: TouchUp-Textwerkzeug** (▯).

Acrobat lädt die Systemschriften, was einen Moment dauern kann, und zeigt anschließend einen Rahmen um den Text an, der sich bearbeiten lässt. (Unter Mac OS müssen Sie eventuell erst durch Klicken eine Einfügemarke in das Dokument setzen, bevor Acrobat den Rahmen anzeigt.)

2 Ziehen Sie mit gedrückter Maustaste über die erste Zeile der Plakatüberschrift, »Vegetation Dynamics of a Tidal Freshwater Marsh«, um sie zu markieren. Klicken Sie mit der rechten Maustaste und wählen Sie im Kontextmenü den Eintrag »Eigenschaften«. Falls nötig, klicken Sie im aufgerufenen Warndialogfenster auf OK; wir wollen nur die Textfarbe ändern.

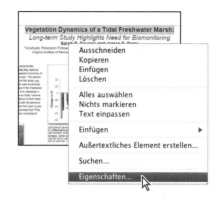

3 Klicken Sie im Dialogfenster »TouchUp-Eigenschaften« in der Registerkarte »Text« auf das Einblendmenü »Füllfarbe« und wählen Sie eine andere Farbe für die Textüberschrift. (Wir haben uns für Terracotta entschieden.)

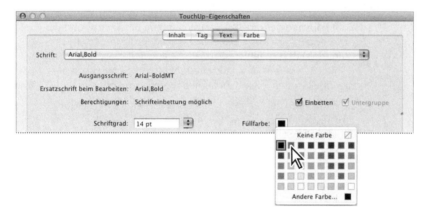

4 Klicken Sie auf »Schließen«, um das Dialogfenster zu schließen, und klicken Sie anschließend im Dokumentfenster neben die Textauswahl, um das Ergebnis zu betrachten.

Wenn Sie möchten, experimentieren Sie noch mit anderen Textattributen, beispielsweise Schriftgröße, oder anderen Farben für die übrigen Überschriften. Um das Dialogfenster »TouchUp-Eigenschaften« erneut (bei gewähltem TouchUp-Textwerkzeug) aufzurufen, markieren Sie den zu bearbeitenden Text, klicken mit der rechten Maustaste darauf und wählen im eingeblendeten Kontextmenü den Eintrag »Eigenschaften«.

5 Wenn Sie fertig sind, wählen Sie das Hand-Werkzeug und wählen **Datei: Speichern**, um die Datei im Ordner *Lektion07* zu sichern.

Tabellen kopieren

Sie können eine Tabelle auswählen und in die Zwischenablage kopieren. Sie können die Tabelle auch in eine Datei speichern, die Sie wiederum mit einer anderen Anwendung öffnen oder importieren können. Wenn Sie auf Ihrem System über eine CSV-kompatible Anwendung, wie zum Beispiel Microsoft Excel, verfügen, können Sie die ausgewählte Tabelle direkt in der Anwendung öffnen. Enthält das PDF-Dokument Tags, können Sie mit einem Klick die gesamte Tabelle auszuwählen.

Hinweis: Sie können auch PDF nach XML exportieren, um Tabellen noch müheloser in Microsoft Excel zu importieren.

So kopieren Sie eine Tabelle mit dem Auswahl-Werkzeug:

1 Wählen Sie das Auswahl-Werkzeug.

2 Bewegen Sie den Zeiger über die Tabelle. Erscheint der Zeiger als Tabellensymbol, klicken Sie auf die Tabelle, um sie komplett auszuwählen. Sie können auch einen Rahmen um die zu kopierenden Zeilen und Spalten ziehen.

3 Führen Sie einen der folgenden Schritte aus:

- Zum Kopieren der Tabelle in ein Dokument, das in einer anderen Anwendung geöffnet ist, klicken Sie bei gedrückter Strg-Taste (Windows) bzw. Befehlstaste (Mac OS) auf die Tabelle und wählen den Befehl »Ausgewählte Tabelle kopieren«. Fügen Sie die Tabelle anschließend in das geöffnete Dokument ein.

- Zum Kopieren der Tabelle in eine Datei klicken Sie bei gedrückter Strg-Taste (Windows) bzw. Befehlstaste (Mac OS) auf die Tabelle und wählen den Befehl »Ausgewählte Tabelle speichern unter«. Benennen Sie die Tabelle, wählen Sie Speicherort und Dateiformat und klicken Sie auf »Speichern«.

- Zum direkten Kopieren der Tabelle in eine Tabellenkalkulation klicken Sie bei gedrückter Strg-Taste (Windows) bzw. Befehlstaste (Mac OS) auf die Tabelle und wählen den Befehl »Tabelle in Tabellenkalkulation öffnen«. In Ihrer CSV-kompatiblen Anwendung (z.B. Excel) wird ein neues Arbeitsblatt geöffnet und die importierte Tabelle angezeigt.

- Zum Kopieren einer Tabelle in das RTF-Format ziehen Sie die ausgewählte Tabelle in ein geöffnetes Dokument in der Zielanwendung.

Text und Bilder aus einer PDF-Datei kopieren

Selbst wenn Sie keinen Zugriff mehr auf die Originaldatei Ihres Plakats haben, können Sie den Text und die Bilder noch in anderen Anwendungen verwenden. Vielleicht möchten Sie mit dem gleichen Text und den Bildern eine Webseite vorbereiten. Dann können Sie den Text auch aus der PDF-Datei im RTF-Format (*Rich Text Format*) oder als reinen Text kopieren bzw. exportieren, um ihn anschließend in einer anderen Anwendung wiederverwenden zu können. Bilder aus der PDF-Datei können Sie im JPEG-, TIFF- oder PNG-Format speichern.

Falls Sie nur kleine Textmengen bzw. nur ein oder zwei Bilder verwenden möchten, können Sie mit dem Auswahl-Werkzeug den Text aus einer PDF-Datei kopieren und einfügen und Bilder in die Zwischenablage oder in eine Bilddatei kopieren. (Falls die Befehle Kopieren, Ausschneiden und Einfügen ausgegraut, das heißt nicht anwählbar sind, hat der Ersteller der PDF-Datei das Bearbeiten des Dokuments möglicherweise eingeschränkt.)

Gesamten Text kopieren

Mit dem Exportieren-Befehl können Sie Ihre PDF-Datei direkt in zahlreiche Formate, unter anderem Microsoft Word, exportieren. In diesem Abschnitt der Lektion konvertieren Sie Ihr Plakat mit dem Exportieren-Befehl in verfügbaren Text.

1. Wählen Sie **Datei: Exportieren: Text: Text (Verfügbar)**.

2. Achten Sie im Dialogfenster »Speichern unter« darauf, dass unter »Dateityp« (Windows) bzw. »Format« (Mac OS) das Format »Text (verfügbar) (*.txt)« bzw. »Text (verfügbar)« eingestellt ist. Klicken Sie auf »Speichern«, um den Textexport abzuschließen. Acrobat speichert die Datei als **FreshWater1.txt** im Ordner *Lektion07*.

Für das Importieren von Inhalten in eine Excel-Datei erzielen Sie mit dem Befehl **Datei: Exportieren: XML 1.0** die besten Ergebnisse.

3. Minimieren Sie das Acrobat-Fenster und öffnen Sie die Textdatei (*FreshWater1.txt*) in einer Satz- oder Textverarbeitungsanwendung wie beispielsweise Microsoft Word. Acrobat hat den Text vollständig kopiert und die ursprünglichen Zeilenschaltungen und Formatierungen im Wesentlichen beibehalten, um die Weiterverwendung des Textes zu vereinfachen.

4. Wenn Sie fertig sind, schließen Sie die Textdatei und die Textanwendung und maximieren Sie wieder das Acrobat-Fenster.

Auf diese Weise können Sie Ihre PDF-Dateien in jedes der im Untermenü »Exportieren« aufgeführte Format konvertieren. Wenn Sie jedes Mal dieselben Einstellungen verwenden wollen, wenn Sie eine PDF-Datei in ein bestimmtes Format konvertieren, können Sie diese Einstellungen in den Voreinstellungen unter »Aus PDF konvertieren« festlegen. Wählen Sie dazu **Bearbeiten: Voreinstellungen**

(Windows) bzw. **Acrobat: Voreinstellungen** (Mac OS) und wählen Sie dann links »Aus PDF konvertieren«. Markieren Sie ein Dateiformat in der Liste rechts und klicken Sie auf »Einstellungen bearbeiten«. (Sie können die Standardeinstellungen jederzeit wieder durch Klicken auf die Schaltfläche »Standard wiederherstellen« auf die Standardeinstellungen zurücksetzen.)

> ### RTF-Format speichern
>
> Acrobat 9 bietet beim Speichern einer PDF-Datei in das Rich Text Format zwei weitere Optionen.
>
> 1 Wählen Sie **Datei: Speichern unter**.
>
> 2 Im Dialogfenster »Speichern unter« wählen Sie im Menü »Dateityp« den Eintrag »Rich Text Format (*.rtf)« (Windows) bzw. im Menü »Format« den Eintrag »RTF (Rich Text Format)« (Mac OS) und klicken Sie auf »Einstellungen«.
>
> Mit der Option »Fließtext beibehalten« behalten Sie beim Textumbruch so viele Layoutelemente wie möglich bei.
>
> Die Option »Seitenlayout beibehalten« behält vorrangig das Seitenlayout bei.

Kleine Textmengen kopieren und einfügen

Wie Sie im vorigen Abschnitt gesehen haben, ist das Kopieren des gesamten Textes und aller Bilder aus einer PDF-Datei sehr einfach. Genauso einfach ist es, ein Wort, einen Satz oder einen Absatz mit dem Auswahl-Werkzeug zu kopieren und in ein Dokument in einer anderen Anwendung einzufügen.

1 Klicken Sie in Acrobat in der Datei *FreshWater1.pdf* auf das Auswahl-Werkzeug (I▸) in der Werkzeugleiste »Auswählen und zoomen« und bewegen Sie den Mauszeiger auf den zu kopierenden Text. Sie sehen, dass der Zeiger im Textauswahlmodus sein Aussehen in eine Einfügemarke ändert.

2 Ziehen Sie mit gedrückter Maustaste über den Text, den Sie kopieren möchten. Wir haben den Fließtext im Absatz ABSTRACT kopiert.

3 Klicken Sie mit der rechten Maustaste und wählen Sie »Kopieren« im Kontextmenü.

Die Option »Mit Formatierung kopieren«, bei der das Spaltenlayout beibehalten wird, steht nur für Dokumente mit Tags zur Verfügung.

4   Minimieren Sie das Acrobat-Fenster und öffnen Sie ein neues oder vorhandenes Dokument in einer Textverarbeitung wie zum Beispiel Microsoft Word und wählen Sie **Bearbeiten: Einfügen**.

Ihre Textverarbeitung fügt Ihren Text in das Dokument ein. Hier können Sie den Text nun nach Belieben bearbeiten und formatieren. Falls eine der kopierten Schriften aus dem PDF-Dokument auf dem System nicht vorhanden ist, das den kopierten Text anzeigen soll, kann die Schrift nicht beibehalten werden. Es wird stattdessen eine Ersatzschrift benutzt.

Hinweis: Wenn Sie einen Text in einer PDF-Datei nicht markieren können, ist er möglicherweise Bestandteil eines Bilds. Text in Bildern können Sie mit dem Befehl **Dokument: OCR-Texterkennung: Text mit OCR erkennen** in bearbeitbaren Text konvertieren.

5   Wenn Sie fertig sind, schließen Sie Ihr Dokument und Ihre Textverarbeitung und vergrößern Sie wieder das Acrobat-Fenster.

Einzelne Bilder kopieren

Mit dem Schnappschuss-Werkzeug oder dem Auswahl-Werkzeug können Sie auch einzelne Bilder zur Verwendung in anderen Anwendungen kopieren.

1   Klicken Sie in Acrobat im Dokumentfenster neben den im vorigen Abschnitt dieser Lektion markierten Text, um die Textauswahl aufzuheben.

Als Nächstes fügen Sie das Schnappschuss-Werkzeug in die Werkzeugleiste »Auswählen und zoomen« ein.

2   Wählen Sie **Anzeige: Werkzeugleisten: Weitere Werkzeuge**. Rollen Sie im Dialogfenster »Weitere Werkzeuge« nach unten bis zur Werkzeugleiste »Auswählen und zoomen« und schalten Sie das Kontrollkästchen vor dem Schnappschuss-Werkzeug ein. Klicken Sie auf OK, um das Werkzeug in die Werkzeugleiste einzufügen.

3 Wählen Sie das Schnappschuss-Werkzeug ( ) in der Werkzeugleiste und bewegen Sie den Mauszeiger im Dokumentfenster auf die Karte am unteren Rand der ersten Spalte.

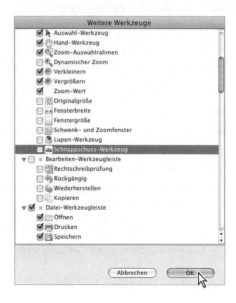

Mit dem Schnappschuss-Werkzeug kopieren Sie sowohl Text als auch Bilder. Allerdings speichert Acrobat das resultierende Bild im Bitmap-Format, so dass sich der kopierte Text nicht bearbeiten lässt.

4 Ziehen Sie unten auf der Seite einen Auswahlrahmen um die Karte auf.

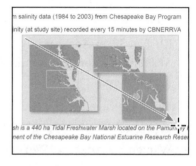

Wenn Sie mit dem Schnappschuss-Werkzeug irgendwo in die Seite klicken (statt einen begrenzten Auswahlrahmen aufzuziehen), kopiert Acrobat die ganze Seite in die Zwischenablage.

Außerdem können Sie noch Folgendes ausführen:

- Sie können auf die Schaltfläche »PDF erstellen« klicken und den Befehl »PDF aus Zwischenablage« wählen, um das Bild in eine neue unbenannte PDF-Datei einzufügen.

5 Klicken Sie in der Aufgaben-Werkzeugleiste auf die Schaltfläche »Erstellen« und wählen Sie »PDF aus Zwischenablage«, um eine neue Seite mit der kopierten Karte zu erstellen.

6 Wenn Sie fertig sind, schließen Sie alle geöffneten Dateien bis auf *Freshwater1.pdf* und alle Anwendungen bis auf Acrobat.

Mit dem Befehl **Erweitert: Dokumentverarbeitung: Alle Bilder exportieren** können Sie alle Bilder in einer PDF-Datei im JPEG-, PNG-, TIFF- oder JPEG2000-Format exportieren; dabei wird jedes Bild als einzelne Datei gespeichert.

Mit dem JPEG-Dateiformat speichern Sie große Datenmengen bei kleinem Speicherbedarf. Allerdings leidet die Bildqualität bei jedem erneuten Speichern im JPEG-Format. Das TIFF-Format eignet sich dagegen hervorragend für die Beibehaltung der Bildqualität, es benötigt jedoch sehr viel Speicherplatz. Sie sollten Ihre Bilder daher immer im TIFF-Format bearbeiten und erst die endgültigen Versionen im JPEG-Format speichern.

Bilder mit dem TouchUp-Objektwerkzeug bearbeiten

Mit dem TouchUp-Objektwerkzeug können Sie an Bildern und Objekten in Adobe PDF-Dokumenten letzte Korrekturen durchführen. Für umfangreiche Änderungen sollten Sie allerdings die Quellanwendung benutzen und das PDF-Dokument anschließend neu erzeugen.

Das TouchUp-Objektwerkzeug steht nur in Acrobat Pro und Acrobat Pro Extended zur Verfügung.

Mit dem Kontextmenü des TouchUp-Objektwerkzeugs können Sie einige Bearbeitungsvorgänge an Bildern vornehmen, ohne dafür eine externe Anwendung zu öffnen. Wenn Sie das Kontextmenü einblenden möchten, klicken Sie bei der Verwendung des TouchUp-Objektwerkzeugs mit der rechten Maustaste auf den Text. Mit dem TouchUp-Objektwerkzeug können Sie den Textfluss eines Dokuments ändern und damit dessen Lesbarkeit verändern. Wenn Sie beispielsweise die Position eines Objekts ändern, beeinflusst dies die Reihenfolge, in der das Objekt (oder der Alternativtext) von einem Bildschirmlesegerät erfasst wird.

So bearbeiten Sie Bilder oder Objekte mit dem TouchUp-Objektwerkzeug:

1 Wählen Sie das TouchUp-Objektwerkzeug ( ) unter **Werkzeuge: Erweiterte Bearbeitung**.

2 Wählen Sie ein Objekt, beispielsweise das Bild mit den drei Abbildungen in der dritten Spalte, klicken Sie erneut, diesmal mit der rechten Maustaste, darauf und wählen Sie einen Befehl im Kontextmenü.

- Mit dem Befehl »Überlappung löschen« entfernen Sie Objekte, die das ausgewählte Objekt verdecken. Wenn Sie z.B. Text vergrößern und die Buchstaben nach dem Vergrößern teilweise verdeckt sind, zeigt Acrobat sie nach dem Aktivieren dieser Option wieder vollständig an.

- Der Befehl »Außertextliches Element erstellen« entfernt das Objekt aus der Lesereihenfolge, so dass es nicht von einem Bildschirmlesegerät oder vom Befehl »Sprachausgabe« erfasst wird.

- Der Befehl »Bild bearbeiten« ist verfügbar, wenn ein Bitmap-Bild ausgewählt wird, und öffnet ein Bildbearbeitungsprogramm wie beispielsweise Adobe Photoshop.

- Der Befehl »Objekt bearbeiten« ist verfügbar, wenn ein Vektorobjekt ausgewählt wird, und öffnet eine Vektorbearbeitungsanwendung wie beispielsweise Adobe Illustrator.

- Mit dem Befehl »Eigenschaften« lassen sich die Eigenschaften des Inhalts, der Tags oder des Texts bearbeiten, beispielsweise einen Alternativtext zu einem Bild hinzufügen, um es besser verfügbar zu machen.

3 Klicken Sie außerhalb des Kontextmenüs, um den Vorgang ohne eine Auswahl abzubrechen.

PDF-Seiten in Bildformatdateien konvertieren

Weiter vorne in dieser Lektion haben Sie den Text und die Bilder aus dem Plakat kopiert, um den Inhalt für eine Webseite weiterverwenden zu können; vielleicht möchten Sie aber auch ein Bild des Plakats ablegen. Mit **Datei: Exportieren: Bild** können Sie mühelos eine TIFF-Version des Plakats erzeugen. Um alle Abbildungen in Bilddateien zu exportieren, wählen Sie **Erweitert: Dokumentverarbeitung: Alle Bilder exportieren**. Acrobat speichert dabei jede Grafik in einer einzelnen Datei.

Sie können Rasterbilder, aber keine Vektorobjekte exportieren.

Wenn Sie fertig sind, schließen Sie alle geöffneten Dateien und beenden Sie Acrobat.

Fragen

1 Wie ändern Sie die Seitenreihenfolge in einem PDF-Dokument?
2 Wie fügen Sie eine ganze PDF-Datei in eine andere PDF-Datei ein?
3 Welche Texteigenschaften können Sie in Acrobat ändern?
4 Wie kopieren Sie Text aus einer PDF-Datei?
5 Wie können Sie Fotos und Bilder aus einer PDF-Datei kopieren?

Antworten

1 Sie ändern die Seitenreihenfolge, indem Sie die entsprechenden Miniaturseiten der zu verschiebenden Seiten markieren und sie im Seiten-Fenster an ihre neue Position bewegen.

2 Um alle Seiten einer PDF-Datei vor oder nach einer Seite in eine andere PDF-Datei einzufügen, wählen Sie **Dokument: Seiten einfügen: Aus Datei** und wählen im aufgerufenen Dialogfenster »Datei zum Einfügen auswählen« die gewünschte Datei. Wenn Sie zwei PDF-Dateien verbinden möchten – das heißt eine Datei an den Anfang oder das Ende einer anderen PDF-Datei einfügen möchten –, können Sie dafür den Menübefehl **Datei: Zusammenführen: Dateien in einem einzigen PDF-Dokument zusammenführen** benutzen.

3 Mit dem TouchUp-Textwerkzeug können Sie die Textformatierung (Schrift, Schriftgrad, Farbe, Zeichenabstand und Ausrichtung) oder den Text selbst ändern.

4 Zum Kopieren von einzelnen Wörtern oder Sätzen und zum Einfügen in eine andere Anwendung benutzen Sie das Auswahl-Werkzeug. Wenn Sie den gesamten Text aus einem PDF-Dokument kopieren möchten, verwenden Sie die Exportieren-Befehle im Datei-Menü und sichern die PDF-Datei in einem Textformat.

5 Fotos und Bilder lassen sich aus einer PDF-Datei auf verschiedene Weise kopieren:

- Sie können Bilder mit dem Auswahl-Werkzeug kopieren.
- Sie können Bilder mit dem Schnappschuss-Werkzeug kopieren.
- Sie können jedes Bild in einer PDF-Datei über den Menübefehl **Erweitert: Dokumentverarbeitung: Alle Bilder exportieren** in eines von mehreren Bildformaten speichern.

8 DIGITALE UNTERSCHRIFTEN UND SICHERHEIT

Überblick

In dieser Lektion lernen Sie Folgendes:

- Eine digitale ID mit einer Abbildung erstellen
- Dokumente digital unterschreiben
- Einer Datei ein Kennwort hinzufügen, um das Öffnen, die Ausgabe und die Bearbeitbarkeit der Datei auf bestimmte Personen zu beschränken
- Ein Dokument zertifizieren

 Für diese Lektion benötigen Sie ungefähr 45 Minuten. Falls nötig, kopieren Sie jetzt den Ordner *Lektion08* auf Ihre Festplatte.

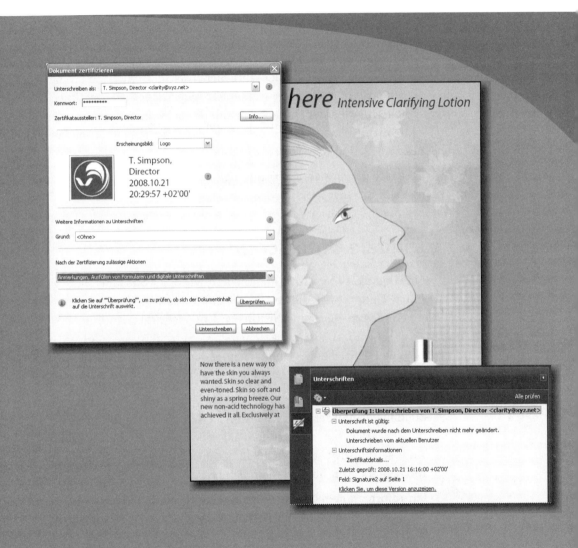

Vorbereitungen

Acrobat 9 bietet alle notwendigen Werkzeuge für das Erscheinungsbild Ihrer digitalen Unterschrift, zum Unterschreiben, zur Genehmigung und Zertifizierung von PDF-Dokumenten, um ihren Inhalt zu bestätigen. Außerdem bietet Acrobat Werkzeuge für die Absicherung Ihrer PDF-Dokumente. So können Sie mit Kennwörtern das Öffnen, Drucken und Bearbeiten von PDF-Dokumenten durch unbefugte Anwender einschränken. Mit einem Zertifikat lassen sich Ihre PDF-Dokumente so verschlüsseln, dass nur berechtigte Anwender sie öffnen können. Ihre Sicherheitseinstellungen können Sie zur späteren Weiterverwendung in einer Sicherheitsrichtlinie speichern. Außerdem können Sie mit der Schwärzen-Funktion sensible Inhalte dauerhaft aus Ihren PDF-Dokumenten entfernen (siehe Lektion 12, »Acrobat in Justiz und Verwaltung«).

Sie beschäftigen sich zuerst mit digitalen IDs und erfahren, wie diese erstellt und eingesetzt werden.

Digitale Unterschriften

Video: Das Video »Unterschrift« auf der Buch-DVD zeigt mehr zu diesem Thema. Weitere Informationen finden Sie unter »Den Ordner *Video-Training* installieren« auf Seite 16.

Eine digitale Unterschrift identifiziert, wie eine von Hand ausgeführte Unterschrift, die Person, die ein Dokument unterschreibt. Im Gegensatz zur handschriftlichen Unterschrift ist eine digitale Unterschrift fast fälschungssicher, da sie verschlüsselte Informationen enthält, die den Unterzeichnenden eindeutig ausweisen und leicht überprüft werden können.

Um ein Dokument unterschreiben zu können, müssen Sie eine digitale ID anfordern oder selbst in Acrobat erstellen. Die digitale ID enthält einen privaten Schlüssel zum Leisten der digitalen Unterschrift sowie ein Zertifikat, das Sie für diejenigen freigeben, die Ihre Unterschrift überprüfen müssen.

Für Informationen über die digitale ID von Adobe-Sicherheitspartnern und weitere Sicherheitslösungen besuchen Sie die Adobe-Website unter *www.adobe.de*.

Digitale Unterschriften erstellen

Sie verwenden in dieser Lektion eine selbst signierte digitale ID, die für das Unterschreiben von Dokumenten innerhalb eines Unternehmens meist ausreichend ist. In den Sicherheitsvoreinstellungen können Sie das Erscheinungsbild Ihrer digitalen Unterschrift und die von Ihnen bevorzugte Unterschriftsmethode festlegen und bestimmen, wie digitale Unterschriften überprüft werden. Sie sollten Acrobat außerdem für die Überprüfung von Unterschriften optimieren, bevor Sie ein unterzeichnetes Dokument öffnen.

1 Starten Sie Acrobat.

2 Wählen Sie **Bearbeiten: Voreinstellungen** (Windows) bzw. **Acrobat: Voreinstellungen** (Mac OS) und wählen Sie links im Dialogfenster »Sicherheit«. Eventuell müssen Sie dazu in der Liste nach unten rollen.

Ihren digitalen Unterschriften Bilder hinzufügen

Als Erstes fügen Sie Ihrer digitalen Unterschrift das Firmenlogo hinzu.

1 Klicken Sie im Dialogfenster »Voreinstellungen« auf die Schaltfläche »Neu«, um das Dialogfenster »Erscheinungsbild der Unterschrift konfigurieren« aufzurufen. Hier können Sie Ihre digitale Unterschrift mit einer Abbildung personalisieren. Im Augenblick zeigt das Vorschaufenster das Standarderscheinungsbild der digitalen Unterschrift – ausschließlich Text.

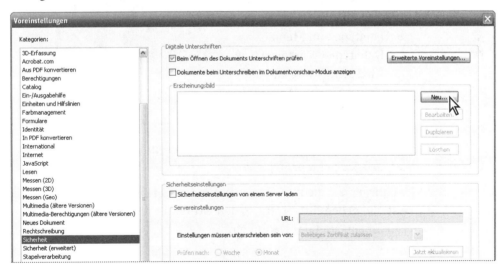

Sie geben zunächst einen Namen für Ihre digitale Unterschrift ein und fügen dem Unterschriftenblock dann das Firmenlogo dieser Lektion hinzu.

2 Geben Sie in das Textfeld »Titel« einen Namen für das Erscheinungsbild Ihrer Unterschrift ein. Wir haben **Logo** eingegeben,

weil wir dem Unterschriftenblock noch das Firmenlogo dieser Lektion hinzufügen wollen. Sie sollten eine Bezeichnung wählen, die sich an den Inhalt der Unterschrift anlehnt. Für sich selbst können Sie beliebig viele digitale Unterschriften anlegen.

3 Wählen Sie im Bereich »Grafik konfigurieren« des Dialogfensters »Erscheinungsbild der Unterschrift konfigurieren« die Option »Importierte Grafik« und klicken Sie auf die Schaltfläche »Datei«.

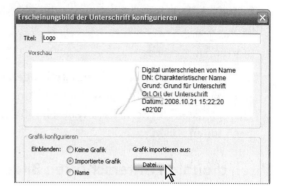

4 Klicken Sie im Dialogfenster »Bild auswählen« auf die Schaltfläche »Durchsuchen« und markieren Sie im Ordner *Lektion08* die Datei *Clarity_Logo.pdf*. (Acrobat führt die unterstützten Dateitypen im Menü »Dateityp« (Windows) bzw. »Anzeigen« (Mac OS) auf.) Klicken Sie auf »Auswählen« und anschließend auf OK, um zum Dialogfenster »Erscheinungsbild der Unterschrift konfigurieren« zurückzukehren.

Jetzt legen Sie die Informationen für den Textblock Ihrer Unterschrift fest und geben Ihren Namen, den Grund für die Unterschrift des Dokuments und das Datum ein.

5. Lassen Sie im Dialogfenster »Erscheinungsbild der Unterschrift konfigurieren« im Bereich »Text konfigurieren« die Kontrollkästchen vor »Name«, »Datum« und »Grund« eingeschaltet und schalten Sie alle übrigen Optionen aus.

6. Wenn Sie mit dem Aussehen Ihres Unterschriftenblocks zufrieden sind, klicken Sie auf OK.

7. Schalten Sie im Dialogfenster »Voreinstellungen« das Kontrollkästchen vor »Dokumente beim Unterschreiben im Dokumentvorschau-Modus anzeigen« ein.

8. Klicken Sie auf »Erweiterte Voreinstellungen« und im aufgerufenen Dialogfenster auf den Reiter »Erstellung«. Schalten Sie die Option »Beim Unterschreiben Gründe anzeigen« ein und klicken Sie auf OK.

Signieren im Dokumentvorschau-Modus

Um zu analysieren, ob ein Dokument Inhalte enthält, die sein Aussehen nach Ihrer digitalen Unterschrift ändern können, verwenden Sie den Dokumentvorschau-Modus. Zu diesen Inhalten zählen beispielsweise Transparenzen, Skripte, Schriften und andere dynamische Inhalte. Im Dokumentvorschau-Modus werden diese Inhalte unterdrückt, wodurch Sie das Dokument in einem statischen und sicheren Status anzeigen und unterschreiben können.

Wenn Sie im Dokumentvorschau-Modus ein PDF-Dokument anzeigen, können Sie in einer Dokumentmeldungsleiste ablesen, ob das PDF dem Standard PDF/SigQ Level A und Level B entspricht. Level A bedeutet, dass das Dokument keinen dynamischen Inhalt enthält, der das Erscheinungsbild ändern kann. Level B bedeutet, dass es dynamischen Inhalt enthält, der beim Unterschreiben unterdrückt werden kann. Wenn das Dokument Level A oder B nicht entspricht, sollten Sie von seinem Unterschreiben absehen und den Dokumentverfasser auf das Problem ansprechen.

Mit Hilfe des Dokumentvorschau-Modus können Sie jederzeit die Integrität eines Dokuments überprüfen.

Acrobat prüft automatisch die Dokumentintegrität, bevor es zum Signieren in den Dokumentvorschau-Modus wechselt.

Sie können den Dokumentvorschau-Modus in den Sicherheit-Voreinstellungen aktivieren.

Eine Unterschriftmethode wählen

Jetzt legen Sie eine Standardunterschriftmethode fest.

1 Klicken Sie im Dialogfenster »Voreinstellungen: Sicherheit« wieder auf die Schaltfläche »Erweiterte Voreinstellungen«.

In der Registerkarte »Überprüfung« des Dialogfensters »Digitale Unterschriften – Erweiterte Voreinstellungen« ist die Option »Beim Prüfen von Unterschriften nach Möglichkeit immer feststellen, ob das zugehörige Zertifikat gesperrt wurde« eingeschaltet. Dadurch werden Zertifikate während der Überprüfung immer mit einer Liste gesperrter Zertifikaten abgeglichen.

2 Achten Sie darauf, dass die Option »Im Dokument angegebene Methode verwenden; bei Nichtverfügbarkeit Meldung ausgeben« gewählt ist. Sie werden dann mit einer Warnmeldung darauf

aufmerksam gemacht, wenn Sie beim Öffnen eines Dokuments nicht über die notwendige Software verfügen.

Außerdem befindet sich in der Registerkarte »Überprüfung« ein Einblendmenü, mit dem Sie die Standardmethode zum Überprüfen von Unterschriften wählen können. Acrobat zeigt dieses Menü ausgegraut an, bis Sie die Überprüfungsmethode durch die Wahl einer anderen Optionsschaltfläche ändern. Die Standardmethode für das Unterschreiben und Verschlüsseln von Dokumenten legen Sie in der Registerkarte »Erstellung« fest.

3 Klicken Sie auf das Register »Erstellung« und achten Sie darauf, dass für die Option »Standardmethode beim Unterschreiben und Verschlüsseln von Dokumenten« der Eintrag »Adobe Standardsicherheit« gewählt ist.

Unter Windows steht außerdem noch die Registerkarte »Windows-Integration« zur Verfügung, in der Sie bestimmen können, ob auch andere als eigene Zertifikate im Windows-Zertifikatspeicher gesucht werden dürfen und ob alle Stammzertifikate im Windows-Zertifikatspeicher vertrauenswürdig sind. Wir empfehlen Ihnen, die Standardeinstellungen in dieser Registerkarte zu übernehmen.

4 Klicken Sie auf OK und auch im Dialogfenster »Voreinstellungen« auf OK, um beide Dialogfenster zu schließen.

Die Arbeitsdatei öffnen

In diesem Lektionsabschnitt senden Sie eine (fiktive) Werbeanzeige für Clarity Gesichtslotion (*Clarity skin lotion*) zur Fertigstellung an die Werbeagentur zurück. Nachdem Sie das Dokument Korrektur gelesen und die erforderlichen Änderungen vorgenommen haben, unterschreiben Sie die durchgesehene und korrigierte Werbeanzeige elektronisch.

Das elektronische Unterschreiben von Dokumenten bietet mehrere Vorteile, zu denen auch die Möglichkeit gehört, das elektronische Dokument per E-Mail versenden zu können und es nicht zwangsläufig faxen oder per Kurier schicken zu müssen. Obwohl die digitale

Unterschrift nicht vor weiteren Änderungen des Dokuments schützt, lassen sich dadurch aber alle nachträglichen Änderungen verfolgen und falls nötig wieder auf den Stand unmittelbar vor Ihrer digitalen Unterschrift zurücksetzen. (Wie Sie weiter hinten in dieser Lektion noch sehen, können Sie durch entsprechende Sicherheitsmerkmale sogar das Ändern Ihrer Dokumente durch andere Anwender verhindern.)

- Wählen Sie **Datei: Öffnen**, markieren Sie die Datei *Lotion.pdf* im Ordner *Lektion08* und klicken Sie auf »Öffnen«. Wählen Sie anschließend **Datei: Speichern unter**, geben Sie der Datei den neuen Namen **Lotion1.pdf** und sichern Sie sie im Ordner *Lektion08*.

Eine digitale ID erstellen

Eine digitale ID hat die Funktion eines Personalausweises oder Reisepasses. Sie dient als Ihr Identifikationsnachweis für Personen oder Institutionen, mit denen Sie auf elektronischem Weg kommunizieren. Eine digitale ID enthält normalerweise Ihren Namen und Ihre E-Mail-Adresse, den Namen des Unternehmens, das die digitale ID ausgestellt hat, eine Seriennummer und ein Ablaufdatum.

Mit einer digitalen ID erstellen Sie eine digitale Unterschrift und entschlüsseln verschlüsselte PDF-Dokumente. Sie können für jede Ihrer unterschiedlichen Funktionen im Arbeits- und Privatleben mehr als eine digitale ID erzeugen. Für diesen Lektionsabschnitt erstellen Sie eine selbst signierte digitale ID für *T. Simpson, Director of Advertising*.

1 Wählen Sie **Erweitert: Sicherheitseinstellungen**.

2 Im Dialogfenster »Sicherheitseinstellungen« wählen Sie im linken Teilfenster »Digitale IDs« und klicken auf die Schaltfläche »Digitale ID hinzufügen« (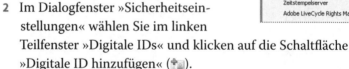).

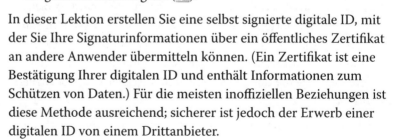

In dieser Lektion erstellen Sie eine selbst signierte digitale ID, mit der Sie Ihre Signaturinformationen über ein öffentliches Zertifikat an andere Anwender übermitteln können. (Ein Zertifikat ist eine Bestätigung Ihrer digitalen ID und enthält Informationen zum Schützen von Daten.) Für die meisten inoffiziellen Beziehungen ist diese Methode ausreichend; sicherer ist jedoch der Erwerb einer digitalen ID von einem Drittanbieter.

3 Wählen Sie im Dialogfenster »Digitale ID hinzufügen« die Option »Neue digitale ID, die ich jetzt erstellen möchte« und klicken Sie auf »Weiter«.

Wenn Sie unter Mac OS arbeiten, fahren Sie mit Schritt 5 fort. Wenn Sie unter Windows arbeiten, wählen Sie jetzt den Speicherort Ihrer digitalen ID. Mit der Option »Neue digitale ID-Datei im PKCS#12-Format« speichern Sie die Informationen in einer Datei, die Sie an andere weitergeben können. Mit »Windows-Zertifikatspeicher« speichern Sie Ihre digitale ID entsprechend im Windows-Zertifikatspeicher. Da Sie Ihre digitale ID mühelos an Kollegen weitergeben wollen, verwenden Sie die Option »Neue digitale ID-Datei im PKCS#12-Format«.

4 Achten Sie darauf, dass die Option »Neue digitale ID-Datei im PKCS#12-Format« gewählt ist und klicken Sie auf »Weiter«.

Als Nächstes geben Sie Ihre persönlichen Daten ein.

5 Geben Sie den Namen ein, der im Fenster »Unterschriften« und in allen Unterschriftsfeldern erscheinen soll. Geben Sie außerdem einen Firmennamen (falls nötig) und eine E-Mail-Adresse ein. Wir haben den Namen **T. Simpson, Director**, den Firmennamen **Clarity** und die E-Mail-Adresse **clarity@xyz.net** eingegeben. Wählen Sie außerdem ein Land. Wir haben **US - Vereinigte Staaten** gewählt.

6 Wählen Sie im Einblendmenü »Schlüsselalgorithmus« eine Sicherheitsebene. Wir haben **1024-bit RSA** gewählt. Der Eintrag »2048-bit RSA« bietet zwar einen höheren Sicherheitsschutz, ist aber nicht so universell kompatibel wie 1024-bit RSA.

Jetzt legen Sie fest, auf welche Bereiche sich die Verschlüsselung beziehen soll. Sie können die digitale ID zur Überprüfung von digitalen Unterschriften, zur Datenverschlüsselung (Sicherheit) oder für beide Bereiche verwenden. Beim Verschlüsseln eines PDF-Dokuments bestimmen Sie eine Reihe von Empfängern aus der Liste Ihrer vertrauenswürdigen Identitäten und deren Zugriffsmöglichkeiten auf die Datei – beispielsweise, ob die Empfänger die Datei bearbeiten, kopieren oder drucken dürfen. Außerdem können Sie Dokumente mit Sicherheitsvereinbarungen verschlüsseln.

In dieser Lektion wählen Sie die Verwendung für digitale Unterschriften.

7 Wählen Sie im Einblendmenü »Digitale ID verwenden für« den Eintrag »Digitale Unterschriften« und klicken Sie auf »Weiter«.

Jetzt speichern Sie Ihre persönlichen Daten.

8 Wenn Sie den Speicherort noch ändern möchten, klicken Sie auf die Schaltfläche »Durchsuchen« und wählen den gewünschten Ordner. In dieser Lektion übernehmen Sie den voreingestellten Standardordner. Nun müssen Sie noch ein Kennwort festlegen. Wir haben uns für das Kennwort **Lotion123** entschieden. Geben Sie Ihr Kennwort in das untere Textfeld erneut ein, um es zu bestätigen. Beachten Sie, dass Acrobat bei Kennwörtern zwischen Groß- und Kleinschreibung unterscheidet. Merken Sie sich Ihr Kennwort gut und bewahren Sie es an einem sicheren Platz auf. Ohne dieses Kennwort haben Sie keinen Zugriff auf Ihre digitale ID und können sie auch nicht verwenden. (Ihr Kennwort darf weder Anführungszeichen noch die folgenden Zeichen enthalten: ! @ # $ % ^ & * , | \ ; < > _ .)

9 Klicken Sie auf »Fertig stellen«, um Ihre Digitale-ID-Datei im Ordner *Security* zu speichern.

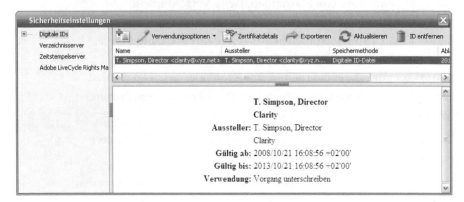

Ihre neue digitale ID erscheint im Dialogfenster »Sicherheitseinstellungen«. Unter Windows wählen Sie die digitale ID, um Detailinformationen aufzurufen; unter Mac OS doppelklicken Sie dafür auf die digitale ID. Wenn Sie mit der Überprüfung Ihrer digitalen ID fertig sind, klicken Sie auf die Schließen-Schaltfläche des Dialogfensters.

Zertifikate mit anderen Benutzern gemeinsam verwenden

Zu Ihrer digitalen ID gehört ein Zertifikat, mit dem Dritte Ihre digitale Unterschrift prüfen und Dokumente für Sie verschlüsseln können. Wenn Sie bereits wissen, dass andere Ihr Zertifikat benötigen werden, können Sie es vorab senden, um Verzögerungen beim Austausch von geschützten Dokumenten zu vermeiden. Unternehmen, die Zertifikate für Unterschriften und geschützte Arbeitsabläufe verwenden, speichern diese Zertifikate oft auf einem Verzeichnisserver, auf den die Teilnehmer dieses Verfahrens zugreifen können, um ihre Liste von vertrauenswürdigen Identitäten zu erweitern.

Wenn Sie das Sicherheitssystem eines Drittanbieters verwenden, müssen Sie Ihr Zertifikat normalerweise nicht an andere Benutzer übermitteln. Drittanbieter prüfen Identitäten möglicherweise mit einer anderen Methode oder diese Prüfmethoden sind unter Umständen in Acrobat integriert. Weitere Informationen finden Sie in der Dokumentation des Drittanbieters.

Wenn Sie ein Zertifikat erhalten, wird der Name des Zertifikateigners zu Ihrer Liste vertrauenswürdiger Identitäten als Kontakt hinzugefügt. Kontakte werden normalerweise einem oder mehreren Zertifikaten zugeordnet. Sie können auch bearbeitet, entfernt oder einem anderen Zertifikat zugeordnet werden. Wenn ein Kontakt vertrauenswürdig ist, können Sie die entsprechenden Einstellungen so definieren, dass alle digitalen Unterschriften und zertifizierten Dokumente, die mit diesem Zertifikat erstellt wurden, als vertrauenswürdig gelten.

Sie können auch Zertifikate aus einem Zertifikatspeicher, wie dem Windows-Zertifikatspeicher, importieren. Ein Zertifikatspeicher kann eine Vielzahl von Zertifikaten enthalten, die von unterschiedlichen Zertifizierungsstellen ausgestellt wurden.

Jetzt unterschreiben Sie die Werbeanzeige und schicken sie zurück an die Agentur.

Die Werbeanzeige unterschreiben

Da die Werbeagentur in diesem Fall sicher sein soll, dass die Änderungen von Ihnen beglaubigt wurden und dass das Dokument seit der digitalen Unterschrift gänzlich unverändert ist, erstellen Sie ein sichtbares Unterschriftsfeld und unterschreiben das Dokument digital.

1 Klicken Sie in der Aufgaben-Werkzeugleiste auf die Schaltfläche »Unterschreiben« (✒) und wählen Sie im Menü »Unterschrift platzieren«.

2 Acrobat macht Sie darauf aufmerksam, dass Sie ein Unterschriftsfeld erstellen müssen. Klicken Sie auf OK, um das Informationsfenster zu schließen, und ziehen Sie mit der Maus einen Rahmen für das Unterschriftsfeld auf. Wir haben das Unterschriftsfeld unterhalb der Überschrift aufgezogen.

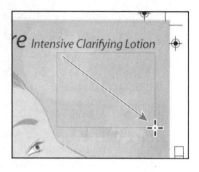

Acrobat wechselt automatisch in den Unterschriftsvorschau-Modus und prüft, ob das Dokument Elemente enthält, die sein Aussehen ändern können, und unterdrückt diese Inhalte, um Ihnen das Dokument in einem statischen und sicheren Zustand zur Unterschrift anzuzeigen.

3 Klicken Sie in der Unterschriftsvorschau-Werkzeugleiste auf »Dokument unterschreiben«.

4 Geben Sie im Dialogfenster »Dokument unterschreiben« in das Textfeld »Kennwort« Ihr Kennwort ein. Wir haben **Lotion123** eingegeben.

5 Wählen Sie im Menü »Erscheinungsbild« das Erscheinungsbild »Logo«.

6 Wenn Sie möchten, können Sie im Einblendmenü »Grund« eine Begründung für die Unterschrift wählen.

7   Klicken Sie dann auf »Unterschreiben« und anschließend auf »Speichern«, um die unterschriebene Datei zu sichern.

Der Empfänger des unterschriebenen Dokuments benötigt Ihr Unterschriftszertifikat, um die digitale Unterschrift überprüfen zu können.

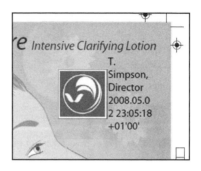

Unterschriebene Dokumente ändern

Sie fügen nun spaßeshalber einen Kommentar in das unterschriebene Dokument ein, um zu beobachten, wie sich daraufhin die Informationen zur digitalen Unterschrift ändern. Zuerst schauen Sie sich allerdings in der Registerkarte »Unterschriften« an, wie eine gültige Unterschrift aussieht.

1   Klicken Sie links im Dokumentfenster auf die Schaltfläche »Unterschriften«, um das Navigationsteilfenster mit dem Unterschriften-Fenster einzublenden. Falls nötig, ziehen Sie den rechten Rand des Unterschriften-Fenster so, dass Sie alle Unterschriftinformationen sehen, und erweitern Sie die Einträge »Unterschrift ist gültig« und »Unterschriftsinformationen«.

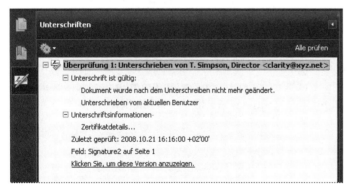

Jetzt fügen Sie der Werbung eine Notiz hinzu und beobachten, wie sich dies auf die digitale Unterschrift auswirkt.

2   Wählen Sie **Werkzeuge: Kommentieren und markieren: Notiz** ().

3 Klicken Sie irgendwo in die Dokumentseite, um eine Notiz einzufügen. Wir haben eine Notiz mit dem Text **Good work** (*Gute Arbeit*) eingefügt.

In dem Moment, in dem Sie die Notiz einfügen, wechselt der Gültigkeitsstatus der Unterschrift von »gültig« auf »unbekannt«. Falls nötig, erweitern Sie die Unterschrift noch weiter, um den Status zu erkennen.

▶ **Tipp:** Mit dem Unterschriften-Fenster können Sie sich den Änderungsverlauf eines Dokuments ansehen und Änderungen verfolgen, wenn ein Dokument mit mehreren digitalen Unterschriften versehen ist.

Sobald Sie die Notiz einfügen, zeigt Acrobat die Änderung im Unterschriften-Fenster an.

Sie prüfen jetzt die Unterschrift.

4 Klicken Sie mit der rechten Maustaste in das Unterschriftfeld im Dokumentfenster und wählen Sie »Unterschrift prüfen«.

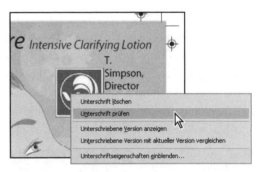

5 Das Warndialogfenster informiert darüber, dass die Unterschrift zwar gültig ist, aber Änderungen vorgenommen wurden. Klicken Sie auf »Schließen«, um das Fenster zu schließen.

6 Klicken Sie mit der rechten Maustaste auf das Unterschriftenfeld im Dokumentfenster und wählen Sie im Kontextmenü »Unterschriebene Version anzeigen«.

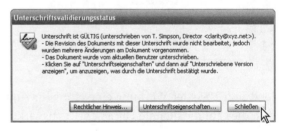

Mit der Option »Unterschriebene Version anzeigen« können Sie wieder Ihre ursprünglich unterschriebene Datei aufrufen. Wurde ein Dokument beispielsweise in mehreren Versionen unterschrieben, können Sie sich jede zuvor unterschriebene Dokumentversion anzeigen lassen, indem Sie die Unterschrift in der Registerkarte »Unterschriften« markieren und dann im Menü »Optionen« den Eintrag »Unterschriebene Version anzeigen« wählen.

7   Schließen Sie beide Dateien; Sie brauchen sie nicht zu sichern.

Sicherheit

Mit folgenden Sicherheitsmethoden können Sie eine PDF-Datei sichern:

- Durch Kennwörter und Sicherheitsoptionen können Sie das Öffnen, die Bearbeit- und Druckbarkeit von PDF-Dateien einschränken.
- Sie haben die Möglichkeit, Dokumente zu verschlüsseln, damit nur bestimmte Benutzer darauf zugreifen können.
- Speichern Sie die PDF-Datei als zertifiziertes Dokument. Durch die Zertifizierung wird der PDF-Datei ein (sichtbares oder unsichtbares) Zertifikat hinzugefügt, wodurch der Verfasser Änderungen beschränken kann.
- Wenden Sie serverbasierte Sicherheitsrichtlinien auf PDF-Dateien an (beispielsweise mit *Adobe LiveCycle Rights Management*-Richtlinien). Dies ist nützlich, wenn die Benutzer über einen bestimmten Zeitraum hinweg auf PDF-Dateien zugreifen sollen.

Mit einem so genannten Sicherheitsumschlag können Sie Ihre PDF-Dokumente wie im Abschnitt »Eigene Übung« am Schluss dieser Lektion beschrieben während der Übermittlung per E-Mail schützen.

Im nächsten Lektionsabschnitt fügen Sie einer Datei eine Kennwortverschlüsselung hinzu und zertifizieren ein Dokument, um seinen Inhalt zu bestätigen.

Video: Das Video »Sicherheit: Einführung« auf der Buch-DVD zeigt mehr zu diesem Thema. Weitere Informationen finden Sie unter »Den Ordner *Video-Training* installieren« auf Seite 16.

Sicherheitssystem im FIPS-Modus wählen (Windows)

In Acrobat und Reader (ab Version 8.1) steht ein FIPS-Modus zur Verfügung. Die Datensicherheit lässt sich damit auf den Federal Information Processing Standard (FIPS) begrenzen. Im FIPS-Modus werden genehmigte Algorithmen gemäß Norm FIPS 140-2 eingesetzt; dabei wird das Kryptografiemodul RSA BSAFE Crypto Micro Edition (ME) 2.1.0.3 verwendet.

Die folgenden Sicherheitsoptionen stehen im FIPS-Modus nicht zur Verfügung:

- Anwendung kennwortbasierter Sicherheitsrichtlinien auf Dokumente. Sie können auf öffentlichen Schlüsseln basierende Zertifikate oder Adobe LiveCycle Rights Management ES verwenden, um das Dokument zu schützen, Kennwortverschlüsselung ist jedoch nicht möglich.
- Erstellen selbst signierter Zertifikate. Eine von Ihnen erstellte selbst signierte digitale ID muss im Windows-Zertifikatspeicher gespeichert werden. Es ist nicht möglich, eine in einer Datei gespeicherte selbst signierte digitale ID zu erstellen.

Sie können Dokumente, die mit nicht FIPS-kompatiblen Algorithmen geschützt sind, im FIPS-Modus öffnen und anzeigen. Es ist jedoch nicht möglich, Dokumentänderungen mit Kennwortschutz zu speichern. Verwenden Sie zum Anwenden von Sicherheitsrichtlinien entweder auf öffentlichen Schlüsseln basierende Zertifikate oder Adobe LiveCycle Rights Management ES.

Sicherheitseinstellungen

Wie Sie gesehen haben, können Sie ein Dokument digital unterschreiben oder zertifizieren, um seinen Inhalt zum Zeitpunkt der Unterzeichnung oder der Zertifizierung zu beglaubigen. Manchmal soll aber einfach nur der Zugriff auf ein Dokument beschränkt werden. Das erreichen Sie mit Sicherheitszuweisungen zu Ihren Adobe PDF-Dateien.

Wenn Sie ein Dokument mit beschränkten Zugriffsfunktionen oder zugewiesenen Sicherheitsmerkmalen öffnen, zeigt Acrobat links im Dokumentfenster eine Sicherheitseinstellungen-Schaltfläche (🔒).

1 Wählen Sie **Datei: Öffnen** und öffnen Sie die Datei *Secure_Survey.pdf* im Ordner *Lektion08*.

2   Klicken Sie in der Aufgaben-Werkzeugleiste auf die Schaltfläche
    »Unterschreiben« ( ) – der Befehl »Dokument unterschreiben«
    ist ausgegraut und damit nicht anwählbar.

3   Wählen Sie **Werkzeuge: Kommentieren und markieren** – auch
    die »Kommentieren und markieren«-Werkzeuge sind ausgegraut.

4   Klicken Sie im
    Navigationsfenster
    auf die Schaltfläche
    »Sicherheitsein-
    stellungen« ( ),
    um sich die
    Sicherheitseinstellungen anzusehen. Klicken Sie für weitere
    Einzelheiten auf die Verknüpfung »Details zu Berechtigungen«.

Das Dialogfenster führt alle zulässigen und nicht zulässigen Aktionen
auf. Die Liste zeigt, dass Unterschreiben und Kommentieren nicht
zulässig sind; daher sind die entsprechenden Werkzeuge und
Befehle in den Menüs und der Werkzeugleiste ausgegraut und nicht
anwählbar.

5   Wenn Sie mit dem Betrachten der Informationen fertig sind,
    klicken Sie auf »Abbrechen«, um das Dialogfenster »Dokument-
    eigenschaften« zu schließen.

6 Wählen Sie **Datei: Schließen**, um die Datei *Secure_Survey.pdf* zu schließen.

PDF-Dateien Sicherheitsmerkmale hinzufügen

Sie können Ihren Adobe PDF-Dateien jederzeit Sicherheitsmerkmale hinzufügen, beim Erstellen oder danach. Sie können sogar Dateien, die Sie von Dritten erhalten haben, Sicherheitsmerkmale hinzufügen, es sei denn, der Verfasser des Dokuments hat die Änderungen von Sicherheitseinstellungen beschränkt.

In diesem Lektionsabschnitt fügen Sie einen Kennwortschutz hinzu, um den Zugriff auf Ihr Dokument und die Änderung der Sicherheitseinstellungen einzuschränken.

Kennwörter hinzufügen

Sie können Ihre Adobe PDF-Dokumente mit zwei unterschiedlichen Kennwörtern schützen. Mit einem Kennwort zum Öffnen des Dokuments erreichen Sie, dass das Dokument nur von Anwendern geöffnet werden kann, die über das Kennwort verfügen; mit einem Berechtigungskennwort können nur Anwender, die über das Kennwort verfügen, die Berechtigungen des Dokuments ändern.

Sie fügen nun einer Logo-Datei einen Kennwortschutz hinzu, damit niemand den Inhalt ändern kann und unbefugte Anwender die Datei weder öffnen noch verwenden können.

1 Wählen Sie **Datei: Öffnen** und öffnen Sie die Datei *SBR_Logo.pdf*.

2 Wählen Sie **Datei: Speichern unter**, geben Sie der Datei den neuen Namen **SBR_Logo1.pdf** und sichern Sie sie im Ordner *Lektion08*.

3 Klicken Sie in der Aufgaben-Werkzeugleiste auf die Schaltfläche »Schützen« (🔒) und wählen Sie »Sicherheitseigenschaften anzeigen«.

Der Datei wurden bisher keine Sicherheitsmerkmale zugewiesen. Sie wählen nun als Erstes das hinzuzufügende Sicherheitssystem.

4 Wählen Sie im Einblendmenü »Sicherheitssystem« den Eintrag »Kennwortschutz«. Acrobat ruft automatisch das Dialogfenster »Kennwortschutz - Einstellungen« auf.

Sie wählen zunächst die Kompatibilitätseinstellung.

Die Standardkompatibilitätseinstellung ist die Kompatibilität mit Acrobat 7.0 oder höher. Wenn Sie sicher sind, dass alle anvisierten Anwender über Acrobat 7.0 oder höher verfügen, ist diese Kompatibilitätseinstellung die richtige. Falls Sie davon ausgehen müssen, dass einige Anwender immer noch mit älteren Acrobat-Versionen arbeiten, sollten Sie die Kompatibilität mit einer niedrigeren Acrobat-Version wählen. Allerdings geht diese Einstellung mit einer geringeren Verschlüsselungssicherheit einher.

5   Wählen Sie eine Kompatibilitätseinstellung im Einblendmenü »Kompatibilität«. Wir haben »Acrobat 7.0 und höher« gewählt.

6   Schalten Sie das Kontrollkästchen vor der Option »Kennwort zum Öffnen des Dokuments erforderlich« ein und geben Sie Ihr Kennwort ein. Wir haben **SBRLogo** eingegeben.

Dieses Kennwort müssen Sie jedem mitteilen, der das Dokument öffnen soll. Denken Sie daran, dass Acrobat bei Kennwörtern zwischen Groß- und Kleinschreibung unterscheidet.

Jetzt fügen Sie ein zweites Kennwort hinzu, mit dem Sie das Ändern der Drucken-, Bearbeitungs- und Sicherheitseinstellungen für die Datei ermöglichen.

7   Schalten Sie im Bereich »Berechtigungen« das Kontrollkästchen vor der Option »Einschränkung für Bearbeitung und Drucken des Dokuments. Kennwort zum Ändern dieser Berechtigungseinstellungen erforderlich« ein und geben Sie in das zugehörige Textfeld ein weiteres Kennwort ein. Wir haben **SBRPres** eingegeben.

8   Wählen Sie im Einblendmenü »Zulässiges Drucken«, ob Drucken überhaupt nicht, in geringer Auflösung oder in hoher Auflösung zulässig sein soll. Wir haben den Eintrag »Niedrige Auflösung (150 dpi)« gewählt.

9   Wählen Sie im Einblendmenü »Zulässige Änderungen« die Änderungsmöglichkeiten, die Sie Anwendern erlauben möchten. Wir haben »Kommentieren, Ausfüllen von Formularfeldern und Unterschreiben vorhandener Unterschriftsfelder« gewählt, um den Anwendern das Kommentieren des Logos zu erlauben.

> **Tipp:** Sie sollten Ihre Kennwörter immer an einem sicheren Ort hinterlegen. Falls Sie Ihr Kennwort vergessen, können Sie es nicht mehr aus dem Dokument herleiten. Es kann daher sinnvoll sein, eine ungeschützte Dokumentkopie an einem sicheren Ort aufzubewahren.

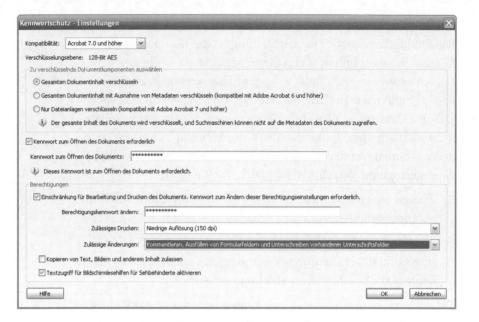

10 Klicken Sie auf OK, um Ihre Änderungen zuzuweisen.

11 Geben Sie in das erste Dialogfenster erneut Ihr Kennwort zum Öffnen des Dokuments ein. Wir haben **SBRLogo** eingegeben. Klicken Sie anschließend auf OK und im nachfolgenden Warnfenster ebenfalls auf OK, um es zu schließen.

12 Geben Sie im Dialogfenster »Adobe Acrobat - Berechtigungskennwort bestätigen« erneut Ihr Berechtigungskennwort ein. Wir haben **SBRPres** eingegeben. Klicken Sie anschließend auf OK und im nachfolgenden Warnfenster erneut auf OK, um dieses Fenster zu schließen.

Acrobat hat die für Anwender verfügbaren Aktionen geändert. Um weitere Informationen über die zugewiesenen Sicherheitsmerkmale zu erhalten, klicken Sie auf die Schaltfläche »Details anzeigen«.

13 Klicken Sie auf OK, um das Dialogfenster »Dokumenteigenschaften« zu schließen.

14 Klicken Sie auf **Datei: Speichern**, um Ihre bisherige Arbeit zu sichern und die Änderungen der Sicherheitsmerkmale zuzuweisen.

15 Wählen Sie **Datei: Schließen**, um die Datei *SBR_Logo1.pdf* zu schließen.

Jetzt überprüfen Sie die Sicherheitsmerkmale, die Sie der Datei hinzugefügt haben.

Kennwortgeschützte Dateien öffnen

1 Wählen Sie **Datei: Öffnen** und öffnen Sie wieder die Datei *SBR_Logo1.pdf* im Ordner *Lektion08*.

Acrobat fordert Sie auf, das zum Öffnen der Datei erforderliche Kennwort einzugeben.

2 Wir haben **SBRLogo** eingegeben und auf OK geklickt.

Acrobat fügt dem Dateinamen oben in der Dokumentfensterleiste »(GESCHÜTZT)« hinzu.

Jetzt überprüfen Sie das Berechtigungskennwort.

3 Klicken Sie in der Aufgaben-Werkzeugleiste auf die Schaltfläche »Schützen« ( ) und wählen Sie »Sicherheitseigenschaften anzeigen« im Menü.

4 Versuchen Sie, im Dialogfenster »Dokumenteigenschaften« das Sicherheitssystem von »Kennwortschutz« in »Keine Sicherheit« zu ändern.

Acrobat fordert Sie auf, das Berechtigungskennwort einzugeben.

5 Wir haben **SBRPres** eingegeben und auf OK geklickt und im aufgerufenen Fenster erneut auf OK geklickt.

Damit haben Sie alle Beschränkungen der Datei aufgehoben.

6 Klicken Sie auf OK, um das Dialogfenster »Dokumenteigenschaften« zu schließen.

7 Wählen Sie **Datei: Schließen**, um die Datei ohne Sichern der Änderungen zu schließen.

PDF-Dateien zertifizieren

Im vorigen Abschnitt dieser Lektion haben Sie ein PDF-Dokument elektronisch unterschrieben, um zu beglaubigen, dass Sie den Inhalt und die genehmigten Änderungen geprüft haben. Sie können die Inhalte eines PDF-Dokuments auch zertifizieren. Das ist dann sinnvoll, wenn Sie möchten, dass andere Anwender bestimmte Änderungen am Dokument vornehmen dürfen. Wie Sie im vorigen Abschnitt gesehen haben, wird die Unterschrift ungültig, sobald jemand (selbst Sie als Unterzeichner) Änderungen am unterschriebenen Dokument vornimmt. Wenn Sie ein Dokument zertifizieren und Anwender genehmigte Änderungen vornehmen, bleibt die Zertifizierung weiter gültig. So können Sie beispielsweise Formulare zertifizieren, um für den Inhalt zu garantieren, den Anwender

▶ **Tipp:** Bevor Sie ein Dokument verteilen, das andere unterschreiben oder ausfüllen sollen, sollten Sie die Verwendungsrechte für Adobe Reader-Anwender aktivieren (wählen Sie dazu **Erweitert: Funktionen in Adobe Reader erweitern**).

erhalten. Sie als Urheber des Formulars können festlegen, welche Aufgaben die Anwender ausführen dürfen. So können Sie zum Beispiel bestimmen, dass die Leser die Formularfelder ausfüllen dürfen, ohne die Zertifizierung des Dokuments ungültig zu machen. Falls jedoch jemand versucht, ein Formularfeld hinzuzufügen oder zu entfernen, würde die Zertifizierung ungültig.

Sie zertifizieren nun ein Formular, das an die Kunden einer Weinkellerei geschickt werden soll und in dem sie zu ihren zukünftig geplanten Einkäufen befragt werden. Durch die Zertifizierung des Formulars stellen Sie sicher, dass die Kunden das Formular wie von Ihnen gewünscht ausfüllen, ohne den Formularfeldern etwas hinzuzufügen oder etwas wegzulassen.

1 Wählen Sie **Datei: Öffnen** und öffnen Sie die Datei *Final_Survey.pdf* im Ordner *Lektion08*.

Informationen zur Formularnachrichten-Leiste finden Sie in Lektion 10, »PDF-Formulare erstellen«.

2 Wählen Sie **Datei: Eigenschaften** und klicken Sie auf das Register »Sicherheit«.

Die Informationen im Dialogfenster »Dokumenteigenschaften« zeigen, dass dem Dokument kein Sicherheitssystem und keine Dokumenteinschränkungen zugewiesen wurden.

3 Klicken Sie auf »Abbrechen«, um das Dialogfenster »Dokumenteigenschaften« ohne Änderungen zu schließen.

4 Wählen Sie **Erweitert: Unterschreiben und zertifizieren: Mit sichtbarer Unterschrift zertifizieren**.

5 Klicken Sie im aufgerufenen Dialogfenster »Adobe Acrobat« auf »Neues Unterschriftsrechteck aufziehen«. Klicken Sie im Dialogfenster »Als zertifiziertes Dokument speichern« auf OK und im folgenden Dialogfenster »Adobe Acrobat« ebenfalls auf OK.

Sie verwenden für die Zertifizierung der Datei die digitale ID, die Sie bereits in dieser Lektion erzeugt haben.

6 Ziehen Sie an einer beliebigen Stelle im Dokument ein Unterschriftenfeld auf. Wir haben das Unterschriftenfeld rechts oben neben dem Logo aufgezogen. Klicken Sie anschließend oben in der Dokumentnachrichten-Leiste auf »Dokument unterschreiben«.

7 Wenn Sie mehr als eine digitale ID eingerichtet haben, wählen Sie nun im Dialogfenster »Dokument zertifizieren« die zu verwendende digitale ID und klicken Sie auf OK. Wir haben »T. Simpson, Director« gewählt.

8 Geben Sie Ihr Kennwort ein. Wir haben **Lotion123** eingegeben.

9 Wählen Sie im Einblendmenü »Erscheinungsbild« den Eintrag »Logo«.

10 Wählen Sie einen Grund für die Zertifizierung des Dokuments. Wir haben den Eintrag »Ich bestätige die Richtigkeit und Integrität dieses Dokuments« gewählt.

11 Wählen Sie im Menü »Nach der Zertifizierung zulässige Aktionen« den Eintrag »Anmerkungen, Ausfüllen von Formularen und digitale Unterschriften«.

12 Klicken Sie auf »Unterschreiben«, um den Zertifizierungsvorgang abzuschließen.

13 Speichern Sie Ihre Datei als **Final_Survey_Cert.pdf**.

14 Klicken Sie auf die Schaltfläche »Unterschriften« im Navigationsteilfenster, um zu sehen, welche Aktionen die Zertifizierung erlaubt. Eventuell müssen Sie dafür die Einträge erweitern.

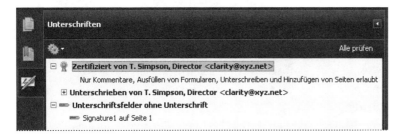

▶ **Tipp:** Immer wenn Sie ein zertifiziertes Dokument öffnen, sehen Sie links in der Nachrichtenleiste ein blaues Zertifizierungssymbol. Sie können jederzeit auf dieses Symbol klicken, um die Zertifizierungsinformationen einzusehen.

15 Wenn Sie mit dem Betrachten der Zertifizierungsinformationen fertig sind, klicken Sie im Unterschriften-Fenster auf die Schließen-Schaltfläche.

Zertifizierte Dokumente unterschreiben

Jetzt unterschreiben Sie das gerade von Ihnen zertifizierte Dokument, um zu überprüfen, ob das Ausfüllen eines Unterschriftsfeldes nicht die Zertifizierung ungültig macht.

1 Falls nötig, wählen Sie das Hand-Werkzeug und klicken Sie damit unten in der Dokumentseite in das Unterschriftsfeld (*Approval Signature*). Klicken Sie auf »Fortfahren«, um das Warndialogfenster zu schließen, und klicken Sie anschließend in der Dokumentnachrichten-Leiste auf die Schaltfläche »Dokument unterschreiben«.

2 Wenn Sie mehr als eine digitale ID eingerichtet haben, wählen Sie im eingeblendeten Dialogfenster Ihre digitale ID und klicken Sie auf OK. Wir haben »T. Simpson, Director« gewählt.

3 Geben Sie in das Textfeld »Kennwort bestätigen« Ihr Kennwort ein. Wir haben **Lotion123** eingegeben.

4 Übernehmen Sie die übrigen Werte, klicken Sie auf »Unterschreiben« und speichern Sie die Datei unter demselben Dateinamen im Ordner *Lektion08*.

5 Klicken Sie im Navigationsfenster auf die Schaltfläche »Unterschriften«

und erweitern Sie den durch das blaue Zertifizierungssymbol markierten Zertifizierungseintrag.

Die Zertifizierung ist immer noch gültig, obwohl eine Unterschrift hinzugefügt wurde.

6   Wählen Sie **Datei: Schließen**.

Eigene Übung: Sicherheitsumschläge verwenden

In Acrobat können Sie einem PDF-Dokument Dateien als Anlagen anhängen und nur diese Dateianlagen verschlüsseln. In einem solchen Fall fungiert das PDF-Dokument, in dem die Dokumente eingebettet sind, als Sicherheitsumschlag. Jeder kann den Sicherheitsumschlag öffnen und die Titelseite und sogar eine Auflistung des Inhalts betrachten, aber die Anlagen lassen sich nur im Rahmen der von Ihnen bestimmten Sicherheitseinstellung öffnen. Die geöffneten Dateien stimmen mit den ursprünglichen Dateianlagen exakt überein und sind nach dem Speichern nicht mehr verschlüsselt.

Angenommen, Sie möchten eine Kopie der Lotion-Werbeanzeige an eine Zweigstelle Ihrer Agentur schicken. Zu diesem Zeitpunkt ist die Werbung noch vertraulich, und Sie müssen sichergehen, dass niemand Unbefugtes sie öffnen und Kenntnis von ihr erlangen kann. Daher erzeugen Sie einen Sicherheitsumschlag, betten die Werbeanzeige in diesen Sicherheitsumschlag ein und weisen Sicherheitsmerkmale zu. In diesem Teil der Lektion nutzen Sie den Sicherheitsumschlag-Assistenten, der Sie durch den Vorgang führt; Sie können Sicherheitsumschläge allerdings auch manuell erzeugen.

1   Unter Windows klicken Sie in Acrobat in der Aufgaben-Werkzeugleiste auf die Schaltfläche »Schützen« und wählen »Sicherheitsumschlag erstellen« oder wählen Sie **Erweitert: Sicherheit: Sicherheitsumschlag erstellen**. Unter Mac OS wählen Sie **Erweitert: Sicherheit: Sicherheitsumschlag erstellen**.

2   Klicken Sie im Dialogfenster »Sicherheitsumschlag erstellen« auf die Schaltfläche »Zu sendende Datei hinzufügen«. Suchen Sie im Dialogfenster »Einzuschließende Dateien« nach der/den hinzuzufügenden Datei(en). Wir haben die Datei *Lotion.pdf* im Ordner *Lektion08* gewählt. Sie können auch andere als PDF-Dateien und mehrere Dateien zugleich hinzufügen. (Drücken Sie die Strg-Taste (Windows) bzw. Befehlstaste (Mac OS) beim Klicken, um mehrere Dateien aus demselben Ordner hinzuzufügen, oder fügen Sie die Dateien nacheinander hinzu,

falls sie sich in verschiedenen Ordnern befinden.) Klicken Sie auf »Öffnen«, um die Dateien hinzuzufügen.

Wenn Sie mit dem Hinzufügen von anderen als PDF-Dateien experimentieren möchten, können Sie versuchen, einige der Dateien aus dem Ordner *Lektion03* hinzuzufügen.

Acrobat zeigt die hinzuzufügende(n) Datei(en) im Bereich »Derzeit ausgewählte Dateien« an. Dateien aus dieser Liste löschen Sie, indem Sie sie markieren und dann auf die Schaltfläche »Ausgewählte Datei(en) entfernen« klicken.

3 Klicken Sie auf »Weiter«.

4 Wählen Sie im Fenster »Umschlagsvorlage« die zu verwendende Vorlage und klicken Sie auf »Weiter«. Wir haben die Vorlage mit dem Dokumenttitel »eEnvelope mit Datumsstempel« und dem Dateinamen »template2.pdf« gewählt. Klicken Sie auf »Weiter«.

5 Im nur unter Windows bereit stehenden Fenster »Liefermethode« haben wir uns für die Option »Umschlag jetzt senden« entschieden. Klicken Sie auf »Weiter« und dann auf »Ja«, um das aufgerufene Dialogfenster zu schließen.

6 Schalten Sie im Fenster »Sicherheitsrichtlinie« rechts die Option »Alle Richtlinien anzeigen« ein. Acrobat blendet die für Sie verfügbaren Richtlinien ein. Wir haben »Verschlüsselung mit Kennwort« gewählt. Klicken Sie auf »Weiter«.

7 Vervollständigen Sie das Identität-Fenster, falls Sie noch keine Identität eingerichtet haben.

8 Klicken Sie auf »Fertig stellen«.

Jetzt wählen Sie Ihre Sicherheitseinstellungen.

9 Wir haben uns im Dialogfenster »Kennwort - Sicherheitseinstellungen« für die Standardkompatibilität (Acrobat 7.0 und höher) und die Option »Gesamten Dokumentinhalt verschlüsseln« entschieden sowie die Option »Kennwort zum Öffnen des Dokuments erforderlich« eingeschaltet und ein entsprechendes Kennwort eingegeben.

10 Klicken Sie auf OK; falls Sie einen Kennwortschutz vergeben haben, fordert Acrobat Sie auf, das Kennwort erneut einzugeben.

Im Anschluss an diesen Vorgang startet Acrobat bei entsprechender Konfiguration Ihr Standard-E-Mail-Programm und erzeugt eine E-Mail mit angehängtem Sicherheitsumschlag. Schicken Sie die E-Mail an sich selbst, um sich das fertige Ergebnis anzusehen. (Unter

Mac OS müssen Sie die Datei speichern, schließen und erneut öffnen, bevor Acrobat Ihr E-Mail-Programm startet.)

11 Wenn Sie fertig sind, schließen Sie alle geöffneten Dateien und beenden Sie Acrobat.

Fragen

1 Wo ändern Sie das Erscheinungsbild Ihrer digitalen Unterschrift?

2 Wie viele digitale Unterschriften können Sie erstellen?

3 Warum sollten Sie einer PDF-Datei einen Kennwortschutz hinzufügen?

4 Wann sollten Sie einen Berechtigungsschutz einrichten?

Antworten

1 Das Erscheinungsbild Ihrer digitalen Unterschrift ändern Sie im Dialogfenster »Erscheinungsbild der Unterschrift konfigurieren«. Sie erreichen dieses Fenster über das Dialogfenster »Grundeinstellungen – Sicherheit«. Außerdem können Sie das Erscheinungsbild Ihrer digitalen Unterschrift während des Unterzeichnungsvorgangs im Dialogfenster »Dokument unterschreiben« ändern.

2 Sie können nahezu beliebig viele digitale Unterschriften erzeugen und für jede Funktion, die Sie innehaben, eine eigene digitale Unterschrift erstellen, beispielsweise persönliche Unterschriften, Firmenunterschriften und Familienunterschriften.

3 Einem vertraulichen Dokument, das von anderen nicht gelesen werden soll, können Sie einen Kennwortschutz hinzufügen. Damit können nur die Anwender das Dokument öffnen, denen Sie das Kennwort mitteilen.

4 Ein Berechtigungsschutz schränkt die Änderungsmöglichkeiten von Anwendern Ihrer Adobe PDF-Datei ein. So können Sie beispielsweise festlegen, dass Anwender Inhalte Ihrer Dateien nicht drucken oder kopieren und einfügen können. Dadurch können Sie den Inhalt Ihrer Dateien mit anderen teilen, ohne dabei die Kontrolle über deren Verwendung zu verlieren.

9 ACROBAT IN EINER DOKUMENT-ÜBERPRÜFUNG

Überblick

In dieser Lektion lernen Sie Folgendes:

- Acrobat auf verschiedene Arten in einer Dokumentüberprüfung einsetzen

- Eine PDF-Datei mit den Kommentieren und markieren-Werkzeugen von Acrobat kommentieren

- Dokumentkommentare lesen, beantworten, zusammenfassen und drucken

- Eine gemeinsame Überprüfung starten

- Eine Echtzeitzusammenarbeit starten

- Ein Online-Meeting mit Adobe ConnectNow hosten

 Für diese Lektion benötigen Sie ungefähr 60 Minuten. Falls nötig, kopieren Sie jetzt den Ordner *Lektion09* auf Ihre Festplatte.

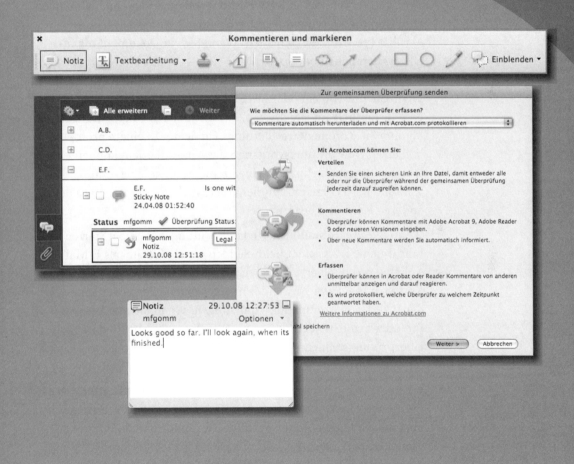

Der Überprüfungsvorgang

Acrobat lässt sich auf vielfältige Weise in Dokumentüberprüfungsvorgängen verwenden. Unabhängig davon, welche Methode Sie verfolgen, umfasst der Arbeitsablauf einige Schlüsselelemente: Der Initiator der Überprüfung lädt Teilnehmer ein und macht das Dokument für sie verfügbar, die Überprüfungsteilnehmer fügen Kommentare ein und der Initiator erfasst diese Kommentare und arbeitet mit ihnen.

Sie können jedes PDF-Dokument per E-Mail verteilen, auf einem Netzwerkserver oder einer Website veröffentlichen und Teilnehmer zum Kommentieren mit Acrobat Standard, Acrobat Pro oder Acrobat Pro Extended einladen. Wenn Sie ein Dokument manuell veröffentlichen oder per E-Mail senden, müssen Sie zurückkommende Kommentare verwalten und selbst zusammenführen. Wenn Sie nur von ein oder zwei Personen Feedback erbitten, ist dies vermutlich am effektivsten. Für die meisten Überprüfungen können Sie Kommentare allerdings effizienter in einem protokollierten Überprüfungsvorgang erfassen. Außerdem können Überprüfungsteilnehmer in einer gemeinsamen Überprüfung oder während der Echtzeitzusammenarbeit auch die Kommentare der anderen lesen und beantworten.

Wenn Sie eine E-Mail-basierte Überprüfung in Acrobat starten, hilft Ihnen ein Assistent beim Senden der PDF-Datei als E-Mail-Anhang, protokolliert Antworten und verwaltet die eingehenden Kommentare. Jeder Anwender mit Acrobat 6 oder neuer kann der PDF-Datei Kommentare hinzufügen. Wenn Sie mit Acrobat 9 Pro oder Pro Extended arbeiten, ermöglichen Sie bei Bedarf auch Überprüfungsteilnehmern, die mit Adobe Reader 7 oder neuer arbeiten, das Hinzufügen von Kommentaren.

Wenn Sie eine gemeinsame Überprüfung in Acrobat starten, hilft Ihnen ein Assistent beim Veröffentlichen der PDF-Datei in einem Netzwerkordner, WebDAV-Ordner, SharePoint-Workspace oder auf *Acrobat.com*, einem kostenlosen webbasierten Service. Über den Assistenten schicken Sie E-Mail-Einladungen an Überprüfungsteilnehmer, die dann auf das veröffentlichte Dokument zugreifen, Kommentare hinzufügen und, sofern sie mit Acrobat 9 arbeiten, auch die Kommentare von anderen Überprüfungsteilnehmern lesen können. Sie können einen Abgabetermin für die Überprüfung festlegen, nach dem Überprüfungsteilnehmer keine weiteren Kommentare mehr veröffentlichen können. Wenn Sie mit Acrobat 9 Pro oder Pro Extended arbeiten, können Sie außerdem Anwender mit Adobe Reader 9 für die Überprüfung Ihres Dokuments freischalten.

Mit Acrobat 9 können Sie auch eine Echtzeitzusammenarbeit starten, in der Sie ein virtuelles Meeting in Verbindung mit einem einzelnen Dokument abhalten. Sie und andere Teilnehmer können das Dokument gleichzeitig gemeinsam auf den Bildschirmen aller Beteiligten bewegen, so dass Sie sich buchstäblich alle auf der gleichen Seite befinden.

Vorbereitungen

In dieser Lektion fügen Sie einem PDF-Dokument Kommentare hinzu, lesen und verwalten Kommentare und starten eine gemeinsame Überprüfung. Zusammenarbeiten erfordert per Definition das gemeinsame Arbeiten mit anderen Personen. Viele der Übungen in dieser Lektion sind deshalb sinnvoller, wenn Sie sie mit einem oder mehreren Kollegen oder Freunden durcharbeiten. Wenn Sie dagegen unabhängig und allein arbeiten, können Sie die Übungen mit alternativen E-Mail-Adressen ausführen, die Sie kostenlos auf Websites wie *Gmail.de* oder *Yahoo.de* einrichten können. (Bitte beachten Sie die Geschäftsbedingungen auf diesen E-Mail-Websites zur Verwendung der dort eingerichteten E-Mail-Adressen.)

Kommentare in ein PDF-Dokument einfügen

Mit Ausnahme von Dokumenten, denen entsprechende Sicherheitsfunktionen zugewiesen wurden, können Sie jeder PDF-Datei Kommentare hinzufügen. In den meisten Fällen verwenden Sie die Kommentarfunktionen, um dem Verfasser eines Dokuments eine Rückmeldung zukommen zu lassen, aber Sie können damit auch beim Lesen eines Dokuments für sich selbst Notizen anlegen. Acrobat bietet zahlreiche Kommentar-Werkzeuge, von denen Ihnen einige sicher aus der Schreibtischarbeit bekannt vorkommen. So sind beispielsweise das Notiz- und das Hervorheben-Werkzeug elektronische Versionen der Hilfsmittel, die Sie auch in Ihrem Büro verwenden.

In dieser Lektion nutzen Sie einige der Kommentar-Werkzeuge für Feedback zu einem medizinischen Versuchsprotokolldokument.

Kommentar-Werkzeuge

Acrobat verfügt über zahlreiche Werkzeuge zum Kommentieren und Markieren. Sie können damit die unterschiedlichsten Kommentierungsaufgaben durchführen. Die meisten Kommentare bestehen aus zwei Teilen: dem Symbol oder der Markierung, die auf der Seite angezeigt wird, und der Textnachricht, die in einer Popup-Notiz angezeigt wird, wenn Sie auf das Symbol klicken oder doppelklicken oder mit dem Mauszeiger darauf zeigen. (Ausführliche Informationen zur Verwendung der einzelnen Werkzeuge finden Sie in der Adobe Acrobat 9 Hilfe.)

- **Notiz-Werkzeug** ( ) – Erstellen Sie Notizen wie auf Papier. Klicken Sie im Dokument auf die Position, an der die Notiz erscheinen soll. Notizen eignen sich eher für allgemeine Kommentare zu einem Dokument oder Dokumentabschnitt als zu einem bestimmten Ausdruck oder Satz.

- **Textbearbeitung-Werkzeug** ( ) – Mit diesem Werkzeug zeigen Sie, welcher Text gelöscht, eingefügt oder ersetzt werden soll. Ihre Kommentare korrigieren zwar nicht den Text im PDF-Dokument, aber verdeutlichen Ihre Gedanken.

- **Stempel-Werkzeug** ( ) – Bestätigen Sie ein Dokument mit einem virtuellen Stempel, kennzeichnen Sie es als vertraulich oder führen Sie andere Stempelaufgaben durch. Sie können außerdem benutzerdefinierte Stempel für Ihre Zwecke erstellen.

- **Hervorheben-Werkzeug** ( ) – Heben Sie den zu kommentierenden Text hervor und geben Sie Ihren Kommentar ein.

- **Legenden-Werkzeug** ( ) – Stellen Sie den zu kommentierenden Dokumentbereich heraus, ohne ihn zu verdecken. Legenden-Textfelder gliedern sich in drei Teile: ein Textfeld, eine Knicklinie und eine Endpunktlinie. Sie können durch Ziehen eines Anfassers jeweils die Größe ändern und die Markierung exakt positionieren.

- **Textfeld-Werkzeug** ( ) – Mit dem Textfeld-Werkzeug können Sie ein Feld mit Text erstellen, es an einer beliebigen Stelle auf der Seite platzieren und seine Größe beliebig ändern. Ein Textfeld bleibt auf der Dokumentseite sichtbar; es wird nicht wie eine Popup-Notiz geschlossen.

- **Kommentarwolken-** ( ), **Pfeil-** ( ), **Linien-** ( ), **Rechteck-** ( ), **Kreis-** ( ) und **Bleistift-** ( ) **Werkzeuge** – Mit den Zeichenwerkzeugen betonen Sie bestimmte Bereiche auf einer

Video: Das Video »Kommentare: Stempel« auf der Buch-DVD zeigt mehr zu diesem Thema. Weitere Informationen finden Sie unter »Den Ordner *Video-Training* installieren« auf Seite 16.

Seite oder teilen Ihre Gedanken künstlerisch mit, besonders beim Kommentieren von Grafikdokumenten.

Notizen hinzufügen

Eine Notiz können Sie in einem Dokument beliebig anlegen. Da sich Notizen mühelos verschieben lassen, eignen sie sich am besten für allgemeine Kommentare zum Inhalt oder Layout eines Dokuments und weniger für bestimmte Formulierungen. Sie fügen nun auf der ersten Seite dieses Dokuments eine Notiz hinzu.

▶ **Tipp:** Um einen benutzerdefinierten Stempel zu erstellen, wählen Sie **Werkzeuge: Kommentieren und markieren: Stempel: Stempelpalette einblenden**. Klicken Sie auf »Importieren«, wählen Sie die gewünschte Datei und befolgen Sie die Anweisungen auf dem Bildschirm.

1 Wählen Sie in Acrobat **Datei: Öffnen**.

2 Navigieren Sie zum Ordner *Lektion09* und doppelklicken Sie auf die Datei *Curetall_Protocol.pdf*.

3 Wählen Sie in der Aufgaben-Werkzeugleiste **Kommentar: Notiz hinzufügen**.

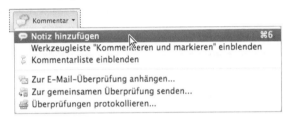

Acrobat öffnet eine Notiz und fügt automatisch Ihren Anmeldenamen für Acrobat sowie das Datum und die Uhrzeit in die Notiz ein.

4 Geben Sie **Looks good so far. I'll look again when it's finished.** ein (Sieht gut aus. Ich schaue es mir wieder an, wenn es fertig ist).

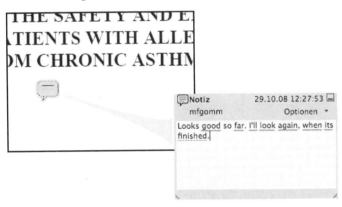

5 Klicken Sie im Notizfenster auf »Optionen« und wählen Sie im Einblendmenü den Eintrag »Eigenschaften«.

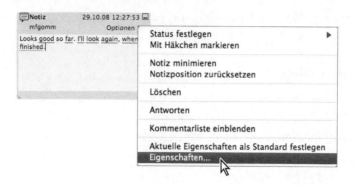

6 Falls nötig, klicken Sie auf das Register »Erscheinungsbild« und klicken Sie dann auf das Farbfeld.

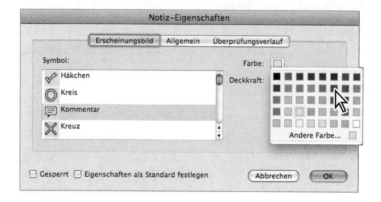

7 Wählen Sie ein blaues Farbfeld. Die Notiz ändert automatisch ihre Farbe.

8 Klicken Sie auf das Register »Allgemein«.

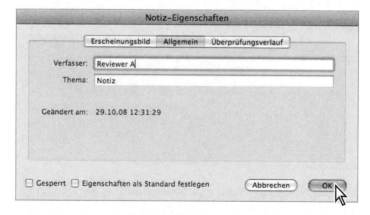

9 Geben Sie in das Texteingabefeld »Verfasser« **Reviewer A** ein.

Sie können den zu einem Kommentar gehörenden Namen ändern. Sinnvoll ist das beispielsweise, wenn Sie am Rechner eines anderen arbeiten.

10 Klicken Sie auf OK.

Die blaue Notiz ist auf der Seite noch geöffnet. Sie können sie geöffnet lassen oder oben rechts auf die Schließen-Schaltfläche klicken, um sie zu schließen. Um sie wieder zu öffnen, doppelklicken Sie auf das Notiz-Symbol.

Text hervorheben

Mit dem Hervorheben-Werkzeug markieren Sie bestimmte Textbereiche in einem Dokument; anschließend können Sie noch eine Nachricht einfügen. Sie fügen in dieses Dokument nun einen Kommentar mit dem Hervorheben-Werkzeug ein.

1 Rollen Sie zur Seite 2 im Dokument.

2 Wählen Sie in der Aufgaben-Werkzeugleiste **Kommentare: Werkzeugleiste "Kommentieren und markieren" einblenden**. Die Kommentieren und markieren-Werkzeugleiste enthält alle Werkzeuge zum Kommentieren und Markieren.

3 Klicken Sie auf das Hervorheben-Werkzeug ( ) in der Werkzeugleiste.

4 Ziehen Sie mit gedrückter Maustaste über den Text »Jocelyn M. Taget, RN« in der ersten Zeile der Tabelle. Acrobat hebt den Text gelb hervor.

5 Doppelklicken Sie auf den hervorgehobenen Text. Acrobat ruft ein Kommentar-Nachrichtenfenster auf.

6 Geben Sie **Double-check contact info.** (Kontaktinfo prüfen) ein.

7 Klicken Sie auf das Schließen-Symbol oben rechts im Nachrichtenfenster, um es zu schließen.

Dokumente mit dem Textbearbeitung-Werkzeug markieren

Mit dem Textbearbeitung-Werkzeug können Sie verdeutlichen, welche Textbereiche gelöscht, eingefügt oder ersetzt werden sollen. Sie schlagen jetzt einige Textänderungen im Protokolldokument vor.

1   Rollen Sie auf Seite 3 im Protokolldokument.

2   Klicken Sie in der Werkzeugleiste auf das Textbearbeitung-Werkzeug ( ) und klicken Sie im eingeblendeten Informationsdialogfenster »Textänderungen kennzeichnen« auf OK.

3   Markieren Sie das Wort »Patients« im Text zur Überschrift »Title of Study« (in der vierten Zeile der Tabelle).

4   Geben Sie **patients** als Ersatztext ein.

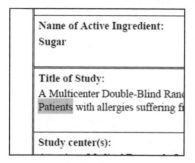 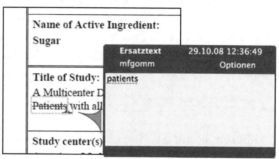

Acrobat zeigt ein Ersatztext-Fenster mit dem Text »patients« und streicht den Originaltext durch. Außerdem zeigt es am Originaltext ein Einfügemarkesymbol.

5   Klicken Sie im Ersatztext-Fenster auf die Schließen-Schaltfläche.

6   Klicken Sie in der Zeile »Objective« der Tabelle hinter den Text »Evaluation of tolerability and evaluation of long-term«, um eine Einfügemarke hinzuzufügen.

7   Geben Sie **efficacy** als einzufügenden Text ein.

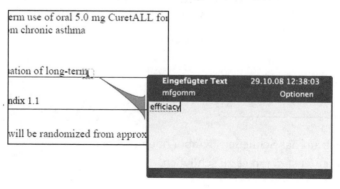

Acrobat öffnet ein Eingefügter Text-Fenster mit dem Wort »efficacy« darin und zeigt ein Einfügemarkesymbol hinter dem Originaltext an.

8 Klicken Sie auf die Schließen-Schaltfläche im Eingefügter Text-Fenster.

9 Gehen Sie auf Seite 10 im Dokument.

10 Wählen Sie unterhalb von »Potential Risks und Benefits« unten auf der Seite die Wörter »based on studies to date«.

11 Drücken Sie die Entfernen- oder die Rückschritttaste.

Acrobat streicht den Text rot durch und zeigt damit an, dass dieser Text gelöscht werden soll.

12 Schließen Sie die Kommentieren und markieren-Werkzeugleiste.

13 Schließen Sie das Dokument. Sie können die Änderungen sichern oder das Dokument ohne Speichern der Änderungen schließen.

> **Tipp:** Um die Rechtschreibung in Ihren Kommentaren zu prüfen, wählen Sie **Bearbeiten: Rechtschreibprüfung: In Kommentaren, Feldern und bearbeitbarem Text**. (Ist die PDF-Datei in einem Browser geöffnet, klicken Sie in der Bearbeiten-Werkzeugleiste auf »Rechtschreibung«.)

Kommentare

Sie können Kommentare auf der Seite, in einer Liste oder in einer Zusammenfassung lesen. Sie können sie importieren, exportieren und drucken. Und Sie können Kommentare beantworten, wenn Sie an einer gemeinsamen Überprüfung teilnehmen oder die PDF-Datei in einer E-Mail-basierten Überprüfung an einen Überprüfungsteilnehmer zurücksenden. In dieser Lektion importieren Sie Kommentare von Überprüfungsteilnehmern, sortieren sie, blenden sie aus und ein und ändern ihren Status.

Kommentare importieren

In einem protokollierten gemeinsamen Überprüfungsvorgang werden Kommentare automatisch importiert, während Sie in einem E-Mail-basierten Überprüfungsvorgang oder beim formlosen Sammeln von Kommentaren die Kommentare manuell importieren können. Sie importieren nun die Kommentare von drei Überprüfungsteilnehmern in den Entwurf eines Einverständniserklärungsformulars.

1 Wählen Sie in Acrobat **Datei: Öffnen**.

2 Doppelklicken Sie im Ordner *Lektion09* auf die Datei *Curetall_Informed_Consent.pdf*.

3 Wählen Sie **Kommentare: Kommentare importieren**.

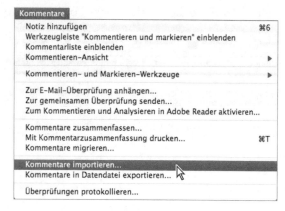

4 Navigieren Sie zum Ordnerpfad *Lektion09/Comments*.

5 Klicken Sie mit gedrückter Umschalttaste auf folgende Dateien:

- *Curetall Informed Consent_ab.pdf*
- *Curetall Informed Consent_cd.pdf*
- *Curetall Informed Consent_ef.fdf*

6 Klicken Sie auf »Auswählen«.

Bei zwei von den Dokumenten handelt es sich um PDF-Dateien mit Kommentaren; die FDF-Datei ist eine Datendatei mit Kommentaren, die von einem Überprüfungsteilnehmer exportiert wurde.

Acrobat importiert die Kommentare und zeigt sie in einer Kommentarliste an.

▶ **Tipp:** Als Überprüfungsteilnehmer können Sie Kommentare zur Verringerung der Dateigröße in eine Datendatei (mit der Dateinamenerweiterung ».fdf«) exportieren; sinnvoll ist das besonders dann, wenn Sie Kommentare per E-Mail versenden. Wählen Sie dazu **Kommentare: Kommentare in Datendatei exportieren**.

Kommentare lesen

Acrobat zeigt die Kommentarliste unten im Acrobat-Fenster an, nachdem Sie Kommentare importiert haben. Sie können sie jederzeit mit **Kommentare: Kommentarliste einblenden** öffnen. In der Kommentarliste führt Acrobat jeden Kommentar im Dokument mit dem Namen des Verfassers, dem Kommentartyp und dem Kommentar selbst auf.

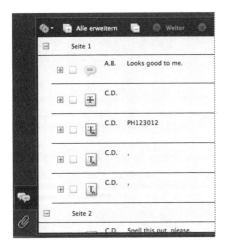

1 Rollen Sie durch die Kommentarliste. Acrobat führt die Kommentare standardmäßig in der Reihenfolge ihres Vorkommens im Dokument auf und Sie können die Kommentare für jede Seite ein- oder ausblenden.

2 Klicken Sie auf das Minus-Symbol neben Seite 1, um die Kommentare für diese Seite auszublenden.

3 Wählen Sie in der Kommentarliste-Werkzeugleiste **Sortierfolge: Verfasser**. Klicken Sie im eingeblendeten Informations-dialogfenster auf OK.

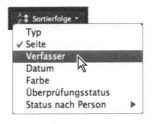

Acrobat ordnet die Kommentare jetzt nach Kommentarverfasser statt nach Seitenzahl an.

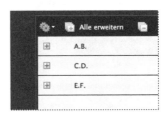

4 Klicken Sie auf das Plus-Symbol neben »C.D.«, um die Kommentare dieses Verfassers einzublenden.

5 Klicken Sie auf den letzten Kommentar von C.D., ein eingefügtes Komma. Nach dem Klicken auf den Kommentar springt Acrobat auf den Bereich der Seite mit dem Kommentar, damit Sie den Kommentar im Zusammenhang sehen können. Klicken Sie auf das Plus-Symbol neben dem Kommentar, um seine Eigenschaften, den Kommentartyp und das Datum und die Uhrzeit der Eingabe, zu sehen.

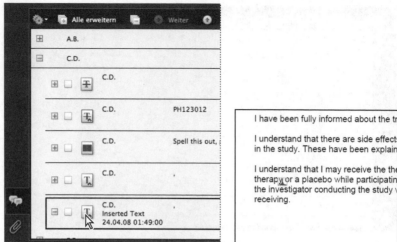

6   Klicken Sie in das
    Kontrollkästchen
    neben dem
    Kommentar
    von C.D., um

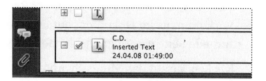

darin ein Häkchen zu setzen. Klicken Sie im eingeblendeten
Informationsdialogfenster auf OK.

Mit diesen Häkchen können Sie beispielsweise anzeigen, dass Sie den
Kommentar gelesen, beantwortet, mit jemandem besprochen oder
sonst etwas Wichtiges mit ihm ausgeführt haben.

7   Wählen Sie in der Kommentarliste-Werkzeugleiste **Einblenden:
    Nach Überprüfungsstatus einblenden: Nicht überprüft**.
    Klicken Sie im eingeblendeten Informationsdialogfenster auf OK.

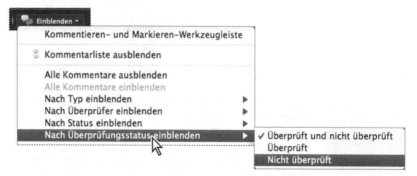

8   Blenden Sie wieder die Kommentare von C.D. ein. Acrobat führt
    den von Ihnen mit einem Häkchen versehenen Kommentar nicht
    mehr auf, obwohl er noch im Dokument vorhanden ist. Mit den
    Einblenden-Befehlen können Sie die Kommentarliste filtern und
    sich auf bestimmte Kommentare konzentrieren, je nachdem, ob

Sie beispielsweise nur Textbearbeitungen, Kommentare eines bestimmten Überprüfungsteilnehmers oder Kommentare, die anderen Kriterien entsprechen, sehen möchten.

9   Wählen Sie **Einblenden: Alle Kommentare einblenden**. Klicken Sie im eingeblendeten Informationsdialogfenster auf OK.

10 Blenden Sie wieder die Kommentare von C.D. ein. Acrobat führt wieder alle Kommentare auf.

11 Klicken Sie auf das Plus-Symbol neben »E.F.«, um dessen Kommentare einzublenden.

12 Wählen Sie den Kommentar des Verfassers E.F.

13 Wählen Sie in der Kommentarliste-Werkzeugleiste **Status festlegen: Überprüfung: Beendet**.

> **Tipp:** Wenn in der Kommentare-Werkzeugleiste nicht ausreichend Platz für die Darstellung der Schaltflächenbezeichnungen ist, zeigt Acrobat nur die Symbole an. Um die Schaltflächenbezeichnungen dann wieder sehen zu können, vergrößern oder maximieren Sie das Anwendungsfenster.

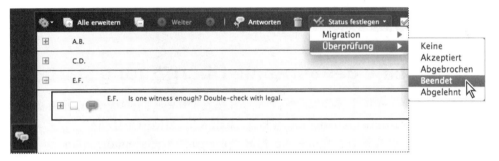

Sie können den Status für jeden Kommentar für Ihre eigenen Aufzeichnungen festlegen oder um Überprüfungsteilnehmern mitzuteilen, wie ihre Kommentare behandelt wurden.

14 Der Kommentar von E.F. ist noch gewählt; klicken Sie in der Kommentarliste-Werkzeugleiste auf »Antworten«. Acrobat blendet in der Kommentarliste ein Antworttexteingabefeld mit Ihrem Namen ein.

15 Geben Sie **Legal says one witness is fine, per Janet.** (Die Rechtsabteilung hält einen Zeugen für ausreichend, von Janet.) ein.

● **Hinweis:** Der Überprüfungsteilnehmer kann Ihre Antwort nur in einem gemeinsamen Überprüfungsvorgang sehen oder wenn Sie ihm eine Kopie der PDF-Datei per E-Mail senden.

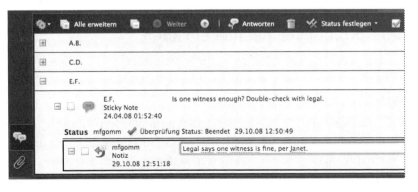

16 Schließen Sie das Dokument, ohne Ihre Änderungen zu sichern.

> ### Kommentare zusammenfassen
>
> Sie können eine Zusammenfassung der Kommentare erstellen, entweder als Kommentarliste oder als Dokument mit Kommentarreferenzen. Klicken Sie in der Kommentarliste auf die Schaltfläche »Optionen« und wählen Sie »Kommentare zusammenfassen«. Wählen Sie im Dialogfenster »Optionen für Zusammenfassung« das Layout und andere Optionen für Ihre Zusammenfassung und klicken Sie auf »PDF-Kommentarzusammenfassung erstellen«. Acrobat erstellt und öffnet eine neue PDF-Datei im von Ihnen gewählten Kommentarzusammenfassungslayout, die Sie auf dem Bildschirm betrachten oder ausdrucken können, wenn Sie lieber mit Papierdokumenten arbeiten.

Eine gemeinsame Überprüfung starten

In einer gemeinsamen Überprüfung können alle Teilnehmer die Kommentare der anderen lesen und beantworten. Damit können Überprüfungsteilnehmer gegensätzliche Meinungen untereinander diskutieren, Bereiche ausfindig machen, in denen noch weiter geforscht werden muss, und kreative Lösungen während des Überprüfungsvorgangs entwickeln. Sie können eine gemeinsame Überprüfung in einem Netzwerkordner, WebDAV-Ordner, SharePoint-Workspace oder auf *Acrobat.com*, einem neuen kostenlosen Webservice, hosten. Für diese Übung verwenden Sie *Acrobat.com* zum Hosten einer gemeinsamen Überprüfung. Sie müssen dafür mindestens eine weitere Person zur Teilnahme einladen. Wenn Sie alleine arbeiten, können Sie sich dafür eine alternative E-Mail-Adresse bei einem kostenlosen Webservice, beispielsweise *Gmail.de* oder *Yahoo.de*, einrichten.

Video: Das Video »Acrobat.com – Der Online-Service« auf der Buch-DVD zeigt mehr zu diesem Thema. Weitere Informationen finden Sie unter »Den Ordner *Video-Training* installieren« auf Seite 16.

Überprüfungsteilnehmer einladen

Sie laden die Überprüfungsteilnehmer jetzt mit dem *Zur gemeinsamen Überprüfung senden*-Assistenten zur Teilnahme einer gemeinsamen Überprüfung eines Dokuments ein.

1 Überlegen Sie, wen Sie zu der gemeinsamen Überprüfung einladen möchten, und vergewissern Sie sich, dass Sie über die entsprechenden E-Mail-Adressen verfügen. Wenn Sie diese

Lektion alleine bearbeiten, erstellen Sie eine alternative E-Mail-Adresse, an die Sie die Einladung schicken können.

2 Wählen Sie **Datei: Öffnen**.

3 Navigieren Sie zum Ordner *Lektion09* und doppelklicken Sie auf die Datei *Aquo_market_summary.pdf*.

4 Wählen Sie **Kommentare: Zur gemeinsamen Überprüfung senden**.

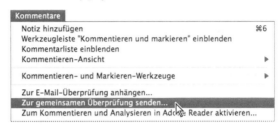

5 Falls nötig, wählen Sie im Einblendmenü oben im Dialogfenster »Zur gemeinsamen Überprüfung senden« den Eintrag »Kommentare automatisch herunterladen und mit *Acrobat.com* protokollieren«.

6 Klicken Sie auf »Weiter«.

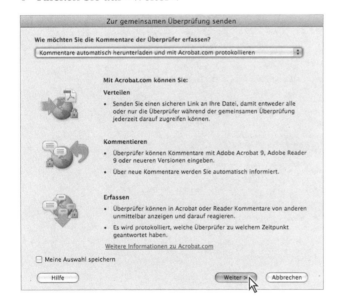

7 Wenn Sie zur Eingabe Ihrer Adobe ID und Ihres Kennworts aufgefordert werden, geben Sie beides ein und klicken Sie auf »Anmelden«. Falls Sie noch keine Adobe ID eingerichtet haben, klicken Sie auf »Adobe ID erstellen« und füllen Sie das Online-Formular aus. Lesen Sie den Acrobat.com-Dienstleistungsvertrag und schalten Sie die Option »Ich habe die folgenden Dokumente gelesen und stimme zu« ein und klicken Sie auf »Weiter«. Klicken

Hinweis: Nachdem Sie eine Adobe ID eingerichtet haben, erhalten Sie eine E-Mail-Bestätigung, die Sie innerhalb von drei Tagen beantworten müssen, um Ihre Adobe ID zu verifizieren. Sie brauchen den Arbeitsablauf der gemeinsamen Überprüfung dafür nicht zu unterbrechen.

Sie im eventuell eingeblendeten Dialogfenster auf »Ich stimme zu«.

Wenn Sie sich mit Ihrer Adobe ID angemeldet haben, authentifiziert Acrobat.com Ihre Adobe ID oder erstellt Ihre Adobe ID, wenn Sie eine neue eingerichtet haben.

8   Geben Sie die E-Mail-Adressen der Personen ein, die Sie einladen möchten.

9   Passen Sie die Nachricht für die Teilnehmer nach Ihren Vorstellungen an oder übernehmen Sie die Standardnachricht.

10 Wählen Sie im Einblendmenü »Zugriffsebene« den Eintrag, der mit »Freier Zugriff« beginnt, damit jeder, dem der URL bekannt ist, an der Überprüfung teilnehmen kann.

Mit der Option, die mit »Eingeschränkter Zugriff« beginnt, können Sie den Zugriff auf die von Ihnen eingeladenen Teilnehmer beschränken.

11 Klicken Sie auf »Senden«.

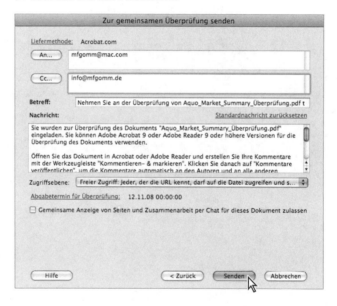

Der Acrobat.com-Server sendet E-Mail-Einladungen mit einer Verknüpfung zu dem Dokument auf Acrobat.com. Acrobat speichert das Dokument auf Acrobat.com und auf Ihrer Festplatte.

12 Schließen Sie das Dokument.

Acrobat.com

Acrobat.com ist ein neuer sicherer webbasierter Service mit vielen kostenlosen Funktionen. Obwohl der Service mit Acrobat.com bezeichnet ist, ist er kein Bestandteil der Anwendung Acrobat. Sie können dort vielmehr beliebige Dateiformate und nicht nur PDF-Dateien veröffentlichen. Für den Zugriff auf Acrobat.com geben Sie in Ihren Webbrowser **www.acrobat.com** ein oder wählen Sie in der Aufgaben-Werkzeugleiste **Zusammenarbeiten: Gehe zu Acrobat.com**. Um kostenlose Funktionen wie den gemeinsamen Dateizugriff nutzen zu können, benötigen Sie nur eine kostenlose Adobe ID. Weitere Informationen zu Acrobat.com finden Sie unter *www.acrobat.com*.

An einer gemeinsamen Überprüfung teilnehmen

Nun nehmen Sie oder Ihre Kollegen oder Freunde an einer gemeinsamen Überprüfung teil und fügen Kommentare für andere ein.

1. Wenn Sie alleine arbeiten, öffnen Sie die E-Mail-Einladung, die Sie an eine alternative E-Mail-Adresse geschickt haben. Wenn Sie mit Kollegen oder Freunden zusammenarbeiten, bitten Sie sie, die von Ihnen verschickte E-Mail-Einladung zu öffnen und die nachfolgenden Schritte auszuführen.

2. Klicken Sie auf den URL, um auf Acrobat.com zu gelangen.

3. Melden Sie sich auf Acrobat.com mit Ihrer Adobe ID oder als Gast an. Falls nötig, wählen Sie im Einblendmenü oben rechts »Deutsch« als Sprache aus.

4. Klicken Sie oben rechts im Acrobat.com-Fenster auf »Herunterladen« und dann auf »Öffnen« oder doppelklicken Sie auf die heruntergeladene Datei, um sie in Acrobat zu öffnen.

5. Falls Acrobat das Dialogfenster »Gemeinsame Überprüfung« aufruft, klicken Sie dort auf »Verbinden«; wenn das Dialogfenster »Willkommen zur gemeinsamen Überprüfung« erscheint, klicken Sie auf OK.

6. Fügen Sie mit den Kommentar-Werkzeugen mehrere Kommentare in die PDF-Datei ein.

7. Klicken Sie in der Dokumentmeldungsleiste auf »Kommentare veröffentlichen«, um die Kommentare auf dem Server zu speichern.

8. Schließen Sie das Dokument. Sie brauchen die Änderungen nicht zu sichern.

Überprüfungskommentare protokollieren

Sie können die Kommentare der Überprüfungsteilnehmer in Acrobat protokollieren und selbst beantworten. Sie öffnen jetzt die Überprüfungs-PDF-Datei und suchen nach neuen Kommentaren.

1 Wählen Sie in Acrobat **Datei: Öffnen**.

2 Navigieren Sie zum Ordner *Lektion09* und doppelklicken Sie auf die Datei *Aquo_Market_Summary_Überprüfung.pdf*.

3 Klicken Sie in den eventuell eingeblendeten Dialogfenstern »Gemeinsame Überprüfung« auf »Verbinden« und »Willkommen zur gemeinsamen Überprüfung« auf OK.

Acrobat hat eine Überprüfungsversion Ihres Dokuments gespeichert, als Sie es für die gemeinsame Überprüfung verschickt haben.

4 Klicken Sie in der Dokumentmeldungsleiste auf »Nach neuen Kommentaren suchen«.

Acrobat sammelt die neuen Kommentare und zeigt sie an.

5 Doppelklicken Sie auf ein Kommentarsymbol und klicken Sie im Kommentar-Nachrichtenfenster auf »Optionen«.

6 Wählen Sie »Antworten«.

7 Geben Sie eine Antwort für den Überprüfungsteilnehmer ein.

8 Klicken Sie in der Dokumentmeldungsleiste auf »Kommentare veröffentlichen«.

Acrobat veröffentlicht Ihre Antwort auf dem Server.

9 Wählen Sie **Kommentare: Überprüfungen protokollieren**.

Acrobat öffnet das Hilfsprogramm Tracker.

10 Wählen Sie die Datei *Aquo_market_summary_Überprüfung.pdf* auf der linken Seite. Tracker zeigt die Liste der eingeladenen Überprüfungsteilnehmer und die Anzahl der von jedem einzelnen abgegebenen Kommentare an; zusätzlich führt Tracker dort den Abgabetermin der Überprüfung auf und ermöglicht das Senden von E-Mail-Erinnerungen an Überprüfungsteilnehmer und das Hinzufügen weiterer Teilnehmer. Außerdem können Sie den Abgabetermin ändern.

11 Schließen Sie das Dokument.

▶ **Tipp:** Um die Unterschiede zwischen zwei Versionen eines PDF-Dokuments zu sehen, wählen Sie **Dokument: Dokumente vergleichen**, wählen die entsprechenden Dokumente und die Dokumentbeschreibung. Acrobat hebt die Änderungen auf dem Bildschirm hervor.

Eine E-Mail-basierte Überprüfung starten

Wenn Sie eine E-Mail-basierte Überprüfung starten, versenden Sie eine protokollierte Kopie der PDF-Datei, wodurch Sie auf einfache Weise Kommentare, die Sie erhalten, in die PDF-Datei aufnehmen können. Um eine E-Mail-basierte Überprüfung zu starten, wählen Sie **Kommentare: Zur E-Mail-Überprüfung anhängen**. Falls Acrobat noch nicht über entsprechende Informationen verfügt, geben Sie sie im Dialogfenster »Erste Schritte« ein. Wählen Sie die PDF für diese Überprüfung aus und klicken Sie auf »Weiter«. Die gewählte PDF-Datei wird automatisch zur Master-Datei, in der Sie die von den Überprüfungsteilnehmern erhaltenen Kommentare zusammenführen. Geben Sie die E-Mail-Adressen Ihrer Überprüfungsteilnehmer ein oder wählen Sie sie im Adressbuch Ihrer E-Mail-Anwendung aus. Passen Sie gegebenenfalls die E-Mail-Einladung an und klicken Sie auf »Einladung senden«. An die Überprüfer wird eine Kopie der PDF-Datei als Anlage gesendet. Beim Öffnen dieses PDF-Anhangs werden Kommentarwerkzeuge und Anweisungen angezeigt.

Wenn Sie von einem Überprüfer Kommentare erhalten, öffnen Sie die angehängte Datei in Ihrer E-Mail-Anwendung. Acrobat zeigt das Dialogfenster zum Zusammenführen von Kommentaren an. Wählen Sie »Ja«, um die Hauptkopie der PDF zu öffnen und alle Kommentare mit den bereits vorhandenen Kommentaren in der PDF zusammenzuführen, und speichern Sie anschließend die Haupt-PDF.

Eigene Übung: Echtzeitzusammenarbeit starten

Mit der Funktion »Live zusammenarbeiten« können Sie ein PDF-Dokument gemeinsam mit einem oder mehreren Anwendern, die an anderen Computern arbeiten, in einer gemeinsamen Sitzung online überprüfen. Im Rahmen der Live-Zusammenarbeit können Sie die Seiten eines Dokuments in einem Live-Chat-Fenster anzeigen und für alle dieselbe Dokumentseite und Vergrößerung verwenden, damit alle dasselbe sehen. Im Live-Chat-Fenster können Sie dann Ihre Gedanken und Meinungen austauschen. Obwohl zum Starten einer Live-Zusammenarbeit Acrobat 9 erforderlich ist, können die Teilnehmer auch Acrobat 9 oder Adobe Reader 9 einsetzen.

In dieser Übung sprechen Sie mit einem Kollegen über das Market Summary-Dokument. Wenn Sie alleine arbeiten, verwenden Sie dafür eine alternative E-Mail-Adresse.

1 Wählen Sie in Acrobat **Datei: Öffnen** und öffnen Sie wieder die Datei *Aquo_Market_Summary.pdf*.

2 Wählen Sie **Datei: Zusammenarbeiten: Live senden & zusammenarbeiten**.

3 Klicken Sie im Begrüßungsdialogfenster auf »Weiter«.

4 Geben Sie Ihre Adobe ID und Ihr Kennwort ein und klicken Sie auf »Anmelden«. Wenn Sie noch keine Adobe ID erstellt haben, richten Sie nun eine ein und klicken Sie auf »Weiter«, um fortzufahren.

Acrobat.com authentifiziert Ihre Adobe ID.

5 Geben Sie die E-Mail-Adressen der Personen ein, die Sie zur Echtzeitzusammenarbeit einladen möchten. Fügen Sie zwischen den E-Mail-Adressen ein Semikolon ein oder drücken Sie jeweils die Eingabetaste.

6 Optional passen Sie die Betreffzeile und die Nachricht der E-Mail nach Ihren Vorstellungen an.

7 Achten Sie darauf, dass die Option »Datei auf Acrobat.com speichern und Link an die Empfänger senden« für diese Übung ausgeschaltet ist.

Ist diese Option deaktiviert, sendet Acrobat die Datei als Anlage an die Empfänger.

8 Klicken Sie auf »Senden«.

Acrobat verschickt die E-Mail-Einladungen und öffnet anschließend das Navigationsfenster »Live zusammenarbeiten« im Dokument.

9 Bitten Sie Ihren Kollegen, die PDF-Anlage in der E-Mail-Einladung zu öffnen. Wenn Sie alleine arbeiten, rufen Sie Ihre E-Mails ab und öffnen Sie die PDF-Anlage.

Sobald ein Teilnehmer die PDF-Anlage öffnet, öffnet Acrobat das Navigationsfenster »Live zusammenarbeiten«.

10 Bitten Sie die Teilnehmer, sich als Gast anzumelden. Wenn Sie alleine arbeiten, melden Sie sich in der zweiten Kopie des Dokuments als Gast an.

11 Klicken Sie auf die Schaltfläche »Anzeigen von freigegebenen Seiten beginnen«, um Seiten für andere freizugeben. Klicken Sie in Dialogfenstern, die darauf aufmerksam machen, dass alle Benutzer die gleiche Seite sehen können, auf OK.

12 Unten im Navigationsfenster »Live zusammenarbeiten« können Sie Chat-Nachrichten eingeben. Klicken Sie auf das Farbfeld

unten rechts, um eine andere Farbe für Ihren Chat-Text wählen zu können.

13 Um Ihren Bildschirm in einem Adobe ConnectNow-Meeting freizugeben, wählen Sie im Menü »Optionen« den Eintrag »Eigenen Bildschirm freigeben«.

14 Wenn Sie mit Ihrer Echtzeitzusammenarbeit fertig sind, wählen Sie im Menü »Optionen« des Navigationsfensters »Live zusammenarbeiten« den Eintrag »Chat & Anzeigen von freigegebenen Seiten in allen Kopien deaktivieren«. Klicken Sie im Warndialogfenster auf OK.

15 Schließen Sie das Dokument und beenden Sie Acrobat.

Ein Adobe ConnectNow-Meeting eröffnen

Adobe ConnectNow ist ein persönliches Werkzeug für Webkonferenzen, mit dem Sie Echtzeit-Meetings auf Ihrem Desktop durchführen können. Sie starten es in Acrobat, und die Teilnehmer melden sich dabei über ihre eigenen Computer in einem webbasierten Meeting-Bereich an. Bei einem ConnectNow-Online-Meeting können Sie Ihren Desktop freigeben, den Live-Chat benutzen, Online-Whiteboards gemeinsam verwenden und viele andere Funktionen für die Zusammenarbeit nutzen.

Um ein Meeting zu eröffnen, wählen Sie **Datei: Zusammenarbeiten: Meinen Bildschirm freigeben**. Geben Sie Ihre Adobe ID und Ihr Kennwort ein oder erstellen Sie eine Adobe ID, wenn Sie noch keine eingerichtet haben. Sobald Sie sich im Meetingraum befinden, können Sie Teilnehmer einladen. Weitere Informationen zum Meetingraum erhalten Sie im Meetingraum unter **Hilfe: Adobe ConnectNow-Hilfe**.

Fragen

1 Wie fügen Sie Kommentare in ein PDF-Dokument ein?

2 Wie führen Sie Kommentare verschiedener Überprüfungsteilnehmer im selben Dokument zusammen?

3 Worin besteht der Unterschied zwischen einer E-Mail-basierten Überprüfung und einer gemeinsamen Überprüfung?

Antworten

1 Kommentare geben Sie mit den Kommentieren und markieren-Werkzeugen in Acrobat in ein PDF-Dokument ein. Klicken Sie in der Aufgaben-Werkzeugleiste auf »Kommentar« und wählen Sie den Eintrag »Werkzeugleiste "Kommentieren und markieren" einblenden«, um alle verfügbaren Werkzeuge anzuzeigen. Um ein Werkzeug zu verwenden, klicken Sie darauf, und klicken Sie dann damit auf die Seite oder wählen Sie damit den Text oder andere Objekte, die Sie kommentieren oder markieren möchten.

2 Öffnen Sie die Original-PDF-Datei, die Sie zur Überprüfung verschickt haben, und wählen Sie **Kommentare: Kommentare importieren**. Wählen Sie die PDF- oder FDF-Dateien, die andere Überprüfungsteilnehmer an Sie zurückgesendet haben, und klicken Sie auf »Auswählen«. Acrobat importiert alle Kommentare in das Originaldokument.

3 In einer E-Mail-basierten Überprüfung erhält jeder Überprüfungsteilnehmer das PDF-Dokument per E-Mail, fügt Kommentare ein und sendet das PDF-Dokument per E-Mail zurück; die Überprüfungsteilnehmer können die Kommentare der anderen nicht sehen.
In einer gemeinsamen Überprüfung veröffentlichen Sie das PDF-Dokument auf einem Zentralserver oder in einem Ordner und laden Überprüfungsteilnehmer zum Kommentieren ein. Wenn Überprüfungsteilnehmer Kommentare veröffentlichen, können sie von allen anderen Überprüfungsteilnehmern gelesen werden, wodurch jeder auf alle Kommentare antworten kann. In einer gemeinsamen Überprüfung können Sie außerdem einen Abgabetermin einfacher durchsetzen, da die Kommentar-Werkzeuge mit Ablauf des Termins nicht mehr zur Verfügung stehen.

10 PDF-FORMULARE ERSTELLEN

Überblick

In dieser Lektion lernen Sie Folgendes:

- Ein interaktives Formular erstellen

- Formularfelder wie Text, Zahlen, Kontrollkästchen und Aktionsschaltflächen hinzufügen

- Ein Formular verteilen

- Ein Formular zur Feststellung seines Status verfolgen

- Formulardaten sammeln und zusammenstellen

- Formulardaten validieren und berechnen

 Für diese Lektion benötigen Sie ungefähr 60 Minuten. Falls nötig, kopieren Sie jetzt den Ordner *Lektion10* auf Ihre Festplatte.

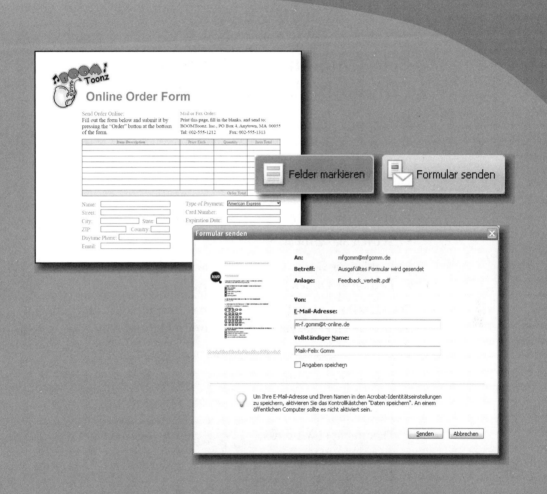

259

Vorbereitungen

Video: Das Video »Einführung in Formulare« auf der Buch-DVD zeigt mehr zu diesem Thema. Weitere Informationen finden Sie unter »Den Ordner *Video-Training* installieren« auf Seite 16.

In dieser Lektion bereiten Sie ein Feedback-Formular für die IT-Abteilung eines fiktiven Getränkeherstellers vor. Sie konvertieren ein vorhandenes PDF-Dokument in ein interaktives Formular und fügen mit den Formularwerkzeugen in Acrobat 9 Formularfelder ein, die Ihre Anwender online ausfüllen können. Anschließend verteilen Sie das Formular, verfolgen es und sammeln und analysieren die Daten mit den in Acrobat zur Verfügung stehenden Werkzeugen.

PDF-Dateien in interaktive PDF-Formulare konvertieren

Mit Acrobat können Sie interaktive PDF-Formulare aus Dokumenten erzeugen, die Sie in anderen Anwendungen wie etwa Microsoft Word oder Adobe InDesign erstellt oder von vorhandenen Papierformularen gescannt haben. Zunächst öffnen Sie ein bereits in PDF konvertiertes Papierdokument und konvertieren es mit den Formularwerkzeugen in ein interaktives Formular.

1 Starten Sie Acrobat.

2 Wählen Sie **Datei: Öffnen** und navigieren Sie zum Ordner *Lektion10*. Öffnen Sie die Datei *Feedback.pdf*.

Die PDF-Datei enthält den Text für das Formular, allerdings erkennt Acrobat noch keine Formularfelder im Dokument.

3 Wählen Sie **Formulare: Formularassistenten starten**.

4 Lassen Sie die Option »Ein vorhandenes elektronisches Dokument« (Windows) oder »Mit PDF-Dokument beginnen« (Mac OS) aktiviert und klicken Sie auf »Weiter«.

5 Falls nötig, schalten Sie die Option »Aktuelles Dokument verwenden« ein und klicken Sie auf »Weiter«.

Der Formularassistent analysiert das Dokument und fügt interaktive Formularfelder hinzu. Anschließend fordert der Assistent Sie auf, das

Formulardokument und die eingefügten Formularfelder zu prüfen und fehlende Felder manuell einzufügen.

6 Klicken Sie auf OK, um das Dialogfenster »Willkommen beim Formularbearbeitungsmodus« zu schließen.

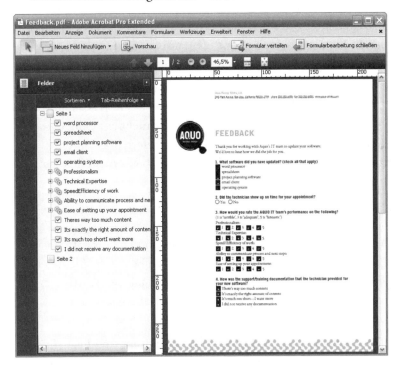

Acrobat führt die vom Formularassistenten eingefügten Formularfelder links im Felder-Navigationsfenster auf. Die Formularbearbeitung-Werkzeugleiste enthält Schaltflächen für das Arbeiten mit Formularen.

LiveCycle Designer

Adobe LiveCycle Designer ES ist als eigenständige Anwendung in Acrobat Pro bzw. Acrobat Pro Extended für Windows enthalten. Verwenden Sie LiveCycle Designer ES zum Erstellen dynamischer Formulare, die je nach Datenmenge und Benutzerinteraktion angepasst werden. Ein LiveCycle Designer ES-Formular kann beispielsweise Bildobjektfelder enthalten, damit Sie Grafiken schnell und einfach zu einem Formular hinzufügen können, und Sie können dynamische Formulare erstellen, die variierende Datenmengen oder Anwenderinteraktionen zulassen.

In LiveCycle Designer geöffnete und gespeicherte Formulare können nur in LiveCycle Designer bearbeitet werden, selbst wenn sie ursprünglich in Acrobat erstellt wurden.

Formularfelder hinzufügen

● **Hinweis:** Ist ein Dokument mit einem Kennwortschutz vor der Bearbeitung geschützt, benötigen Sie zum Hinzufügen und Bearbeiten von Feldern das Kennwort. Sobald ein Formular mit erweiterten Berechtigungen in Adobe Reader aktiviert wurde, damit Anwender mit Adobe Reader ausgefüllte Formulare speichern können, lässt es sich nicht mehr bearbeiten.

Mit den Formularwerkzeugen in Acrobat können Sie in jedes Dokument Formularfelder einfügen. Da Sie das Dokument mit dem Formularassistenten in ein interaktives PDF-Formular konvertiert haben, befindet sich Acrobat bereits im Formularbearbeitungsmodus. Um diesen Modus jederzeit aufzurufen, wählen Sie **Formulare: Felder hinzufügen oder bearbeiten**.

Jedes Formularfeld hat einen Namen, der eindeutig und beschreibend sein sollte; Sie verwenden diesen Namen zum Erfassen und Analysieren der Daten, allerdings erscheint er nicht auf dem auszufüllenden Formular. Sie können den Anwendern aber durch Einfügen von QuickInfos und Beschriftungen beim Ausfüllen der Formularfelder helfen.

Ein Textfeld einfügen

Der Assistent hat die meisten Formularfelder im Dokument erfasst, dabei aber einige Felder auf der zweiten Seite übersehen. Sie fügen jetzt ein Textfeld für eine E-Mail-Adresse hinzu. Über Textfelder können Anwender Informationen wie ihren Namen oder ihre Telefonnummer in ein Formular eingeben.

1. Falls Acrobat sich nicht im Formularbearbeitungsmodus befindet, wählen Sie **Formulare: Felder hinzufügen oder bearbeiten**.

2. Rollen Sie zur zweiten Seite des PDF-Formulars.

3. Wählen Sie im Menü »Neues Feld hinzufügen« den Eintrag »Textfeld«. Acrobat ändert den Mauszeiger in ein Fadenkreuz mit anhängendem Textrahmen.

4. Klicken Sie damit im Formular rechts von »Email address (optional):«, um das Textfeld dort zu platzieren.

5. Geben Sie in das Texteingabefeld »Feldname« **email address** ein. Schalten Sie nicht die Option »Erforderliches Feld« ein, da es sich um ein optionales Feld handelt.

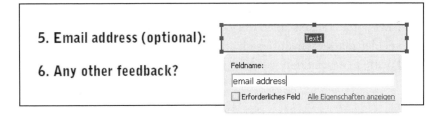

6   Ziehen Sie den rechten Rand des Textfelds, um es zu vergrößern.

Ein mehrzeiliges Textfeld einfügen

Das nächste Feld soll zusätzliche Informationen aufnehmen und für ein paar Worte bis hin zu mehreren Zeilen ausreichend groß sein. Sie legen nun ein Textfeld an, das mehrere Zeilen aufnehmen kann.

1   Wählen Sie unter »Neues Feld hinzufügen« den Eintrag »Textfeld«.

2   Klicken Sie unterhalb von »6. Any other feedback?«, um das Textfeld dort zu platzieren.

3   Geben Sie für »Feldname« **other feedback** ein. Auch dies ist ein optionales Feld, lassen Sie also die Option »Erforderliches Feld« ausgeschaltet.

4   Ziehen Sie den unteren rechten Anfasser nach unten, um das Textfeld für mehrzeiligen Text zu vergrößern.

5   Doppelklicken Sie auf das Textfeld, um seine Eigenschaften bearbeiten zu können.

6   Klicken Sie im Dialogfenster »Textfeld - Eigenschaften« auf das Register »Optionen«.

7   Schalten Sie die Kontrollkästchen »Mehrere Zeilen« und »Bildlauf bei langem Text« ein.

8   Schalten Sie »Höchstens _ Zeichen« ein.

9   Klicken Sie auf »Schließen«.

ADOBE ACROBAT 9 CLASSROOM IN A BOOK   **263**

10 Klicken Sie oben in der Formular-Werkzeugleiste auf »Vorschau«. Falls nötig, klicken Sie in der Dokumentmeldungsleiste auf »Felder markieren«, um sich anzusehen, wie die Felder auf dem Formular erscheinen werden.

> ### Ein Antwortformat festlegen
>
> Mit einer besonderen Formatierung können Sie die Art der in ein Textfeld einzugebenden Daten einschränken oder automatisch in ein bestimmtes Format konvertieren. So können Sie ein Postleitzahlenfeld anlegen, das ausschließlich Zahlen annimmt, oder ein Datumsfeld, das nur ein bestimmtes Datumsformat akzeptiert. Und Sie können numerische Eingaben auf Zahlen in einem bestimmten Wertebereich beschränken.
>
> Um das Format für ein Textfeld einzuschränken, rufen Sie seine Eigenschaften auf. Klicken Sie auf das Register »Format«, wählen Sie die Formatkategorie und dann die entsprechenden Optionen für Ihr Feld.

Optionsfelder einfügen

Die zweite Antwort im Formular erfordert eine Ja- oder Nein-Antwort. Sie legen jetzt Optionsfelder für diese Frage an. Optionsfelder ermöglichen dem Anwender eine einzige Antwort aus mehreren Optionen.

1 Falls Acrobat sich noch im Vorschaumodus befindet, klicken Sie auf »Layout bearbeiten«, um zurück in den Formularbearbeitungsmodus zu gelangen.

2 Gehen Sie auf Seite 1 des Formulars.

3 Wählen Sie »Optionsfeld« im Menü »Neues Feld hinzufügen«.

4 Klicken Sie unter Frage 2 auf den Kreis neben dem Wort »Yes«.

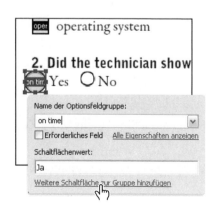

5 Geben Sie in das Texteingabefeld »Name der Optionsfeldgruppe« **on time** ein.

6 Schalten Sie »Erforderliches Feld« ein.

7 Achten Sie darauf, dass unter »Schaltflächenwert« »Ja« eingetragen ist.

8 Klicken Sie unten im Dialogfenster auf »Weitere Schaltfläche zur Gruppe hinzufügen«. Der Mauszeiger ändert sich wieder in Fadenkreuz und Feld.

9 Klicken Sie auf den Kreis neben »No«.

10 Geben Sie in das Texteingabefeld »Schaltflächenwert« **Nein** ein.

● **Hinweis:** Alle Optionsfelder in einer Gruppe müssen den gleichen Namen tragen.

11 Klicken Sie auf »Vorschau«. Klicken Sie auf »Yes« und dann auf »No«. Sie können immer nur ein Optionsfeld auswählen.

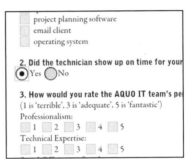

Eine Aktionsschaltfläche einrichten

Schaltflächen ermöglichen das Ausführen von Aktionen, beispielsweise das Abspielen einer Filmdatei, das Wechseln auf eine andere Dokumentseite oder die Übertragung der Formulardatei. Sie legen jetzt eine Zurücksetzen-Schaltfläche an, mit der der Anwender die Inhalte der Formularfelder löschen kann, um neue Inhalte einzugeben.

1 Klicken Sie auf »Layout bearbeiten«, um zurück in den Formularbearbeitungsmodus zu gelangen.

2 Wählen Sie im Menü »Neues Feld hinzufügen« den Eintrag »Schaltfläche«.

3 Klicken Sie oben links in das Formular, um dort eine Schaltfläche anzulegen.

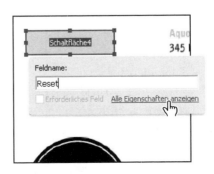

4 Geben Sie in das Texteingabefeld »Feldname« **Reset** ein und klicken Sie auf »Alle Eigenschaften anzeigen«.

5 Klicken Sie auf das Register »Optionen«.

6 Geben Sie in das Texteingabefeld »Beschriftung« **Start over** ein.

Mit dem Feldnamen, der auf dem Formular nicht erscheint, sammelt und analysiert Acrobat Daten. Die Beschriftung wird allerdings zu Beginn der Bearbeitung in jedem Feld eines Formulars eingeblendet.

7 Klicken Sie auf das Register »Aktionen«.

8 Wählen Sie im Einblendmenü »Auslöser wählen« den Eintrag »Maustaste loslassen« und dann im Einblendmenü »Aktion auswählen« darunter den Eintrag »Formular zurücksetzen«. Klicken Sie auf »Hinzufügen«.

Sobald der Anwender auf die Schaltfläche klickt und die Maustaste loslässt, wird das Formular zurückgesetzt.

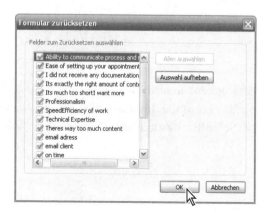

9 Klicken Sie im Dialogfenster »Formular zurücksetzen« auf OK, damit beim Zurücksetzen

die Inhalte aller markierten Felder gelöscht werden. Es sind standardmäßig alle Formularfelder gewählt.

10 Klicken Sie auf das Register »Erscheinungsbild«.

11 Klicken Sie auf das Farbfeld »Randfarbe« und wählen Sie eine blaue Farbe, klicken Sie anschließend auf das Farbfeld »Füllfarbe« und wählen Sie ein Grau.

12 Wählen Sie im Menü »Linienstil« den Eintrag »Relief«.

Die Schaltfläche hat nun einen grauen Hintergrund und einen blauen Rand, und durch das Relief wirkt sie dreidimensional.

13 Klicken Sie auf »Schließen«, um das Dialogfenster »Schaltfläche - Eigenschaften« zu schließen.

14 Klicken Sie auf »Vorschau«. Wählen Sie einige Optionen im Formular und klicken Sie anschließend auf die soeben erstellte Schaltfläche »Start over«. Acrobat setzt die Formularfelder zurück.

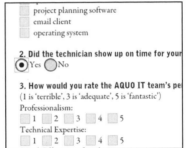

15 Wählen Sie **Datei: Speichern**. Falls Acrobat das Dialogfenster »Speichern unter« aufruft, sichern Sie die Datei unter demselben Namen.

Formularfeldtypen

Folgende Feldtypen können Sie in ein PDF-Formular einfügen, das Sie in Acrobat erstellen:

- **Barcode** setzt die Formulareingaben der Benutzer in ein sichtbares Muster um, das eingelesen und durch Software oder Hardware (separat erhältlich) interpretiert werden kann.

- **Schaltflächen** können auf dem Rechner des Anwenders eine Aktion auslösen, zum Beispiel eine Datei öffnen, einen Audio-Clip abspielen oder Daten an einen Webserver senden. Sie können sie mit Abbildungen, Text und visuellen Änderungen anpassen, die durch Überfahren oder Klicken mit der Maus ausgelöst werden.

- **Kontrollkästchen** bieten Ja- oder Nein-Auswahlen für einzelne Elemente. Enthält ein Formular mehrere Kontrollkästchen, kann der Anwender zumeist eine beliebige Anzahl von ihnen auswählen.

- **Kombinationsfelder** ermöglichen die Auswahl aus einem Einblendmenü oder die Eingabe eines Werts.

- **Digitale Unterschriften** ermöglichen das elektronische Signieren von PDF-Dokumenten mit einer digitalen Signatur.

- **Listenfelder** zeigen eine Liste mit Optionen, aus denen der Anwender wählen kann. Mit einer Formularfeldeigenschaft können Sie festlegen, dass der Anwender mit gedrückter Umschalt- oder Strg- bzw. Befehlstaste mehrere Elemente in der Liste anklicken kann.

- **Optionsfelder** bieten mehrere Möglichkeiten, aus denen der Anwender jeweils nur eine Option auswählen kann. Alle Optionsfelder mit demselben Namen fungieren als Gruppe.

- **Textfelder** für die Texteingabe, beispielsweise Name, Adresse, E-Mail-Adresse oder Telefonnummer.

▶ **Tipp:** Beim Ausfüllen eines PDF-Formulars können Sie mit der Tabulatortaste zum nächsten Feld gelangen. Als Formularverfasser bestimmen Sie die Reihenfolge. Um die gegenwärtige Tabulatorreihenfolge einzublenden, schalten Sie den Formularbearbeitungsmodus ein und wählen links im Felder-Navigationsfenster **Tab-Reihenfolge: Tab-Nummern einblenden**; zum Ändern der Reihenfolge wählen Sie eine Option im Menü »Tab-Reihenfolge«.

Formulare verteilen

Nachdem Sie Ihr Formular entworfen und erstellt haben, können Sie es auf verschiedene Weise verteilen. In dieser Lektion senden Sie das Feedback-Formular an sich selbst (dafür benötigen Sie eine E-Mail-Adresse) und erfassen die Antwort per E-Mail. Sie verteilen das Formular mit den Werkzeugen in Acrobat 9, erweitern aber zunächst die Funktionen für Adobe Reader, damit dessen Anwender das ausgefüllte Formular sichern können.

1. Falls Acrobat sich noch im Formularbearbeitungsmodus befindet, klicken Sie oben rechts in der Dokumentmeldungsleiste auf »Formularbearbeitung schließen«.

2. Wählen Sie **Erweitert: Funktionen in Adobe Reader erweitern**.

3. Lesen Sie die Informationen im Dialogfenster und klicken Sie auf »Jetzt speichern«.

4. Klicken Sie im Dialogfenster »Speichern unter« auf »Speichern«, um das Formular unter demselben Namen zu sichern.

5. Klicken Sie auf »Ja« bzw. »Ersetzen«, um die vorhandene Datei zu ersetzen.

Hinweis: Ein Formular oder ein PDF-Dokument, für das Sie bereits die Funktionen in Adobe Reader erweitert haben, lässt sich nicht mehr bearbeiten. Erweitern Sie die Funktionen für Adobe Reader daher immer erst unmittelbar vor der Verteilung.

Normalerweise können Adobe Reader-Anwender die von ihnen ausgefüllten PDF-Formulare nicht speichern. Aber mit dem Befehl »Funktionen in Adobe Reader erweitern« speichert Acrobat das Formular als erweiterte Reader PDF-Datei, damit auch Anwender mit dem kostenlosen Adobe Reader das ausgefüllte Formular sichern können.

6. Wählen Sie **Formulare: Formular verteilen**.

7. Wenn Sie dazu aufgefordert werden, klicken Sie auf »Speichern«, und klicken Sie auf »Ja«, wenn Acrobat Sie fragt, ob das Formular vor dem Verteilen zurückgesetzt werden soll.

8. Wählen Sie oben im Dialogfenster »Formular verteilen« im Einblendmenü »Antworten manuell in meinem Posteingang sammeln« und klicken Sie dann auf »Weiter«.

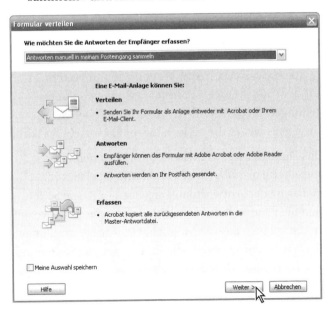

9 Falls nötig, wählen Sie »Mit Adobe Acrobat automatisch senden« und klicken Sie auf »Weiter«.

10 Wenn Sie dazu aufgefordert werden, geben Sie Ihre E-Mail-Adresse, Ihren Namen, Ihren Titel und den Namen Ihrer Firma ein (bzw. bestätigen Sie diese Angaben), und klicken Sie dann auf »Weiter«. Falls Sie diese Informationen bereits zuvor eingegeben haben, übernimmt Acrobat diese gespeicherten Informationen.

● **Hinweis:** Sie können die Betreffzeile und die E-Mail-Nachricht Ihres Formulars anpassen und das Formular an mehrere Empfänger zugleich senden. In dieser Lektion senden Sie das Formular allerdings mit der Standardnachricht und der Standardbetreffzeile nur an sich selbst.

11 Geben Sie Ihre E-Mail-Adresse in das Texteingabefeld »An« ein. Achten Sie darauf, dass unten im Dialogfenster das Kontrollkästchen vor »Name & E-Mail-Adresse der Empfänger zur optimalen Nachverfolgung erfassen« eingeschaltet ist, und klicken Sie auf »Senden«.

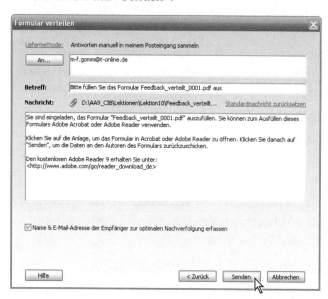

Acrobat ruft Ihre Standard-E-Mail-Anwendung auf und verschickt die Nachricht mit dem angehängten Formular. Je nach von den Sicherheitseinstellungen Ihrer E-Mail-Anwendung müssen Sie die E-Mail-Nachricht eventuell erst bestätigen, bevor sie verschickt wird.

Acrobat öffnet das Dialogfenster »Tracker«, das Ihnen beim Verwalten des verteilten Formulars helfen soll. Mit Tracker können Sie den Speicherort der Antwortdatei anzeigen und bearbeiten. Außerdem können Sie protokollieren, welche Empfänger geantwortet haben. Sie haben darüber hinaus die Möglichkeit, weitere Empfänger hinzuzufügen, E-Mail-Nachrichten an alle Empfänger zu senden und die Antworten für Formulare anzuzeigen. Sie können Tracker jederzeit mit **Formulare: Formulare zurückverfolgen** aufrufen.

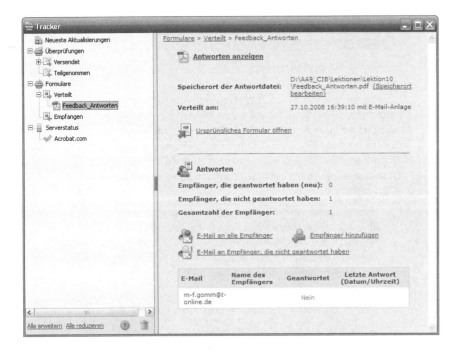

12 Rufen Sie Ihre E-Mails ab und öffnen Sie die Einladung zum Ausfüllen des Formulars.

13 Öffnen Sie das angehängte PDF-Formular in Acrobat; Acrobat blendet oberhalb des Formulars eine Dokumentmeldungsleiste ein.

Die Dokumentmeldungsleiste enthält Informationen zum Formular. Wenn das Formular keine »Formular senden«-Schaltfläche enthält, blendet Acrobat eine entsprechende Schaltfläche in der Dokumentmeldungsleiste ein. Außerdem informiert die Dokumentmeldungsleiste Anwender mit dem Adobe Reader über ihre Benutzerrechte im Formular und zeigt an, ob ein Formular zertifiziert wurde oder Unterschriftfelder enthält.

● **Hinweis:** Wenn die Empfänger Ihres Formulars ältere Versionen von Acrobat oder Adobe Reader verwenden, ist die Dokumentmeldungsleiste möglicherweise nicht verfügbar oder kann abweichende Informationen enthalten.

Optionen zur Verteilung von Formularen

Ihre Formulare können auf mehreren Wegen zu den Empfängern gelangen, die sie ausfüllen sollen. Sie können ein Formular zum Beispiel auf einer Website veröffentlichen oder direkt aus Ihrer E-Mail-Anwendung heraus senden. Um die Vorteile der Acrobat-Formularverwaltungswerkzeuge zum Verfolgen, Erfassen und Analysieren der Daten zu nutzen, wählen Sie eine der folgenden Optionen:

- Hosten Sie das Formular auf *Acrobat.com* und versenden Sie eine sichere Verknüpfung auf das Formular. Sie können aus Acrobat heraus ein Benutzerkonto für *Acrobat.com* einrichten und *Acrobat.com* dann für das Heraufladen und Verteilen der meisten Dokumenttypen verwenden.
- Senden Sie Ihr Formular als E-Mail-Anlage und sammeln Sie die Antworten anschließend manuell in Ihrem Posteingang.
- Senden Sie das Formular unter Verwendung eines Netzwerkordners oder eines Windows-Servers, auf dem Microsoft SharePoint Services ausgeführt werden. Sie können die Antworten auf dem internen Server automatisch erfassen.

Um ein Formular mit einer dieser Methoden zu versenden, wählen Sie **Formulare: Formular verteilen** und befolgen die Online-Anweisungen. Mehr über das Verteilen von Formularen finden Sie in der Acrobat-Hilfe.

Formulardaten erfassen

Elektronische Formulare sind nicht nur bequemer für den Anwender, sondern erleichtern auch Ihnen das Verwalten, Erfassen und Prüfen der Formulardaten. Wenn Sie ein Formular verteilen, erstellt Acrobat automatisch ein PDF-Portfolio zum Sammeln der Formulardaten. Diese Datei speichert Acrobat standardmäßig in denselben Ordner wie das Originalformular und nennt sie *[Dateiname]_Antworten*.

Sie füllen jetzt das Formular aus, senden es zurück und erfassen dann die Formulardaten.

1 Füllen Sie das geöffnete Formular aus und wählen Sie für jede Frage Optionen, so als ob Sie tatsächlich der Empfänger wären. Geben Sie ein paar Wörter in das mehrzeilige Feld unter Nummer 6 ein und klicken Sie auf »Formular senden«.

2 Prüfen Sie im Dialogfenster »Formular senden« die E-Mail-Adresse und den Namen, die Sie zum Senden der Daten verwenden, und klicken Sie auf »Senden«.

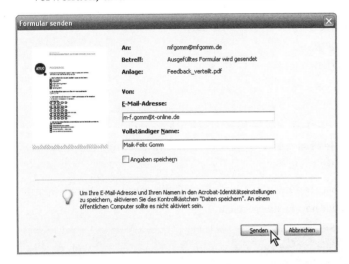

3 Wählen Sie im Dialogfenster »E-Mail-Client wählen« die Option »Desktop-E-Mail-Anwendung«, wenn Sie eine Anwendung wie Microsoft Outlook, Eudora oder Apple Mail verwenden. Wählen Sie »Internet-E-Mail«, wenn Sie einen Internet-E-Mail-Service wie Yahoo oder Microsoft Hotmail verwenden. (Über einen Internet-E-Mail-Service müssen Sie die Datei manuell versenden.) Klicken Sie auf OK.

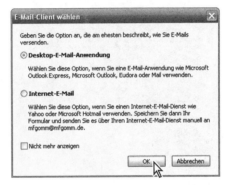

Hinweis: Je nach den Sicherheitseinstellungen in Ihrer E-Mail-Anwendung müssen Sie die Nachricht eventuell erst bestätigen, bevor sie gesendet wird.

Falls Acrobat noch ein Dialogfenster zum Versenden der E-Mail öffnet, klicken Sie darin auf OK. Je nach von den Einstellungen in Ihrer E-Mail-Anwendung müssen Sie die Nachricht eventuell manuell versenden.

4 Rufen Sie Ihre E-Mails ab. Das ausgefüllte Formular geht mit einer Nachricht mit der Betreffzeile »Ausgefülltes Formular wird gesendet« ein. Doppelklicken Sie auf den Anhang in dieser Nachricht.

5 Wählen Sie »Ausgefülltes Formular zu Antwortdatei hinzufügen«, übernehmen Sie den Standarddateinamen und klicken Sie auf OK.

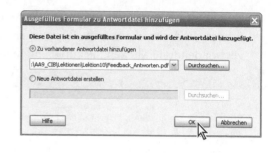

Acrobat führt die Daten mit der Antwortdatei zusammen, die bei der Verwendung des Formular verteilen-Assistenten zum Versenden des Formulars erstellt wurde.

6 Klicken Sie unten im PDF-Portfolio-Willkommensbildschirm auf die Schaltfläche »Erste Schritte«.

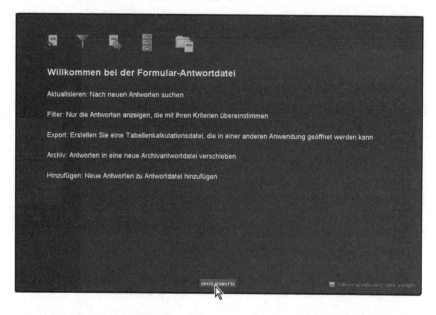

● **Hinweis:** Sie können der Antwortdatei mehrere Formularantworten zugleich hinzufügen. Klicken Sie auf »Hinzufügen« und navigieren Sie zu den Antworten, die Sie einfügen möchten.

Acrobat führt die von Ihnen erfassten Formulardaten im PDF-Portfolio auf und listet dabei jede Antwort einzeln auf. Mit der PDF-Portfoliodatei können Sie Daten filtern, exportieren und archivieren.

Mit Formulardaten arbeiten

Nachdem Ihre Daten erfasst wurden, können Sie sich jede Antwort ansehen, nach bestimmten Fragen gefiltert aufführen, die Daten zur weiteren Verwendung in einer Tabellenkalkulations- oder Datenbankanwendung in eine CSV- oder XML-Datei exportieren oder für den späteren Zugriff archivieren. Sie filtern jetzt die Daten aus dem Feedback-Formular und exportieren sie in eine CSV-Datei.

1. Klicken Sie links im PDF-Portfolio auf »Filter«.

2. Rollen Sie im Menü »Feldname auswählen« nach unten und wählen Sie »Other Feedback«.

3. Wählen Sie im nächsten Menü den Eintrag »Ist nicht leer«.

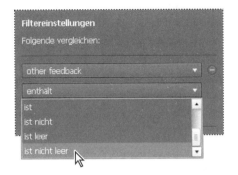

Acrobat führt das von Ihnen ausgefüllte Formular auf, da es Daten im Feld »Other Feedback« enthält.

4. Wählen Sie im zweiten Menü den Eintrag »Ist leer«.

Das von Ihnen ausgefüllte Formular wird nicht mehr in der Liste aufgeführt, weil es nun nicht den Filterkriterien entspricht. Sie können beliebig viele Filter zum Sortieren der Antworten wählen.

5. Wählen Sie wieder »Ist nicht leer«, damit Ihr Formular wieder in der Liste erscheint.

6. Klicken Sie unten im Filter-Navigationsfenster auf »Fertig«.

7. Klicken Sie oben in der Werkzeugleiste auf die Schaltfläche »Startseite«, um auf die Startseite im PDF-Portfoliofenster zurückzukehren.

8. Markieren Sie rechts in der Liste die Antwort.

9. Wählen Sie links im PDF-Portfolio **Exportieren: Ausgewählte exportieren**.

> **Hinweis:** Sie können alle oder nur bestimmte Antworten in Ihrem PDF-Portfolio wählen.

10. Wählen Sie als Dateityp »CSV« und klicken Sie auf »Speichern«.

Acrobat erzeugt eine durch Kommata getrennte Datendatei mit den Daten der ausgewählten Antworten. Eine CSV-Datei können Sie in Microsoft Excel oder einer anderen Tabellenkalkulations- oder Datenbankanwendung öffnen.

11. Schließen Se alle geöffneten PDF-Dateien und das Dialogfenster »Tracker«.

Eigene Übung: Numerische Felder berechnen und validieren

Acrobat bietet zahlreiche Möglichkeiten, damit die Benutzer Ihre Formulare korrekt ausfüllen. Sie können experimentieren und Felder anlegen, in die Benutzer nur bestimmte Informationen eingeben dürfen oder Felder erstellen, die automatisch Werte auf der Grundlage von Einträgen in anderen Feldern berechnen.

Numerische Felder validieren

Damit korrekte Daten in die Formularfelder eingegeben werden, verwenden Sie die Validierungsfunktion von Acrobat. Wenn eine Antwort beispielsweise eine Zahl zwischen 10 und 20 erfordert, können Sie Einträge auf diesen Bereich beschränken. In diesem Lektionsabschnitt beschränken Sie den Preis von Instrumenten auf maximal 1.000 $.

1 Wählen Sie **Datei: Öffnen**, navigieren Sie zum Ordner *Lektion10* und öffnen Sie die Datei *Order_Start.pdf*.

2 Wählen Sie **Formulare: Felder hinzufügen oder bearbeiten**.

3 Doppelklicken Sie auf das Feld »Price.0« (die erste Zelle in der Spalte »Price Each«).

4 Klicken Sie im Dialogfenster »Textfeld - Eigenschaften« auf das Register »Format« und stellen Sie folgende Werte ein:

- Für »Formatkategorie auswählen« wählen Sie »Zahlen«.
- Für »Dezimalstellen« wählen Sie »2«, damit auch Centbeträge eingegeben werden können.
- Für »Trennzeichen« wählen Sie »1,234.56«.
- Für »Währungssymbol« wählen Sie »Dollar ($)«.

Jetzt bestimmen Sie eine Validierungseigenschaft für die in dieses Feld eingegebenen Daten.

5 Klicken Sie auf das Register »Validierung« und schalten Sie das Optionsfeld »Feldwert ist im Bereich« ein. Geben Sie in die Bereichsfelder folgende Werte ein: In das Feld »Von« den Wert **0** und in das Feld »bis« den Wert **1000**. Klicken Sie auf »Schließen«.

6 Klicken Sie auf »Vorschau«, klicken Sie in das gerade erstellte Feld und geben Sie die Zahl **2000** ein. Acrobat weist Sie mit einem Dialogfenster auf einen ungültigen eingegebenen Wert hin.

Numerische Felder berechnen

Mit Acrobat können Sie neben dem Validieren und Formatieren von Formulardaten außerdem die in Formularfelder eingegebenen Werte berechnen. In Ihrem PDF-Bestellformular lassen Sie nun die Kosten für jeden Artikel auf der Grundlage der bestellten Anzahl berechnen. Anschließend lassen Sie Acrobat die Gesamtkosten aller bestellten Artikel berechnen.

1 Falls Acrobat sich noch im Vorschaumodus befindet, klicken Sie auf »Layout bearbeiten«.

2 Doppelklicken Sie auf das erste Feld in der Spalte »Item Total«. Das Textfeld hat die Bezeichnung »Total.0«.

3 Klicken Sie im Dialogfeld »Textfeld - Eigenschaften« auf das Register »Berechnung« und stellen Sie folgende Werte ein:

- Wählen Sie die Option »Wert ist«.

- Wählen Sie im zugehörigen Einblendmenü die Option »das Produkt (x)«. Es sollen zwei Felder miteinander multipliziert werden.

- Klicken Sie auf die Schaltfläche »Auswählen«, um die miteinander zu multiplizierenden Felder zu bestimmen. Schalten Sie im Dialogfenster »Feldauswahl« die Kontrollkästchen links von »Price.0« und »Quantity.0« ein.

4 Klicken Sie auf OK, um das Dialogfenster »Feldauswahl« zu schließen, und klicken Sie auf »Schließen«, um das Dialogfenster »Textfeld - Eigenschaften« zu schließen.

5 Klicken Sie auf »Vorschau« und geben Sie in die erste Zeile in die Spalte »Price Each« **1.50** und in die Spalte »Quantity« **2** ein und drücken Sie die Eingabetaste. Acrobat zeigt in der Spalte »Item Total« den Wert »$3.00«.

6 Wenn Sie fertig sind, schließen Sie alle geöffneten Dateien und beenden Sie Acrobat.

Fragen

1 Wie konvertieren Sie ein vorhandenes Dokument in ein interaktives PDF-Formular?

2 Was ist der Unterschied zwischen einem Optionsfeld und einer Schaltfläche?

3 Wie verteilen Sie ein Formular an mehrere Empfänger?

4 Wo sammelt Acrobat Formularantworten?

Antworten

1 Öffnen Sie das Dokument in Acrobat. Dann wählen Sie **Formulare: Formularassistenten starten**, wählen das aktuelle Dokument und befolgen die Anweisungen auf dem Bildschirm.

2 Optionsfelder erlauben dem Anwender die Auswahl genau einer Option aus zwei oder mehreren Optionen. Schaltflächen lösen Aktionen aus, etwa das Abspielen einer Filmdatei, Springen auf eine andere Seite oder das Zurücksetzen von Formulardaten.

3 Sie können ein Formular auf *Acrobat.com* veröffentlichen und eine Einladung an die Empfänger senden, das Formular per E-Mail an die Empfänger schicken oder das Formular auf einem internen Server veröffentlichen. Wählen Sie **Formulare: Formular verteilen**, um den Formular verteilen-Assistenten aufzurufen.

4 Wenn Sie den Formular verteilen-Assistenten verwenden, erstellt Acrobat automatisch eine PDF-Portfoliodatei für Ihre Antworten. Die Datei wird standardmäßig in denselben Ordner wie das Originalformular gespeichert und mit der Bezeichnung »_Antworten« als Anhang an den Dateinamen des Originalformulars erweitert.

11 MULTIMEDIA-PRÄSENTATIONEN ERZEUGEN

Überblick

In dieser Lektion lernen Sie Folgendes:

- Video-Clips und Flash-Animationen in PDF-Dateien einfügen

- Töne in PDF-Dokumente einfügen

- Abspieloptionen für Video-Clips und Flash-Animationen einstellen

- Eine Bilddatei als Standbild für einen Video-Clip oder eine Flash-Animation verwenden

- Seitenübergänge und Zeiten von Präsentationen im Vollbildmodus steuern

- Widgets in Ihre PDF-Dateien einfügen

 Für diese Lektion benötigen Sie ungefähr 60 Minuten. Falls nötig, kopieren Sie jetzt den Ordner *Lektion11* auf Ihre Festplatte.

Vorbereitungen

Hinweis: Um Film- und Audio-Clips, Flash-Animationen und Widgets in Ihre Präsentation einfügen zu können, benötigen Sie Acrobat 9 Pro oder Pro Extended.

In dieser Lektion erstellen Sie eine Präsentation zu einer neuen umweltbewussten Flaschenkampagne von Aquo, einem fiktiven Getränkehersteller. Dafür fügen Sie Video- und Animationsdateien in drei Seiten ein und steuern das Abspielen und das Aussehen der Video- und Animationsdatei auf der Seite. Dann fügen Sie die Seiten in eine Präsentation ein, die der Anwender automatisch im Vollbildmodus zusammen mit zeitlich festgelegten Seitenübergängen startet.

1 Starten Sie Acrobat 9 Pro oder Acrobat 9 Pro Extended.

2 Um einen Eindruck von der fertigen Datei zu bekommen, navigieren Sie zum Ordner *Lektion11* und öffnen die Datei *Aquo_Presentation.pdf*. Im Warndialogfenster, das auf das Öffnen im Vollbildmodus hinweist, klicken Sie auf »Ja«.

Die Acrobat-Menü- und -Werkzeugleisten sind in dieser Datei ausgeblendet, da sich diese automatisch im Vollbildmodus öffnet. Die Seiten in der Präsentation laufen automatisch ab, Sie können aber auch mit den Pfeil-nach-links- und Pfeil-nach-rechts-Tasten durch die Präsentation vor und zurück blättern. Klicken Sie auf der Seite mit der Biografie des CEO auf dessen Nahaufnahme, um einen kurzen Video-Clip abzuspielen.

3 Wenn Sie mit dem Betrachten der PDF-Datei fertig sind, stoppen Sie das Video und drücken Sie die Esc-Taste oder Strg+L (Windows) bzw. Befehl+L (Mac OS), um wieder die Menüs und Werkzeugleisten einzublenden. Sie können diese Datei zu Kontrollzwecken während der Arbeit an dieser Lektion geöffnet lassen oder sie mit **Datei: Schließen** wieder schließen.

Eine Video-Datei in eine PDF-Datei einfügen (Acrobat Pro und Pro Extended)

Hinweis: Mit Acrobat 9 Pro können Sie FLV- (Flash-Video) oder F4V-Dateien (H.264-kodierte Video-Dateien) einfügen. Acrobat 9 Pro Extended erlaubt das Einfügen von deutlich mehr Videoformaten und konvertiert diese automatisch in FLV-Dateien.

Acrobat 9 Pro und Pro Extended ermöglichen das Einfügen von FLV-Dateien (Flash-Video) in PDF-Dateien. Die FLV-Datei wird dabei vollständig in das PDF-Dokument eingebettet, damit jeder Anwender mit Adobe Reader 9 sie betrachten kann; QuickTime- oder Flash-Player sind für das Abspielen in der PDF-Datei nicht nötig.

Beim Einfügen einer Video-Datei in eine PDF können Sie das Startverhalten und andere Optionen festlegen, die bestimmen, wie die Video-Datei im PDF-Dokument aussieht und abspielt.

1 Wählen Sie **Datei: Öffnen**.

2 Navigieren Sie zum Ordner *Lektion11* und doppelklicken Sie auf die Datei *Aquo_Bottle_Ad.pdf*.

3 Klicken Sie in der Aufgaben-Werkzeugleiste auf die Multimedia-Schaltfläche und wählen Sie das Video-Werkzeug. Der Mauszeiger ändert sich in ein Fadenkreuz.

4 Ziehen Sie einen Rahmen über der rechten Hälfte des Dokuments auf. Acrobat ruft das Dialogfenster »Video einfügen« auf.

5 Klicken Sie auf »Wählen« und navigieren Sie zum Ordner *Lektion11*.

6 Wählen Sie die Datei *Aquo_T03_Loop.flv* und klicken Sie auf »Öffnen«. Diese Datei ist eine Video-Datei mit der neuen Aquo-Flasche.

7 Schalten Sie im Dialogfenster »Video einfügen« das Kontrollkästchen vor »Erweiterte Optionen anzeigen« ein.

8 Falls nötig, klicken Sie auf das Register »Starteinstellungen«.

Video: Das Video »Video« auf der Buch-DVD zeigt mehr zu diesem Thema. Weitere Informationen finden Sie unter »Den Ordner *Video-Training* installieren« auf Seite 16.

9 Wählen Sie im Einblendmenü »Aktivierung wenn« den Eintrag »Die Seite mit dem Inhalt ist geöffnet«. Achten Sie darauf, dass im Bereich »Standbild« des Dialogfensters die Option »Standbild aus Mediendatei abrufen« eingeschaltet ist.

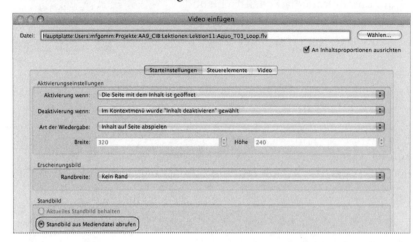

10 Klicken Sie auf OK.

Acrobat zeigt ein Bild aus der Video-Datei auf der PDF-Seite und blendet automatisch eine Abspielen-Schaltfläche unten links im Video ein.

11 Klicken Sie auf die Abspielen-Schaltfläche, um das Video zu starten.

12 Bewegen Sie während des Abspielens den Mauszeiger auf das Video und entfernen Sie ihn wieder. Sobald sich der Mauszeiger auf dem Video befindet, blendet Acrobat unten im Video Bedienelemente zum Abspielen ein.

13 Stoppen Sie das Video und wählen Sie **Datei: Speichern unter**. Geben Sie der Datei den Namen **Aquo_Bottle_Anim.pdf** und klicken Sie auf »Speichern«.

14 Wählen Sie **Datei: Schließen**.

Eine Flash-Animation einfügen (Acrobat Pro und Pro Extended)

Sie können auch Flash-Animationen (SWF-Dateien) zu Adobe PDF-Dateien hinzufügen. Sie fügen nun eine animierte Kopfzeile in ein normales Dokument ein, um es ein wenig aufzupeppen.

1 Wählen Sie **Datei: Öffnen**.

2 Wählen Sie im Ordner *Lektion11* die Datei *Aquo_FAQ.pdf* und klicken Sie auf »Öffnen«.

3 Wählen Sie **Anzeige: Werkzeugleisten: Multimedia**.

Acrobat blendet die Multimedia-Werkzeugleiste mit Schaltflächen für die 3D-, Flash-, Audio- und Video-Werkzeuge ein.

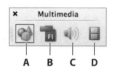

A. 3D-Werkzeug
B. Flash-Werkzeug
C. Audio-Werkzeug
D. Video-Werkzeug

4 Wählen Sie das Flash-Werkzeug (🎞) in der Multimedia-Werkzeugleiste. Der Mauszeiger ändert sich in ein Fadenkreuz.

5 Ziehen Sie oben im Dokument einen Rahmen über die gesamte Breite auf. Acrobat ruft das Dialogfenster »Flash einfügen« auf.

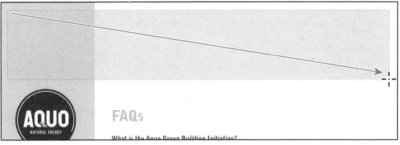

▶ **Tipp:** Mit dem 3D-Werkzeug platzieren Sie eine dreidimensionale Datei auf einer PDF-Seite. Mehr über den Umgang mit 3D-Abbildungen in Acrobat erfahren Sie in Lektion 15, »3D in PDF-Dateien«.

6 Klicken Sie auf »Wählen« und navigieren Sie zum Ordner *Lektion11*.

7 Wählen Sie *Aquo_Header.swf* und klicken Sie auf »Öffnen«.

8 Schalten Sie »Erweiterte Optionen anzeigen« im Dialogfenster »Flash einfügen« ein.

9 Falls nötig, klicken Sie auf das Register »Starteinstellungen« und wählen Sie »Die Seite mit dem Inhalt ist geöffnet« im Einblendmenü »Aktivierung wenn«.

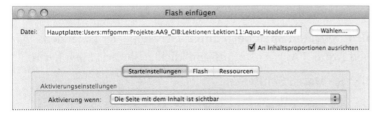

10 Klicken Sie auf OK. Die Kopfzeile erscheint oben quer über die Dokumentbreite.

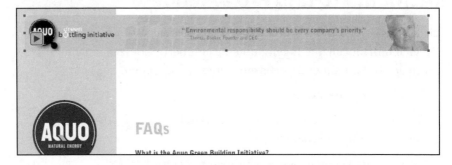

● **Hinweis:** Obwohl Sie für die Animation festgelegt haben, dass sie abspielen soll, sobald die Seite sichtbar wird, können Sie sie auch durch Anklicken abspielen.

11 Wählen Sie das Hand-Werkzeug und bewegen Sie den Mauszeiger auf die Kopfzeile. Der Mauszeiger ändert sich in eine Hand mit ausgestrecktem Zeigefinger und zeigt damit an, dass das Objekt interaktiv ist.

12 Klicken Sie auf die Kopfzeile, um sie zu aktivieren. Die Animation spielt endlos ab.

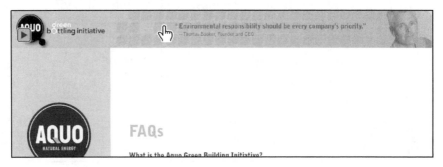

13 Wählen Sie wieder das Flash-Werkzeug in der Multimedia-Werkzeugleiste und doppelklicken Sie auf die Kopfzeile. Acrobat ruft das Dialogfenster »Flash bearbeiten« mit den gleichen Einstellungen auf, die Sie bereits aus dem Dialogfenster »Flash einfügen« kennen.

14 Falls nötig, klicken Sie auf das Register »Starteinstellungen« und wählen Sie im Einblendmenü »Deaktivierung wenn« den Eintrag »Die Seite mit dem Inhalt ist geschlossen«. Damit stoppt die Animation, wenn die Seite nicht sichtbar ist.

15 Klicken Sie auf OK.

16 Wählen Sie **Datei: Speichern unter**. Geben Sie der Datei den Namen **Aquo_FAQ_Anim.pdf** und klicken Sie auf »Speichern«.

17 Wählen Sie **Datei: Schließen**.

> **Audio-Dateien**
>
> Audio-Dateien fügen Sie ähnlich wie Video-Clips und Flash-Animationen in ein PDF-Dokument ein. Wählen Sie in der Aufgaben-Werkzeugleiste **Multimedia: Audio-Werkzeug** (oder wählen Sie das Audio-Werkzeug in der Multimedia-Werkzeugleiste) und klicken Sie im Dokument an die Stelle, an der Sie die Audio-Datei platzieren möchten.

Eine Standbilddatei für einen Video-Clip oder eine Animation zuweisen (Acrobat Pro und Pro Extended)

Acrobat zeigt standardmäßig das erste Bild eines Video-Clips oder einer Animation im PDF-Dokument an, wenn der Inhalt nicht abspielt. Sie können dem Video-Clip oder der Animation aber auch eine andere Bilddatei für die Darstellung im Dokument zuweisen. Das Bild, das Acrobat anzeigt, wird als Standbild bezeichnet.

Sie fügen der Biografie des CEO nun einen neuen Video-Clip hinzu und weisen ein Bild für das Standbild zu.

> **Hinweis:** In Acrobat 9 Pro Extended können Sie auch ein bestimmtes Video-Clip- oder Animationsbild als Standbild zuweisen.

1 Öffnen Sie die Datei *Aquo_CEO.pdf*.

2 Wählen Sie das Video-Werkzeug (🎬) in der Multimedia-Werkzeugleiste.

3 Ziehen Sie über dem Bild auf der rechten Seite einen Rahmen auf. Sie fügen einen Video-Clip ein, in dem der CEO des Unternehmens über die Initiative spricht.

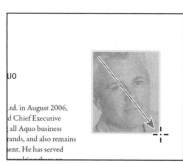

4 Klicken Sie im Dialogfenster »Video einfügen« auf »Wählen«.

5 Wählen Sie die Datei *CEO_Video.flv* im Ordner *Lektion11* und klicken Sie auf »Öffnen«.

6 Schalten Sie »Erweiterte Optionen anzeigen« im Dialogfenster »Video einfügen« ein.

7 Falls nötig, klicken Sie auf das Register »Starteinstellungen«.

8   Schalten Sie unten im Bereich »Standbild« die Option »Standbild aus Datei erstellen« ein und klicken Sie auf »Durchsuchen«.

● **Hinweis:** Sie haben die Aktivierungseinstellungen nicht geändert, weil das Video mit dem CEO nur abgespielt werden soll, wenn der Betrachter es anklickt.

9   Wählen Sie die Datei *Thomas_Booker_Small.jpg* im Ordner *Lektion11* und klicken Sie auf »Öffnen«.

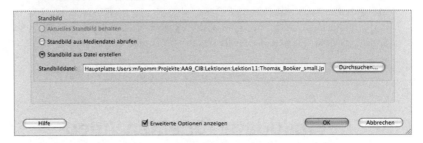

10 Klicken Sie auf das Register »Steuerelemente«.

11 Wählen Sie »Wiedergabe, Stopp, Suchen, Ton aus und Lautstärke« im Einblendmenü »Skin«.

Mit »Skin« wird die Gruppe von Wiedergabesteuerungen bezeichnet, die für das Video angezeigt werden soll. Acrobat bietet mehrere Skin-Optionen, mit denen Sie bestimmen können, welche Steuerungsmöglichkeiten der Betrachter erhält.

12 Achten Sie darauf, dass die Option »Steuerelemente automatisch ausblenden« eingeschaltet ist.

Ist »Steuerelemente automatisch ausblenden« eingeschaltet, erscheint das Skin nur, wenn sich der Mauszeiger auf dem Video-Clip befindet.

13 Klicken Sie auf OK. Das von Ihnen gewählte Standbild des CEO erscheint dort, wo Sie den Video-Clip auf der Seite platziert haben.

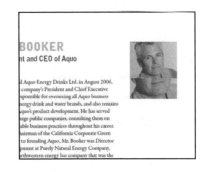

Die Größe des Standbilds unterscheidet sich von der Größe des Originalbilds, daher passen Sie nun seine Größe an.

14 Wählen Sie das Video-Werkzeug und bewegen Sie den Mauszeiger auf das Bild. Acrobat blendet blaue Anfasser am Rand des Video-Standbilds ein.

15 Drücken Sie die Umschalttaste, während Sie an einem Eckenanfasser des Standbilds ziehen, um es zu vergrößern, damit es das Originalbild im Dokument verdeckt. Positionieren Sie das Standbild auf dem Originalbild. (Auch wenn das Standbild nicht die gleiche Größe wie das Originalbild hat, sollte es das Originalbild vollständig verdecken.)

> **Tipp:** Durch Drücken der Umschalttaste beim Anpassen der Größe eines Video-Clips oder einer Animationsdatei sorgen Sie dafür, dass das Bild proportional angepasst wird.

16 Das Video-Werkzeug ist noch gewählt; doppelklicken Sie auf das Standbild. Acrobat ruft das Dialogfenster »Video bearbeiten« auf.

17 Falls nötig, klicken Sie auf das Register »Starteinstellungen«.

18 Wählen Sie im Einblendmenü »Art der Wiedergabe« den Eintrag »Inhalt in unverankertem Fenster abspielen«.

Abhängig von der gewählten Option kann Acrobat den Video-Clip an einem bestimmten Platz auf der Seite oder in einem Schwebefenster abspielen.

19 Klicken Sie auf OK.

20 Wählen Sie das Hand-Werkzeug und klicken Sie damit auf das Video, um es zu aktivieren. Sie können das Video-Fenster bewegen, wenn Sie es an seinem Rand greifen. Wenn Sie den Mauszeiger auf das Video bewegen, blendet Acrobat die Wiedergabesteuerelemente bzw. das Skin ein. Dabei bleibt das Videostandbild an seinem Platz auf der rechten Seite.

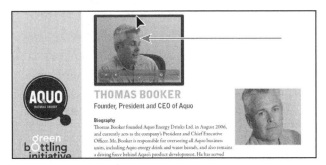

21 Stoppen Sie das Video und wählen Sie **Datei: Speichern unter**. Geben Sie der Datei den Namen **Aquo_CEO_Anim.pdf** und klicken Sie auf »Speichern«.

22 Schließen Sie die Multimedia-Werkzeugleiste und wählen Sie **Datei: Schließen**.

Eine Präsentation erstellen

Sie können ein PDF-Dokument als Präsentation im Vollbildmodus mit Seitenübergängen einrichten. Haben Sie Ihre Video-Clips und Animationen so eingestellt, dass sie beim Aufrufen der Seite direkt abgespielt werden, beginnt die Wiedergabe, sobald der Betrachter die entsprechende Seite ansteuert oder diese automatisch aufgeblättert wird. Sie führen nun die PDF-Dateien, mit denen Sie in dieser Lektion gearbeitet haben, zu einer Präsentation zusammen.

PDF-Dateien zusammenführen

Sie können mühelos mehrere PDF-Dateien zu einer einzelnen PDF zusammenführen. Die eingebetteten Multimedia-Objekte, die Sie in Ihre PDF-Dokumente eingefügt haben, werden dabei auch in die neue zusammengeführte Datei übernommen.

1 Wählen Sie **Datei: Zusammenführen: Dateien in einem einzigen PDF-Dokument zusammenführen**.

2 Klicken Sie im Dialogfenster »Dateien zusammenführen« auf die Schaltfläche »Dateien hinzufügen« und wählen Sie im Einblendmenü den Eintrag »Dateien hinzufügen«.

3 Markieren Sie die Dateien *Aquo_Bottle_Anim.pdf*, *Aquo_FAQ_Anim.pdf* und *Aquo_CEO_Anim.pdf* und klicken Sie auf »Hinzufügen«. (Mit gedrückter Umschalttaste können Sie auf aufeinanderfolgende Dateien in der Liste klicken; mit gedrückter Strg- (Windows) bzw. Befehlstaste (Mac OS) klicken Sie auf nicht aufeinanderfolgende Dateien, um sie gemeinsam auszuwählen.)

4 Ordnen Sie die Dateien in der folgenden Reihenfolge an: Zuerst *Aquo_Bottle_Anim.pdf* gefolgt von *Aquo_FAQ_Anim.pdf* und dann *Aquo_CEO_Anim.pdf*. Um eine Datei in der Dateireihenfolge nach oben zu bewegen, markieren Sie sie und klicken auf »Nach oben«; um sie nach unten zu bewegen, wählen Sie sie aus und klicken auf »Nach unten«.

● **Hinweis:** Wenn bereits Dokumente geöffnet sind, fügt Acrobat sie automatisch in die Liste ein. Um eine doppelte Datei aus der Liste zu entfernen, markieren Sie sie und klicken auf »Entfernen«.

In dieser Reihenfolge erscheinen die Dateien in der fertigen PDF-Präsentation.

5 Klicken Sie auf »Dateien zusammenführen«. Acrobat zeigt den Fortgang des Vorgangs mit einem Fortschrittsbalken an, während es die PDF-Dateien zusammenführt.

6 Geben Sie der Datei im Dialogfenster »Speichern unter« den Namen **Aquo_Pres_Anim.pdf** und klicken Sie auf »Speichern«. Acrobat öffnet die Präsentations-PDF-Datei, zeigt die Seite mit der grünen Flasche und spielt den Video-Clip ab.

7 Drücken Sie die Pfeil-nach-rechts-Taste, um zur nächsten Seite zu blättern. Sobald sich die Seite öffnet, spielt Acrobat die Kopfzeilenanimation ab.

8 Drücken Sie die Pfeil-nach-rechts-Taste, um zur letzten Seite zu gelangen. Der Video-Clip mit dem CEO spielt erst ab, wenn Sie darauf klicken, da Sie ihn nicht auf automatische Wiedergabe eingestellt haben.

Seitenübergänge einstellen

Sie können Acrobat anweisen, Seiten automatisch umzublättern, und Seitenübergänge zuweisen, um Effekte festzulegen, die Acrobat beim Umblättern darstellt. Wenn Sie bereits mit Videoschnittprogrammen gearbeitet haben, werden Sie viele der Seitenübergangsstile schon kennen. Sie richten nun diese Präsentation so ein, dass sie automatisch umblättert und dabei die Seiten ineinander übergehen lässt.

1 Wählen Sie **Erweitert: Dokumentverarbeitung: Seitenübergänge**.

2 Wählen Sie im Einblendmenü »Übergang« des Dialogfensters »Übergänge einstellen« den Eintrag »Einblenden« und im Einblendmenü »Geschwindigkeit« den Eintrag »Langsam«.

Damit blendet Acrobat die nächste Seite langsam in die aktuelle Seite ein.

3 Schalten Sie die Option »Automatisch blättern« ein und geben Sie in das Texteingabefeld darunter »Nach – Sekunden« den Wert **10** ein.

Ist »Automatisch blättern« eingeschaltet, blättern die Seiten automatisch nach der eingegebenen Anzahl Sekunden um. Zehn Sekunden reichen für die Wiedergabe des Flaschen-Video-Clips und der Kopfzeilenanimation aus. Die Präsentation stoppt mit der letzten Seite und lässt sie geöffnet, damit die Betrachter genügend Zeit haben, auf den Video-Clip mit dem CEO-Interview zu klicken und ihn vollständig abzuspielen.

4   Schalten Sie die Option »Alle Seiten im Dokument« ein.

5   Klicken Sie auf OK.

Vollbildmodus festlegen

Seitenübergänge funktionieren nur im Vollbildmodus; damit Acrobat also den von Ihnen gewählten Seitenübergang auch darstellt, müssen Sie für Ihre Präsentation die Wiedergabe im Vollbildmodus einstellen.

1   Wählen Sie **Datei: Eigenschaften**.

2   Falls nötig, klicken Sie im Dialogfenster »Dokumenteigenschaften« auf das Register »Ansicht beim Öffnen«.

3   Schalten Sie im Bereich »Fensteroptionen« des Dialogfensters die Option »Im Vollbildmodus« ein.

4   Klicken Sie auf OK.

5   Wählen Sie **Datei: Speichern** und dann **Datei: Schließen**.

6   Wählen Sie **Datei: Öffnen**, wählen Sie die Datei *Aquo_Pres_Anim.pdf* und klicken Sie auf »Öffnen«.

7   Wenn Acrobat ein Vollbild-Warndialogfenster einblendet, klicken Sie darin auf »Ja«.

Vollbildmodus-Warnung umgehen

Acrobat warnt standardmäßig, wenn eine PDF-Datei im Vollbildmodus geöffnet werden soll, da PDF-Dateien von böswilligen Programmierern auch so erstellt werden können, dass sie Schadsoftware auf Ihrem Rechner ausführen. Wenn Sie die Option »Auswahl für dieses Dokument speichern« im Warndialogfenster einschalten und dann auf »Ja« klicken, wird Acrobat das Warndialogfenster beim Öffnen der Präsentation auf diesem Rechner nicht wieder aufrufen. Wenn Sie Material auf Ihrem eigenen Rechner präsentieren, können Sie in den Voreinstellungen festlegen, dass Acrobat den Warndialog zu Beginn Ihrer Präsentation nicht einblendet. Wählen Sie dafür **Bearbeiten: Voreinstellungen** (Windows) bzw. **Acrobat: Voreinstellungen** (Mac OS) und klicken Sie links auf »Vollbild«. Schalten Sie die Option »Warnen, wenn Dokument automatisch im Vollbildmodus geöffnet werden soll« aus.

Acrobat spielt die Präsentation ab, blättert von einer Seite zur nächsten und blendet die Seiten dabei ineinander über.

8   Drücken Sie die Esc-Taste, um den Vollbildmodus zu verlassen, und schließen Sie die Datei.

Widgets

Neben Flash-Animationen und Video-Clips können Sie auch kleine Flash-Anwendungen, so genannte Widgets, in Ihr PDF-Dokument einbetten. So können Sie zum Beispiel einen Taschenrechner in Ihr Dokument einbetten, mit dem der Anwender die Kosten für Waren unter bestimmten Voraussetzungen berechnen kann. Oder einen RSS-Reader, mit dem Ihre Anwender unmittelbar auf einen passenden Blog oder eine einschlägige Nachrichtenseite zu dem entsprechenden Thema verknüpfen können. Da es sich bei Widgets um SWF-Dateien handelt, können Sie ein Widget mit dem Flash-Werkzeug in ein Dokument einfügen. Mehr über den Einsatz von Widgets erfahren Sie unter *www.adobe.de*.

Fragen

1 Wie fügen Sie in Acrobat 9 Pro oder Pro Extended einen Video-Clip oder eine Animationsdatei in ein Dokument ein?

2 Benötigen die Empfänger Ihrer Präsentation eine besondere Software, um Video-Clips oder Animationen abspielen zu können?

3 Wie erstellen Sie eine Präsentation mit zeitgesteuerten Seitenübergängen?

Antworten

1 Um einen Video-Clip oder eine Animation in ein PDF-Dokument einzufügen, klicken Sie auf die Multimedia-Schaltfläche in der Aufgaben-Werkzeugleiste und wählen das Video-Werkzeug (FLV-Datei oder H.264-kodiertes Video) bzw. das Flash-Werkzeug (Flash-Animation). Der Mauszeiger ändert sich in ein Fadenkreuz. Klicken und ziehen Sie dort, wo Sie das Video bzw. die Animation platzieren möchten, einen Rahmen auf und bestimmen Sie die Startoptionen, das Skin und weitere Eigenschaften. (Wenn Sie mit Acrobat 9 Pro Extended arbeiten, können Sie auch noch andere Videoformate einbetten, die Acrobat automatisch in das FLV-Format konvertieren kann.)

2 Nein. Jeder Anwender mit Acrobat 9 oder dem Adobe Reader 9 kann eingebettete Video-Clips und Animationsdateien in PDF-Dokumenten betrachten, die mit Acrobat 9 Pro oder Pro Extended erstellt wurden. Da Acrobat 9 Flash nativ unterstützt, ist keine weitere Software nötig.

3 Um einem PDF-Dokument Seitenübergänge hinzuzufügen, wählen Sie **Erweitert: Dokumentverarbeitung: Seitenübergänge** und wählen einen Seitenübergangsstil. Um die Seiten automatisch umzublättern, schalten Sie »Automatisch blättern« ein und legen fest, wie lange jede Seite angezeigt werden soll. Damit Seitenübergänge zu sehen sind, muss die Präsentation im Vollbildmodus betrachtet werden; schalten Sie deshalb im Dialogfenster »Dokumenteigenschaften« in der Registerkarte »Ansicht beim Öffnen« die Option »Im Vollbildmodus öffnen« ein.

12 ACROBAT IN RECHTSWESEN UND VERWALTUNG

Überblick

In dieser Lektion lernen Sie Folgendes:

- Einem Dokument eine Bates-Nummerierung zuweisen

- Schwärzung anwenden, um das Offenlegen von vertraulichen Informationen vor der Weitergabe von Dokumenten zu verhindern

 Für diese Lektion benötigen Sie ungefähr 30 Minuten. Falls nötig, kopieren Sie jetzt den Ordner *Lektion12* auf Ihre Festplatte.

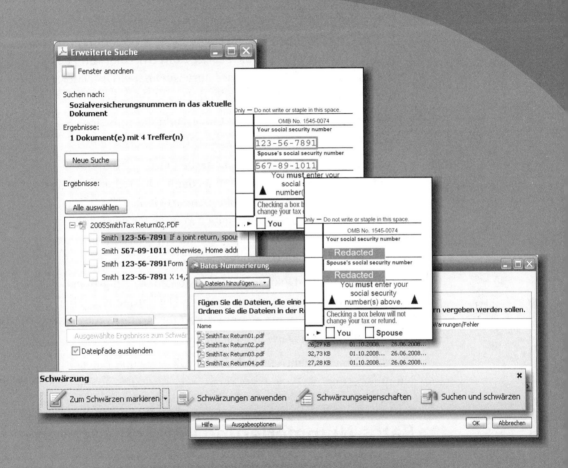

Acrobat 9 Pro und Pro Extended verfügen über neue und verbesserte Funktionen für das Rechtswesen:

- PDF-Portfolios erleichtern das Sammeln von Dokumenten für das Fallmanagement. Informationen über PDF-Portfolios finden Sie in Lektion 5, »Dateien zu PDF-Portfolios zusammenführen«.
- Formular-Werkzeuge helfen Ihnen bei der Verwaltung von Datensätzen innerhalb Ihrer Firma bzw. Abteilung sowie von Mandanten und freien Mitarbeitern. Siehe auch Lektion 10, »PDF-Formulare erstellen«.
- Verbessertes Scannen und Optische Zeichenerkennungsfunktionen (OCR) unterstützen Sie bei der Konvertierung von Papierdokumenten in kleinere, besser durchsuchbare PDF-Dateien. Siehe auch Lektion 3, »Adobe PDF-Dateien erstellen«.
- Verbesserte Vergleichen-Funktion erlaubt das mühelose Vergleichen zwischen zwei Versionen eines Dokuments.
- Neue Funktionen der Zusammenarbeit ermöglichen das Verteilen von Dokumenten online, damit alle Teilnehmer immer mit dem neuesten Dokument arbeiten. Mit Online-Meetings und Bildschirmfreigaben können Sie sogar in Echtzeit zusammenarbeiten. Siehe auch Lektion 9, »Acrobat in einer Dokumentüberprüfung«.
- Mit dem Befehl »Dokumente teilen« teilen Sie ein großes Dokument mühelos und schnell nach Dateigrößenvorgaben in kleinere Dokumente auf, um die Anforderungen für das Heraufladen von Dateien zu erfüllen.

Diese Lektion konzentriert sich auf Schwärzung und Bates-Nummerierung.

Bates-Nummerierung und Schwärzung

In den Gerichten und Anwaltskanzleien der USA werden Dokumente zunehmend und überwiegend im Adobe PDF-Format elektronisch verarbeitet. Acrobat 9 Pro und Pro Extended bieten zahlreiche spezielle Funktionen für die Verbesserung des Arbeitsablaufs in diesen Bereichen.

- Die Funktion »Bates-Nummerierung« ermöglicht es, jedem beliebigen Dokument oder Dokumenten in einem PDF-Portfolio automatisch eine Bates-Nummerierung (als Kopf- oder Fußzeile) zuzuweisen. (Enthält ein PDF-Portfolio nur Dateien, die keine

PDF sind, konvertiert Acrobat die Dateien in PDF und weist die Bates-Nummerierung zu.) Sie können benutzerdefinierte Präfixe und Suffixe sowie Datumsstempel hinzufügen und festlegen, dass die Nummerierung immer außerhalb des Text- bzw. Abbildungsbereiches auf der Seite eingefügt wird.

- Die Funktion »Schwärzung« erlaubt das Durchsuchen eines PDF-Dokuments und automatische und dauerhafte Schwärzen von Bildern, bestimmten vertraulichen Wörtern, Satzbestandteilen oder Zeichenfolgen (Zahlen und Buchstaben). Suchen Sie bestimmte Textmuster (z. B. Telefonnummern oder Sozialversicherungsnummern) und schwärzen Sie diese.

- Außerdem können Sie mit dem Befehl »Dokument untersuchen« PDF-Dateien auf Metadaten (wie zum Beispiel den Namen des Dokumentverfassers), Anmerkungen, Anhänge, versteckte Daten, Formularfelder, ausgeblendete Ebenen oder Lesezeichen durchsuchen und entweder bestimmte oder aber alle Daten entfernen. Den Befehl »Dokument untersuchen« können Sie auf einzelne Dokumente (**Dokument: Dokument untersuchen**) oder auf mehrere Dokumente (**Erweitert: Dokumentverarbeitung: Stapelverarbeitung**) anwenden.

Bates-Nummerierung hinzufügen

In Anwaltskanzleien wird die Bates-Nummerierung regelmäßig jeder Seite eines Dokuments zugewiesen, das zu den Akten einer Rechtssache oder eines Prozesses gehört.

In diesem Lektionsabschnitt weisen Sie mehreren Dokumenten eine Bates-Nummerierung zu und passen das Nummerierungsformat an, um überlagerten Text auf dem Haupttext der Dokumente zu vermeiden.

Hinweis: Die Bates-Nummerierung kann bei geschützten oder verschlüsselten Dateien und bei einigen Formularen nicht angewendet werden.

1 Öffnen Sie Acrobat und wählen Sie **Erweitert: Dokumentverarbeitung: Bates-Nummerierung: Hinzufügen**.

2 Klicken Sie im Dialogfenster »Bates-Nummerierung« auf »Dateien hinzufügen«, um das Schaltflächenmenü einzublenden.

Sie können die Bates-Nummerierung einzelnen Dateien oder den Inhalten von Ordnern sowie PDF-Portfolios zuweisen. Enthält ein Ordner Dateien, die von Acrobat nicht in PDF konvertiert werden können, werden diese Dateien nicht mit einbezogen.

3 Wählen Sie »Dateien hinzufügen«, navigieren Sie zum Ordner *Lektion12* und wählen Sie die Datei *SmithTax Return01.pdf*.

Klicken Sie mit gedrückter Strg- (Windows) bzw. Befehlstaste (Mac OS) auf folgende Dateien, um sie Ihrer Auswahl hinzuzufügen:

- *SmithTax Return02.pdf*
- *SmithTax Return03.pdf*
- *SmithTax Return04.pdf*

> **Tipp:** Wenn Sie die Bates-Nummerierung auf Papierdokumente anwenden müssen, scannen Sie sie zunächst mit dem Befehl **Datei: PDF erstellen: Über den Scanner** ein und weisen Sie die Bates-Nummerierung den erzielten PDF-Dateien zu.

Sie können auch Dateien hinzufügen, die nicht im PDF-Format vorliegen, allerdings müssen sie sich in PDF konvertieren lassen.

4 Klicken Sie auf »Dateien hinzufügen«.

5 Falls nötig, verschieben Sie die Dateien mit den Schaltflächen »Nach oben« und »Nach unten« und ordnen Sie sie wie folgt an:

- *SmithTax Return01.pdf*
- *SmithTax Return02.pdf*
- *SmithTax Return03.pdf*
- *SmithTax Return04.pdf*

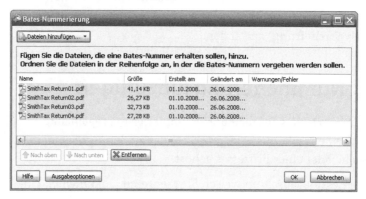

Den Zielordner und den Namen für Ihre Bates-nummerierte Datei sowie den Speicherort bestimmen Sie im Dialogfenster »Ausgabeoptionen«.

6 Klicken Sie auf »Ausgabeoptionen«.

7 Legen Sie im Dialogfenster »Ausgabeoptionen« fest, wo die Dateien gespeichert werden sollen. Standardmäßig speichert Acrobat die Dateien im selben Ordner wie das nicht nummerierte Dokument.

Wenn Sie die Option »Spezifischer Ordner« wählen, fordert Acrobat Sie zur Wahl des Zielordners auf.

Wir haben die Option »Gleicher Ordner wie Original« gewählt.

8 Wählen Sie im Bereich »Dateibenennung« die Option »Name der Originaldatei hinzufügen«.

Wenn Sie den Originaldateinamen beibehalten wollen, sollten Sie die Datei an einem anderen Ort speichern; anderenfalls überschreiben Sie sonst die Originaldaten.

9 Wenn Sie den Dateinamen ein Präfix (Vorspann) oder Suffix (Nachspann) hinzufügen möchten, geben Sie die entsprechenden Daten in die Texteingabefelder »Einfügen

vor« und/oder »Einfügen nach« ein. Wir haben in das Texteingabefeld »Einfügen nach« **Bates** eingegeben.

10 Schalten Sie die Option »Vorhandene Dateien überschreiben« aus und übernehmen Sie die übrigen Optionen.

11 Klicken Sie auf OK, um die gewählten Optionen zuzuweisen und zum Dialogfenster »Bates-Nummerierung« zurückzukehren.

12 Klicken Sie auf OK.

Als Nächstes legen Sie den Stil der zuzuweisenden Bates-Nummerierung fest.

Bates-Nummerierung festlegen

Die Schrift, die Schriftfarbe und -größe sowie die Position der Bates-Nummerierung stellen Sie im Dialogfenster »Kopf- und Fußzeile hinzufügen« ein. Hier können Sie auch entscheiden, ob Sie den Dokumentinhalt verkleinern müssen, damit er nicht von der Bates-Nummerierung überlagert wird. Die Bates-Nummer kann zwischen 6 und 15 Ziffern plus Präfix (Vorspann) und Suffix (Nachspann) enthalten.

Als Erstes legen Sie die Schrift, die Schriftgröße und die Schriftfarbe fest.

1. Stellen Sie im Dialogfenster »Kopf- und Fußzeile hinzufügen« im Bereich »Schrift« die Schrift, die Schriftgröße und die Schriftfarbe ein. Wir haben Arial in der Größe 10 gewählt, die Schaltfläche »Unterstrichen« eingeschaltet und die Farbe Rot für die Seitenzahlen gewählt.

2. Im Bereich »Rand (Millimeter)« im Dialogfenster »Kopf- und Fußzeile hinzufügen« bestimmen Sie den Leerraum um den Abbildungs- oder Textbereich auf der Seite. Hier fügt Acrobat die Bates-Nummerierung ein, damit weder Texte noch Abbildungen im Dokument verdeckt werden. Wir haben die Standardwerte von 12,7 mm für den oberen und den unteren Rand sowie 25,4 mm für den linken und den rechten Rand übernommen.

3. Klicken Sie auf »Optionen für Erscheinungsbild«.

4. Schalten Sie die Option »Dokument verkleinern, damit kein Text und keine Grafiken überschrieben werden« ein und klicken Sie auf OK.

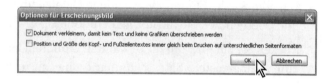

Nun wählen Sie die Position der Bates-Nummerierung – oben links, Mitte oder rechts (Kopfzeile) oder unten links, Mitte oder rechts (Fußzeile).

5. Klicken Sie in das gewünschte Textfeld für Ihre Bates-Nummerierung. Wir haben »Kopfzeilentext rechts« gewählt.

Das Format Ihrer Bates-Nummernserie legen Sie im Dialogfenster »Bates-Nummerierung - Optionen« fest. Hier bestimmen Sie, ob die Nummerierung über Präfix und/oder Suffix verfügen soll, und stellen die Anzahl der Ziffern im Zahlenteil der Nummer ein.

6 Klicken Sie auf »Bates-Nummer einfügen« und legen Sie die Optionen Ihrer Bates-Nummerierung fest. Wir haben **6** Ziffern (maximal 15) mit dem Präfix **Smith** (Name des Mandanten) und dem Suffix **Jones** (Name des zuständigen Anwalts) gewählt. Da dies das erste Dokument der Reihe ist, haben wir die Startnummer 1 übernommen. Klicken Sie auf OK.

Sie können das Datum als Bestandteil der Bates-Nummerierung oder separat einfügen.

7 Um das Datum als Teil der Bates-Nummerierung einzufügen, klicken Sie auf »Format für Seitenzahlen und Datum«.

8 Wählen Sie ein Datumsformat aus dem Einblendmenü. Wir haben »mm/tt/jj« gewählt. Wählen Sie im Einblendmenü »Format der Seitenzahlen« die Option »Bates-Nummer« und übernehmen Sie im Textfeld »Erste Seitenzahl« die »1«.

Klicken Sie auf OK, um zum Dialogfenster »Kopf- und Fußzeile hinzufügen« zurückzukehren.

9 Klicken Sie auf die Schaltfläche »Datum einfügen«, um der Bates-Nummerierungsformel das Datum hinzuzufügen. Acrobat zeigt Ihre Einstellungen im unteren Teil des Dialogfensters in der Vorschau an.

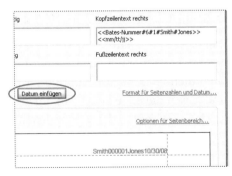

Zwischen der Bates-Nummer und dem Datum können Sie einen Wortzwischenraum einfügen, indem Sie im Textfeld »Kopfzeilentext rechts« eine Einfügemarke zwischen die beiden Elemente setzen und die Leertaste drücken. Hier können Sie einen Eintrag auch löschen oder das Datum und die Bates-Nummerierung umstellen und das Datum voranstellen. Markieren Sie dazu das Datum und ziehen Sie es an die gewünschte Stelle vor oder hinter die Bates-Nummer. Sie können einen Eintrag sogar in ein anderes Textfeld ziehen. Sie löschen einen Eintrag, indem Sie ihn markieren, mit der rechten Maustaste anklicken und im Kontextmenü die Option »Löschen« wählen.

Jetzt speichern Sie Ihre Einstellungen.

10 Klicken Sie oben im Dialogfenster auf die Schaltfläche »Einstellungen speichern«, geben Sie Ihren Einstellungen den Namen **Smith_Jones** und klicken Sie auf OK.

Wenn Sie später weitere Dokumente nummerieren müssen, können Sie die namentlich gespeicherten Einstellungen mühelos wiederfinden.

11 Wenn Sie mit dem Bates-Nummerierungsstil zufrieden sind, klicken Sie auf OK, um Ihren Zieldokumenten die Bates-Nummerierung zuzuweisen. Klicken Sie im aufgerufenen Dialogfenster auf OK, um es zu schließen.

12 Wählen Sie **Datei: Öffnen** und öffnen Sie die Datei *SmithTax Return01Bates.pdf*. Acrobat hat die Bates-Nummerierung sowohl dieser als auch den übrigen Dateien *SmithTax Return02Bates.pdf*, *SmithTax Return03Bates.pdf* und *SmithTax Return04Bates.pdf* zugewiesen.

13 Schließen Sie alle geöffneten Dokumente.

Wenn Sie der Dokumentsammlung zu einem späteren Zeitpunkt weitere Dokumente hinzufügen müssen, weisen Sie dem bzw. den Dokumenten die Bates-Nummerierung wie oben beschrieben zu und lassen die erste Seitenzahl im ersten neuen Dokument auf die letzte Seitenzahl in der vorhandenen Sammlung folgen. Ein Beispiel: Ist die letzte Seitenzahl in Ihrer Sammlung 6, würden Sie die Bates-Nummerierung für die neuen Dokumente mit der Seitenzahl 7 beginnen lassen.

Dateien in einem PDF-Portfolio weisen Sie die Bates-Nummerierung auf die gleiche Weise zu.

Bates-Nummerierung bearbeiten

Seitenzahlen, die Sie mit der Bates-Nummerierungsfunktion eingefügt haben, können Sie nicht bearbeiten. Allerdings können Sie die Bates-Nummerierung löschen und eine andere Bates-Nummerierungsformel zuweisen.

Schwärzung zuweisen

Wenn Gerichte oder Anwaltskanzleien Dokumente mit vertraulichen bzw. persönlichen Informationen veröffentlichen müssen, lassen sich diese Informationen durch Schwärzen verdecken. Bisher war das ein zeitraubender Vorgang, der von Hand ausgeführt werden musste. Mit Acrobat Pro oder Pro Extended und dem Schwärzen-Werkzeug können Sie nach bestimmten Informationen suchen und sie automatisch schwärzen. Dazu müssen Sie Ihre elektronischen Dokumente nur in Adobe PDF konvertieren oder Papierdokumente direkt in PDF scannen. Dann suchen Sie mit dem Schwärzen-Werkzeug nach bestimmten Begriffen wie Namen, Telefon- oder Kontonummern und löschen diese Informationen dauerhaft aus einer Kopie Ihres Dokuments. Sie können auch nach bestimmten Textmustern suchen und dafür eine Seite oder einen Seitenbereich durchsuchen. Sie verwenden für das Schwärzen von bestimmten oder vertraulichen persönlichen Inhalten praktisch das Äquivalent eines Textmarkers oder einen (undurchsichtigen) überlagerten Text, der den Grund für die Schwärzung erklärt.

> **Tipp:** Da die Schwärzung nicht rückgängig gemacht werden kann, sollten Sie immer mit einer Kopie arbeiten oder eine unbearbeitete Dateiversion für den zukünftigen Gebrauch archivieren. Am besten richten Sie in den Dokumentvoreinstellungen die automatische Änderung des Dateinamens beim Sichern von Schwärzungen ein.

Als Erstes sehen Sie sich ein Beispiel für eine Schwärzung an.

1 Wählen Sie in Acrobat **Datei: Öffnen**, navigieren Sie zum Ordner *Lektion12* und doppelklicken Sie auf *SmithTax Return03.pdf*.

Sowohl in Teil 1 (Part I) als auch in Teil 2 (Part II) wurde die Beschreibung des Eigentums geschwärzt.

2 Versuchen Sie, mit dem Hand-Werkzeug ( ) oder dem Auswahl-Werkzeug ( ) eine Schwärzung auszuwählen. Es funktioniert nicht. Eine einmal zugewiesene Schwärzung kann weder entfernt werden noch lassen sich die vormals darunter befindlichen Inhalte in irgendeiner Weise wieder zugänglich machen. Daher sollten Sie eine

> **Video:** Das Video »Schwärzen« auf der Buch-DVD zeigt mehr zu diesem Thema. Weitere Informationen finden Sie unter »Den Ordner *Video-Training* installieren« auf Seite 16.

Datei, die Sie mit einer Schwärzung versehen haben, immer unter einem neuen Namen speichern. Wenn Sie die Originaldatei versehentlich überschreiben, können Sie die geschwärzten Informationen nicht wiederherstellen.

3 Wählen Sie **Datei: Schließen**, um das Steuerformular zu schließen.

Dokumentvoreinstellungen ändern

Als Nächstes ändern Sie die Dokumentvoreinstellungen so, dass Sie Ihre Originaldateien nicht versehentlich mit einer geschwärzten Dateiversion überschreiben.

1 Wählen Sie in Acrobat **Datei: Öffnen** und navigieren Sie zum Ordner *Lektion12*. Wählen Sie die Datei *SmithTax Return01.pdf* und klicken Sie auf »Öffnen«.

Jetzt legen Sie in den Dokumentvoreinstellungen fest, dass Acrobat den Dateinamen beim Zuweisen von Schwärzungen automatisch ändert, und öffnen dann die Schwärzung-Werkzeugleiste und stellen Eigenschaften für das Schwärzung-Werkzeug ein.

2 Wählen Sie **Bearbeiten: Voreinstellungen** (Windows) bzw. **Acrobat: Voreinstellungen** (Mac OS) und wählen Sie links im Fenster »Dokumente«.

3 Schalten Sie im Bereich »Dokument untersuchen« die Option »Beim Speichern angewendeter Schwärzungsmarkierungen Dateinamen anpassen« ein. Acrobat zeigt ein Häkchen im Kontrollfenster an.

4 Hier können Sie ein Präfix in das Texteingabefeld eingeben. Wir haben kein Präfix

eingegeben. Acrobat fügt standardmäßig das Suffix »_geschwärzt« an den Dateinamen an, wenn eine Schwärzung zugewiesen wird.

5 Klicken Sie auf OK, um die Änderung zuzuweisen.

Die Schwärzung-Werkzeug-eigenschaften einstellen

Das Dialogfenster »Schwärzen-Werkzeug - Eigenschaften« erreichen Sie über die Schwärzung-Werkzeugleiste.

1 Um die Schwärzung-Werkzeugleiste einzublenden, wählen Sie **Erweitert: Schwärzung: Werkzeugleiste "Schwärzung" einblenden**.

2 Docken Sie die Schwärzung-Werkzeugleiste im Werkzeugleistenbereich an. Informationen zum Andocken von Werkzeugleisten finden Sie in Lektion 2, »Der Arbeitsbereich«.

3 Wählen Sie »Schwärzungseigenschaften« ( ) in der Schwärzung-Werkzeugleiste, um das Dialogfenster »Schwärzen-Werkzeug - Eigenschaften« einzublenden.

Hier können Sie die Füllfarbe für das Schwärzen-Werkzeug festlegen (Standard ist Schwarz) und Text für die mögliche Überlagerung der Schwärzungsmarkierung eingeben. Außerdem stellen Sie hier Schriftgröße, -farbe und -stil für den Überlagerungstext ein.

4 Klicken Sie im Dialogfenster »Schwärzen-Werkzeug - Eigenschaften« auf das Farbfeld neben »Füllfarbe für geschwärzten Bereich« und wählen Sie eine Farbe für die Schwärzungsmarkierung. Wir haben Rot gewählt.

5 Schalten Sie die Option »Überlagerungstext verwenden« ein. (Die Option ist eingeschaltet, wenn das Kontrollkästchen mit einem Häkchen versehen ist.)

6 Wählen Sie im Bereich »Überlagerungstext« eine Schrift für den Schwärzungstext. Wir haben die Standardschrift übernommen.

Sie können eine feste Schriftgröße für den Überlagerungstext vorgeben oder die Textgröße automatisch an den Schwärzungsbereich anpassen. Wir haben uns für die automatische Anpassung entschieden. Wählen Sie die Option »Textgröße automatisch an Schwärzungsbereich anpassen«.

7 Als »Schriftfarbe« haben wir Weiß gewählt und die Option »Überlagerungstext wiederholen« ausgeschaltet, damit unser Schwärzungstext nur einmal pro Schwärzung erscheint. Wir haben den Schwärzungstext mittig ausgerichtet.

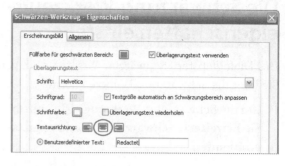

8 Die Option »Benutzerdefinierter Text« ist eingeschaltet; wir haben **Redacted** (Geschwärzt) als Schwärzungstextüberlagerung eingegeben.

Wenn Sie den Grund für die Schwärzung mit ausgeben wollen, würden Sie die Option »Schwärzungscode« einschalten und die entsprechenden Codesätze und Codeeinträge in den zugehörigen Listen wählen. (Zum Zeitpunkt der Drucklegung dieses Buchs standen noch keine offiziellen Codes zur Verfügung.)

9 Klicken Sie auf OK, um Ihre Einstellungen zuzuweisen.

Text zum Schwärzen suchen

Mit der Suchen und schwärzen-Funktion können Sie nach einem Wort, einem Satzteil, einer Zahl, einer Zeichenfolge oder einem Muster suchen und für die Schwärzung markieren lassen. In diesem Lektionsabschnitt suchen Sie nach den Sozialversicherungsnummern Ihrer Mandanten und schwärzen sie, bevor Sie die Dokumente zur Nachbearbeitung freigeben.

1 Wählen Sie das Suchen und schwärzen-Werkzeug ( ) in der Schwärzung-Werkzeugleiste. Klicken Sie auf OK, um das eingeblendete Dialogfenster zu schließen.

2 Geben Sie im Erweiterte Suche-Fenster das Dokument oder den Ordner an, den Sie durchsuchen möchten. Wir haben die Option »Im aktuellen Dokument« eingeschaltet.

Falls Sie nur auf der aktuellen Seite oder in einem bestimmten Seitenbereich eines Dokuments suchen und schwärzen möchten, wählen Sie **Erweitert: Schwärzung: Seitenbereich markieren**.

3 Schalten Sie im Bereich »Suchen nach« die Option »Muster« ein und wählen Sie eine Option aus dem Einblendmenü. Wir haben »Sozialversicherungsnummern« gewählt. Klicken Sie auf »Suchen und schwärzen«.

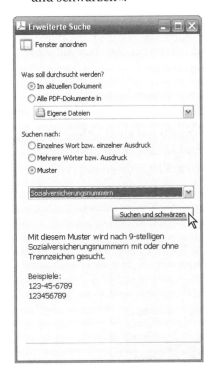
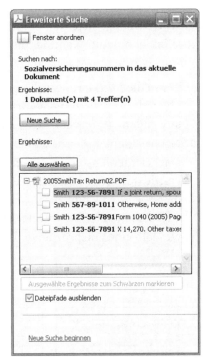

Acrobat zeigt die Ergebnisse im Dialogfenster »Erweiterte Suche« an.

Wenn Sie mehrere Wörter oder Ausdrücke gleichzeitig suchen und schwärzen möchten, können Sie dafür die Option »Mehrere Wörter bzw. Ausdruck« einschalten und brauchen dann nicht mehrere Suchläufe durchzuführen.

4 Acrobat führt jedes einzelne Ergebnis zur gesuchten Zeichenfolge im Fenster auf. Klicken Sie auf ein Suchergebnis, um zur entsprechenden Stelle im Dokument zu gelangen.

5 Wir haben im Erweiterte Suche-Fenster die Option »Alle Auswählen« gewählt, um alle Suchergebnisse zur Sozialversicherungsnummer zu markieren.

6 Um sich die zur Schwärzung vorgesehenen Elemente anzusehen, klicken Sie im Erweiterte Suche-Fenster auf die Schaltfläche »Ausgewählte Ergebnisse zum Schwärzen markieren«; damit markiert Acrobat alle Suchergebnisse im Dokumentfenster. Wenn Sie die markierten Schwärzungen auf Richtigkeit überprüft haben, können Sie die Schwärzung zuweisen.

Durch Klicken auf die Einträge im Erweiterte Suche-Fenster springt Acrobat im Dokumentfenster auf die jeweiligen zur Schwärzung markierten Fundstellen. Sie können diese Kopie speichern und drucken, um sie beispielsweise Kollegen zur Prüfung zu übergeben, bevor Sie die Schwärzung zuweisen. Achten Sie dabei darauf, im Drucken-Dialogfenster die Option »Dokument und Markierungen« (im Einblendmenü »Kommentare und Markierungen«) zu wählen, um die Schwärzen-Markierungen zu drucken.

7 Wenn die Markierungen korrekt und vollständig sind, klicken Sie in der Schwärzung-Werkzeugleiste auf »Schwärzungen anwenden« ( ). Klicken Sie auf OK, um das eingeblendete Nachrichtenfenster zu schließen, und klicken Sie im nächsten Nachrichtenfenster auf »Nein«. (Diese PDF-Steuererklärung wurde durch Scannen eines einfachen Papierformulars erstellt; daher werden kaum zusätzliche Dokumentinformationen auf ausgeblendeten Ebenen oder in Metadaten vorhanden sein, weshalb eine entsprechende Überprüfung nicht notwendig ist.)

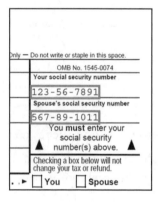 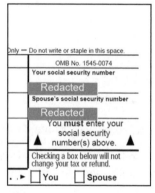

▶ **Tipp:** Wenn sich mit dem Zum Schwärzen markieren-Werkzeug weder Text- noch Grafikelemente wählen lassen, können Sie die zu schwärzenden Text- oder Grafikbereiche mit gedrückter rechter Maustaste überstreichen und die Markierung durch Klicken auf die Schaltfläche »Schwärzungen anwenden« zuweisen.

8 Wählen Sie **Datei: Speichern** und sichern Sie Ihre Datei. Acrobat fügt aufgrund der von Ihnen zuvor in dieser Lektion geänderten Dokumentvoreinstellungen automatisch das Suffix »_geschwärzt« an den Dateinamen an. Sie können durch die Datei blättern und sich die Schwärzungen ansehen.

9 Schließen Sie das Erweiterte Suche-Fenster und die PDF-Datei.

In Dokumenten, die eingescannt und in PDF konvertiert wurden, sind Text und Abbildungen zumeist als Bilder konvertiert, die sich erst nach der Bearbeitung mit entsprechender OCR-Software (*optical character recognition*, optische Zeichenerkennung) durchsuchen lassen.

PDF-Portfolios erstellen

PDF-Portfolios erleichtern das Zusammenstellen von Dokumenten für das Fallmanagement. Führen Sie Ihre Bates-nummerierten und geschwärzten Dokumente zu einem PDF-Portfolio zusammen, wobei jedes Dokument für die mühelose Weiterverwendung unabhängig bleibt. Die Dokumente in Ihrem PDF-Portfolio behalten ihre individuellen Sicherheitseinstellungen und Ansichten beim Öffnen bei; jede Datei lässt sich unabhängig von den anderen Dateien im PDF-Portfolio lesen, bearbeiten, formatieren und drucken. Änderungen, die Sie an Dokumenten in einem PDF-Portfolio vornehmen, werden nicht an den Originaldokumenten ausgeführt, die weiter unverändert bleiben.

Weitere Informationen zu PDF-Portfolios finden Sie in Lektion 5, »Dateien zu PDF-Portfolios zusammenführen«.

Dokumente teilen

Wenn Ihre Dateien in einer einzelnen PDF-Datei zusammengeführt wurden und nicht in ein PDF-Portfolio, können Sie die Original-Dokumente mit dem Befehl »Dokument teilen« wieder herauslösen. Außerdem können Sie mit diesem Befehl ein Dokument aufteilen, nicht zu groß zum Hochladen ist.

1. Öffnen Sie Ihre zusammengeführte PDF-Datei und wählen Sie **Dokument: Dokument teilen**.

2. Im Dialogfenster »Dokumente teilen« bestimmen Sie, ob das Dokument nach Anzahl der Seiten, einer maximalen Dateigröße für jedes Dokument oder nach übergeordneten Lesezeichen geteilt werden soll.

3. Klicken Sie auf die Schaltfläche »Ausgabeoptionen«, um einen Zielordner für die geteilten Dateien und Ihre bevorzugte Dateikennzeichnung festzulegen.

Dokumente, denen Sie Sicherheitseinstellungen zugewiesen haben, können Sie nicht teilen.

Um mehrere Dokumente nach den gleichen Kriterien zu teilen, klicken Sie im Dialogfenster »Dokumente teilen« auf die Schaltfläche »Auf mehrere anwenden«.

Fragen

1 Können Sie versehentlich geschwärzte Informationen wieder rückgängig machen?

2 Wie können Sie dafür sorgen, dass die Bates-Nummerierung keine Text- oder Abbildungsbereiche im Dokument überlappt?

3 Können Sie eine Bates-Nummerierung bearbeiten, nachdem Sie sie einer Dokumentsammlung zugewiesen haben?

Antworten

1. Nein. Nach dem Speichern der Datei ist das Schwärzen dauerhaft und unumkehrbar. Prüfen Sie die zum Schwärzen markierten Elemente daher immer gewissenhaft, bevor Sie das Schwärzen anwenden. Und speichern Sie die geschwärzte Datei immer unter einem anderen Namen, um zu verhindern, dass die Originaldatei überschrieben wird und damit verloren ist. Solange Sie das Dokument nach dem Anwenden der Schwärzung noch nicht gesichert haben, können Sie die angewandte Schwärzung allerdings noch markieren und wieder entfernen.

2. Klicken Sie im Dialogfenster »Kopf- und Fußzeile hinzufügen« auf »Optionen für Erscheinungsbild« und schalten Sie die Option »Dokument verkleinern, damit kein Text und keine Grafiken überschrieben werden« ein.

3. Nein. Sie können die aktuelle Bates-Nummerierung nur löschen und eine andere neue Bates-Nummerierungsformel zuweisen.

13 ACROBAT UND TECHNISCHE ANWENDUNGEN

Überblick

In dieser Lektion lernen Sie Folgendes:

- Ebenen aus einer AutoCAD-Zeichnung einblenden, ausblenden und drucken

- Mit den Messen-Werkzeugen in Acrobat arbeiten

- Eine PDF-Datei aus einer DWG-Datei erstellen

- Mit der PDF-Kartenfunktion und dem Positionswerkzeug für Geodaten arbeiten

 Für diese Lektion benötigen Sie ungefähr 45 Minuten. Falls nötig, kopieren Sie jetzt den Ordner *Lektion13* auf Ihre Festplatte.

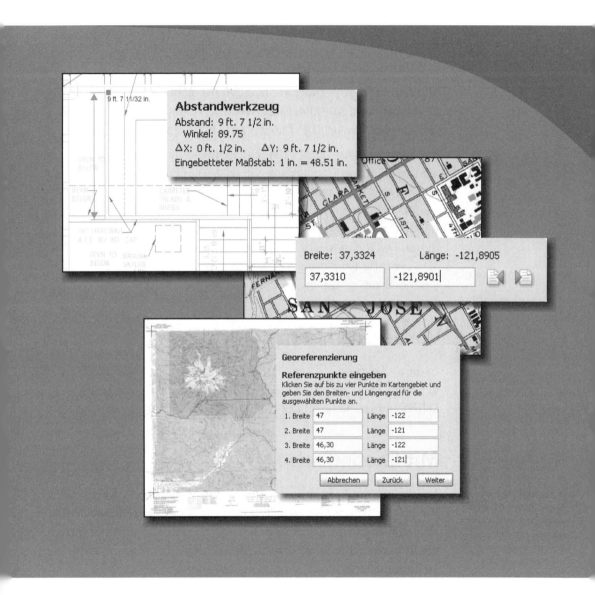

Acrobat 9 bietet verbesserte Werkzeuge und Funktionen für Technik und Entwicklung. Die Konvertierung von Konstruktionszeichnungen in PDF verläuft einfacher und schneller und führt zu kleineren Dateien. Die Messfähigkeiten wurden verbessert. PDF-Portfolios (Lektion 5) vereinfachen das Arbeiten mit Gestaltungsvorgaben, Ändern von Abläufen und Archivieren von Werkstoffen. Und die verbesserte Formularfunktion erleichtert die Datenerfassung von Beratern und Außendienst (Lektion 10). Die neue PDF-Kartenfunktion ermöglicht das Erstellen, Betrachten und die Interaktion mit PDF-Dateien, die Geodaten enthalten.

Alle Acrobat 9-Anwender können den Betrachtungsstatus von Ebenen ändern. Anwender mit Acrobat Pro und Pro Extended können darüber hinaus PDF-Dateien mit Ebenen erstellen.

Alle Acrobat 9-Anwender können Geomess- und -positionswerkzeuge sowie Standardansichten verwenden. Anwender mit Acrobat 9 Pro und Pro Extended können darüber hinaus PDF-Dateien mit Geodaten erstellen, Karteninhalte importieren und Messmarkierungen für Geodaten exportieren. Das Referenzierungswerkzeug für Geodaten und die 3D-Navigationsfunktionen stehen nur Anwendern mit Acrobat Pro Extended zur Verfügung.

Vorbereitungen

In dieser Lektion arbeiten Sie zunächst mit Bauzeichnungen für das Umbauprojekt an einem Privathaus, in das auch eine neue Schlafzimmer/Badezimmer-Kombination eingebaut werden soll.

Mit Ebenen arbeiten

Hinweis: Verwendung dieser Datei mit freundlicher Genehmigung von Arcadea Architecture, Boulder, Colorado (*www.arcadea.com*). Der Umfang der Zeichnungen, Bezeichnungen und Ebenen wurde für den Einsatz in dieser Lektion erheblich vereinfacht.

Acrobat 9 kann Ebenen aus AutoCAD und ähnlichen Programmen wie beispielsweise Microsoft Visio beibehalten. Diese Ebenen lassen sich zum Betrachten oder Drucken nach Bedarf ein- und ausblenden, damit es einfacher wird, sich auf die wichtigen Dateiinformationen zu konzentrieren.

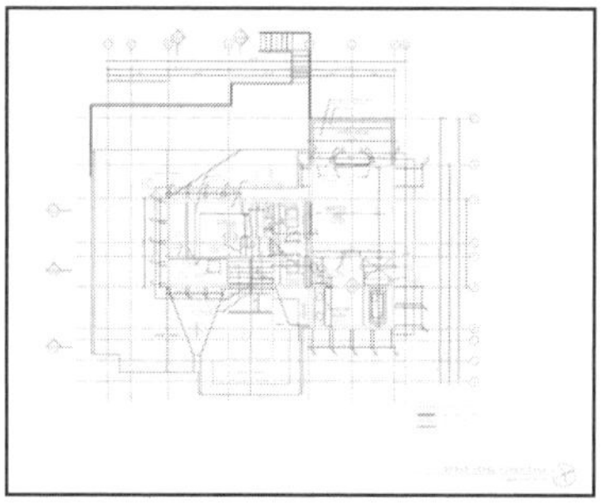

1 Wählen Sie in Acrobat **Datei: Öffnen**. Navigieren Sie zum Ordner *Lektion13*, wählen Sie die Datei *Remodel_Ebenen.pdf* und klicken Sie auf »Öffnen«.

2 Wählen Sie **Datei: Speichern unter**, geben Sie der Datei den neuen Namen **Remodel_Layers1.pdf** und sichern Sie sie im selben Ordner.

Jetzt sehen Sie sich das Ein- und Ausblenden von Ebenen an.

3 Klicken Sie im Navigationsfenster auf die Schaltfläche »Ebenen« ( ) oder wählen Sie **Anzeige: Navigationsfenster: Ebenen**, um das Ebenen-Fenster im Navigationsfenster einzublenden.

4 Das Ebenen-Fenster listet die Ebenen auf, die beim Konvertieren der AutoCAD-Datei des Grundrisses in PDF angelegt wurden. Zur besseren Übersicht wurde die Anzahl der Ebenen im Vergleich zur Originalzeichnung des Architekten verringert und die Bezeichnungen vereinfacht.

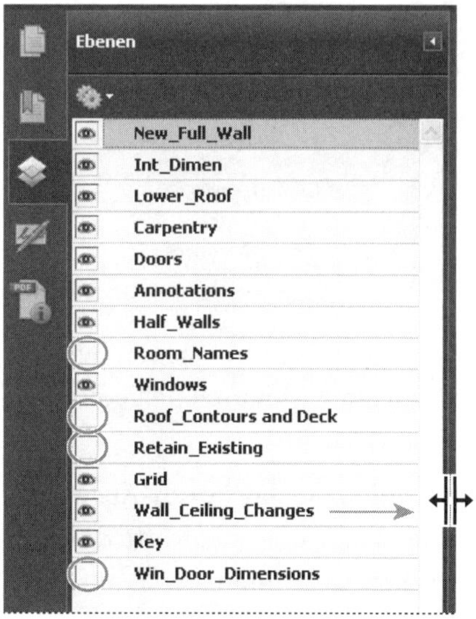

5 Klicken Sie im Ebenen-Fenster auf das Auge-Symbol ( ) links von der Ebenenbezeichnung der nachfolgend aufgeführten Ebenen:

- *Room_Names*
- *Roof_Contours & Deck*
- *Retain_Existing*
- *Win_Door_Dimensions*

Falls das Ebenen-Fenster zu schmal für die Darstellung der Bezeichnungen ist, können Sie es durch Ziehen am rechten Rand erweitern.

ADOBE ACROBAT 9 CLASSROOM IN A BOOK **317**

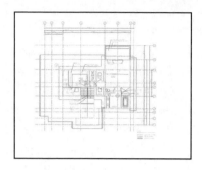

Jetzt blendet Acrobat den Text, die Linien und alle anderen Elemente auf diesen Ebenen aus. Nicht sichtbare Ebenen werden standardmäßig auch nicht gedruckt. Experimentieren Sie mit dem Ein- und Ausblenden verschiedener Ebenen.

▶ **Tipp:** Mit dem Befehl »Als Ebene importieren« im Ebenen-Fenster können Sie jeder PDF-Datei Ebenen hinzufügen.

6 Wenn Sie damit fertig sind, achten Sie darauf, dass alle Auge-Symbole wieder sichtbar sind, damit Acrobat wieder alle Ebenen einblendet. Klicken Sie dann auf das Auge-Symbol der Ebene »Grid«, um diese Ebene auszublenden.

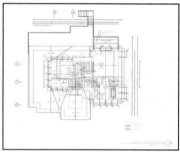

Mit dem Ebenen-Fenster steuern Sie auch, welche Ebenen beim Öffnen eines Dokuments geöffnet sind und welche Ebenen gedruckt werden.

7 Wählen Sie das Zoom-Auswahlrahmen-Werkzeug ( ) und ziehen Sie damit über die Mitte der Zeichnung, um die Treppe besser sehen zu können.

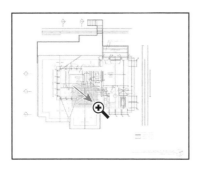
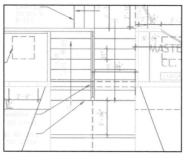

8   Klicken Sie mit der rechten Maustaste im Ebenen-Fenster auf die Bezeichnung »Carpentry« und wählen Sie im Kontextmenü den Eintrag »Eigenschaften«.

9   Wählen Sie im Dialogfenster »Ebeneneigenschaften« im Einblendmenü »Standardstatus« den Eintrag »Deaktiviert« und im Einblendmenü »Drucken« den Eintrag »Nie drucken«. Übernehmen Sie die Einstellungen im Dialogfenster und klicken Sie auf OK.

10 Wählen Sie **Datei: Drucken** und schalten Sie im Drucken-Dialogfenster im Bereich »Druckbereich« die Option »Aktuelle Ansicht« ein. Im Vorschaubereich sehen Sie, dass die Treppe nicht gedruckt wird, obwohl sie auf Ihrem Bildschirm zu sehen ist. Klicken Sie auf »Abbrechen«, um das Drucken-Dialogfenster zu schließen, ohne die Seite zu drucken.

Wenn Ihr Rechner mit einem Drucker verbunden ist, können Sie experimentieren und die Seite einmal mit den zugewiesenen Einstellungen und einmal mit den Standardeinstellungen drucken.

Sie können die Datei auch auf den Adobe PDF-Drucker ausgeben und sich das Ergebnis als PDF-Datei ansehen.

11 Wählen Sie das Hand-Werkzeug () und klicken Sie oben rechts im Ebenen-Fenster auf die Schaltfläche »Reduzieren« (), um das Fenster auszublenden. Klicken Sie auf die Schaltfläche »Eine vollständige Seite« (), um den Plan vollständig sehen zu können.

PDF-Ebenen

Acrobat unterstützt das Anzeigen und Drucken von Ebeneninhalten in PDF-Dokumenten, die mit Anwendungen wie InDesign, AutoCAD und Visio erstellt wurden. Außerdem können Sie in diesen Inhalten navigieren.

Sie können die Anzeige von Ebenen mit Hilfe der Einstellungen für »Standardstatus« und »Ausgangszustand« steuern. Sie können beispielsweise eine Ebene mit einem Urheberrechtshinweis beim Anzeigen des Dokuments auf dem Bildschirm einfach ausblenden. Das Drucken der Ebene ist jedoch immer möglich.

Sie können Ebenen umbenennen, reduzieren und zusammenfügen, Eigenschaften von Ebenen ändern und Ebenen Aktionen hinzufügen. Außerdem haben Sie die Möglichkeit, Ebenen zu sperren, um zu verhindern, dass diese Ebenen ausgeblendet werden.

In Acrobat ist es nicht möglich, Ebenen zu erstellen, die mit dem Zoomfaktor den Sichtbarkeitsstatus ändern. Sie können jedoch einen Teil einer Ebene markieren, der besonders wichtig ist. Dazu erstellen Sie ein Lesezeichen, das die Ebene über Seitenaktionen vergrößert oder ausblendet. Sie können auch Verknüpfungen hinzufügen, so dass Anwender zur Navigation zu einer Ebene oder Vergrößerung einer Ebene auf eine sichtbare oder unsichtbare Verknüpfung klicken können.

Wenn Sie beim Konvertieren von Dokumenten aus InDesign ab Version CS in das PDF-Format Ebenen beibehalten möchten, sollten Sie sicherstellen, dass die Kompatibilität auf Acrobat 6 (PDF 1.5) oder höher eingestellt ist. Achten außerdem darauf, dass im Dialogfeld »Adobe PDF exportieren« die Option zum Erstellen von Acrobat-Ebenen aktiviert ist.

Aus *Adobe Acrobat 9 Hilfe*

Das Schwenk- und Zoomfenster

Mit dem Schwenk- und Zoomfenster können Sie sich mühelos auf wichtige Bereiche Ihres Dokuments konzentrieren. Wenn Sie beispielsweise mehrere Messungen vom Büro in der Suite vornehmen müssen, können Sie die Ansicht des Bereichs mit dem Schwenk- und Zoomfenster vergrößern.

Sie fügen das Werkzeug zunächst in die Auswählen und zoomen-Werkzeugleiste ein.

1 Klicken Sie mit der rechten Maustaste in die Acrobat-Werkzeugleiste und wählen Sie im Kontextmenü den Eintrag »Weitere Werkzeuge«. Rollen Sie im Dialogfenster »Weitere Werkzeuge« nach unten bis zur Auswählen und zoomen-Werkzeugleiste, und schalten Sie dort das Kontrollkästchen vor »Schwenk- und Zoomfenster« ein. Klicken Sie auf OK, um das Schwenk- und Zoomfenster in die Werkzeugleiste einzufügen.

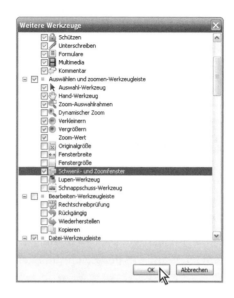

2 Klicken Sie auf die Schaltfläche »Schwenken und zoomen« ( ), um das Dialogfenster »Schwenken und zoomen« zu öffnen. Falls nötig, ziehen Sie das Dialogfenster auf dem Dokumentfenster zur Seite oder in eine Ecke, um den Bauplan nicht zu verdecken. Sie können die Größe des Dialogfensters durch Ziehen an einer Ecke anpassen.

3 Klicken Sie auf die Vergrößern- oder Verkleinern-Schaltflächen im Dialogfenster »Schwenken und zoomen«, um die Vergrößerung im Dokumentfenster auf 100% einzustellen, und ziehen Sie den roten Rahmen im Schwenk- und Zoomfenster, um »Office 1« im Dokumentfenster zu zentrieren.

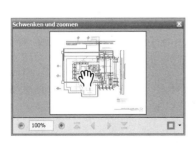
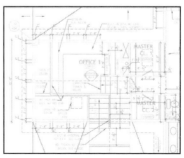

Sie können auch die Größe des roten Rahmens im Schwenk- und Zoomfenster ändern, indem Sie Ihren Mauszeiger auf eine der Ecken des Rahmens bewegen, bis er sich in einen Doppelpfeil ändert, und die Ecke dann in Richtung der gegenüberliegenden Ecke oder davon weg ziehen. Durch Vergrößern oder Verkleinern des Rahmens ändern Sie auch die Vergrößerung im Dokumentfenster.

Als Nächstes messen Sie einige Elemente im Office-Bereich des Plans.

4   Klicken Sie auf die Schließen-Schaltfläche im Dialogfenster »Schwenken und zoomen«, um es zu schließen.

2D-Messwerkzeuge

● **Hinweis:** Die Messwerkzeuge stehen für Adobe Reader-Anwender nur zur Verfügung, wenn der Ersteller der PDF die Messfunktionen aktiviert.

Mit den verbesserten 2D-Messwerkzeugen in Acrobat 9 können Sie die Höhe, Breite und Fläche von Objekten in PDF-Dokumenten messen.

Sie fügen jetzt ein paar Maßangaben in die Datei ein, die die Größe einiger Wände in der Zeichnung verdeutlichen sollen.

Dazu sehen Sie sich zuerst die Messen-Voreinstellungen an.

Die Messen-Voreinstellungen

Mit den Messen-Voreinstellungen bestimmen Sie, wie Daten gemessen werden.

1   Wählen Sie **Bearbeiten: Voreinstellungen** (Windows) bzw. **Acrobat: Voreinstellungen** (Mac OS) und wählen Sie links im Fenster »Messen (2D)«.

2   Klicken Sie auf das Farbfeld rechts neben »Farbe der Messlinien«, um die Farbe der mit den Messwerkzeugen verbundenen Linien zu ändern. Wir haben Orange gewählt.

3   Lassen Sie die Option »Messungsmarkierung aktivieren« eingeschaltet. Damit bleiben Ihre Messlinien in der PDF-Datei erhalten. Wenn Sie diese Option ausschalten, blendet Acrobat die Messlinien aus, sobald Sie ein anderes Objekt oder ein anderes Werkzeug wählen.

4   Schalten Sie die Option »Standardkennzeichnung verwenden« ein.

5   Wählen Sie im Einblendmenü »Beschriftungsformat« den Eintrag »Oben«, um die Maßangaben oberhalb der Messlinien abzubilden. (Diese Einstellung bezieht sich nur auf das Abstandwerkzeug.)

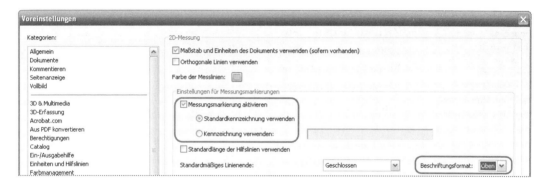

6 Übernehmen Sie die übrigen Standardwerte und klicken Sie auf OK, um Ihre Änderungen zu übernehmen.

Sie nehmen jetzt ein paar Messungen vor.

Das Abstandwerkzeug

1 Wählen Sie **Anzeige: Werkzeugleisten: Analyse**, um die Werkzeugleiste mit dem Messwerkzeug einzublenden. Sie können die Werkzeugleiste frei auf dem Dokumentfenster positionieren oder im Werkzeugleistenbereich andocken.

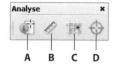

A. Objektdaten-Werkzeug
B. Messwerkzeug
C. Positionswerkzeug für Geodaten
D. Referenzierungswerkzeug für Geodaten (nur Pro Extended)

2 Wählen Sie das Messwerkzeug (), das die Messen-Werkzeugleiste und das Fenster »Messinformationen« einblendet.

Das Fenster »Messinformationen« zeigt Informationen zur Messung, zum Beispiel Deltawerte und Maßstab.

3 Wählen Sie das Abstandwerkzeug (), um die Länge der Halbwand zu messen. Bewegen Sie das Fadenkreuz auf den unteren Rand der Halbwand. Ein rotes Quadrat zeigt, dass das Fadenkreuz mit dem Rand der Halbwand ausgerichtet ist. Sobald Acrobat das rote Quadrat zeigt, klicken Sie, um den Startpunkt der Messung festzulegen.

▶ **Tipp:** Eine Messung löschen Sie, indem Sie sie im Dokumentfenster auswählen, mit der rechten Maustaste klicken und im Kontextmenü den Eintrag »Löschen« wählen.

4   Ziehen Sie den Mauszeiger mit gedrückter Umschalttaste bis zum oberen Rand der Wand. Auch hier zeigt Acrobat ein rotes Quadrat, wenn das Fadenkreuz mit der Wand ausgerichtet ist. Klicken Sie dann, um den Endpunkt der Messung und die Beschriftung zu setzen.

5   Klicken Sie mit der rechten Maustaste und wählen Sie »Messung abschließen« im Kontextmenü.

Mit dem Umfangwerkzeug (⌐) messen Sie mehrere Abstände zwischen verschiedenen Punkten.

Mit dem Flächenwerkzeug (⌐) messen Sie die Fläche innerhalb der von Ihnen gezeichneten Liniensegmente.

6   Wählen Sie **Datei: Speichern**, um Ihre Arbeit zu sichern.

Maßangaben in eine Tabellenkalkulation exportieren

Sie können die Informationen Ihrer Messungen in der Zeichnung in eine Tabellenkalkulation exportieren.

1   Das Abstandwerkzeug ist noch gewählt; klicken Sie mit der rechten Maustaste irgendwo in das Dokumentfenster und wählen Sie »Messungsmarkierung in Excel exportieren«. Acrobat exportiert jede Maßangabe auf Ihrer Zeichnung mit Bezeichnung, Art der Messung, Wert und Maßeinheit in eine CSV-Datei.

2   Speichern Sie die exportierten Daten unter dem Namen **measure.csv** im Ordner *Lektion13*.

3   Wenn Sie über Microsoft Excel verfügen, können Sie die CSV-Datei öffnen und sich Ihre Maßangaben ansehen.

4   Falls nötig, schließen Sie Microsoft Excel; schließen Sie die Analyse-Werkzeugleiste. Wählen Sie das Hand-Werkzeug, um die Messen-Werkzeugleiste und das Fenster »Messinformationen« zu schließen.

5   Wählen Sie **Anzeige: Werkzeugleisten: Werkzeugleisten-position zurücksetzen**.

Das Lupen-Werkzeug

Bevor Sie mit der Lektion fortfahren, kontrollieren Sie mit dem Lupen-Werkzeug, wie genau Sie Ihre Messpunkte gesetzt haben.

1   Wählen Sie **Anzeige: Zoom: Fenstergröße**.

2   Wählen Sie **Werkzeuge: Auswählen und zoomen: Lupen-Werkzeug**.

Mit dem Lupen-Werkzeug ( ) können Sie sich einen bestimmten Bereich Ihres Dokuments in einer höheren Vergrößerung ansehen, während Sie die gewählte Zoom-Stufe im Dokumentfenster beibehalten. Die Vergrößerung im Lupen-Werkzeug-Fenster und die Größe des blauen Rahmens im Dokumentfenster können Sie durch Ziehen an den Eckenanfassern des blauen Rahmens oder mit dem Schieberegler unten im Lupen-Werkzeug-Fenster ändern.

3   Suchen Sie in der Zeichnung nach der oberen Ecke der Halbwand und klicken Sie darauf. Acrobat blendet das Lupen-Werkzeug-Fenster ein und zeigt eine vergrößerte Ansicht der Wandecke.

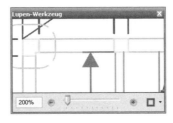

Bei dieser Vergrößerung können Sie sehen, dass die Position der Messpunkte exakt ist.

4   Das Lupen-Werkzeug ist noch gewählt; platzieren Sie Ihren Mauszeiger auf dem blauen Rahmen im Dokumentfenster (nicht im Lupen-Werkzeug-Fenster) und ziehen Sie ein Rechteck zur unteren Ecke der Wand auf. Sie können das Rechteck an einer beliebigen Stelle im Dokumentfenster aufziehen oder auf einen beliebigen Punkt im Dokumentfenster klicken, um den blauen Rahmen zu positionieren.

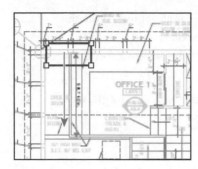 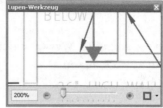

▶ **Tipp:** Mit **Fenster: Teilung** können Sie dieselbe Seite in zwei Fenstern betrachten und eines davon für die Darstellung der gesamten Seite und das andere für Vergrößerungen von Details verwenden. Um die Teilung wieder aufzuheben, wählen Sie **Fenster: Teilung entfernen**.

5 Klicken Sie auf die Schließen-Schaltfläche des Lupen-Werkzeug-Fensters und wählen Sie das Hand-Werkzeug.

6 Schließen Sie die Datei *Remodel_Layers1.pdf*, wenn Sie fertig sind. Sie brauchen Ihre Änderungen nicht zu speichern.

Eine Zeichendatei in PDF konvertieren (nur Acrobat Pro Extended)

● **Hinweis:** Verwendung der Datei mit freundlicher Genehmigung von Arcadea Architecture, Boulder, Colorado (*www.arcadea.com*).

1 Klicken Sie in Acrobat auf die Schaltfläche »Erstellen« in der Aufgaben-Werkzeugleiste und wählen Sie »PDF aus Datei«. Im Dialogfenster »Öffnen« wählen Sie unter »Dateityp« den Eintrag »Autodesk AutoCAD«, navigieren Sie zum Ordner *Lektion13* und wählen Sie die Datei *Remodel_Plan.dwg*. Klicken Sie auf »Einstellungen«.

Im Dialogfenster »Adobe PDF-Einstellungen für Autodesk AutoCAD-Dokumente« können Sie zahlreiche Optionen festlegen, zum Beispiel Ebenenoptionen.

2 Schalten Sie im Dialogfenster »Adobe PDF-Einstellungen für Autodesk AutoCAD-Dokumente« im Bereich »Layout-Optionen« die Option »Zuletzt aktives Layout« ein. Im Bereich »Ebenenoption« wählen Sie »Ausgewählte Ebenen«.

3 Klicken Sie auf OK und im Dialogfenster »Öffnen« auf »Öffnen«.

4 Klicken Sie im wieder eingeblendeten Dialogfenster »Adobe PDF-Einstellungen für Autodesk AutoCAD-Dokumente« auf die Schaltfläche »Ebenen wählen«. Im eingeblendeten Dialogfenster »Acrobat PDFMaker« können Sie wählen, welche Ebenen in der PDF-Datei angezeigt werden sollen.

In diesem Teil der Lektion konvertieren Sie alle Ebenen.

5 Klicken Sie auf »Alle Layer hinzufügen« und dann auf »Konvertieren«.

6 Übernehmen Sie alle übrigen Standardwerte im Dialogfenster »Adobe PDF-Einstellungen für Autodesk AutoCAD-Dokumente« und klicken Sie auf OK.

Acrobat konvertiert Ihre DWG-Datei mit allen funktionsfähigen Ebenen in PDF. So einfach konvertieren Sie Ihre Zeichnungen in PDF-Dateien mit Ebenen.

7 Wenn Sie mit der Datei fertig sind, wählen Sie **Datei: Speichern unter** und sichern Sie Ihre PDF-Datei unter dem Namen **Remodel_Convert.pdf im** Ordner *Lektion13*. Schließen Sie die Datei.

Benutzerdefinierte Formate drucken

Dokument mit Übergröße drucken: Sie können zwar eine PDF-Datei mit einer Länge oder Breite von 38.100.000 cm erstellen, aber auf den meisten Druckern kann diese Größe nicht gedruckt werden. Um ein Dokument mit Übergröße auf Ihrem Desktop-Drucker zu drucken, können Sie jede Seite des Dokuments in Einzelteilen, so genannten »Druckseiten«, drucken und diese dann zuschneiden und zusammensetzen.

Es ist auch möglich, den Maßstab eines Dokuments in Standardgröße zu vergrößern und das Dokument auf mehreren Seiten zu drucken.

1 Wählen Sie **Datei: Drucken**.

2 Wählen Sie im Menü »Anpassen der Seitengröße« die Option »Alle Seiten teilen«, wenn alle Seiten des Dokuments Übergröße aufweisen. Wenn einige der Seiten in Standardgröße sind, wählen Sie »Große Seiten teilen«.

3 (Optional) Legen Sie ggf. die folgenden Optionen bezüglich des Vorschaubilds fest, um die Ausgabeergebnisse zu überprüfen:

- **Teilskalierung** Passt die Skalierung an. Die Skalierung wirkt sich darauf aus, wie die Bereiche der PDF-Seite dem Blatt zugeordnet werden.

- **Überlappen** Gibt die Mindestmenge der doppelten Informationen ein, die auf den einzelnen Teilseiten gedruckt werden sollen, damit das Zusammenfügen erleichtert wird. Dieser Wert verwendet dieselbe Maßeinheit, die im Dokument festgelegt ist, und sollte über demjenigen für die minimalen nicht druckbaren Ränder für den Drucker liegen. Sie können bis zur Hälfte des kürzeren Dokumentrands für die Überlappung angeben. Druckseiten für ein Dokument mit den Maßen 11 x 17 Zoll (279,4 mm x 431,8 mm) können beispielsweise bis zu 5,5 Zoll (139,7 mm) überlappen.

- **Beschriftungen** Fügt auf jeder Seite den Namen der PDF-Datei, das Druckdatum und die Abschnittskoordinaten ein. Zum Beispiel »Seite 1 (1,1)« bedeutet »Zeile 1, Spalte 1 der ersten Seite«. Abschnittskoordinaten vereinfachen das Zusammensetzen der Abschnitte.

- **Schnittmarken** Druckt Markierungen auf jede Ecke einer geteilten Seite, damit das Zusammenfügen erleichtert wird. Verwenden Sie diese Option zusammen mit der Option »Überlappen«. Wenn Sie eine überlappende Ecke angeben und diese Ecken dann überlagern, können Sie die Abschnitte anhand der Schnittmarken anpassen.

> **Dokument für den Druck skalieren:** Um eine PDF-Datei mit Übergröße auf Papier mit kleineren Abmessungen zu drucken, können Sie die Breite und Höhe des Dokuments anpassen.
>
> 1 Wählen Sie **Datei: Drucken**.
> 2 Wählen Sie im Menü »Seitenanpassung« die Option »In Druckbereich einpassen« oder »Auf Druckbereich verkleinern«.
>
> Aus *Adobe Acrobat 9 Hilfe*

Text dauerhaft aus PDF-Dokumenten entfernen

Häufig müssen Sie vertrauliche persönliche Daten aus einem Dokument entfernen, bevor Sie es an einen Kunden oder Kollegen weitergeben können. Acrobat 9 bietet dafür die Funktion »Schwärzung«, mit der Sie vertrauliche Daten dauerhaft aus Ihren Dokumenten entfernen können. Sie können Daten in horizontalen und vertikalen Formaten entfernen. Weitere Informationen finden Sie in Lektion 12, »Acrobat in Rechtswesen und Verwaltung«.

PDF-Dateien mit Geodaten

Acrobat 9 unterstützt PDF-Dateien mit Geodaten und bietet die Möglichkeit, PDF-Dateien mit Geodaten zu erstellen, zu betrachten und mit ihnen zu interagieren. Sie können entsprechende TIFF-, JPEG 2000-, SHP- und PDF-Kartendateien mit geospatialen Daten importieren und in Adobe PDF-Dateien mit Geodaten konvertieren. Sie können Orte und Positionen in PDF-Dateien mit Geodaten markieren, indem Sie Koordinaten eingeben, und Entfernungen bestimmen – Kilometer, Meilen usw. Sie können eine Position aus einer PDF-Karte in Web-Mapping-Dienste wie Google Maps, Yahoo Maps oder Mapquest übernehmen.

In 3D-Karten können Sie mit dem Flug-Werkzeug ( ) aus der 3D-Werkzeugleiste auf die Oberfläche der Erde zoomen. Wenn Sie dabei näher an die Erdoberfläche gelangen, verlangsamt das Flug-Werkzeug und ermöglicht Ihnen damit eine bessere Steuerung.

Alle Anwender mit Acrobat 9 können die geospationalen Mess- und Positionswerkzeuge und Standardansichten nutzen. Anwender mit

Acrobat 9 Pro und Pro Extended können außerdem PDF-Dateien mit Geodaten erstellen, Karteninhalte importieren und geospatiale Markierungen exportieren. Die Nutzung des Referenzierungswerkzeugs für Geodaten und die 3D-Navigationsfunktionen bleibt Anwendern mit Acrobat Pro Extended vorbehalten.

1 Wählen Sie in Acrobat **Datei: Öffnen**, navigieren Sie zum Ordner *Lektion13*, wählen Sie die Datei *SanJose_Geo.pdf* und klicken Sie auf »Öffnen«.

2 Wählen Sie **Anzeige: Werkzeugleisten: Analyse**.

Sie verwenden nun das Positionswerkzeug für Geodaten ( ), um das Büro von Adobe in San Jose ausfindig zu machen.

3 Wählen Sie das Positionswerkzeug für Geodaten. Klicken Sie mit der rechten Maustaste in das Dokumentfenster und wählen Sie im Kontextmenü den Eintrag »Position suchen«.

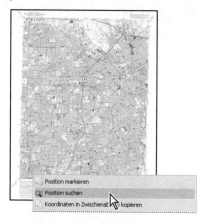

4 Geben Sie in das Schwebefenster unten auf der Seite die Werte für Breiten- und Längengrad des Büros von Adobe in San Jose ein. (Wir haben 37,3310 für die Breite und -121,8901 für die Länge eingegeben.) Drücken Sie die Eingabetaste.

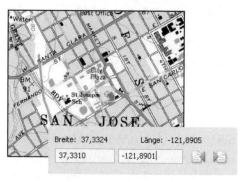

Acrobat zeigt die Position des Büros mit einem kleinen Quadrat an.

5 Um die Position des Büros mit einer Notiz zu versehen, bewegen Sie Ihren Mauszeiger auf das kleine blaue Quadrat, klicken Sie mit der rechten Maustaste und wählen Sie im Kontextmenü den Eintrag »Position markieren«. (Doppelklicken Sie auf die Notiz, um sie zu öffnen und die Koordinaten zu prüfen.)

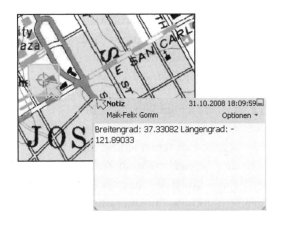

6 Wählen Sie **Datei: Speichern unter** und sichern Sie Ihre markierte Karte unter dem Namen **SanJose_Geo1.pdf** im Ordner *Lektion13*. Schließen Sie die Datei.

Außerdem können Sie die Koordinaten einer Position auf der Karte bestimmen und sie an einen Mapping-Dienst exportieren.

Geospatiale Referenzierung (nur Acrobat Pro Extended)

Sie können PDF-Dateien mit geospatialen Daten von Drittanbietern in Acrobat Pro Extended importieren oder Breiten- und Längenkoordinaten in eine vorhandene PDF-Karte einfügen, um sie mit geospatialen Daten zu versehen.

In einer PDF-Datei mit geospatialen Daten können Sie Positionen auffinden, Entfernungen messen, Positionsmarkierungen einfügen und Positionsdaten an Web-Mapping-Dienste exportieren.

In diesem Abschnitt der Lektion versehen Sie eine PDF-Karte mit geospatialen Daten.

1   Navigieren Sie in Acrobat zum Ordner *Lektion13* und öffnen Sie die Datei *MtRainier.pdf*. Wählen Sie **Datei: Speichern unter** und sichern Sie die Datei unter dem Namen **MtRainier_Enabled.pdf** im Ordner *Lektion13*.

Es handelt sich um ein einfaches Kartenbild, auf dem unten links die Legende zu sehen ist. Sie können den Bereich mit dem Zoom-Auswahlrahmen-Werkzeug vergrößern und die Informationen lesen.

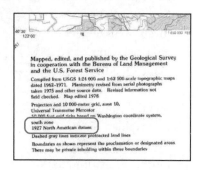

2   Wählen Sie das Referenzierungswerkzeug für Geodaten (⊕) in der Analyse-Werkzeugleiste. Geben Sie einen Namen für Ihre Karte ein. Wir haben **MtRainier** eingegeben. Klicken Sie auf »Weiter« und schalten Sie »Seitenbegrenzungen als Kartenrahmen verwenden« ein. Klicken Sie wieder auf »Weiter«.

Während der Kartenrahmen den Kartenbereich definiert, bestimmt erst die Koordinateneingabe den referenzierten Bereich. Sie benötigen vier Koordinaten (die vier Ecken der Karte), um die Karte mit geospatialen Daten zu referenzieren.

3   Falls nötig, ziehen Sie das Fenster »Georeferenzierung« in die Mitte der Karte, um den freien Zugriff auf die Ecken zu erhalten. Klicken Sie auf die obere linke Ecke der Karte und geben Sie für Punkt 1 in das Texteingabefeld **47** für die Breite und **-122** für die Länge ein.

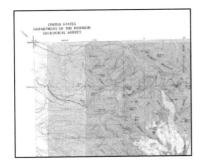 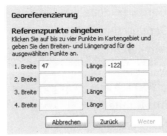

- Klicken Sie auf die obere rechte Ecke und geben Sie für Punkt 2 für Breite **47** und für Länge **-121** ein.

- Klicken Sie auf die untere linke Ecke und geben Sie für Punkt 3 für Breite **46,30** und für Länge **-122** ein.

- Klicken Sie auf die untere rechte Ecke und geben Sie für Punkt 4 für Breite **46,30** und für Länge **-121** ein.

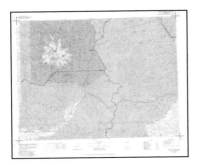 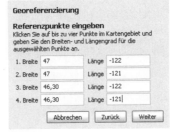

4   Klicken Sie auf »Weiter«.

5   Klicken Sie auf den Pfeil im Einblendmenü »Projiziert«, rollen Sie nach unten und wählen Sie den Eintrag »NAD_1927_StatePlane_Washington_South_FIPS_4602«.

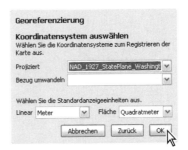

6 Klicken Sie auf den Pfeil im Einblendmenü »Bezug umwandeln«, rollen Sie nach unten und wählen Sie den Eintrag »NAD_1927_to_WGS_1984_1«. Klicken Sie auf OK und klicken Sie auch im eingeblendeten Dialogfenster »Geodatenreferenzierung abgeschlossen« auf OK, um es zu schließen.

7 Wählen Sie das Positionswerkzeug für Geodaten ( ) und klicken Sie damit auf den Gipfelbereich des Mt. Rainier. Acrobat blendet die Koordinaten ein; Ihre Karte ist mit geospatialen Daten versehen.

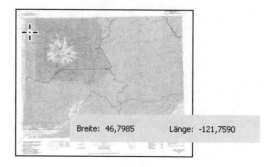

8 Wenn Sie fertig sind, wählen Sie **Anzeige: Werkzeugleisten: Werkzeugleistenposition zurücksetzen**, und dann **Datei: Schließen**, um die Arbeitsdatei zu schließen.

Fragen

1 Woher stammen im Allgemeinen die Ebenen in einer Adobe PDF-Datei? Wie werden sie in die Datei eingefügt?

2 Lassen sich Text und Abbildungen dauerhaft aus einem PDF-Dokument entfernen?

3 Wie erstellen Sie eine PDF-Kartendatei mit geospatialen Daten?

Antworten

1 Ebenen stammen im Allgemeinen aus Anwendungsprogrammen, zum Beispiel AutoCAD, Microsoft Visio, Adobe Illustrator oder Adobe InDesign. Sie werden in diesen Programmen erzeugt und beim Erstellen der PDF-Datei als Bestandteil der PDF-Datei exportiert.

2 Ja, mit dem Schwärzung-Werkzeug können Sie markierten Text und markierte Abbildungen unwiederbringlich »übermalen« und so das ursprüngliche Aussehen eines Dokuments beibehalten und vertrauliche Elemente tilgen.

3 Mit Acrobat 9 Pro Extended können Sie jede PDF-Karte mit dem Referenzierungswerkzeug für Geodaten mit geospatialen Daten versehen.

14 ACROBAT IN DER DRUCKPRODUKTION

Überblick

In dieser Lektion lernen Sie Folgendes:

- Adobe PDF-Dateien für hochauflösendes Drucken erzeugen

- Preflight von Adobe PDF-Dateien für Qualität und Konsistenz nutzen

- Überprüfen, wie transparente Objekte eine Seite beeinflussen

- Farbmanagement einrichten

- Farbseparationen mit Acrobat erstellen

 Für diese Lektion benötigen Sie ungefähr 60 Minuten. Falls nötig, kopieren Sie jetzt den Ordner *Lektion14* auf Ihre Festplatte.

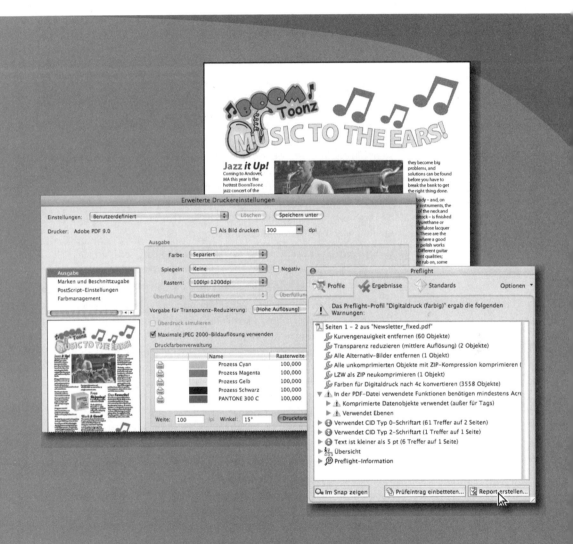

Vorbereitungen

Hinweis: Die in dieser Lektion vorgestellten Funktionen und Werkzeuge richten sich hauptsächlich an Anwender mit Acrobat Pro und Acrobat Pro Extended. Aber auch Benutzer mit Acrobat Standard können Adobe PDF-Dateien für hochauflösendes Drucken erstellen.

In dieser Lektion wählen Sie die passenden PDF-Dateieinstellungen zum Konvertieren eines Dokuments in eine hochauflösende Adobe PDF-Datei. Anschließend prüfen Sie die Datei mit den Preflight-Werkzeugen in Acrobat und sehen sich ihre Farbseparationen an. Außerdem arbeiten Sie mit einer Datei, die Transparenzen und Ebenen enthält, und erzeugen eine farbseparierte Proof-Datei.

Richtlinien für das Erstellen druckfertiger PDF-Dateien

Wenn Sie eine PDF-Datei an einen Druckdienstleister übergeben, steht die damit zu erzielende Qualität bereits fest. Möglicherweise kann die Druckerei mit einer nicht ganz optimalen PDF-Datei noch eine gute Qualität erzielen, aber größtenteils wird die Druckerei durch Entscheidungen während des kreativen Vorgangs eingeschränkt. Mit den nachfolgenden Richtlinien können Sie dem Druckdienstleister die qualitativ besten PDF-Dateien liefern:

- **Das fertige Produkt ist nur so gut wie seine Bestandteile.** Eine PDF-Datei für hochwertige Drucke benötigt entsprechend hochauflösende Abbildungen, hochwertige Schriften und passende Elemente.

- **Konvertieren Sie nur, wenn absolut nötig.** Mit jeder Konvertierung von Text, Objekten oder Farbe beeinträchtigen Sie die Integrität der Datei. Daher entspricht das gedruckte Produkt am ehesten Ihrer ursprünglichen Absicht, wenn Sie Konvertierungen vermeiden. Behalten Sie Text in seiner ursprünglichen Form als Schrift bei, statt ihn in Pfade zu wandeln oder zu rastern. Übernehmen Sie Verläufe und Transparenzen so lange wie möglich. Und konvertieren Sie keine Farben aus geräteunabhängigen Farbräumen oder Farbräumen mit hohem Farbumfang – etwa RGB – in geräteabhängige oder solche mit geringerem Farbumfang – etwa CMYK –, solange Sie nicht von Ihrem Druckdienstleister dazu aufgefordert werden.

- **Setzen Sie Transparenz wirkungsvoll ein.** Transparenz kommt immer dann ins Spiel, wenn Sie eine Füllmethode zuweisen oder die Deckkraft eines Objekts ändern. Für beste Ergebnisse sollten Sie die Transparenz so lange wie möglich beibehalten; platzieren Sie Objekte, die nicht reduziert werden sollen (wie Text und Linienobjekte) auf allen angrenzenden transparenten Elementen, am besten auf eine eigene Ebene, und verwenden Sie die die höchstmögliche Einstellung zur Transparenzreduzierung.

- **Prüfen und Preflight vor dem Erstellen der PDF-Datei.** Zu Beginn des Arbeitsablaufs haben Sie noch die besten Möglichkeiten, Probleme zu lösen. Prüfen Sie Inhalt und Formatierung genau, bevor Sie eine PDF-Datei erstellen. Wenn das Programm über eine Preflight-Funktion verfügt, sollten Sie damit fehlende Schriften, nicht verknüpfte Abbildungen und ähnliche Probleme aufspüren. Je früher Sie ein Problem erkennen und lösen, desto einfacher und günstiger lässt es sich beseitigen. Zweifellos lassen sich technische Probleme, die Sie noch im Entwicklungsprogramm erkennen, einfacher lösen als solche, die erst in Acrobat oder beim Drucken erkannt werden.

- **Betten Sie Schriften ein.** Um Komplikationen zu vermeiden, sollten Sie alle verwendeten Schriften in die PDF-Datei einbetten. Lesen Sie vor dem Erwerb von Schriften die Lizenzbestimmungen (EULA), ob sie eingebettet werden dürfen.

- **Verwenden Sie die passende PDF-Vorgabe.** Achten Sie beim Erstellen von PDF-Dateien auf die korrekte Vorgabe. Mit der PDF-Vorgabe bestimmen Sie, wie Bilddaten gespeichert, ob Schriften eingebettet und Farben konvertiert werden. Der Acrobat PDFMaker in Microsoft Office erstellt standardmäßig PDF-Dateien mit der Vorgabe »Standard«, die den Anforderungen der meisten professionellen Druckereien nicht genügt. Unabhängig davon, in welchem Programm Sie Ihre PDF-Datei für eine Druckerei erstellen, verwenden Sie die PDF-Voreinstellung »Druckausgabequalität« oder die von der Druckerei empfohlene Einstellungsdatei.

- **Erstellen Sie eine PDF/X-Datei (wenn möglich).** PDF/X ist eine Untergruppe der Adobe PDF-Spezifikationen und erfordert bestimmte Kriterien, mit denen sich verlässlichere PDF-Dateien erstellen lassen. Mit einer PDF/X-konformen Datei vermeiden Sie die gebräuchlichsten Fehler bei der Dateivorbereitung: nicht eingebettete Schriften, falsche Farbräume, fehlende Abbildungen sowie Überdrucken- und Überfüllungsbelange. PDF/X-1a, PDF/X-3 und PDF/X-4 sind die am weitesten verbreiteten Formate, die jeweils für bestimmte Zwecke entwickelt wurden.

PDF-Dateien für die Druckproduktion erstellen

Aus Ihrem Originaldokument lässt sich auf vielfältige Weise eine PDF-Datei erstellen. Unabhängig von der gewählten Methode müssen Sie die passende PDF-Voreinstellung für die gewünschte Ausgabe wählen. Für den hochauflösenden professionellen Druck verwenden Sie die PDF-Voreinstellung »PDF/X« oder eine entsprechende von Ihrem Druckdienstleister gelieferte PDF-Voreinstellung.

Mit dem automatisch mit Acrobat 9 installierten Adobe PDF-Drucker können Sie aus jeder Anwendung heraus PDF-Dateien erstellen. Aufgrund der Vielzahl der verfügbaren Anwendungen steht für diesen Teil der Übung keine Datei auf der DVD zur Verfügung; verwenden Sie daher ein beliebiges vorhandenes Dokument oder erstellen Sie ein neues für die nachfolgende Übung.

1   Öffnen Sie ein Dokument in seiner Originalanwendung.

2   Wählen Sie **Datei: Drucken**.

3   Wählen Sie in der Liste der verfügbaren Drucker den Eintrag »Adobe PDF«.

4   Unter Windows klicken Sie je nach Anwendung auf »Eigenschaften«, »Voreinstellungen« oder »Einstellungen«. Unter Mac OS wählen Sie im Einblendmenü unter dem Menü »Voreinstellungen« den Eintrag »PDF-Optionen«, um die PDF-Konvertierungseinstellungen zu wählen. (Falls unter Mac OS in einer Anwendung kein Menü »Voreinstellungen« vorhanden ist, müssen Sie möglicherweise erst in Adobe Distiller die Standardeinstellungen vornehmen. Weitere Informationen finden Sie in der Acrobat 9 Hilfe.)

5   Wählen Sie »Druckausgabequalität« oder eine benutzerdefinierte PDF-Dateieinstellung.

6   Unter Windows wählen Sie im Einblendmenü »Adobe PDF-Ausgabeordner« den Eintrag »Eingabeaufforderung für PDF-Dateiname«, und klicken Sie auf OK. Anderenfalls speichert der Adobe PDF-Drucker die Datei im Ordner *Eigene Dateien*. (Unter Mac OS werden Sie automatisch aufgefordert, einen Dateinamen und einen Speicherort anzugeben.)

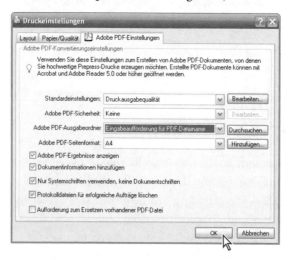

7   Klicken Sie auf »Drucken«.

8 Wenn Sie dazu aufgefordert werden, legen Sie einen Dateinamen und einen Ordner für die PDF-Datei fest und klicken Sie auf »Speichern«.

9 Schließen Sie die PDF-Datei und das Originaldokument.

Eine Beschreibung für die einzelnen Standard-PDF-Vorgaben finden Sie auf der nächsten Seite unter »Adobe PDF-Vorgaben« und in der Adobe Acrobat 9 Hilfe.

PDF-Dateien mit Distiller erstellen

Sie können eine PostScript-Datei auch mit Distiller in PDF konvertieren; die Anwendung Distiller wird bei der Installation von Acrobat automatisch mit installiert. Wie Sie ein Dokument als PostScript ausgeben, hängt von der Erstellungsanwendung ab. Manche Programme beinhalten bestimmte Optionen für die PostScript-Ausgabe, in anderen müssen Sie einen Drucker einrichten, um in eine Datei zu drucken. Um die PDF-Datei zu erstellen, starten Sie Distiller, wählen die gewünschten Einstellungen und öffnen die PostScript-Datei in Distiller, der das Dokument dann mit den von Ihnen gewählten Einstellungen in PDF konvertiert.

Um Distiller aus Acrobat heraus zu starten, wählen Sie **Erweitert: Druckproduktion: Acrobat Distiller**.

Adobe PDF-Vorgaben

Eine PDF-Vorgabe besteht aus einer Gruppe von Einstellungen, die den Erstellungsprozess einer PDF-Datei beeinflusst. Diese Einstellungen dienen der Abstimmung von Dateigröße und Qualität, wobei der Verwendungszweck der PDF-Datei maßgeblich ist. Die meisten vordefinierten Vorgaben stehen in gleicher Form in allen Anwendungen der Adobe Creative Suite zur Verfügung: InDesign, Illustrator, Photoshop und Acrobat. Sie können für Ihre eigenen Ausgabeanforderungen auch benutzerdefinierte Vorgaben erstellen und freigeben.

Einige der folgenden Vorgaben stehen erst zur Verfügung, wenn Sie sie aus dem Ordner *Extras* (in dem sie standardmäßig installiert sind) in den Ordner *Settings* für benutzerdefinierte Einstellungen verschieben. Ausführliche Informationen zu jeder Vorgabe finden Sie in der Adobe Acrobat 9 Hilfe.

- **Qualitativ hochwertiger Druck** Erstellt PDF-Dateien für hochwertige Drucke auf Desktop-Druckern und Proof-Geräten.
- **Übergroße Seiten** Erstellt PDF-Dateien, mit denen technische Entwürfe betrachtet und gedruckt werden können, die größer als 200 x 200 Zoll (508 x 508 cm) sind.
- **PDF/A-1b: 2005 (CMYK und RGB)** Wird für die langfristige Archivierung elektronischer Dokumente verwendet.
- **PDF/X-1a (2001 und 2003)** Minimiert die Anzahl der Variablen in einem PDF-Dokument und verbessert die Verlässlichkeit. Hierzulande ist PDF/X-1a-Dateien eine sichere Wahl für Dateien, die Sie im Offsetdruck reproduzieren lassen möchten.
- **PDF/X-3 (2003)** Ähnelt PDF/X-1a-Dateien, unterstützt allerdings Arbeitsabläufe mit Farbmanagement und RGB-Bilder.
- **PDF/X-4 (2007)** Verfügt über die gleichen Farbmanagement-ICC-Farbspezifikationen wie PDF/X-3, unterstützt aber zusätzlich auch echte Transparenzen.
- **Druckausgabequalität** Erstellt PDF-Dateien für die Druckausgabe in hoher Qualität (zum Beispiel für den Digitaldruck oder Separationen, die für einen Bildbelichter oder Platesetter bestimmt sind).
- **Barrierefreie PDF** Erstellt barrierefreie PDF-Dateien mit Tags, Hyperlinks, Lesezeichen, interaktiven Elementen und Ebenen.
- **Kleinste Dateigröße** Erstellt PDF-Dateien für die Anzeige im Web oder in einem Intranet bzw. für die Verteilung über ein E-Mail-System.
- **Standard** Erstellt PDF-Dateien, die auf Desktop-Druckern oder digitalen Kopierern gedruckt, auf CD veröffentlicht oder als Probedruck an den Kunden geschickt werden sollen.

Preflight von Dateien
(Acrobat Pro und Pro Extended)

Bevor Sie einem Druckdienstleister eine PDF-Datei übergeben, sollten Sie prüfen, ob das Dokument für den Druck geeignet ist. Preflight überprüft die Datei anhand eines Satzes benutzerdefinierter Werte, den so genannten Preflight-Profilen. Je nach Profil können mit der Preflight-Funktion auch bestimmte Fehler berichtigt werden.

Erkundigen Sie sich bei Ihrem Druckdienstleister nach dem richtigen Preflight-Profil für den Preflight Ihres Dokuments. Viele Druckdienstleister halten benutzerdefinierte Preflight-Profile für ihre Kunden zum Herunterladen bereit.

Sie führen jetzt einen Preflight an einer Rundschreibendatei durch, um zu prüfen, ob sie für den Digitaldruck geeignet ist.

1 Wählen Sie in Acrobat **Datei: Öffnen**, navigieren Sie zum Ordner *Lektion14*, wählen Sie die Datei *Newsletter.pdf* und klicken Sie auf »Öffnen«.

2 Wählen Sie **Erweitert: Preflight**.

Das Dialogfenster »Preflight« führt die verfügbaren Preflight-Profile nach entsprechend ihren Aufgaben bezeichneten Kategorien gruppiert auf.

3 Klicken Sie auf das Dreieck links neben »Digitaldruck und Online-Publishing«, um die Kategorie einzublenden.

4 Wählen Sie das Profil »Digitaldruck (farbig)«.

Das Lupen-Symbol neben dem Profil zeigt, dass Prüfungen ausgeführt werden können, und das Schraubenschlüssel-Symbol zeigt, dass unter Umständen Korrekturen ausgeführt werden können. Ist ein Profil gewählt, blendet Acrobat die zugehörige Beschreibung ein. Erlaubt ein Profil keine Prüfungen, erscheint das Lupen-Symbol ausgegraut und damit nicht anwählbar, und sind mit einem Profil keine Korrekturen möglich, erscheint das Schraubenschlüssel-Symbol ausgegraut und nicht anwählbar.

5 Klicken Sie auf »Prüfen und korrigieren«.

6 Geben Sie der korrigierten Datei im Dialogfenster »Speichern unter« den Namen **Newsletter_fixed.pdf** und klicken Sie auf »Speichern«.

Beim Ausführen von Korrekturen ändert das Profil die Datei; wenn Sie die korrigierte Datei unter einem anderen Namen speichern, können Sie nötigenfalls wieder auf die Originaldatei zugreifen.

7 Sehen Sie sich das Ergebnis des Preflight an.

Acrobat zeigt die Preflight-Ergebnisse in der Registerkarte »Ergebnisse«. In dieser Datei hat Acrobat mehrere Korrekturen ausgeführt: Komprimierungen, Farbkonvertierungen und Transparenzreduzierung und weitere Änderungen.

Die Registerkarte »Ergebnisse« zeigt außerdem, dass das PDF-Dokument Funktionen verwendet, die PDF 1.4 oder neuer erfordern, etwa CID Typ 0- und CID Typ 2-Schriften, und Text enthält, der kleiner als 5 pt ist. Wenn dieses Dokument von einer Druckerei gedruckt werden sollte, würden

Sie Kontakt mit Ihrem Druckdienstleister aufnehmen, damit diese Faktoren beim Druck des Dokuments nicht zu Problemen führen.

▶ **Tipp:** Sie können einzelne Ebenen, die in Anwendungen erstellt wurden, ein- und ausblenden und festlegen, welche von ihnen gedruckt werden sollen. Mehr über das Ein- und Ausblenden und das Drucken von Ebenen erfahren Sie in Lektion 13, »Acrobat und technische Anwendungen«.

8 Klicken Sie auf »Report erstellen«.

9 Klicken Sie auf »Speichern«, um den Report im Ordner *Lektion14* unter dem Namen **Newsletter_fixed_report.pdf** zu sichern.

Acrobat erstellt den Preflight Summary-Report als PDF und öffnet ihn in Acrobat.

10 Schließen Sie das Dialogfenster »Preflight« und sehen Sie sich den Preflight Summary-Report an.

Sie können den Preflight Summary-Report an Ihren Druckdienstleister senden, wenn Sie Fragen zur Aufbereitung Ihrer Datei haben.

11 Schließen Sie den Preflight Summary-Report und die Datei *Newsletter_fixed.pdf*.

PDF-Normen (Standards)

PDF-Normen sind international festgelegte Standards zur Vereinfachung von Grafikinhalten (PDF/X), archivierten Dokumenten (PDF/A) oder technischen Abläufen (PDF/E). Die am häufigsten verwendeten Normen für den Arbeitsablauf bei der Zusammenarbeit mit Druckereien sind PDF/X-1a, PDF/X-3 und PDF/X-4.

Sie können PDF-Inhalt in Acrobat 9 Pro oder Pro Extended auf PDF/X-, PDF/A- und PDF/E-Kriterien prüfen und eine Kopie des Dokuments als PDF/X-, PDF/A- oder PDF/E-Datei sichern, wenn sie den entsprechenden Anforderungen genügen. Außerdem können Sie eine PDF-Datei als PDF/X- oder PDF/A-Datei speichern, wenn Sie die Datei mit dem Adobe PDF-Drucker oder mit den Befehlen »Exportieren« oder »Speichern« in einer Adobe-Anwendung erstellen.

Wenn Sie eine PDF/X- oder PDF/A-Datei in Acrobat 9 oder Reader 9 öffnen, erscheint automatisch die Registerkarte »Standards« ein, um Informationen zur Konformität der Datei zu zeigen. Wenn Sie mit Acrobat 9 Pro oder Pro Extended arbeiten, können Sie in der Registerkarte »Standards« auch auf »Verifizieren« klicken, um mit der Preflight-Funktion zu verifizieren, dass die PDF-Datei eine gültige PDF/X- oder PDF/A-Datei ist.

Um eine Kopie einer vorhandenen PDF-Datei als PDF/X-, PDF/A- oder PDF/E-Datei in Acrobat 9 Pro oder Pro Extended zu sichern, gehen Sie folgendermaßen vor:

1 Wählen Sie **Erweitert: Preflight**.
2 Klicken Sie im Dialogfenster »Preflight« auf »Standards«.
3 Wählen Sie »Als PDF/X speichern«, »Als PDF/A speichern« oder »Als PDF/E speichern« und klicken Sie auf »Weiter«.
4 Wählen Sie den gewünschten Standard und klicken Sie auf »Weiter«.
5 Wählen Sie ein Konvertierungsprofil und eine der verfügbaren Darstellungs- und Ausgabebedingungen.
6 Um Korrekturen während der Konvertierung zuzulassen, schalten Sie die Option »Korrekturen anwenden« ein.
7 Um die PDF-Datei basierend auf dem gewählten Profil und den Einstellungen zu konvertieren, klicken Sie auf »Speichern als«.
8 Führen Sie abhängig vom Ergebnis der Konvertierung eine der folgenden Optionen aus:

    - Wenn die Konvertierung korrekt ausgeführt wurde, sichern Sie die PDF-Datei. Acrobat zeigt im Dialogfenster »Preflight« ein grünes Häkchen an.

    - Wenn die Konvertierung misslingt, sehen Sie sich das Ergebnis in der Registerkarte »Ergebnisse« an. Acrobat zeigt ein rotes X im Dialogfenster »Preflight« an.

Benutzerdefinierte Preflight-Profile

Sie können die mit Acrobat gelieferten Preflight-Profile ändern, Profile Ihres Druckdienstleisters importieren und benutzerdefinierte Profile einrichten. Um ein neues Profil zu erstellen, öffnen Sie die Registerkarte »Preflight« und wählen Sie **Optionen: Neues Preflight-Profil erstellen**. Um ein vorhandenes Profil zu ändern, klicken Sie neben seinem Namen auf »Bearbeiten«. Ist das Profil gesperrt, wählen Sie im Einblendmenü die Option »Frei« und geben Sie für die benutzerdefinierte Version einen neuen Namen ein. Weisen Sie das Profil einer Gruppe zu und klicken Sie auf ein Kriterium und legen Sie Prüfungen und/oder Korrekturen fest. Speichern Sie das Profil, wenn Sie fertig sind.

Um ein Preflight-Profil zu importieren, öffnen Sie die Registerkarte »Preflight« und wählen Sie **Optionen: Preflight-Profil importieren**. Navigieren Sie zum gewünschten benutzerdefierten Profil (mit der Dateinamenerweiterung ».klp«) und klicken Sie auf »Öffnen«.

Um ein Profil zu exportieren, markieren Sie das Profil und wählen Sie **Optionen: Preflight-Profil exportieren**. Definieren Sie den Anzeigenamen des Profils und bestimmen Sie einen Speicherort für das Profil.

Transparenz (Acrobat Pro und Pro Extended)

Mit Adobe-Anwendungen können Sie Objekte so modifizieren, dass darunter liegende Objekte beeinflusst werden und auf diese Weise der Eindruck von Transparenz entsteht. Dies erreichen Sie mit Hilfe des Deckkraft-Reglers im Transparenz-Bedienfeld in Anwendungen wie zum Beispiel InDesign, Illustrator oder Photoshop oder durch Anpassen der Füllmethode einer Ebene oder eines gewählten Objekts. Transparenz kommt auch ins Spiel, wenn Sie einen Schlagschatten erzeugen oder eine weiche Kante zuweisen. Transparenz funktioniert in Adobe-Programmen anwendungsübergreifend, weshalb Sie Dokumente mit Transparenz von einer Anwendung in eine andere übernehmen können; allerdings muss die Transparenz meist vor dem Drucken reduziert werden. Sie sollten wissen, welche Bereiche Ihres Dokuments mit Transparenz versehen sind und wie sie gedruckt werden.

Transparenzvorschau

Beim Drucken werden Objekte mit Transparenz umgerechnet, wobei überlappende Objekte entweder in einzelne Vektorformen oder in gerasterte Pixel konvertiert werden. So behalten die Objekte den Anschein von Transparenz.

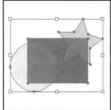

Objekte vor Reduzierung

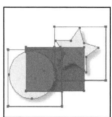

Objekte nach Reduzierung
(Überlappendes Bildmaterial wird beim Reduzieren aufgeteilt)

● **Hinweis:** Wenn Ihr Druckdienstleister einen RIP mit der Adobe PDF Print Engine einsetzt, brauchen Sie die Transparenz möglicherweise nicht zu reduzieren.

Vor der Reduzierung können Sie festlegen, welche der Transparenzbereiche Vektoren bleiben und welche gerastert werden sollen. Manche Effekte, zum Beispiel Schlagschatten, müssen gerastert werden, damit sie korrekt gedruckt werden können.

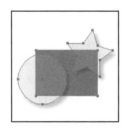

Was bedeutet Rastern?

Mit Rastern oder Rasterisierung ist der Vorgang gemeint, bei dem Vektorobjekte, einschließlich Schriften, zur Darstellung und für den Druck in Bitmap-Bilder konvertiert werden. Mit der Einheit ppi (Pixel pro Zoll) wird die Auflösung gekennzeichnet. Je höher die Auflösung in einem Rasterbild ist, desto besser ist die Abbildungsqualität. Bei der Reduzierung müssen abhängig von den Reduzierungseinstellungen manche Objekte gerastert werden.

Vektorobjekt

Gerastert mit 72 ppi

Gerastert mit 300 ppi

Wenn Sie eine PDF-Datei erhalten, die Sie nicht selbst erstellt haben, wissen Sie nicht, ob und wo im Dokument Transparenz zugewiesen wurde. Mit der Reduzieren-Vorschau von Acrobat finden Sie Transparenzen in einem Dokument. Außerdem kann Ihnen diese Funktion bei der Ermittlung der besten Reduzierungseinstellungen für die Druckvorbereitung des Dokuments helfen.

Sie sehen sich jetzt die Transparenzen in der Datei *Newsletter.pdf* an.

1 Öffnen Sie die Datei *Newsletter.pdf* im Ordner *Lektion14*.

2 Navigieren Sie zur Seite 2 des Rundschreibens. Falls Acrobat nicht die gesamte Seite zeigt, drücken Sie Strg+0 (Windows) bzw. Befehl+0 (Mac OS), um die Seite vollständig in das Fenster einzupassen.

3 Wählen Sie **Erweitert: Druckproduktion: Reduzieren-Vorschau**.

Im Dialogfenster »Reduzieren-Vorschau« sehen Sie im rechten Teil des Fensters eine Vorschau der Seite 2 des Rundschreibens.

Einstellungen für Reduzieren-Vorschau

1 Wählen Sie oben im Dialogfenster »Reduzieren-Vorschau« im Menü »Hervorheben« die Option »Alle betroffenen Objekte«. Acrobat hebt das Foto und drei der Notensymbole rot hervor und zeigt damit an, dass sie mit Transparenzeigenschaften versehen sind oder mit Objekten interagieren, die mit Transparenzeigenschaften versehen sind.

2 Wählen Sie im Bereich »Vorgabeoptionen für Transparenz-Reduzierung« im Einblendmenü »Vorgabe« die Option »Hohe Auflösung«. Mit diesen Optionen legen Sie fest, wie viele bzw. welche der Elemente als Vektoren beibehalten und wie viele bzw. welche gerastert werden sollen. So lange Ihr Druckdienstleister keine anderen Vorgaben fordert, wählen Sie für die Druckereiausgabe hier »Hohe Auflösung«.

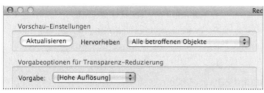

3   Klicken Sie ganz links auf den Regler »Pixelbild-Vektor-Abgleich« oder geben Sie in das zugehörige Texteingabefeld **0** ein. (Damit reduzieren Sie den Anteil der zu erhaltenden Vektoren auf null.) Klicken Sie auf »Aktualisieren« und wählen Sie »Alle betroffenen Objekte« im Menü »Hervorheben«. Acrobat hebt alle Elemente auf der Seite rot hervor und zeigt damit an, dass mit dieser Einstellung alle Elemente auf dieser Seite gerastert würden.

4   Wählen Sie weitere Einstellungen, um zu sehen, wie diese das Dokument beeinflussen. Wenn Sie damit fertig sind, klicken Sie im Reduzieren-Vorschaufenster auf die Schließen-Schaltfläche oben rechts (Windows) bzw. oben links (Mac OS), um das Fenster zu schließen, ohne die Änderungen zuzuweisen.

▶ **Tipp:** Weitere Informationen zur Transparenzausgabe finden Sie auf der Adobe-Website unter *www.adobe.de*.

Wenn Sie die Transparenzreduzierungseinstellungen für den Druck zuweisen wollten, müssten Sie im Dialogfenster »Reduzieren-Vorschau« auf »Anwenden« klicken.

Optionen für Transparenzreduzierung

- **Auflösung für Strichzeichnungen und Text:** Da Strichzeichnungen und Text über scharfe Konturen verfügen, müssen beide mit einer höheren Auflösung gerastert werden, um qualitativ hochwertig auszusehen. Eine Auflösung von 300 ppi ist zum Proofen ausreichend, sollte aber für die Endausgabe erhöht werden. Für die qualitativ hochwertige Ausgabe ist im Allgemeinen eine Auflösung von 1200 ppi ausreichend.

- **Auflösung für Verlauf und Gitter:** Mit dem Menü »Verlauf und Gitter« bestimmen Sie die Auflösung von Verläufen und Gittern – die auch *Überblendungen* genannt werden. Sie werden gerastert und sollten dabei eine für Ihren vorgesehenen Drucker passende Auflösung erhalten. Zum Proofen auf einem normalen Laser- oder Tintenstrahldrucker ist die Standardauflösung von 150 ppi ausreichend. Beim Drucken auf qualitativ hochwertigen Ausgabegeräten, wie einen Film- oder Plattenbelichter, ist in der Regel eine Auflösung von 300 ppi für die meisten Arbeiten ausreichend.

- **Gesamten Text in Pfade konvertieren:** Diese Option garantiert, dass die Breite des gesamten Texts in Grafiken einheitlich bleibt. Durch Auswahl dieser Option werden kleine Schriften jedoch deutlich fetter dargestellt (insbesondere, wenn diese auf weniger leistungsfähigen Druckern ausgegeben werden).

- **Alle Konturen in Pfade konvertieren:** Durch diese Option bleibt die Breite der gesamten Konturen in Grafiken einheitlich. Dünne Konturen werdenn jedoch etwas dicker dargestellt (insbesondere, wenn diese auf weniger leistungsfähigen Druckern ausgegeben werden).

- **Komplexe Bereiche zuschneiden:** Diese Einstellung stellt sicher, dass die Grenzen zwischen Vektorgrafiken und Pixelbildern entlang von Objektkonturen verlaufen. Durch diese Option werden sichtbare Übergänge vermieden, die entstehen, wenn ein Teil des Objekts gerastert und ein anderer Teil im Vektorformat beibehalten wird (gemäß der Einstellung des Reglers für die Reduzieren-Einstellungen). Die Wahl dieser Option führt jedoch unter Umständen zu extrem komplexen Beschneidungspfaden, die erhebliche Berechnungszeiten erfordern und beim Drucken Fehler verursachen können.

- **Überdrucken beibehalten:** Lässt in Dateien, die in PDF konvertiert werden, die Farbe transparenter Grafiken mit der Hintergrundfarbe verschmelzen, um einen Überdruckeffekt zu erzielen. Dabei werden zwei oder mehr Farben übereinander gedruckt. Wenn Sie zum Beispiel Cyan und Gelb übereinander drucken, ist das Ergebnis eine grüne Farbe. Ohne Überdruck würde das darunterliegende Gelb nicht mitgedruckt und das Ergebnis Cyan sein.

Farbmanagement einrichten

Ein Farbmanagement kann Ihnen dabei helfen, während des gesamten Arbeitsablaufs gleichbleibende Farbdarstellungen zu behalten. Im Wesentlichen besteht ein Farbmanagement darin, Ihrem Dokument Profile bzw. Charakteristika für unterschiedliche Ausgabegeräte zuzuweisen, damit Sie während des gesamten Produktionsprozesses möglichst gleichbleibende Farbdarstellungen erhalten – auf dem Bildschirm, beim Drucken des Proofs und in der Druckerei.

1   Wählen Sie **Bearbeiten: Voreinstellungen** (Windows) bzw. **Acrobat: Voreinstellungen** (Mac OS) und klicken Sie links im Dialogfenster »Voreinstellungen« auf den Eintrag »Farbmanagement«.

2   Wählen Sie oben im Menü »Einstellungen« die Option »Nordamerika, Druckvorstufe 2«. Diese Auswahl ermöglicht Acrobat, Farben so darzustellen, wie sie aussehen, wenn sie nach nordamerikanischen Druckstandards gedruckt werden. (Für eigene Dokumente würden Sie »Europa, universelle Anwendungen«, »Europa, Druckvorstufe 2« oder über *www.fogra.org* zu den DIN-Normen passende Arbeitsfarbräume oder selbst definierte CMYK-Einstellungen wählen.)

Hinweis: Sie können die Farbmanagementeinstellungen für alle Adobe Creative Suite-Anwendungen in der Bridge synchronisieren. Weitere Informationen finden Sie in der Bridge-Hilfe.

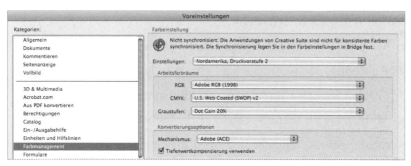

Mit dieser Einstellung bestimmen Sie, welche Arbeitsfarbräume von der Anwendung verwendet werden, was passiert, wenn Sie Dateien mit eingebetteten Profilen öffnen oder importieren, und wie das Farbmanagementsystem Farben konvertiert. Um eine Beschreibung zu einer Einstellung zu erhalten, wählen Sie die Einstellung und platzieren den Mauszeiger auf dem Namen der Einstellung. Acrobat blendet die Beschreibung unten im Dialogfenster ein.

Der Farbmanagement-Mechanismus ACE (*Adobe Color Engine*) wird auch von allen anderen Adobe-Grafikprogrammen verwendet, wodurch Farbmanagementeinstellungen in Acrobat denen in Ihren übrigen Adobe-Programmen entsprechen.

3 Klicken Sie auf OK, um das Dialogfenster »Voreinstellungen« zu schließen.

Ausgabevorschau

Sie haben sich bereits eine Transparenzvorschau angesehen. Jetzt sehen Sie sich eine Farbseparationsvorschau an und prüfen die Auflösung einzelner Objekte. Außerdem führen Sie einen Soft-Proof aus; das bedeutet, dass Sie das Dokument auf dem Bildschirm prüfen, ohne es drucken zu müssen.

Vorschau für Farbseparationen

Für die Reproduktion von Farb- und Halbtonbildern werden in der Druckerei meist vier Druckplatten (Prozessfarben) angelegt – je eine Platte für die Cyan-, Magenta-, Gelb- und Schwarzanteile eines Bilds. Sie können auch benutzerdefinierte fertig gemischte Farben, Schmuckfarben, einfügen, die je eine eigene Platte erfordern. Wenn sie mit der richtigen Druckfarbe eingefärbt sind und passgenau übereinandergedruckt werden, ergibt sich daraus eine Reproduktion des Originalbilds. Die Platten werden als Farbseparation bezeichnet.

Sie sehen sich die Farbseparation für dieses Dokument im Dialogfenster »Ausgabevorschau« an.

1 Wählen Sie **Anzeige: Zoom: Fenstergröße**.

2 Falls nötig, navigieren Sie auf Seite 2 des Rundschreibens.

3 Wählen Sie **Erweitert: Druckproduktion: Ausgabevorschau**.

4 Wählen Sie im Menü »Vorschau« die Option »Separiert«.

Acrobat führt im Dialogfenster »Ausgabevorschau« im Bereich »Separiert« alle Druckfarben für dieses Dokument auf. Es sind vier Prozessfarben (Cyan, Magenta, Gelb und Schwarz) und eine Schmuckfarbe (PANTONE 300 C).

5 Ziehen Sie das Dialogfenster »Ausgabevorschau« zur Seite, um das Dokument vollständig sehen zu können, und deaktivieren Sie im Dialogfenster »Ausgabevorschau« alle Farben bis auf »PANTONE 300 C«. Alle noch auf der Seite sichtbaren Elemente haben die gewählte Farbe.

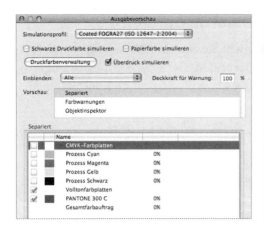 

6 Deaktivieren Sie »PANTONE 300 C« und aktivieren Sie »Prozess Magenta«. Jetzt zeigt Acrobat nur die Elemente, die auf der Magentaplatte gedruckt werden.

7 Aktivieren Sie wieder alle Druckfarben.

Soft-Proof eines Dokuments

Sie können mit dem Dialogfenster »Ausgabevorschau« auch einen *Soft-Proof* eines Dokuments ausführen, um sich auf dem Bildschirm anzusehen, wie Ihr Dokument gedruckt aussieht. Über die Simulationseinstellungen wählen Sie die bestmögliche Farbdarstellung.

1 Wählen Sie im Einblendmenü »Simulationsprofil« das Profil »U.S. Web Coated (SWOP) v2«.

2 Gehen Sie auf Seite 1 des Rundschreibens.

3 Wählen Sie im Einblendmenü »Simulationsprofil« das Profil »Apple RGB«.

4 Wählen Sie das Profil »Adobe RGB«.

Beim Ändern der Simulationsprofile verändert sich auch die Farbdarstellung auf dem Bildschirm. Wählen Sie für den Soft-Proof eines Dokuments das zu Ihrem Ausgabegerät passende Simulationsprofil. Wenn Sie korrekt kalibrierte ICC-Profile verwenden und Ihr Monitor kalibriert ist, sollte die Bildschirmvorschau der Druckausgabe entsprechen. Mit nicht kalibriertem Monitor oder unpassenden Profilen bietet die Vorschau möglicherweise keine korrekte Darstellung. Informationen über die Kalibrierung Ihres Monitors und Profile finden Sie in der Acrobat 9 Hilfe.

5 Wählen Sie wieder das Profil »U.S. Web Coated (SWOP) v2« im Einblendmenü »Simulationsprofil«.

▶ **Tipp:** Wenn Sie eine Schmuckfarbe in eine Prozessfarbe konvertieren möchten, um die Anzahl der Druckplatten und damit die Kosten für einen Auftrag zu verringern, können Sie dafür die Druckfarbenverwaltung im Dialogfenster »Ausgabevorschau« verwenden.

Objekte in einer PDF-Datei überprüfen

Mit dem Objektinspektor können Sie einzelne Abbildungen und Text in einer PDF-Datei schnell überprüfen. Der Objektinspektor zeigt Bildauflösung, Farbmodus, Transparenz und weitere Informationen zum gewählten Objekt an.

Sie prüfen jetzt die Auflösung der Abbildung auf Seite 2.

1 Wählen Sie im Menü »Vorschau« die Option »Objektinspektor«.

2 Falls nötig, rollen Sie auf Seite 2 und klicken Sie auf das Bild des Küstendorfs.

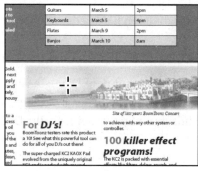

▶ **Tipp:** Überdrucken wird in PDF/X-Dateien in allen Versionen von Acrobat 9 und Adobe Reader 9 automatisch korrekt angezeigt. Sie können die Einstellungen für die Anzeige für alle Dateien in Acrobat im Dialogfenster »Voreinstellungen« ändern.

Der Objektinspektor führt Merkmale des angeklickten Bilds auf, so auch die Bildauflösung: 7,16 Pixel/mm horizontal und 7,16 Pixel vertikal.

3 Schließen Sie das Dialogfenster »Ausgabevorschau«.

Erweiterte Druckfunktionen

In diesem Abschnitt benutzen Sie die erweiterten Druckfunktionen in Acrobat 9 Pro und Pro Extended, um Farbseparationen zu erstellen, Druck- und Registermarken einzufügen und die Darstellung transparenter und komplexer Elemente zu überwachen.

1 Wählen Sie **Datei: Drucken**.

2 Wählen Sie im Dialogfenster »Drucken« einen PostScript-Drucker, auf dem Sie dieses Dokument ausgeben möchten. Falls Ihnen kein PostScript-Drucker zur Verfügung steht, wählen Sie »Adobe PDF« (Windows) bzw. »Adobe PDF 9.0« (Mac OS) als Drucker, da diese

Einstellung einen PostScript-Druckertreiber verwendet, den Sie stattdessen in dieser Lektion benutzen können.

Einige erweiterte Druckoptionen, zum Beispiel Farbseparationen, sind nur für PostScript-Drucker verfügbar. Der Adobe PDF-Drucker nutzt einen PostScript-Druckertreiber und gibt Ihnen damit Zugriff auf die in dieser Lektion behandelten Optionen.

3 Wählen Sie unter »Druckbereich« die Option »Alles« (Windows) bzw. unter »Kopien & Seiten« die Option »Alle« (Mac OS).

4 Wählen Sie im Bereich »Seiteneinstellungen« im Einblendmenü »Anpassen der Seitengröße« den Eintrag »Auf Druckbereich verkleinern« (Windows) bzw. im Menü »Seitenanpassung« den Eintrag »Auf Druckbereich verkleinern« (Mac OS).

Mit der Option »Auf Druckbereich verkleinern« passt Acrobat die einzelnen Seiten an die Größe des Papiers an.

5 Klicken Sie auf »Erweitert« (Windows) bzw. »Weitere Optionen« (Mac OS).

Links im Dialogfenster sind vier Optionen verfügbar: »Ausgabe«, »Marken und Beschnittzugabe«, »PostScript-Einstellungen« und »Farbmanagement«.

6 Wählen Sie »Ausgabe« und dann rechts im Menü »Farbe« den Eintrag »Separiert«.

7 Klicken Sie im Bereich »Druckfarbenverwaltung« auf die Schaltfläche »Druckfarbenverwaltung«.

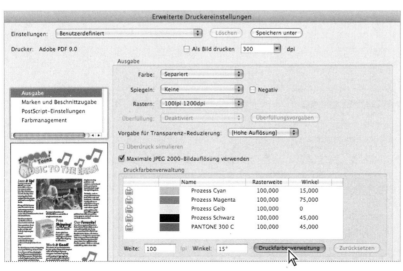

8 Wählen Sie im Dialogfenster »Druckfarbenverwaltung« das Symbol links vom Namen »PANTONE 300 C«. Das Symbol

ändert sich in ein CMYK-Farbfeld, um anzuzeigen, dass diese Farbe nun als Prozessfarbe mit den Cyan-, Magenta-, Gelb- und Schwarzplatten gedruckt wird.

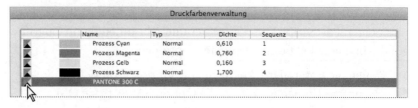

Acrobat wird Cyan und Schwarz mischen, um die gewünschte Farbe für die Schmuckfarbe PANTONE 300 C zu simulieren. In vielen Fällen lässt sich mit gemischten CMYK-Farben kostengünstiger drucken als mit einer zusätzlichen Schmuckfarbe.

Um global alle Schmuck- bzw. Volltonfarben in ihre CMYK-Äquivalente zu konvertieren, schalten Sie unten im Dialogfenster die Option »Alle Volltonfarben in CMYK-Farben konvertieren« ein.

9   Klicken Sie auf OK, um das Dialogfenster »Druckfarbenverwaltung« zu schließen.

10 Wählen Sie im Dialogfenster »Erweiterte Druckereinstellungen« links in der Liste die Option »Marken und Beschnittzugabe«. Schalten Sie die Option »Alle Marken« ein, um Zuschneidemarken, Beschnittzugabemarken, Passkreuze, Farbkontrollstreifen und Seiteninformationen außerhalb der Dokumentränder mit auf jede Platte zu drucken.

11 Wählen Sie links in der Liste die Option »Farbmanagement«.

12 Falls nötig, wählen Sie rechts im Einblendmenü »Farbbehandlung« den Eintrag »Acrobat-Farbmanagement«.

13 Falls nötig, wählen Sie »CMYK-Arbeitsfarbraum: Coated FOGRA27 (ISO 12647-2:2004)« im Einblendmenü »Farbprofil«.

Das gewählte Farbprofil sollte dem gewünschten Ausgabegerät entsprechen.

14 Klicken Sie oben im Dialogfenster »Erweiterte Druckereinstellungen« auf »Speichern unter«, sichern Sie Ihre Einstellungen unter dem Namen **Newsletter** und klicken Sie auf OK.

Acrobat fügt gespeicherte Einstellungen in das Einstellungen-Menü ein, damit Sie sie für zukünftige Druckaufträge wieder verwenden können, ohne die Einstellungen für bestimmte Aufträge oder Ausgabegeräte erneut eingeben zu müssen.

15 Klicken Sie auf OK, um das Dialogfenster »Erweiterte Druckereinstellungen« zu verlassen. Dann klicken Sie entweder auf OK, um dieses Dokument zu drucken, oder auf »Abbrechen«, wenn Sie jetzt nicht drucken möchten.

16 Schließen Sie das Dokument und beenden Sie Acrobat.

Fragen

1 Was ist der Adobe PDF-Drucker und wie verwenden Sie ihn?
2 Welche Probleme kann Preflight in einer PDF-Datei ermitteln?
3 Was ist eine Schmuckfarbe und wie können Sie sie in eine Prozessfarbe konvertieren?

Antworten

1 Der Adobe PDF-Drucker wird mit Acrobat 9 Standard, Acrobat 9 Pro und Acrobat 9 Pro Extended installiert. Mit ihm können Sie Dokumente aus jeder Anwendung als PDF-Datei ausgeben; dazu wählen Sie ihn einfach im Dialogfenster »Drucken« der jeweiligen Anwendung.
Um die Einstellungen für den Adobe PDF-Drucker unter Windows zu ändern, klicken Sie je nach verwendetem Programm auf »Einstellungen«, »Eigenschaften« oder »Voreinstellungen«. Unter Mac OS wählen Sie im Einblendmenü unter dem Menü »Voreinstellungen« den Eintrag »PDF-Optionen«.

2 Mit Preflight können Sie alle problematischen Bereiche in einer PDF-Datei überprüfen. Wenn Sie zum Beispiel PDF-Dateien an eine Druckerei senden, können Sie nach Schriften suchen, die nicht eingebettet wurden, oder nach zu niedrig aufgelösten Bildern oder falschen Farben.

3 Eine Schmuckfarbe ist eine speziell angemischte Druckfarbe, die statt oder zusätzlich zu CMYK-Prozessfarben verwendet wird und eine eigene Druckplatte in der Druckerei benötigt. Wenn absolute Farbgenauigkeit nicht erforderlich ist und keine zusätzliche Schmuckfarbenplatte neben den CMYK-Platten verwendet werden soll, können Sie die Schmuckfarbe über die Druckfarbenverwaltung in eine Prozessfarbe konvertieren. Wählen Sie dazu im Dialogfenster »Erweiterte Druckereinstellungen« im Bereich »Ausgabe« den Eintrag »Separiert« und klicken Sie auf »Druckfarbenverwaltung«. Im Dialogfenster »Druckfarbenverwaltung« klicken Sie auf das Symbol links von der Schmuckfarbe, um sie für den Druckauftrag in eine Prozessfarbe zu konvertieren.

15 3D IN PDF-DATEIEN

Überblick

In dieser Lektion lernen Sie Folgendes:

- Die Acrobat-3D-Werkzeugleiste erkunden

- Ein 3D-Modell bearbeiten

- Die Modellhierarchie erkunden

- Eine 3D-Datei in 3D-PDF konvertieren und unterschiedliche Konvertierungseinstellungen zum Erstellen von 3D-PDF-Dateien erkunden

- Produktinformationen eines 3D-Modells anzeigen

- Form- und Lagetoleranzen exportieren

 Für diese Lektion benötigen Sie ungefähr 60 bis 90 Minuten. Falls nötig, kopieren Sie jetzt den Ordner *Lektion15* auf Ihre Festplatte.

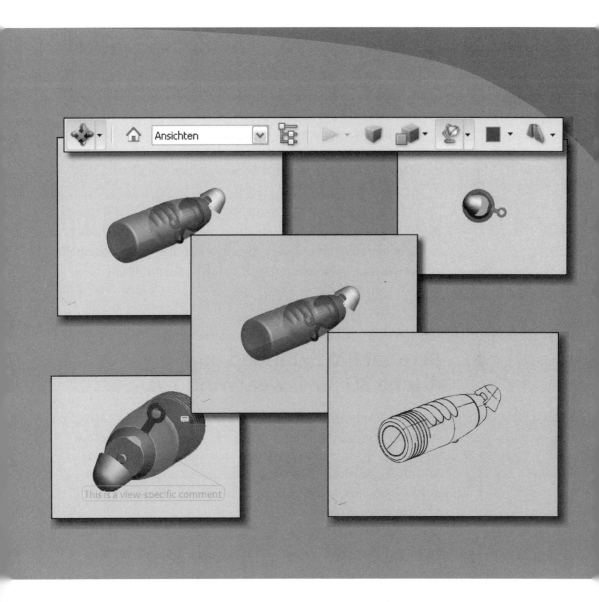

Adobe Acrobat 9 bietet eine verbesserte 3D-Zuammenarbeit in Kombination mit leistungsstarker CAD-Datenkompabilität. Acrobat Pro Extended (Windows) erlaubt seinen Anwendern das rasante Konvertieren praktisch jeder CAD-Datei in stark komprimierte sicherere Adobe PDF-Dateien, die von Kunden, Lieferanten und Mitarbeitern mit dem kostenlosen Adobe Reader für Überprüfungen und Anmerkungen zu 3D-Dateien verwendet werden können. Und die exakte Geometrie in diesen Adobe PDF-Dateien kann von Herstellern für nachgelagerte CAD-, CAM- oder CAE-basierte Prozesse ohne kostspielige CAD-Konverter übernommen werden.

Mit 3D-Modellen lassen sich außerdem Rich-Content-Dokumentationen erstellen. Dokumentationsentwickler, Zeichner und Grafiker können 2D-Vektorbilder und Rasterbilder aus 3D-CAD-Dateien erzeugen. Sie können 3D-Modelle in PDF-Dateien übernehmen und interaktive Dokumente mit lebendifen Inhalten erstellen.

Da die PDF-Dateien das Aussehen Ihrer Originaldokumente beibehalten, brauchen Sie sich nicht um die Dokumentqualität zu sorgen. Ihre PDF-Dateien lassen sich unter Windows, Mac OS und UNIX mit dem kostenlos erhältlichen Adobe Reader betrachten, bearbeiten und abfragen, so dass jeder (mit Ihrer Erlaubnis) mit Ihren PDF-Dateien arbeiten kann, ohne über die Quellanwendungen verfügen zu müssen.

Acrobat Pro Extended und Adobe 3D Reviewer (Windows)

Mit Adobe Acrobat Pro Extended (Windows) erstellen Sie 3D-PDF-Dateien, fügen 3D-Modelle in PDF-Dokumente ein und interagieren mit der 3D-Werkzeugleiste und einer Modellhierarchie mit 3D-Inhalt. Sie können 3D-Inhalte unmittelbar aus unterstützten 3D-CAD-Dateien konvertieren und Inhalte innerhalb Ihrer 3D-CAD-Anwendungen erfassen.

Bei der Installation von Acrobat Pro Extended wird automatisch Adobe 3D Reviewer mit installiert. In Adobe 3D Reviewer können Sie die meisten 3D-Modelle in ihren Ausgangsformaten sowie im PDF-Format bearbeiten. Diese Methode ist hilfreich, wenn Sie Teile aus einem 3D-Modell ändern oder entfernen möchten, die Ursprungsanwendung jedoch nicht installiert haben. Wenn Sie eine PDF in Acrobat geöffnet haben, können Sie mit der rechten Maustaste auf ein eingebettetes 3D-Modell klicken und »In 3D-Reviewer bearbeiten« wählen, um das Modell zu öffnen.

Um eine PDF-Datei aus einer in 3D Reviewer geöffneten Datei zu erstellen, wählen Sie **Datei: Exportieren** und exportieren die Datei in PDF.

Anwender mit Adobe Reader können mit 3D-Modellen interagieren, Kameraansichten erstellen und speichern, Produktansichten erfassen und die Modellhierarchie verwenden. Hat der Verfasser einer 3D-PDF erweiterte Bearbeitungsrechte eingerichtet, können Anwender mit Adobe Reader außerdem die Kommentieren und markieren-Werkzeuge und die 3D-Messwerkzeuge verwenden.

3D-Inhalt in PDF-Dateien

Sie öffnen jetzt eine 3D-PDF-Datei und sehen sich an, wie mühelos Sie 3D-Inhalte bearbeiten können, ohne dafür komplizierte CAD-, CAM- oder CAE-Anwendungen einzusetzen.

1 Starten Sie Acrobat.

2 Wählen Sie **Datei: Öffnen**. Navigieren Sie zum Ordner *Lektion15*, wählen Sie die Datei *Aquo_Bottle.pdf* und klicken Sie auf »Öffnen«.

Acrobat öffnet die Datei im Dokumentfenster.

Die 3D-Werkzeugleiste

Der Standardarbeitsbereich in Acrobat ist rationell aufgebaut, um mühelosen Zugriff auf häufig benötigte Werkzeuge im Umgang mit PDF-Dateien bieten zu können. In diesem Teil der Lektion verwenden Sie die Werkzeuge der 3D-Werkzeugleiste, um Elemente zu drehen, so als ob Sie sie in der Hand halten würden, und um dateiübergreifende Ansichten zu erstellen.

3D-Modelle bearbeiten Sie mit der 3D-Werkzeugleiste und der Modellhierarchie.

1 Klicken Sie auf die Flasche im Arbeitsbereich, um das 3D-Modell zu aktivieren. (Das Hand-Werkzeug ( ) ändert sich in einen Zeigefinger, wenn es sich auf einem 3D-Modell befindet.) Acrobat blendet automatisch die 3D-Werkzeugleiste oben im Modell ein. Solange Sie nicht mit dem 3D-Inhalt arbeiten, blendet Acrobat die Werkzeugleiste aus.

Sie können die 3D-Werkzeugleiste zwar nicht verschieben, aber ausblenden.

2 Um die 3D-Werkzeugleiste auszublenden, klicken Sie auf den Pfeil neben dem Drehen-Werkzeug (), um das Werkzeugmenü einzublenden, und wählen Sie »Werkzeugleiste ausblenden«.

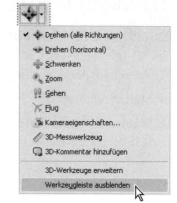

3 Um die Werkzeugleiste einzublenden, klicken Sie mit der rechten Maustaste auf das 3D-Modell und wählen Sie **Werkzeuge: Werkzeugleiste einblenden**.

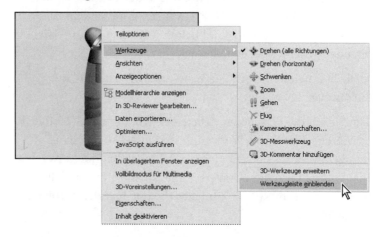

Die 3D-Werkzeugleiste enthält verschiedene Werkzeuge. Sie bearbeiten das 3D-Modell mit den Werkzeugen, die Sie links in der Werkzeugleiste im Popup-Menü des Drehen-Werkzeugs finden. Verschiedene Ansichten verwalten Sie mit der Schaltfläche »Standardansicht«, dem Ansichten-Menü und der Schaltfläche »Modellhierarchie«. Und mit den Schaltflächen rechts in der Werkzeugleiste steuern Sie in die 3D-Datei eingebettete Animationen, schalten zwischen perspektivischer und orthogonaler Projektion um, ändern Render-Modus, Beleuchtung und Hintergrundfarbe und blenden Querschnitte ein und aus.

Sie können die Namen der Werkzeuge und Schaltflächen einblenden, indem Sie den Mauszeiger jeweils auf ein Symbol in der 3D-Werkzeugleiste platzieren und einen Moment warten.

4   Bewegen Sie den Mauszeiger auf das Werkzeug ganz links in der 3D-Werkzeugleiste. Acrobat blendet ein QuickInfo mit dem Namen des Werkzeugs ein – das Drehen-Werkzeug.

> **Hinweis:** Das 3D-Werkzeug, mit dem Sie 3D-Modelle oder Animationen in PDF-Dokumente einfügen, finden Sie in der Multimedia-Werkzeugleiste in Acrobat.

5   Klicken Sie auf den Pfeil neben dem Drehen-Werkzeug, um die verborgenen Werkzeuge einzublenden.

6   Wählen Sie »3D-Werkzeuge erweitern«, um der Werkzeugleiste diese verborgenen Werkzeuge hinzuzufügen. (Sie können diese zusätzlichen Werkzeuge jederzeit durch Klicken mit der rechten Maustaste auf den 3D-Inhalt im Dokumentfenster und Wählen von **Werkzeuge: 3D-Werkzeuge reduzieren** wieder ausblenden.) Sie belassen die zusätzlichen Werkzeuge vorerst in der 3D-Werkzeugleiste.

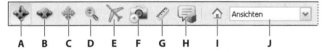

A. Drehen-Werkzeug (alle Richtungen)   **B.** Drehen-Werkzeug   **C.** Schwenken-Werkzeug
D. Zoom-Werkzeug   **E.** Flug-Werkzeug   **F.** Kameraeigenschaften   **G.** 3D-Messwerkzeug
H. 3D-Kommentar hinzufügen-Werkzeug   **I.** Standardansicht   **J.** Ansichten-Menü

Sie bearbeiten ein 3D-Modell, indem Sie das entsprechende Werkzeug wählen und mit Ihrem Mauszeiger im Dokumentfenster ziehen. Dabei kann es hilfreich sein, sich vorzustellen, das unbewegliche 3D-Modell aus einer Kameraperspektive zu betrachten.

Ein Werkzeug bleibt aktiviert, bis Sie ein anderes Werkzeug wählen oder in der Acrobat-Werkzeugleiste auf das Hand-Werkzeug klicken.

Ein 3D-Modell bearbeiten

Jetzt bearbeiten Sie das 3D-Modell.

1 Falls nötig, bewegen Sie Ihren Mauszeiger auf das 3D-Modell, um wieder die 3D-Werkzeugleiste einzublenden.

2 Klicken Sie in der Acrobat 3D-Werkzeugleiste auf das Drehen-Werkzeug (alle Richtungen) (✣), um es auszuwählen, und ziehen Sie Ihren Mauszeiger im Arbeitsbereich, um das Modell zu drehen. Experimentieren Sie und ziehen Sie Ihren Mauszeiger nach unten, nach oben und diagonal und beobachten Sie die Neigung und die Richtung der Drehung des Modells.

▶ **Tipp:** Sie können ein Objekt mit dem Hand-Werkzeug drehen, wenn in den 3D & Multimedia-Voreinstellungen die Option »Auswahl für Hand-Werkzeug aktivieren« eingeschaltet ist.

3 Um das Modell horizontal oder vertikal zu drehen, wählen Sie das Drehen-Werkzeug (horizontal) (✣). Ziehen Sie von oben nach unten und von links nach rechts. Die vertikale Bewegung ist eingeschränkt; mit diesem Werkzeug drehen Sie ein 3D-Modell parallel um zwei feste Achsen, die X-Achse und die Z-Achse. Die Drehungen mit dem Drehen-Werkzeug (alle Richtungen) sind dagegen nicht eingeschränkt.

4 Um das Modell zu verschieben, wählen Sie das Schwenken-Werkzeug (✣). Ziehen Sie damit nach oben und unten und diagonal im Dokumentfenster. Das Modell verschiebt sich vertikal und horizontal.

Mit gedrückter Strg-Taste beim Ziehen können Sie auch mit dem Drehen-Werkzeug schwenken. Mit einer Zweitastenmaus können Sie außerdem schwenken, wenn Sie beide Tasten beim Ziehen gedrückt halten.

5 Zum Ändern der Größe wählen Sie das Zoom-Werkzeug (✣). Ziehen Sie zum Vergrößern im Dokumentfenster nach oben und zum Verkleinern nach unten.

6 Wählen Sie das Flug-Werkzeug (✣), um unter Beibehaltung der Oberflächenausrichtung durch ein Modell zu navigieren. Zum Drehen der Kameraansicht klicken Sie mit der linken Maustaste in das Dokumentfenster und ziehen Sie, um die Kameraansicht zu drehen. Um zur Ausgangsrichtung der Kamera zurückzukehren, bewegen Sie den Mauszeiger zum anfänglichen Klickpunkt zurück.

Ein Klick auf die Schaltfläche »Kameraeigenschaften« (✣) öffnet das Dialogfenster »Kameraeigenschaften«, in dem Sie Kamerawinkel, -ausrichtung und weitere Eigenschaften zur Definition des Objektivs festlegen können, durch das das 3D-Modell betrachtet wird.

Mit dem 3D-Messwerkzeug (✐) messen Sie die Größe von Teilen und die Abstände in 3D-Modellen. Das verbesserte 3D-Messwerkzeug in Acrobat 9 unterstützt folgende vier Arten von Messungen: Senkrechter Abstand zwischen zwei geraden Kanten, linearer Abstand zwischen zwei Punkten, Radius von runden Kanten und der Winkel zwischen zwei Kanten (oder drei Punkten). Ist das 3D-Messwerkzeug gewählt, werden beim Bewegen des Mauszeigers auf einem 3D-Modell spezifische Punkte und Ränder hervorgehoben. Maße werden mit bestimmten Ansichten verbunden und der Ansichthierarchie in der Modellhierarchie hinzugefügt. Maßanmerkungen werden auch nach dem Schließen des Dokuments beibehalten. Außerdem können Sie Maße in Anmerkungen konvertieren.

Mit dem 3D-Kommentar hinzufügen-Werkzeug (🗨) können Sie bestimmten Teilen eines 3D-Modells eine Notiz hinzufügen.

7 Klicken Sie auf die Schaltfläche »Standardansicht« (⌂), um zur Standardansicht des Modells zurückzukehren.

Zugriff auf das Gehen-Werkzeug

Beim Gehen-Werkzeug, das besonders für 3D-Modelle aus dem Architekturbereich geeignet ist, erfolgt beim horizontalen Ziehen eine horizontale Bewegung entlang der Modellszene. Beim vertikalen Ziehen wird die Modellszene vor- und rückwärts bewegt. Die Szenenebene wird unabhängig von der Ziehbewegung beibehalten.

1 Für den Zugriff auf das Gehen-Werkzeug (👣) klicken Sie mit der rechten Maustaste auf das 3D-Modell und wählen im Kontextmenü **Werkzeuge: Gehen**.

2 Ziehen Sie mit dem Mauszeiger im Modellbereich, um sich die Funktionsweise des Gehen-Werkzeugs anzusehen.

Wenn Sie beim Experimentieren mit den Werkzeugen versehentlich die Sicht auf das Modell verlieren, klicken Sie auf die Schaltfläche »Standardansicht«, um zurück zur Ansicht beim Öffnen des 3D-Modells zu gelangen.

Das Ansichten-Menü

Das Ansichten-Menü in der 3D-Werkzeugleiste führt alle verfügbaren Ansichten für das aktuelle 3D-Modell auf. Die meisten Designer erstellen zumindest die Standardansichten – Links (*Left*), Oben (*Top*), Front (*Front*), Rechts (*Right*), Unten (*Bottom*) und Hinten (*Back*).

Hinweis: Anwender mit Adobe Reader und Acrobat Standard können Ansichten verwenden; nur Anwender mit Acrobat Pro oder Pro Extended können Ansichten erstellen.

1 Um zu einer voreingestellten Ansicht eines Modells zu wechseln, erweitern Sie das Ansichten-Menü und wählen Sie eine Ansicht.

2 Wenn Sie fertig sind, klicken Sie auf die Schaltfläche »Standardansicht« (), um zur Ansicht beim Öffnen des 3D-Modells zurückzukehren.

Als Nächstes erstellen und speichern Sie eine Kameraansicht, die Sie anderen 3D-Modellen zuweisen können.

3 Wählen Sie zuerst das Drehen-Werkzeug () und ziehen Sie damit über das 3D-Modell, um eine neue Ansicht zu erstellen. Dann klicken Sie in der 3D-Werkzeugleiste auf die Schaltfläche »Kameraeigenschaften« (), um das Dialogfenster »Kameraeigenschaften« zu öffnen.

Die Kameraeigenschaften definieren den genauen Winkel und die Position für die Sicht auf ein Objekt; sie legen eine Kameraansicht fest, die für verschiedene Ansichten und Dateien verwendet werden kann. Wenn Sie beispielsweise die gleiche Ansicht für mehrere Modelle benötigen, können Sie eine Kameraansicht erstellen, die Sie auf alle Modelldateien anwenden. Im Bereich »Ausrichtung« können Sie »Ziel« wählen, um die Kameraeigenschaften mit der Zielposition auszurichten, oder Sie wählen »Kamera und Ziel«, um die Kameraeigenschaften mit der Kamerarichtung und der Zielposition auszurichten.

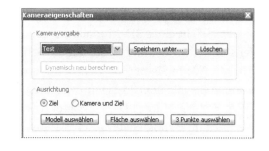

4 Übernehmen Sie die eingeschaltete Option »Ziel«.

5 Klicken Sie auf »Modell auswählen« und dann auf das 3D-Modell im Dokument, um die aktuelle Kameraposition in das Dialogfenster zu übertragen. Eventuell müssen Sie das Dialogfenster zur Seite ziehen, um das Modell sehen zu können.

6 Klicken Sie auf »Speichern unter« und geben Sie Ihrer Kameraansicht einen Namen. Wir haben die Ansicht **Test** genannt.

7 Klicken Sie auf OK, um die Ansicht zu speichern.

8 Klicken Sie im Dialogfenster »Kameraeigenschaften« auf »Kameraansicht speichern«, und klicken Sie auf OK, um das Dialogfenster »Ansichtseigenschaften« zu schließen. Klicken Sie auf die Schließen-Schaltfläche im Dialogfenster »Kameraeigenschaften«.

9 Blenden Sie das Ansichten-Menü ein und achten Sie auf die neue Ansicht »Test«. Sie können die Test-Ansicht prüfen, indem Sie eine andere Ansicht wählen und dann wieder die Ansicht »Test«.

Hinweis: Jede gespeicherte Ansicht behält die Objekteigenschaften dieser Ansicht bei (z.B. Hintergrundfarbe und Illustrationsmodus). Durch Einschalten der Standardansicht setzen Sie alle Objekteigenschaften wieder auf den ursprünglichen Status zurück.

Ihre neu erstellte Ansicht ist auch in anderen Dateien verfügbar.

10 Wählen Sie **Datei: Öffnen** und öffnen Sie die Datei *Bottle_Mold.pdf*. Klicken Sie auf das 3D-Modell, um die 3D-Werkzeugleiste aufzurufen. Klicken Sie auf die Schaltfläche »Kameraeigenschaften«. Erweitern Sie im Dialogfenster »Kameraeigenschaften« das Menü »Kameravorgabe« und wählen Sie den Eintrag »Test«. Klicken Sie auf »Kameraansicht speichern«. Klicken Sie auf OK, um das Informationsfenster zu schließen, und dann auf die Schließen-Schaltfläche im Dialogfenster »Kameraeigenschaften«. Erweitern Sie das Ansichten-Menü und wählen Sie »Test«. Die Ansicht ist die gleiche Ansicht, die Sie zuvor für die Wasserflasche eingestellt haben. Wenn Sie fertig sind, schließen Sie die Datei *Bottle_Mold.pdf*. Sie brauchen die Änderungen nicht zu speichern.

Anwender mit Acrobat Pro und Pro Extended können jederzeit eine neue Ansicht eines 3D-Modells erstellen, indem sie im Ansichtsfenster der Modellhierarchie auf die Schaltfläche »Ansicht erstellen« klicken. Wenn Sie mit der Bearbeitung Ihres Modells fertig sind, können Sie alle überflüssigen Ansichten löschen. Sie können sogar beim Erstellen Ihrer 3D-PDF-Datei Ansichten erstellen. Schalten Sie dazu im Dialogfenster »Acrobat 3D-Konvertierung« die Option »Standardansichten hinzufügen« ein und wählen Sie »Ansichten« im zugehörigen Einblendmenü aus. Auch wenn Sie einen Kommentar, eine Maßangabe oder eine Anmerkung in Ihr 3D-Modell einfügen, erstellt Acrobat automatisch eine neue Ansicht für den entsprechenden Kommentar, die Maßangabe bzw. die Anmerkung.

Die Ansichtoptionen

● **Hinweis:** Die Schaltfläche zum Abspielen der Animation ist nur verfügbar, wenn das Modell eine Animation beinhaltet.

Mit den Schaltflächen rechts in der 3D-Werkzeugleiste können Sie in die 3D-Datei eingebettete Animationen steuern, zwischen perspektivischer und orthogonaler Projektion umschalten, den Rendermodus wechseln, Beleuchtung und Hintergrundfarbe ändern und Querschnitte ein- und ausblenden.

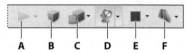

A. Animation abspielen **B.** Projektionmodus **C.** Modell-Rendermodus **D.** Zusätzliche Beleuchtung aktivieren **E.** Hintergrundfarbe **F.** Querschnitt ein-/ausschalten

Sie können die Hintergrundfarbe Ihres Modells wechseln.

1 Klicken Sie im Dokumentfenster *Aquo_Bottle.pdf* auf den Pfeil neben der Schaltfläche »Hintergrundfarbe« (■), um die Hintergrundfarbfelder einzublenden. Wählen Sie eines der Farbfelder oder definieren Sie über »Andere Farbe« eine andere Farbe für die Umgebung des 3D-Objekts. Wir haben Orange gewählt. Wichtig: Sie ändern damit nur die Hintergrundfarbe auf Ihrem Bildschirm.

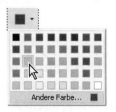

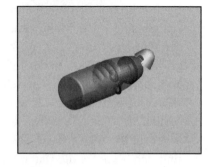

2 Klicken Sie auf den Pfeil neben der Schaltfläche »Modell-Rendermodus« (), um das zugehörige Menü einzublenden.

Im Menü »Modell-Rendermodus« können Sie bestimmen, wie der 3D-Umriss abgebildet wird.

3 Wählen Sie »Illustration«, um eine Strichzeichnung des 3D-Modells anzuzeigen.

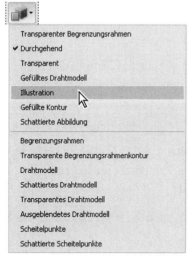
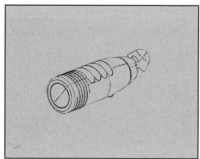

4 Wenn Sie mit genug mit dem Rendermodus experimentiert haben, wählen Sie im Menü »Modell-Rendermodus« die Option »Durchgehend«. Wenn Sie möchten, können Sie auch wieder die ursprüngliche Hintergrundfarbe einstellen. Klicken Sie auf den Pfeil neben der Schaltfläche »Hintergrundfarbe« (▪), um die Hintergrundfarbfelder einzublenden, und wählen Sie Grau.

Als Nächstes ändern Sie die Beleuchtungseffekte mit dem Menü »Zusätzliche Beleuchtung aktivieren«.

5 Erweitern Sie das Menü »Zusätzliche Beleuchtung aktivieren« (✱). Experimentieren Sie mit den Beleuchtungseffekten. Wenn Sie damit fertig sind, wählen Sie »Weiße Beleuchtung« im Menü.

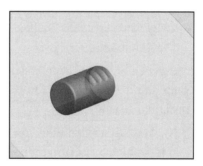

Mit dem Menü »Querschnitt ein-/ausblenden« können Sie nicht nur die Querschnitte des Objekts ein- und ausblenden, sondern auch eigene Querschnitte erstellen.

6 Klicken Sie auf den Pfeil rechts neben der Schaltfläche »Querschnitt ein-/ausblenden« ( ) und wählen Sie »Querschnitt anzeigen«. Acrobat erstellt automatisch einen horizontalen Querschnitt des Modells (Z-Achse).

7 Klicken Sie erneut auf den Pfeil, um wieder das Menü »Querschnitt ein-/ausblenden« einzublenden, und wählen Sie »Querschnitt-Eigenschaften«.

Sie ändern mit diesem Dialogfenster die Schnittansicht.

8 Ziehen Sie das Dialogfenster zur Seite, um das Modell vollständig sehen zu können. (Ziehen Sie das Dialogfenster an seiner Titelleiste.)

> **Tipp:** Um eine benutzerdefinierte Schnittebene festzulegen, schalten Sie die Option »An drei Punkten ausrichten« im Dialogfenster »Querschnitt-Eigenschaften« ein und klicken Sie in Ihrem 3D-Modell auf drei Punkte. Falls nötig, passen Sie die Schnittebene mit den Reglern im Bereich »Position und Ausrichtung« an.

9 Falls nötig, schalten Sie im Dialogfenster »Querschnitt-Eigenschaften« die Option »Querschnitt aktivieren« ein. Schalten Sie im Bereich »Ausrichtung« die Option »Y-Achse« ein. Klicken Sie in das Farbfeld rechts neben der Option »Überschneidungen anzeigen« und wählen Sie die Auszeichnungsfarbe. Wir haben Blau gewählt. Wählen Sie auf die gleiche Weise eine Farbe für die Schnittebene. Wir haben Rot gewählt.

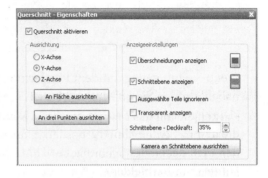

10 Klicken Sie auf »Schnittansicht speichern«, um Ihre Schnittansicht zu sichern. Klicken Sie auf OK, um das Dialogfenster »Ansichtseigenschaften« zu schließen. Nach dem Speichern der Werte ist diese Ansicht im Ansichten-Menü in der 3D-Werkzeugleiste verfügbar. Klicken Sie auf die Schließen-Schaltfläche im Dialogfenster.

Jetzt geben Sie der soeben erstellten Schnittansicht einen neuen Namen und verwenden dafür den Befehl »Ansichten verwalten« im Ansichten-Menü.

11 Klicken Sie auf den Pfeil, um das Ansichten-Menü zu erweitern, und wählen Sie »Ansichten verwalten«. Eventuell müssen Sie den

Mauszeiger auf das 3D-Modell im Dokumentfenster bewegen, um die 3D-Werkzeugleiste einzublenden.

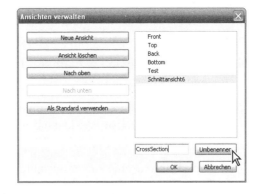

12 Im Dialogfenster »Ansichten verwalten« wählen Sie den Namen der soeben erstellten Ansicht (Schnittansicht*n*). Markieren Sie den Namen im Texteingabefeld links neben der Schaltfläche »Umbenennen«, geben Sie **CrossSection** (Querschnitt) ein und klicken Sie auf »Umbenennen«.

13 Klicken Sie auf OK, um das Dialogfenster zu schließen.

Damit haben Sie eine Ansicht erstellt und benannt. (Sie können Ansichten auch mit dem Optionen-Menü im Ansichtsfenster erstellen und umbenennen.)

Jetzt prüfen Sie Ihre neue Ansicht.

14 Klicken Sie auf das Modell, um es zu aktivieren. Ändern Sie die Ansicht mit einem der Werkzeuge in der Werkzeugleiste. Wir haben das Modell so gedreht, dass die Querschnittfläche frontal auf den Betrachter zeigt.

15 Erweitern Sie das Ansichten-Menü und wählen Sie den Eintrag »CrossSection«, um zu der von Ihnen erstellten Ansicht zurückzukehren.

16 Klicken Sie auf die Schaltfläche »Querschnitt ein-/ausblenden«, um die Querschnittfunktion zu deaktivieren.

17 Klicken Sie auf die Schaltfläche »Standardansicht« (⌂), um zur Standardansicht des Modells zurückzukehren.

18 Wählen Sie **Datei: Speichern unter** und sichern Sie die Datei unter dem Namen **New_Bottle.pdf**.

> **Tipp:** Soll eine Ansicht auch zur Verwendung bei anderen Dateien verfügbar sein, sichern Sie die Ansicht mit der Schaltfläche »Kameraeigenschaften«.

Elemente mit der Modellhierarchie ein- und ausblenden

Als Nächstes erfahren Sie, wie die Modellhierarchie das Arbeiten mit Elementen oder Ansichten des Modells ermöglicht.

Die Modellhierarchie öffnet im Navigationsfenster im Arbeitsbereich links vom Dokumentfenster. Mit der Modellhierarchie können

Sie Elemente im 3D-Modell ein- bzw. ausblenden und isolieren, Ansichten erstellen, die Sie weiterverwenden können, und Metadaten anzeigen, die dem 3D-Modell im Erstellungsprogramm hinzugefügt wurden. (Metadaten können Objekteigenschaften enthalten, zum Beispiel Masse, Material und Schwerpunkt.)

1 Um die Modellhierarchie zu öffnen, führen Sie einen der folgenden Schritte aus:

- Klicken Sie links im Dokumentfenster im Navigationsfenster auf die Schaltfläche »Modellhierarchie« ().
- Klicken Sie in der 3D-Werkzeugleiste auf die Schaltfläche »Modellhierarchie ein-/ausschalten« () .
- Klicken Sie mit der rechten Maustaste auf das 3D-Modell und wählen Sie im Kontextmenü »Modellhierarchie anzeigen«.

Die Modellhierarchie verfügt über drei Bereiche:

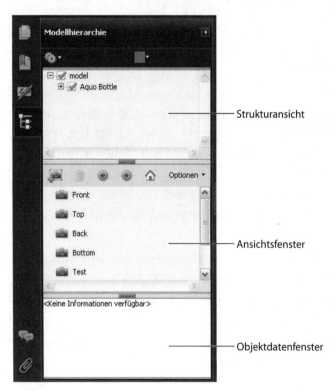

- Die Strukturansicht oben in der Modellhierarchie zeigt die Hierarchie des 3D-Objekts. Sie erweitern die Modellstruktur durch Klicken auf das Plus-Symbol bzw. den Pfeil neben einem Teil. Beim Auswählen eines Teils in der Strukturansicht hebt Acrobat das entsprechende Bestandteil im 3D-Modell hervor;

beim Auswählen eines Teils im Modell erweitert Acrobat automatisch die Struktur und hebt die Teilbezeichnung in der Strukturansicht hervor. Ein blaues Häkchen zeigt an, dass das Teil im 3D-Modell zu sehen ist.

Etwaige Produktinformationen (PMI) eines Modells werden als Gruppe von Elementen auf derselben hierarchischen Ebene wie das zugehörige Objekt oder die zugehörige Baugruppe angezeigt.

- Das Ansichtsfenster in der Mitte enthält eine Liste der Ansichten, die für dieses 3D-Objekt definiert wurden. Sie können neue Ansichten festlegen und vorhandene bearbeiten; außerdem können Sie im Ansichtsfenster etwas zu Ansichten hinzufügen und Ansichten bearbeiten. Sie können beispielsweise eine bestimmte Ansicht, einschließlich Kamerawinkel, Hintergrund, Beleuchtung und andere Attribute, speichern, nachdem Sie ein Teil isoliert und gedreht haben.

- Das Objektdatenfenster zeigt andere Informationen an, beispielsweise eventuell vorhandene Eigenschaften und Metadaten für das Objekt oder das im Modell gewählte Element. Sie können diese Informationen für 3D-Objekte in Acrobat nicht bearbeiten.

Jetzt blenden Sie mit der Modellhierarchie die äußere Hülle der Wasserflasche aus, um den Filter zu zeigen.

2 Klicken Sie im Dokumentfenster auf das 3D-Modell, um automatisch die 3D-Werkzeugleiste aufzurufen.

3 Klicken Sie im oberen Bereich der Modellhierarchie (der Strukturansicht) auf das Plus-Symbol bzw. das Dreieck neben *Aquo_Bottle*, um die Liste der Teile einzublenden.

4 Falls nötig, erweitern Sie das Navigationsfenster, indem Sie seinen rechten Rand nach rechts ziehen. Sie vergrößern die Strukturansicht, indem Sie den unteren Rand weiter nach unten ziehen.

Alle Teile sind in der Strukturansicht markiert. Markierte Elemente sind im 3D-Modell im Arbeitsbereich sichtbar.

5 Heben Sie die Markierung des Elements »Ring« auf, um das Häkchen zu entfernen. Damit blenden Sie den Ring um den Flaschenhals aus. Eventuell müssen Sie dafür in der Strukturansicht nach unten rollen.

6 Markieren Sie das Teil »Ring« wieder, um wieder das Häkchen einzuschalten und den Ring anzuzeigen.

Teile wählen

Sie können ein Teil mühelos im 3D-Modell identifizieren, indem Sie es in der Strukturansicht markieren.

1 Falls nötig, erweitern Sie in der Strukturansicht die Struktur und wählen Sie die Bezeichnung *Water_Bottle_Lid_Assy*. Acrobat hebt den Flaschenverschluss im 3D-Modell hervor.

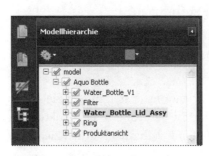 

Die Hervorhebungsfarbe können Sie mit dem Farbfeld oben in der Strukturansicht ändern.

2 Klicken Sie oben in der Modellhierarchie auf den Pfeil neben dem Farbfeld. Wählen Sie eine Farbe aus den Farbfeldern oder erstellen Sie eine benutzerdefinierte Farbe. Wir haben Blau gewählt.

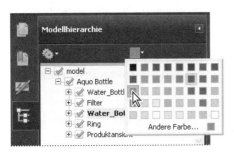 

Sie können auch ein Element im Modell identifizieren, indem Sie das Teil im 3D-Modell im Dokumentfenster markieren.

3 Wählen Sie im 3D-Modell im Dokumentfenster das Hauptteil der Wasserflasche.

4 Acrobat hebt in der Strukturansicht die Bezeichnung *Water_Bottle_V1 node* hervor – dieses Element haben Sie im 3D-Modell markiert.

Ein Teil vergrößern

Jetzt vergrößern Sie ein Teil, mit dem Sie arbeiten möchten.

- Falls nötig, erweitern Sie in der Strukturansicht den Bestandteil *Water_Bottle_Lid_Assy* und wählen dann die Bezeichnung *Water_Bottle_Nozzle*. Klicken Sie mit der rechten Maustaste darauf, um das Kontextmenü einzublenden, und wählen Sie »Teil zoomen«.

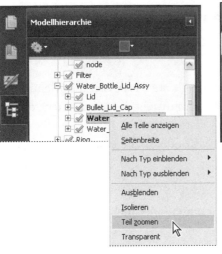 

▶ **Tipp:** Wenn Sie »Teil zoomen« verwenden, ändert sich der Fokus vom Modell auf das gewählte Teil, so dass Sie anschließend um den Mittelpunkt des Teils drehen können statt um den Mittelpunkt des Modells.

Sie können auch mit dem Zoom-Werkzeug in der 3D-Werkzeugleiste auf ein Teil zoomen.

Ein Teil isolieren

Als Nächstes isolieren Sie die Öffnung (*nozzle*), um sie deutlicher sehen und unabhängig vom Rest des Modells bearbeiten zu können.

Die Öffnung ist im Arbeitsbereich und in der Strukturansicht immer noch gewählt.

- Klicken Sie oben in der Strukturansicht auf den Pfeil neben der Schaltfläche »Optionen«, um das Menü zu erweitern, und wählen Sie »Isolieren«.

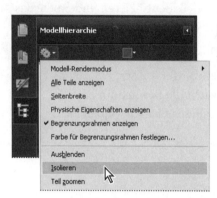

Acrobat blendet alle übrigen Bestandteile aus und zeigt nur noch die Öffnung an. Sie können nun dieses eine Teil mit allen Werkzeugen der 3D-Werkzeugleiste bearbeiten. (Bewegen Sie den Mauszeiger in den Arbeitsbereich, um die 3D-Werkzeugleiste einzublenden.)

Teile ein- und ausblenden

Jetzt blenden Sie Teile ein und aus, um Details des Filters sehen zu können.

1 Erweitern Sie in der 3D-Werkzeugleiste das Ansichten-Menü und wählen Sie »Front«. In der Strukturansicht der Modellhierarchie wählen Sie die Bezeichnung »Water_Bottle_V1«. Klicken Sie mit der rechten Maustaste, um das Kontextmenü einzublenden, und wählen Sie dort »Ausblenden«.

Jetzt sehen Sie nur noch den Filter und den Verschluss.

2 Bearbeiten Sie das Modell mit einem oder mehreren Werkzeugen aus der 3D-Werkzeugleiste.

3 Wenn Sie damit fertig sind, klicken Sie in der 3D-Werkzeugleiste auf die Schaltfläche »Standardansicht« (⌂).

3D-Modelle überprüfen und kommentieren

Das Überprüfen und Kommentieren von 3D-PDF-Dateien ähnelt größtenteils dem Überprüfen und Kommentieren einer beliebigen PDF-Datei. Allerdings können Ihre Mitarbeiter in einer 3D-PDF-Datei alle Aspekte des 3D-Modells erkunden, von ausgeblendeten internen Strukturen bis zu auseinandergezogenen Animationen. Sie können Teile drehen, im Querschnitt betrachten und vermessen und dabei ihre Kommentare in Notizen, Zeichnungen und andere Markierungen einfügen.

Wenn Sie 3D-Dateien Kommentare oder Markierungen mit den Kommentieren und markieren-Werkzeugen in Acrobat hinzufügen, beziehen sie sich auf alle Ansichten. Wenn Sie allerdings Kommentare mit der Schaltfläche »3D-Kommentar hinzufügen« ( ) in der 3D-Werkzeugleiste einfügen, erzeugt Acrobat eine neue Ansicht, die mit dem Kommentar bzw. der Markierung verknüpft wird. Sobald Sie die Ansicht ändern, blendet Acrobat diesen Kommentar bzw. die Markierung im Arbeitsbereich aus.

1 Klicken Sie in der Acrobat Aufgaben-Werkzeugleiste (nicht der 3D-Werkzeugleiste) auf die Kommentar-Schaltfläche ( ) und wählen Sie »Notiz hinzufügen«. Geben Sie in das Notizfenster eine Mitteilung ein. Wir haben **This comment applies to all views**. (Dieser Kommentar bezieht sich auf alle Ansichten.) eingegeben.

Sie können das Notizfenster schließen und das Notizsymbol im Dokumentfenster verschieben.

2 Erweitern Sie das Ansichten-Menü in der 3D-Werkzeugleiste; es ist keine Ansicht mit der Notiz verknüpft. Wählen Sie nacheinander mehrere Ansichten: Die Notiz ist immer sichtbar.

3 Wählen Sie das Drehen-Werkzeug (alle Richtungen) in der 3D-Werkzeugleiste und ziehen Sie das Modell in eine neue Ansicht. Die Ansicht selbst ist dabei nicht wichtig, aber es sollte keine der im Ansichten-Menü aufgeführten Ansichten sein.

4   Wählen Sie in der 3D-Werkzeugleiste das Werkzeug »3D-Kommentar hinzufügen« ( ). Ihr Mauszeiger ändert sich in ein Fadenkreuz. Bewegen Sie den Mauszeiger auf das Modell und doppelklicken Sie. Geben Sie im Dialogfenster »Kommentarzeichenfolge eingeben« in das Texteingabefeld Ihre Nachricht ein. Wir haben **This is a view-specific comment** (Diese Anmerkung bezieht sich nur auf diese Ansicht) eingegeben. Klicken Sie auf OK, um das Dialogfenster zu schließen.

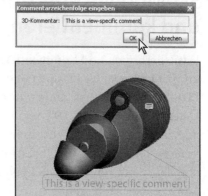

Acrobat hat eine neue Ansicht für diesen Kommentar erstellt. Sie können einer Ansicht mehrere Kommentare hinzufügen oder Kommentare verschiedenen Ansichten eines Modells hinzufügen.

5   Klicken Sie auf die Schaltfläche »Standardansicht« ( ) in der 3D-Werkzeugleiste, um zur Ansicht beim Öffnen zurückzukehren.

Jetzt sehen Sie sich an, wie die Kommentare im Ansichtsfenster der Modellhierarchie erscheinen.

6   Falls nötig, ziehen Sie den oberen Rand des Ansichtsfensters, um es zu vergrößern. Rollen Sie nach unten, um den Eintrag »3D-Kommentaransicht[#]« zu sehen. Klicken Sie auf das Kamerasymbol ( ), um die Ansicht mit Ihrem Kommentar einzublenden. Klicken Sie auf das Kommentarsymbol im Ansichtsfenster, um den Kommentar im Dokumentfenster hervorzuheben. Acrobat zeigt den Kommentar auch im Objektdatenfenster an.

7   Um alle Kommentare zu sehen, die mit der Kommentar-Schaltfläche in der Aufgaben-Werkzeugleiste und dem Werkzeug »3D-Kommentar hinzufügen« eingegeben wurden, klicken Sie

unten im Navigationsfenster auf die Kommentare-Schaltfläche, um das Kommentare-Fenster einzublenden.

8 Schließen Sie alle geöffneten Dateien, wenn Sie fertig sind. Sie brauchen Ihre Arbeit nicht zu sichern.

Informationen zur Verwendung des Kommentarfensters und zum Löschen und Bearbeiten von Kommentaren finden Sie in Lektion 9, »Acrobat in einer Dokumentüberprüfung«.

Der verbleibende Teil dieser Lektion richtet sich an Anwender mit Acrobat Pro Extended.

3D-Dateien in PDF konvertieren (Acrobat Pro Extended)

Adobe PDF kann den Ablauf des Computer Aided Design, der Entwicklungs- (CAD, CAM und CAE) und Produktionsinformationen vom Zeichenbrett bis zur Produktionsanlage vereinfachen. Eine 3D-Datei können Sie blitzschnell in eine Adobe PDF-Datei mit einem Bruchteil der Originaldateigröße konvertieren und dabei die exakten geometrischen Dimensionen, Toleranzen und weitere Produktspezifikationen beibehalten; Sie können sogar Produktinformationen (PMI) hinzufügen. Hersteller und Lieferanten können Ihr Design bearbeiten und untersuchen, ohne dafür das ursprüngliche CAD-Programm oder einen CAD-Konverter zu benötigen. Sie brauchen nur den kostenlosen Adobe Reader und können damit Produktinformationen einsehen und Geometriedaten in ein Standarddateiformat exportieren, das in CAM-Anwendungen zum Schneiden, Fertigen und Zusammensetzen von Bauteilen verwendet werden kann.

Acrobat unterstützt die gängigen Design- und Modellierungsanwendungen.

Wie Sie eine 3D-PDF-Datei erstellen, hängt hauptsächlich von Ihrem Arbeitsablauf ab.

Hinweis: Mit 3D Capture wird die Originalstruktur nicht beibehalten, weil dabei die Hierarchie auf eine Ebene reduziert wird; auch über- und untergeordnete Elementbeziehungen bleiben nicht erhalten.

Sie verfügen über die Design-Anwendung

Sie können den Bildschirm drucken-Befehl in Ihrer Design-Anwendung (z.B. SolidWorks, CATIA oder Pro/ENGINEER) zusammen mit der 3D-Erfassung in Acrobat verwenden, um eine 3D-PDF-Datei zu erstellen.

Sie besitzen keine Design-Anwendung oder die Design-Anwendung ist derzeit nicht gestartet

In Acrobat können Sie den Befehl »Erstellen: PDF aus Datei« oder die Aufgaben-Schaltfläche »Erstellen« verwenden oder einfach eine unterstützte 3D-Datei in das Acrobat-Fenster oder auf das Acrobat-Desktopsymbol ziehen. In den meisten Fällen braucht dafür nicht einmal das Ausgangsprogramm auf Ihrem System installiert zu sein.

Das 3D-Modell liegt in einem von Acrobat nicht unterstützten Format vor

Eventuell können Sie die 3D-Datei in 3D-Reviewer öffnen und in einem unterstützten Format wie U3D oder RH speichern.

Die meisten Optionen für die Umwandlung des 3D-Modells und der Beibehaltung der ursprünglichen Dateistruktur erhalten Sie durch die Konvertierung Ihrer PDF-Datei in der Originalanwendung, mit dem Erstellen-Befehl und durch Ziehen der Datei in das Acrobat-Fenster. Die Beziehungen zwischen Teilen, Komponenten und Baugruppen entsprechen denen der Original-3D-Datei.

Die CAD-Datei enthält zweidimensionale (2D) Zeichnungen mit Ebenen

Wenn Sie die Ebenen beibehalten möchten, müssen Sie die Dateien mit PDFMaker in PDF konvertieren. Enthalten Ihre 2D-Dateien keine Ebenen oder brauchen Sie sie nicht beizubehalten, können Sie 2D-Zeichnungen mit Acrobat Distiller in PDF konvertieren. Wählen Sie in Ihrer Anwendung den Drucken-Befehl und wählen Sie dann den Adobe PDF-Drucker; Sie brauchen Distiller nicht manuell zu starten.

Eine Datei auf das Acrobat-Symbol ziehen

In diesem Teil der Lektion konvertieren Sie eine Datei, die Sie vorab zur Prüfung an Kollegen und Lieferanten senden möchten.

▶ **Tipp:** Um zu prüfen, welche Dateitypen Sie in PDF konvertieren können, wählen Sie **Datei: PDF erstellen: Aus Datei** und erweitern das Einblendmenü »Dateityp« im Dialogfenster »Öffnen«.

1 Navigieren Sie auf Ihrem Desktop zum Ordner *Lektion15* und ziehen Sie die Datei *Water_Bottle.CATPart* auf das Acrobat-Symbol auf Ihrem Desktop. (Sie können auch **Datei: Öffnen** wählen, um die Datei zu konvertieren, oder die Datei in das Acrobat-Dokumentfenster ziehen, um eine neue PDF-Datei zu erzeugen.)

2 Erweitern Sie im Dialogfenster »Acrobat 3D-Konvertierung« das Einblendmenü »3D-Konvertierungseinstellungen«. Wählen Sie einige Voreinstellungen, um im Texteingabefeld »Beschreibung« darunter eine Erklärung zu diesen Einstellungen zu lesen.

In diesem Dialogfenster können Sie außerdem benutzerdefinierte Konvertierungseinstellungen erstellen, benennen und sichern. Sobald Sie Änderungen in den Registerkarten »Allgemein«, »Dokument«, »Importieren« oder »Optimieren« vornehmen, ändert Acrobat den Namen im Menü »3D-Konvertierungseinstellungen« automatisch in »Benutzerdefiniert«. Klicken Sie auf die Plus-Schaltfläche (+), um von Ihnen erstellte benutzerdefinierte Voreinstellungen zu benennen und zu sichern.

3   Wählen Sie im Dialogfenster »Acrobat 3D-Konvertierung« im Einblendmenü »3D-Konvertierungseinstellungen« den Eintrag »Visualisierung/Kleine Datei«; die 3D-PDF-Datei soll per E-Mail an Kollegen verschickt werden. Da es sich um eine Vorabprüfung handelt, sind Details noch nicht wichtig.

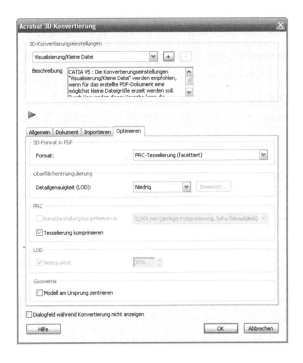

4   Klicken Sie auf das Register »Optimieren«.

Bevor Sie mit der Konvertierung fortfahren, achten Sie auf das Format im Bereich »3D-Format«: PRC-Tessellierung (facettiert). PRC ist ein 3D-Format zum Erstellen verschiedener Darstellungen eines 3D-Modells. Sie können beispielsweise nur eine visuelle Darstellung aus Polygonen oder die gesamte Geometrie, auf der das Modell basiert, speichern. Bei der Konvertierung können Sie Dateien zur Verringerung der Dateigröße komprimieren. Die Komprimierung kann auch nach der Konvertierung in Acrobat Pro Extended vorgenommen werden. Bei Verwendung des PRC-Formats können Sie mit CAM- (Computer Aided Manufacturing) und CAE-Anwendungen (Computer Aided Engineering) kompatible PDF-Dateien erstellen.

5   Klicken Sie auf das Register »Importieren«; die Option »3D PMI & Ansichten« ist eingeschaltet. Damit werden Produktinformationen aus der CATPart-Datei eingebettet.

6   Klicken Sie auf OK.

7   Klicken Sie auf OK, um das Nachrichtenfenster zu schließen.

Acrobat zeigt den Fortgang der Konvertierung auf dem Bildschirm an und öffnet die PDF-Datei automatisch, sobald der Konvertierungsvorgang abgeschlossen ist.

8   Wählen Sie **Datei: Speichern unter** und sichern Sie die Datei unter dem Namen **My_Water_Bottle.pdf** im Ordner *Lektion15*.

9   Wählen Sie **Datei: Schließen**, um Ihre Datei zu schließen. So einfach erstellen Sie 3D-PDF-Dateien.

In der Registerkarte »Dokument« im Dialogfenster »Acrobat 3D-Konvertierung« können Sie Ihren 3D-Inhalt in eine vorhandene PDF-Vorlage importieren. Mit PDF-Vorlagen mit Platzhaltern für 3D-Inhalt ermöglichen Sie ein einheitliches Layout und Struktur in Ihren Dateien. Diese Vorlagen können Sie in jeder Microsoft Office-Anwendung erstellen, in der PDFMaker zur Konvertierung der Datei in PDF verfügbar ist.

Konvertierungseinstellungen ändern

Im vorigen Lektionsabschnitt haben Sie Ihre Datei mit der Voreinstellung »Visualisierung/Kleine Datei« im Dialogfenster »Acrobat 3D-Konvertierung« konvertiert. Sie können die Konvertierungseinstellungen auch im Menü »Voreinstellungen« festlegen.

1   Wählen Sie in Acrobat **Bearbeiten: Voreinstellungen** und dann links im Dialogfenster »Voreinstellungen« den Eintrag »In PDF konvertieren«.

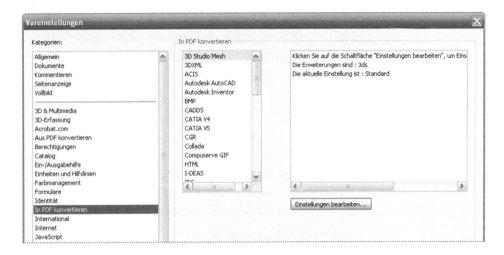

Das Dialogfenster führt alle Dateitypen auf, die sich in PDF konvertieren lassen.

2   Wählen Sie in der Liste »In PDF konvertieren« Ihre Design-Anwendung und klicken Sie dann auf »Einstellungen bearbeiten«.

3   Wählen Sie mehrere Voreinstellungen und blättern Sie durch die Registerkarten, um sich die Werte für jeder der Voreinstellungen anzusehen. Eine Erklärung zu den einzelnen Voreinstellungen finden Sie im Texteingabefeld unterhalb des Voreinstellungsnamens. Wenn Sie fertig sind, klicken Sie auf »Abbrechen«, um das Dialogfenster »Voreinstellungen« ohne Änderungen zu schließen.

3D-PDF-Dateien in Ihrem Produktionsablauf (Acrobat Pro Extended)

Mit Acrobat können Sie 3D-PDF-Dateien erstellen, die deutlich kleiner als Ihre CAD-Datei sind und trotzdem die notwendigen Form- und Lagetoleranzdaten enthalten. Sie können Produktinformationen in Ihre 3D-PDF-Datei übernehmen, und Sie können Modellgeometriedaten übernehmen, die sich in übliche CAM- und CAE-Formate exportieren lassen.

PMI- und Modellgeometrie übernehmen

Um Produktinformationen in Ihre Adobe 3D-PDF-Datei zu übernehmen, muss bei Ihrem Erstellen die Option »3D-PMI & Ansichten« in der Registerkarte »Importieren« im Dialogfenster »Acrobat 3D-Konvertierung« eingeschaltet sein.

Um Ihre Modellgeometriedaten beim Konvertieren einer CAD-Datei in Adobe 3D-PDF zu übernehmen, wählen Sie in der Registerkarte »Importieren« im Dialogfenster »Acrobat 3D-Konvertierung« ein PRC-BREP-Format.

Produktinformationen ansehen

Produktinformationen sind zumeist Notizen, die einer oder mehrerer Standard- oder benutzerdefinierten Ansichten in der Modellhierarchie zugewiesen wurden. Jeder Anwender mit Zugriff auf Ihr 3D-Modell kann diese Produktinformationen in der Modellhierarchie und im 3D-Modell lesen.

1 Wählen Sie **Datei: Öffnen**. Navigieren Sie zum Ordner *Lektion15*, wählen Sie die Datei *Water_Bottle.pdf* und klicken Sie auf »Öffnen«. Dies entspricht dem Vorgehen beim Erstellen der Datei weiter vorn in dieser Lektion.

Sie erinnern sich: Die Option »3D-PMI & Ansichten« war in der Registerkarte »Importieren« im Dialogfenster »Acrobat 3D-Konvertierung« eingeschaltet, um die Produktinformationen der CATPart-Datei zu übernehmen.

2 Das Hand-Werkzeug ( ) ist gewählt; klicken Sie auf das 3D-Modell und dann in der 3D-Werkzeugleiste auf die Schaltfläche »Modellhierarchie« ( ).

3 Rollen Sie im Ansichtsfenster nach unten – Acrobat führt drei Produktansichten auf: *Projected View.1*, *Projected View.2* und *Projected View.3*.

> **Tipp:** Sie können die physischen Eigenschaften jedes Teils in Ihrem 3D-Modell in der Modellhierarchie einsehen. Erweitern Sie zunächst oben in der Strukturansicht das Einblendmenü »Optionen« und wählen Sie »Physische Eigenschaften anzeigen«. Dann wählen Sie ein Teil im 3D-Modell im Dokumentfenster. Acrobat führt die physischen Eigenschaften des Teils unten in der Modellhierarchie im Objektdatenfenster auf.

4 Bewegen Sie den Mauszeiger auf das Modell, um die 3D-Werkzeugleiste einzublenden, und erweitern Sie das Ansichten-Menü. Wählen Sie nacheinander *Projected View.1*, *Projected View.2* und *Projected View.3*. Mit *Projected View.1* sind Produktinformationen verbunden; wählen Sie diese Ansicht.

Mit den Schaltflächen »Nächste Ansicht« und »Vorherige Ansicht« im Ansichtsfenster können Sie zwischen den Produktinformationsansichten wechseln. Außerdem können Sie die Ansichten im Arbeitsbereich ändern. Klicken Sie mit der rechten Maustaste auf den

3D-Inhalt, wählen Sie im Kontextmenü den Eintrag »Ansichten« und wählen Sie eine Ansicht. Mit der Strukturansicht können Sie nicht zwischen den Ansichten wechseln.

5   Erweitern Sie in der Strukturansicht die Bezeichnungen »Water_Bottle_V1« und »3D PMI« und klicken Sie auf die Bezeichnung »Text.1«, um diese Struktur im Arbeitsbereich hervorzuheben. Um die Bezeichnung im Arbeitsbereich auszublenden, heben Sie die Markierung der Bezeichnung auf. Ist das Häkchen sichtbar, ist auch die Anmerkung zu sehen.

Die Einträge in der Strukturansicht spiegeln die Informationen der Original-CAD-Datei wider.

6   Um wieder zur Standardansicht zurückzukehren, klicken Sie oben im Ansichtsfenster oder in der 3D-Werkzeugleiste auf die Schaltfläche »Standardansicht« (⌂).

▶ **Tipp:** Sie können die Strukturansicht vergrößern, indem Sie ihren unteren Rand nach unten ziehen.

7   Wenn Sie fertig sind, schließen Sie die Datei. Sie brauchen Ihre Arbeit nicht zu sichern.

Geometrie eines 3D-Modells exportieren

Wenn die Geometrie des 3D-Modells bei der Konvertierung der CAD-Datei in Adobe PDF beibehalten wird, können Sie sie in IGES-, STEP-, ParaSolid-, VRML- oder STL-Standardformate exportieren. (Produktinformationen werden dabei nicht exportiert.)

Um die Geometriedaten Ihres Modells beim Konvertieren der CAD-Datei in Adobe PDF beizubehalten, müssen Sie in der Registerkarte »Importieren« im Dialogfenster »Acrobat 3D-Konvertierung« ein PRC-BREP-Format wählen.

1   Wählen Sie **Datei: Öffnen**, navigieren Sie zum Ordner *Lektion15* und öffnen Sie die Datei *Bottle_Mold.pdf*.

2   Klicken Sie auf das 3D-Modell im Arbeitsbereich, um es zu aktivieren; klicken Sie mit der rechten Maustaste auf das Modell und wählen Sie im Kontextmenü »Daten exportieren«.

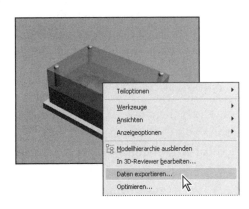

Hinweis: Mitunter werden die exportierten Daten in Acrobat zur Verbesserung der Ergebnisse verändert, wobei jedoch keinerlei Änderungen an der Geometrie vorgenommen werden. Verfügt die Original-CAD-Datei beispielsweise über einen großen Toleranzspielraum und das exportierte Format über einen geringen Toleranzspielraum, wird der exportierten Datei in Acrobat eventuell eine höhere Toleranz hinzugefügt.

3 Wählen Sie im Dialogfenster »Speichern unter« im Einblendmenü »Dateityp« einen Dateityp und klicken Sie auf »Einstellungen«, um Optionen für diesen Dateityp zu bestimmen. Wir haben den Dateityp STEP gewählt und die Standardeinstellungen übernommen.

4 Klicken Sie auf »Speichern«, um die Datei im Ordner *Lektion15* unter dem gleichen Dateinamen mit der Dateinamenerweiterung ».stp« zu sichern.

5 Jetzt können Sie diese Datei in Ihre CAM-Anwendung importieren.

6 Schließen Sie alle geöffneten Dateien.

3D-Modelle in technischen Veröffentlichungen (Acrobat Pro Extended)

Je nach Ihrem Arbeitsablauf stehen Ihnen mehrere Wege offen, um ein 3D-Modell oder eine Animation in die PDF-Version Ihrer technischen Veröffentlichung zu übernehmen:

- Sie können ein 3D-Modell oder eine Animation mit dem 3D-Werkzeug aus der Multimedia-Werkzeugleiste in Acrobat in ein PDF-Dokument oder eine PDF-Präsentation einfügen.

- Sie können Ihr 3D-Modell oder Ihre Animation in eine einseitige 3D-PDF-Datei konvertieren und diese Seite dann in den entsprechenden Bereich Ihres Dokuments oder Ihrer Präsentation einfügen.

- In Microsoft Office-Anwendungen können Sie Ihrem Dokument ein 3D-Modell mit der Schaltfläche »3D einbetten« in der Acrobat-Multifunktionsleiste (Office 2007) oder der Schaltfläche »Acrobat 3D-Modell einfügen« in der Werkzeugleiste (ältere Office-Versionen) hinzufügen.

Anwender Ihres mit 3D versehenen elektronischen PDF-Dokuments können die 3D-Modelle mit der in Adobe Reader und allen anderen Acrobat-Anwendungen verfügbaren 3D-Werkzeugleiste bearbeiten und Animationen abspielen.

In diesem Teil der Lektion fügen Sie einer vorhandenen technischen Beschreibung eine einseitige PDF-Version eines 3D-Modells hinzu.

Sie können jede unterstützte 3D-Datei in Adobe PDF konvertieren, indem Sie sie in den Acrobat-Arbeitsbereich oder auf das Acrobat-Symbol auf Ihrem Desktop ziehen.

1 Verkleinern Sie das Acrobat-Fenster mit der Minimieren-Schaltfläche (■) oder ziehen Sie an einer Ecke des Acrobat-Fensters, um es zu verkleinern.

2 Navigieren Sie auf Ihrem Desktop zum Ordner *Lektion15*, wählen Sie die Datei *Aquo_Bottle.u3d* und ziehen Sie sie in den Acrobat-Arbeitsbereich.

3 Wählen Sie im Dialogfenster »Acrobat 3D-Konvertierung«

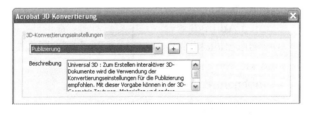

im Einblendmenü »3D-Konvertierungseinstellungen« den Eintrag »Publizieren«. Übernehmen Sie alle übrigen Standardwerte und klicken Sie auf OK.

4 Klicken Sie in allen einblendenden Nachrichtenfenstern auf OK, um sie zu schließen.

Acrobat öffnet die PDF-Datei in einem eigenen Fenster.

5 Maximieren Sie den Acrobat-Arbeitsbereich.

6 Klicken Sie auf das Modell, um die Acrobat 3D-Werkzeugleiste einzublenden.

7 Stellen Sie mit der Schaltfläche »Hintergrundfarbe« eine neue Hintergrundfarbe ein. Wir haben ein blasses Gelb gewählt.

8 Bearbeiten Sie das Modell mit den Werkzeugen in der 3D-Werkzeugleiste und erstellen Sie eine neue Ansicht.

9 Anschließend wählen Sie im Ansichten-Menü in der 3D-Werkzeugleiste den Eintrag »Ansichten verwalten«.

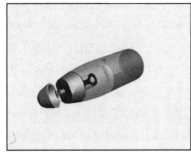

10 Klicken Sie im Dialogfenster »Ansichten verwalten« auf »Neue Ansicht« und dann im Dialogfenster »Ansichtseigenschaften« auf OK.

11 Wählen Sie die neue Ansicht, »Neu7«, in der Ansichtenliste, geben Sie den neuen Namen **Ad** in das Texteingabefeld ein und klicken Sie auf »Umbenennen«.

12 Klicken Sie auf »Als Standard verwenden« und dann auf OK.

13 Wählen Sie **Datei: Speichern unter** und sichern Sie Ihre Datei unter **3D_model.pdf** im Ordner *Lektion15*.

Jetzt öffnen Sie das Dokument mit den technischen Spezifikationen.

14 Wählen Sie **Datei: Öffnen**. Navigieren Sie zum Ordner *Lektion15*, wählen Sie die Datei *Cover_Letter.pdf* und klicken Sie auf »Öffnen«.

15 Wählen Sie **Dokument: Seiten einfügen: Aus Datei**.

16 Navigieren Sie im Dialogfenster »Datei zum Einfügen auswählen« zum Ordner *Lektion15* und wählen Sie die Datei *3D_Model.pdf*. Klicken Sie auf »Auswählen«.

17 Falls nötig, wählen Sie im Dialogfenster »Seiten einfügen« im Einblendmenü »Position« den Eintrag »Nach« und klicken Sie auf OK.

18 Klicken Sie in der Acrobat-Werkzeugleiste auf die Schaltfläche »Nächste Seite« ( ).

Das Dokument *Cover Letter.pdf* verfügt jetzt über zwei Seiten; auf der zweiten Seite befindet sich das 3D-Modell.

19 Klicken Sie auf das Modell, um es zu aktivieren. Die Ansicht wechselt auf die von Ihnen festgelegte neue Standardansicht.

20 Wählen Sie **Datei: Schließen** und sichern Sie Ihr neues Dokument. Beenden Sie Acrobat.

Informationen über das Hinzufügen von 3D-Inhalt in Microsoft Office-Dateien finden Sie in Lektion 4, »Microsoft Office-Dateien konvertieren«.

Die Empfänger Ihrer neuen zweiseitigen technischen Spezifikation können die Informationen lesen und anschließend das 3D-Modell mit den Werkzeugen in der 3D-Werkzeugleiste bearbeiten, die auch in Adobe Reader zur Verfügung steht.

Abbildungen aus 3D-Inhalt erstellen

Mit Adobe 3D Reviewer können Sie für technische Publikationen schnell und mühelos 2D-Abbildungen aus 3D-Modellen erstellen, 3D-Modelle vereinfachen und 3D-Animationen für den Gebrauch in Präsentationen und Dokumenten vorbereiten. Diese Präsentationen und Dokumente lassen sich mühelos aktualisieren und bieten wesentlich mehr Informationen und Zusammenhänge als eine glanzlose gedruckte Illustration.

Um Adobe 3D Reviewer zu öffnen, wählen Sie **Start: Programme:** bzw. **Alle Programme: Adobe 3D Reviewer**. Reviewer verfügt über eine eigenständige Online-Hilfe.

Fragen

1 Können Sie ein Teil in einem Modell bearbeiten, ohne dabei das gesamte Modell zu bearbeiten?
2 Wo ändern Sie die Einstellungen für die Konvertierung Ihrer 3D-Datei in Adobe PDF?
3 Wann verwenden Sie das PRC-Format statt des U3D-Formats?
4 Wie fügen Sie Produktinformationen in eine 3D-PDF-Datei ein?
5 Wie übernehmen Sie Modell-Geometrie in eine 3D-PDF-Datei?

Antworten

1 Ja. Zuerst wählen Sie das zu bearbeitende Teil aus. (Wählen Sie das Teil im 3D-Modell oder in der Strukturansicht.) Anschließend isolieren Sie das gewählte Teil durch Wählen von »Isolieren« im Optionen-Menü in der Strukturansicht.

2 Die Konvertierungseinstellungen ändern Sie im Dialogfenster »Adobe 3D-Konvertierung«. Sie können die Konvertierungseinstellungen auch im Dialogfenster »Voreinstellungen« im Bereich »In PDF konvertieren« ändern.

3 Wenn Sie Produktinformationen in Ihre Datei übernehmen müssen und Geometrie zur Weiterverwendung in CAD-, CAM- oder CAE-Anwendungen beibehalten möchten, müssen Sie das PRC-Format wählen.

4 Sie importieren die Produktinformationen beim Konvertieren Ihres 3D-Modells in Adobe PDF. Achten Sie darauf, dass die Option »3D-PMI & Ansichten« in der Registerkarte »Importieren« im Dialogfenster »Acrobat 3D-Konvertierung« eingeschaltet ist.

5 Um Modell-Geometrie zu übernehmen, müssen Sie beim Erstellen Ihrer 3D-PDF-Datei ein PRC-BREP-Format in der Registerkarte »Importieren« im Dialogfenster »Acrobat 3D-Konvertierung« wählen.

INDEX

2D-Messwerkzeuge 322
3D-Ansicht 367
3D einbetten (Schaltfläche) 388
3D-Inhalt
  bearbeiten 366
  ein- und ausblenden 378
  in 3D Reviewer bearbeiten 362
  in Office-Dateien einfügen 106
  in technischen Veröffentlichungen 388
  Teile wählen 376
  überprüfen und kommentieren 379
3D-Karte 329
3D-Kommentar hinzufügen (Schaltfläche) 379
3D-Kommentar hinzufügen-Werkzeug 367
3D-Messwerkzeug 367
3D Reviewer. *Siehe* Adobe 3D Reviewer
3D-Werkzeug 285, 388
3D-Werkzeugleiste 42, 363
  ein- und ausblenden 364

A

Abstandwerkzeug 323
ACE (Adobe Certified Expert) Programm 17
ACE (Adobe Color Engine) 351
Acrobat
  installieren 17
  starten 15
Acrobat 3D-Konvertierung (Dialogfenster) 383
Acrobat 3D-Modell einfügen (Schaltfläche) 388
Acrobat 3D Hilfe
  Siehe Adobe Acrobat 9 Hilfe
Acrobat.com 251
  ein Formular hosten 272
  in einer Überprüfung 249
  mit PDF-Portfolios verwenden 132
Acrobat Distiller. *Siehe* Distiller
Acrobat-Multifunktionsleiste 99
Acrobat PDFMaker 98
Acrobat PDFMaker (Dialogfenster) 101, 112
Acrobat Pro Extended, Systemvoraussetzungen 13
Acrobat Pro, Systemvoraussetzungen 13
Acrobat Standard 13
Acrobat-Support-Datenbank 17

Adobe 3D Reviewer 362
Adobe Acrobat 20
  installieren 15
  starten 15
Adobe Acrobat 9 Classroom in a Book 12, 14
  Lektionsdateien kopieren 15
Adobe Acrobat 9 Hilfe 17, 34
  durchsuchen 36
  verwenden 34
Adobe Certified Expert (ACE) Programm 17
Adobe Color Engine (ACE) 351
Adobe ConnectNow 255
Adobe ConnectNow-Meeting eröffnen 255
Adobe ID
  erstellen 249
  verifizieren 249
Adobe LiveCycle Designer ES 261
Adobe LiveCycle Rights Management (Richtlinien) 221
Adobe PDF-Datei 20
  erstellen 20, 61, 64
  für die Online-Betrachtung erstellen 31
  im Web 24
  öffnen 26
  Vorteile 20
  zwischen geöffneten umschalten 28
Adobe PDF-Drucker 72
Adobe PDF-Einstellungen (Voreinstellungen) 65, 75
Adobe PDF erstellen
  aus der Zwischenablage 78
  aus leerer Seite 71
  aus Multimediadateien 78
  aus Office-Anwendungen 98
  aus Webseiten 88
  Drag & Drop 67
  durch Scannen 81
  mit dem Drucken-Befehl 72
Adobe PDF Print Engine 347
Adobe Portable Document Format. *Siehe* Adobe PDF-Datei
Adobe Presenter 110
Adobe Reader
  Funktionen in Adobe Reader erweitern 269
  zur Verfügung stellen 25
Adobe Standardsicherheit 213
Adobe-Website 17
Aktion
  zu Formularfeld hinzufügen 266

Aktionsschaltfläche
  in Formularen 265
Aktivieren
  interaktives Objekt 286
Alle Bilder exportieren (Befehl) 201
Als Ebene importieren (Befehl) 318
Alternativtext 164
Analysieren
  Formulardaten 274
Andocken
  Werkzeugleisten 43
An Dokument anhängen, Webseiten 90
Angezeigte Kommentare im PDF-Dokument in Notizen konvertieren (Option) 102
Anhang
  verschlüsseln 231
Animation
  Größe und Position ändern 289
  in PDF-Portfolio-Willkommenseite 130
  Skin hinzufügen 288
  Standbilddatei zuweisen 287
Anpassen
  Kommentareigenschaften 239
  PDF-Portfolio 126
  Preflight-Profil 346
Ansehen
  Komponenten in PDF-Portfolio 124
  PDF im Lesenmodus 31
  PDF im Vollbildmodus 29f.
  Video-Datei in PDF-Datei 282
An Seitenbreite anpassen (Option) 113
Ansicht
  ändern 147
  beim Öffnen 30, 140
  erstellen 372
  Kamera 368
  Optionen 370
  Tabellenteilung 115
  verwalten 372
Ansichten (Menü) 367
Ansicht erstellen (Schaltfläche) 370
Ansichtsfenster 375
Antwortdatei
  Formulardaten hinzufügen 274
Anzeigegröße 147
Arbeitsbereich
  Standard 40
  Überblick 25
Arbeitsblatt auf die Größe einer einzigen Seite anpassen (Excel-Option) 113

Archivierung
  E-Mails 83
Audio-Datei
  in PDF-Datei einfügen 287
Audio-Werkzeug 287
Aufforderung zur Auswahl von Excel-Arbeitsblättern (Option) 112
Aufgaben-Werkzeugleiste 27, 50
Auflösung
  prüfen 354
Auflösung für Strichzeichnungen und Text (Option für Transparenzreduzierung) 350
Auflösung für Verlauf und Gitter (Option für Transparenzreduzierung) 350
Ausblenden
  Ebene beim Drucken 344
  Schaltflächenbeschriftung 44
  Werkzeugleisten 43
  Werkzeugschaltflächenbeschriftungen 44
Ausgabevorschau (Dialogfenster) 352, 353
Aus PDF konvertieren (Voreinstellungen) 197
Auswählen
  Seiten zum Drucken 154
  Werkzeuge 45
Auswählen (Schaltfläche) 92
Auswählen und zoomen (Werkzeugleiste) 142, 144, 148
Auswahlrahmen-Vergrößerung 149
Auswahl-Werkzeug 198f.
Automatisch blättern (Option für Präsentation) 292
Automatischer Bildlauf (Funktion) 167

B

Barcode
  einfügen 268
Barrierefreiheit 157, 165, 168
  prüfen 159
  und Sicherheit 159
Bates-Nummerierung 298f., 301
  ändern 305
  formatieren 301
Beantworten
  Kommentare 247
Bearbeiten
  3D-Inhalt 362
  Bates-Nummerierung 305
  Bilder 201
  PDF-Portfolio 126
  Text 194
  Verknüpfungen 184
Beleuchtung (3D-Inhalt) 371
Benennen

Formularfelder 262
  Optionsfelder 265
Berechnen
  Formularfelddaten 276f.
Beschreibung
  in PDF-Portfolio 125
Beschriftung
  zu Formularfeld hinzufügen 266
Bild
  bearbeiten 201
  kopieren und einfügen 196
  speichern 199
Bilddatei
  in PDF konvertieren 65
Bildschirmanzeige 142
Bildschirmeinstellungen 168
Bleistift-Werkzeug 238

C

CAD-Datei
  in PDF-Datei konvertieren 326
Classroom in a Book. *Siehe* Adobe Acrobat 9 Classroom in a Book

D

Datei
  einfügen 185
Dateidetails
  in PDF-Portfolio festlegen 132
Dateien
  in einem einzigen PDF-Dokument zusammenführen 135f., 290
  zum Zusammenführen anordnen 290
  zusammenführen 68
Dateien in einem einzigen PDF-Dokument zusammenführen (Befehl) 68, 290
Dateien zusammenführen
  in PDF-Portfolio 122
  Office-Dateien 117
Dateigröße
  reduzieren 76
Datumsfeld
  erstellen 264
Digitale ID
  erstellen 214
  Zertifikat 217
Digitale Unterschrift
  erstellen 208
  in Formular einfügen 268
  personalisieren 209
  prüfen 212
  Unterschriebene Version anzeigen (Option) 221
  ursprüngliche aufrufen 221
Distiller
  PDF erstellen 341
  starten 341

Dokument
  lesen 142, 151
  mehrere vergleichen 252
  teilen 311
  zwischen geöffneten wechseln 28
Dokumente vergleichen (Befehl) 252
Dokumentfenster 27
Dokumentfensterrand 53
Dokumentmeldungsleiste 271
Dokumentüberprüfungsvorgang 236
Dokument untersuchen (Befehl) 299
Dokumentvoreinstellungen 306
Dokumentvorschau-Modus 212
Drag & Drop
  um PDF zu erstellen 67
Drehen-Werkzeug 366
Drehen-Werkzeug (horizontal) 366
Drucken
  benutzerdefinierte Größe 328
  Ebenen 318, 322
  Farbmanagement verwenden 356
  Farbseparationen 355
  Kommentare 248
  PDF-Datei 154
  Zuschneidemarken 356
Drucken (Befehl) 72
Druckfarbenverwaltung 353, 355
Druckoptionen 355
Druckproduktion
  PDF-Datei erstellen 339
Durchsuchen
  Adobe Acrobat 9 Hilfe 36
  PDF-Portfolio 134
Dynamischer Zoom (Werkzeug) 149
Dynamisches Formular
  mit LiveCycle Designer erstellen 261

E

Ebene 320
  beibehalten 382
  drucken 322, 344
  ein- und ausblenden 317f., 322
Echtzeitzusammenarbeit 237, 253
  starten 253
Eigenschaften
  Schwärzen-Werkzeug 307
  von Formularfeldern bearbeiten 263
Ein-/Ausgabehilfe
  Barrierefreiheit 168
Ein-/Ausgabehilfe und Umfließen durch Erstellen von PDF mit Tags aktivieren (Option) 103, 112
Ein-/Ausgabehilfe (Voreinstellungen) 168
Eine vollständige Seite (Schaltfläche) 144
Einfügen
  Audio-Datei 287
  Dateien 185
  Multimediadateien 187

Seiten 180
Eingabetaste
　navigieren mit 144
Einladen
　Überprüfungsteilnehmer 248
Einrichten
　Präsentation 193
Einstellen
　Ansicht beim Öffnen 140
Ein- und ausblenden
　3D-Elemente 373
　3D-Werkzeugleiste 364
　Ebenen 317f., 322
　Ebenen beim Drucken 344
　Teile in 3D-Inhalt 378
Ein- und Ausblenden
　Schaltflächenbeschriftungen 44
　Werkzeugleisten 43
Element isolieren (3D-Inhalt) 378
E-Mail
　automatische Archivierung 83
　Formulare verteilen 272
　Nachrichten konvertieren 82
　Ordner konvertieren 82
　PDF-Portfolio verbreiten 132
E-Mail-basierte Überprüfung 113,
　　236, 253
Ergebnisse (Registerkarte im
　　Preflight-Dialogfenster) 344
Erstellen
　Adobe PDF 20
　Ansicht 372
　benutzerdefiniertes Preflight-
　　Modul 346
　Formular 260
　Kameraansicht 368
　PDF-Datei aus DWG-Datei 326
　PDF-Datei für die
　　Druckproduktion 339
　PDF für die Online-Betrachtung 31
　PDF-Portfolio 123
Erstellen (Schaltfläche) 65
Erstellen und zur Überprüfung
　　senden (Acrobat-
　　Multifunktionsleiste) 114
Erste Seite (Befehl) 144, 150
Erweiterte Bearbeitung
　　(Werkzeugleiste) 184
Erweiterte Suche (Voreinstellungen)
　　153
Excel-Datei
　in PDF konvertieren 111
Exportieren
　aus 3D Reviewer in PDF 363
　Formulardaten 275
　Kommentare 244
　Preflight-Profil 346
　Tabelle aus PDF-Datei 116
　Text aus Microsoft Word 197
Exportieren-Befehl 197

F

F4V-Datei
　einfügen 282
Farbe, Hintergrund.
　　Siehe Hintergrundfarbe

Farbmanagement 351
　beim Drucken 356
　einrichten 351
　Einstellungen für alle Adobe
　　Creative Suite-
　　Anwendungen synchronisie-
　　ren 351
Farbschema
　in PDF-Portfolio 128
Farbseparation 352
　drucken 355
Feld. Siehe Formularfeld
Felder hinzufügen oder bearbeiten
　　(Befehl) 262
Felder-Navigationsfenster 261
Fenster 51
　anordnen 180
　teilen 326, 329
Fensterbreite 49
Fensterbreite (Befehl) 143, 147
Fenstergröße 49
Fenstergröße (Befehl) 144
Fenster (Menü)
　Tabellenteilung (Befehl) 115
Fenster teilen (Befehl) 326, 329
Flash-Animation
　einfügen 285
Flash-Anwendung (Widget)
　einfügen 293
Flash einfügen (Dialogfenster) 285
Flash-Video
　in PDF-Datei einfügen 282
　in PDF-Portfolio 130
Flash-Werkzeug 285
Flug-Werkzeug 329, 366
FLV-Datei
　einfügen 282
Formatierung
　Formularfeld 264
　für Textfeldeingaben 264
Formular
　Antworten zusammenführen 274
　ausfüllen 155, 268
　aus gescanntem Dokument erstel-
　　len 260
　aus Microsoft Word-Dokument
　　erstellen 260
　Dokumentmeldungsleiste 271
　Formulardaten erfassen 272
　Funktionen in Adobe Reader
　　erweitern 269
　interaktives 260
　mit Microsoft SharePoint verteilen
　　272
　nicht interaktives 156
　Papierformular 155, 156

　Papierformular in PDF konvertie-
　　ren 260
　Tab-Reihenfolge ändern 268
　Textfeld einfügen 262
　Tracker 270
　verteilen 268f., 272
Formularassistent 260
Formularbearbeitungsmodus 262
Formularbearbeitung-Werkzeugleiste
　　261
Formulardaten
　analysieren 274
　erfassen 272
　exportieren 275
　filtern 274
　in Tabellenkalkulations- oder
　　Datenbankanwendungen
　　275
　PDF-Portfolio zum Sammeln der
　　Formulardaten 272
　Sortierfolge 274
Formularfeld
　Aktion hinzufügen 266
　Antwortformat beschränken 264
　automatisch hinzufügen 260
　Barcode 268
　benennen 262
　Beschriftung hinzufügen 266
　Bildlauf-Textfeld anlegen 263
　Datumsfeld anlegen 264
　digitale Unterschrift 268
　Eigenschaften bearbeiten 263
　Formatierung 264
　Größe ändern 264
　Kombinationsfelder
　　(Einblendmenüs) 268
　Kontrollkästchen 268
　Listenfelder 268
　numerische Felder
　　berechnen 276
　　validieren 276
　Optionsfelder einfügen 264, 268
　Postleitzahlenfeld anlegen 264
　Schaltflächen 265, 268
　Textfelder einfügen 262, 268
　Typen 268
　Übersicht im Felder-
　　Navigationsfenster 261
　Vorschau 264
　Zurücksetzen-Schaltfläche anlegen
　　265
Funktionen in Adobe Reader erwei-
　　tern (Befehl) 269

G

Gehen-Werkzeug 367
Gehe zu einer Seitenansicht (Aktion)
　　185
Gemeinsame Überprüfung 236
　starten 248
　teilnehmen 251
　Tracker verwenden 252

Überprüfungskommentare protokollieren 252
Überprüfungsteilnehmer einladen 248
Geodaten
   in PDF-Datei 329
Geometrie eines 3D-Modells
   exportieren 387
   übernehmen 385
Geospatiale Daten
   in PDF-Datei 331
Gesamte Arbeitsmappe konvertieren (Option) 112
Gescanntes Dokument
   interaktives Formular erstellen 260
Größe ändern
   Formularfeld 263

H

H.264-kodierte Video-Datei
   einfügen 282
Häkchen in der Kommentarliste 246
Hand-Werkzeug
   Seiten verschieben 143
Herunterladen im Hintergrund zulassen (Option) 87
Hervorheben
   betroffene Objekte bei der Transparenzreduzierung 348
Hervorheben-Werkzeug 238, 241
Hilfe 17
   durchsuchen 36
   verwenden 34
Hintergrundfarbe
   für 3D-Inhalt ändern 370
Hosten
   Formular auf Acrobat.com 272

I

Importieren
   Kommentare 243
   Preflight-Profil 346
In 3D-Reviewer bearbeiten (Befehl) 362
In Adobe PDF konvertieren (Befehl) 93
In Adobe PDF konvertieren (Schaltfläche) 104
In Adobe PDF konvertieren und zur Überprüfung senden (Schaltfläche) 113f.
In Adobe PDF konvertieren (Voreinstellungen) 66
Inhalt
   dauerhaft entfernen 329
Inhalt in unverankertem Fenster abspielen (Befehl) 289
Installationsprogramm, Adobe Reader 25
Installieren, Acrobat 15

Interaktives Formular
   erstellen 260
Interaktives Objekt
   aktivieren 286
Internet Explorer
   Webseiten konvertieren 91, 116
Internet (Voreinstellungen) 87
Internet-Voreinstellungen
   Webseiten konvertieren 86

K

Kameraansicht
   in anderen Dateien verwenden 369
Kameraeigenschaften (Schaltfläche) 366, 368
Kennwortschutz 224
   in PDF-Portfolio 133
Kombinationsfeld
   in Formular einfügen 268
Kombinationsfelder
   in Formular einfügen 268
Kommentar
   beantworten 247
   Eigenschaften ändern 239
   exportieren 244
   Farbe ändern 239
   importieren 243
   im Zusammenhang lesen 245
   in einer Überprüfung 251
   in PDF einfügen 237
   Kommentare zusammenfassen 248
   lesen 243f.
   Name des Überprüfers ändern 239
   Sortierfolge 245
   Status festlegen 247
   Textänderungen vorschlagen 242
   Text löschen 243
Kommentarliste 54
   Häkchen 246
Kommentarliste einblenden (Befehl) 244
Kommentar-Werkzeuge (Überblick) 238
Kommentarwolken-Werkzeug 238
Komplexe Bereiche zuschneiden (Transparenzreduzierung) 350
Komprimieren 77
Kontextmenü, PDF-Datei erstellen 93
Kontrollkästchen
   in Formular einfügen 268
Konvertieren
   einen Seitenbereich 69
   E-Mails 82
   Schmuckfarbe in Prozessfarbe 353, 355
   und Dateien zusammenführen 68
   Volltonfarbe in Prozessfarbe 355
   Webseiten 86, 88
   Webseiten aus Internet Explorer 116

Konvertierungseinstellungen
   für 3D-Inhalt 384
   PDFMaker 101, 103
Kopfzeile
   in PDF-Portfolio 129
kopieren, Lektionsdateien 15
Kopieren und einfügen
   Bilder 196
   Tabellen 196
   Text 198
Korrektur
   beim Preflight 343
Kreis-Werkzeug 238

L

Layout
   in PDF-Portfolio 126
Leere Seite, PDF erstellen 71
Legenden-Werkzeug 238
Lektionsdateien kopieren 15
Lesenmodus 31, 143
Lesezeichen
   aus Word-Überschriften und -Formaten 101
   automatisch erzeugen 177
   für konvertierte Webseiten 89
   hinzufügen 188
   mit Tags 89
   Schaltfläche im Navigationsfenster 28
   Tastaturbefehl zum Erstellen 190
   verschachteln 191
   verschieben 191
   Ziel ändern 189
Lesezeichen-Fenster 28
Lesezeichen (Register), PDFMaker 101
Lesezeichentext
   vergrößern 169
Lesezeichenziel festlegen (Befehl) 189
Linien-Werkzeug 238
Listenfeld
   in Formular einfügen 268
LiveCycle Designer 261
LiveCycle Rights Management 221
Logo
   in PDF-Portfolio 129

M

Markieren-Werkzeuge 238
Maßangaben
   exportieren 324
Meeting eröffnen
   Adobe ConnectNow 255
Mehrzeiliges Textfeld
   einfügen 263
Menüleiste 26f.
   wieder einblenden 26
Messen
   3D-Inhalt 367

Messen-Voreinstellungen 322
Messwerkzeuge, 2D 322
Metadaten
   3D-Objekte 375
   entfernen 299
Microsoft Office-Dateien 98
Microsoft SharePoint
   mit Formular verwenden 272
Microsoft Word
   Überschriften und Formate in Lesezeichen konvertieren 101
Miniaturseite 145
   navigieren 145
   Seite einfügen mit 180
   Seiten vergrößern 146
   Seite verschieben mit 178
Modellhierarchie 373
Modell-Rendermodus (Menü) 371
Modell-Rendermodus (Schaltfläche) 370
Monitorauflösung 142
Multimedia
   Präsentation 282
   Video-Datei in PDF-Datei einfügen 282
Multimediadatei
   einfügen 187
Multimedia-Werkzeugleiste 285

N

Nächste Ansicht (Schaltfläche) 151
Nächste Seite 45
Navigationsbereich
   Lesezeichenfenster 28
   Navigationsfenster öffnen 28
Navigationsfenster 51
   vergrößern 178
Navigieren
   Dokument 142
   im Vollbildmodus 30
   mit Bildlaufleiste 145
   mit Eingabetaste 144
   mit Lesezeichen 28
   mit Miniaturseiten 145
   mit Seitennavigation-Werkzeugleiste 144
   PDF-Portfolio 126
Netzwerkordner
   zum Verteilen von Formularen 272
Neu berechnen (Datei mit Bildern) 77
Neues Dokument (Werkzeugleiste) 71
Neues Feld hinzufügen (Menü) 262
Neues Lesezeichen (Schaltfläche) 188, 190
Nicht-interaktives PDF-Formular 156
Notiz
   aus Word-Kommentar 102
   hinzufügen 239
Notiz-Werkzeug 238

Numerisches Feld
   berechnen und validieren 276

O

Objekt
   in einer PDF-Datei überprüfen 354
Objektdatenfenster 375
Objektinspektor 354
Office-Datei
   3D-Inhalt hinzufügen 106
   Acrobat-Multifunktionsleiste 99
   an PDF anhängen 104
   mehrere konvertieren 117
Optionsfeld
   benennen 265
   hinzufügen 264, 268
Ordner
   zu PDF-Portfolio hinzufügen 125
Organizer 55
   Sammlung 59
Originalgröße 49

P

Papierformular, in interaktives Formular konvertieren 155f., 260
PDF. *Siehe* PDF-Datei
   in Website einbinden 24
   mit Tags 103
PDF/A
   prüfen 344
   speichern als 344
PDF aus Zwischenablage (Befehl) 200
PDF-Datei. *Siehe auch* Adobe PDF-Datei
   aus 3D-Inhalt 381
   aus mehreren Microsoft Office-Dateien 117
   aus Microsoft Excel-Datei 111
   aus Microsoft Word-Datei 99
   aus TIFF-Datei 65
   aus Webseiten 86, 88, 116
   Dateien zusammenführen und konvertieren 68
   durch Drag & Drop erstellen 65, 67f.
   für den Druck korrigieren 343
   mit Ebenen 328
   mit geospatialen Daten 331
   mit Kontextmenü erstellen 93
   mit Tags 103, 158f.
   öffnen 40
   Preflight 343f.
   Struktur 158
   umfließen 160
   unterschreiben 218
   unterschriebene ändern 219
   zertifizieren 227
   zertifizierte unterschreiben 230
   zugänglich 157

PDF/E
   prüfen 344
   speichern als 344
PDF-Ebene. *Siehe* Ebene
PDF erstellen: Aus Datei (Befehl) 65
PDF erstellen: Aus Webseite (Befehl) 88
PDF-Formular. *Siehe* Formular
PDF in Browser anzeigen (Option) 87
PDF-Karte 330
PDFMaker 98
PDF mit Tags 158f.
PDF-Paket. *Siehe* PDF-Portfolio
PDF-Portfolio 122
   ändern 126
   anpassen 126
   bearbeiten 126
   Dateidetails ansehen 132
   Dateien hinzufügen 124
   Dateien zu Ordnern hinzufügen 125
   durchsuchen 134
   erstellen 123
   Farbschema wählen 128
   Flash-Video hinzufügen 130
   Kennwortschutz 133
   Komponenten ansehen 124
   Komponentendatei mit Beschreibung versehen 125
   Kopfzeile einfügen 129
   Layout 126
   Logo verwenden 129
   Ordner erstellen 125
   Sicherheitseinstellungen 133
   verbreiten 132
   veröffentlichen 132
   Vorteile 122
   Willkommenseite hinzufügen 130
   zum Sammeln von Formulardaten 272
PDF-Portfolio bearbeiten (Teilfenster) 124
PDF-Portfolio (Werkzeugleiste) 124
PDF-Vorgaben 342
PDF-Vorgabendatei
   auswählen 339
PDF/X-Datei
   für die Druckproduktion erstellen 339
   prüfen 344
   speichern als 344
Pixelbild-Vektor-Abgleich (Regler) 349
Portfolio. *Siehe* PDF-Portfolio
Positionswerkzeug für Geodaten 330
Postleitzahlenfeld
   erstellen 264
PostScript-Druckertreiber 355
Präsentation
   einrichten 193
   Seitenübergänge einstellen 291
Preflight
   von Dateien 343
Preflight-Profil

benutzerdefiniertes erstellen 346
 exportieren 346
 importieren 346
Preflight Summary-Report 344
Presenter 110
Produktinformationen (PMI) 375, 385

Q

Quelldatei anhängen, Office-Datei (Option) 104
Querschnitt, 3D 372
Querschnitt ein-/ausblenden (Menü) 372

R

Rastern 347
Reader. *Siehe* Adobe Reader
Rechteck
 in Miniaturseite 146
Rechteck-Werkzeug 238
Rechtschreibung-Voreinstellungen 169
Reduzieren-Vorschau 348
 Einstellungen 348
Rich Text Format
 Text kopieren 197
Richtlinien für das Erstellen druckfertiger PDF-Dateien 338
Rollen 144f., 167

S

Sammlung, Organizer 59
Scannen in Adobe PDF 81
Schaltfläche
 Beschriftung ein- und ausblenden 44
 in Formular einfügen 265, 268
Schmuckfarbe
 in Prozessfarbe konvertieren 353
Schnappschuss-Werkzeug 200
Schnelle Web-Anzeige zulassen (Option) 87
Schwärzen. *Siehe* Schwärzung
Schwärzung 298, 305, 307, 329
 Suchen und schwärzen 308
Schwärzung-Werkzeugeigenschaften 307
Schwärzung-Werkzeugleiste 307
Schwenken-Werkzeug 366
Schwenk- und Zoomfenster 320
Seite
 beschneiden 181
 drehen 180
 drucken 154
 einfügen 180
 entnehmen 191
 in PDF-Portfolio öffnen 130
 löschen 191
 mit Miniaturseite verschieben 178
 Nummerierung ändern 192
 verschieben 178ff.
Seitenanzeige (Voreinstellungen) 169
Seitenbereich
 konvertieren 69
Seiten beschneiden (Dialogfenster) 181
Seiten-Fenster 52, 146
Seitenhintergrundfarbe
 ändern 168
Seitenmaße, einblenden 27
Seiten nummerieren (Option) 192
Seitennummerierung
 ändern 192
Seitenübergang
 erstellen 291
 in Präsentation einfügen 291
Seitenvorschau 145
Seitenzahl-Feld 144
Selbstsignierte digitale ID 208
Setup-Assistent für Ein-/Ausgabehilfe 166
SharePoint. *Siehe* Microsoft SharePoint
Sicherheit 215
 Merkmale hinzufügen 224
 Voreinstellungen 214
Sicherheitseinstellungen 222
 in PDF-Portfolio 133
 und Barrierefreiheit 159
Sicherheitsumschlag 231
Sicherheitsvoreinstellungen 208
Sicherheit (Voreinstellungen) 208f.
Skin
 automatisch ausblenden 288
 einem Video oder einer Animation zuweisen 288
Soft-Proof 353
 eines PDF-Dokuments 353
Sortierfolge
 Formulardaten 274
 Kommentare 245
Speichern als
 Bilddatei 199
 RTF 197
Sprachausgabe 170f.
Standard
 Arbeitsbereich 40
 Werkzeug 45
 Werkzeugleistenkonfiguration 45
Standardansichten hinzufügen (Option) 370
Standardansicht (Schaltfläche)
 3D 367
Standards (Registerkarte im Preflight-Dialogfenster)) 344
Standbilddatei
 einem Video oder einer Animation zuweisen 287
Starteinstellungen für Video 283
Starten
 Acrobat 15
 Echtzeitzusammenarbeit 253
 gemeinsame Überprüfung 248
Status
 von Kommentaren festlegen 247
Stempel-Werkzeug 238
Steuerelemente
 ausblenden 288
 zu Videos oder Animationen hinzufügen 288
Steuerelemente automatisch ausblenden (Option) 288
Struktur
 in PDF-Datei 158
Strukturansicht 374
Suchen
 zum Schwärzen 308
Support-Datenbank, Adobe 17
SWF-Datei
 in PDF-Datei einfügen 285, 293
 in PDF-Portfolio 130

T

Tabelle
 entnehmen 116
 kopieren und einfügen 196
Tabelle in Tabellenkalkulation öffnen (Befehl) 117
Tab-Reihenfolge
 in Formular ändern 268
Technischer Support 17
Teilen
 Dokument 311
Teil zoomen (Befehl) 377
Text
 als reinen Text kopieren 197
 als RTF kopieren 197
 Alternativtext 164
 aus PDF-Datei kopieren 196
 bearbeiten 194
 dauerhaft entfernen 329
 formatieren 194
 für Microsoft Word exportieren 197
 glätten 169
 kopieren und einfügen 198
 überlagern (schwärzen) 307
 umfließen 160, 162
Textbearbeitung 242
Textbearbeitung-Werkzeug 238, 242
Textfeld
 hinzufügen 262
 in ein Formular einfügen 262, 268
 mehrzeilig formatieren 263
Textfeld-Werkzeug 238
Textzugriff für Bildschirmlesehilfen
 für Sehbehinderte aktivieren (Option) 159
TIFF-Datei
 in PDF konvertieren 65
Titeltext (Werkzeugleiste) 130
TouchUp-Objektwerkzeug 201
TouchUp-Textwerkzeug 194

Tracker
  in einer gemeinsamen Überprüfung 252
  mit Formularen verwenden 270
Tracker (Dialogfenster) 270
Transparenz 346
  Optionen für Reduzierung 350
  reduzieren 347
  Reduzieren-Vorschau (Einstellungen) 348
  Vorschau 347
  wirkungsvoll einsetzen 338
Transparenz-Reduzierung 347
  Optionen 350
  Optionen für Voreinstellungen 348

U

Überdrucken 354
Überdrucken beibehalten 350
Überprüfung
  E-Mail-basierte 113, 236, 253
  gemeinsame 236
  Kommentar-Werkzeuge 238
  Vorgänge 236
Überprüfungsteilnehmer
  zu einer Überprüfung einladen 248
Überprüfungsvorgang 236
Umfangwerkzeug 324
Umschalten, zwischen geöffneten Dokumenten 28
Unterschreiben
  PDF-Datei 218
  zertifizierte Datei 230
Unterschriebene Version anzeigen (Option) 221
Unterschrift. *Siehe* Digitale Unterschrift
Unterschriftmethode 212

V

Validieren
  Formularfelddaten 276
Verborgene Werkzeuge 47
  3D-Werkzeugleiste 365
Verbreiten
  PDF-Portfolio 132
Vergrößern-Schaltfläche 148
Verknüpfung
  bearbeiten 184
  folgen 150
Verknüpfungswerkzeug 184
Verschieben
  Seiten mit Miniaturseiten 178
Verschlüsseln
  Dateianhang 231
Verschlüsselung 215
Vertrauenswürdige Identität 217
Video
  in FLV-Format konvertieren 282
  in PDF-Datei betrachten 282
  in PDF-Datei einfügen 282

  in unverankertem Fenster abspielen 289
  Position und Größe ändern 289
  Skin zuweisen 288
  Standbilddatei zuweisen 287
  Starteinstellungen festlegen 283
Video einbetten (Acrobat-Multifunktionsleiste) 111
Video einfügen (Dialogfenster) 283
Video einfügen und in Flash Video-Format konvertieren (Befehl) 111
Video (Registerkarte)
  in PDFMaker (Dialogfenster) 101
Video-Werkzeug 283, 289
Vollbildmodus
  automatisch öffnen 282
  Datei öffnen lassen 30
  festlegen 292
  Navigationswerkzeuge einblenden 30
  PDF betrachten 29
  verlassen 30, 293
  Voreinstellungen 30, 169
  Warnung umgehen 293
Vollbildmodus verlassen 30
Vorherige Ansicht (Schaltfläche) 151
Vorschau
  Formularfelder 264
  Transparenz 347

W

Wählen
  Teile in 3D-Inhalt 376
Web-Link
  herunterladen und konvertieren 90
Webseite
  in PDF konvertieren 86, 116
  Konvertierungsvoreinstellungen 88, 91
  Konvertierung (Voreinstellungen) 91
  navigieren 90
Website
  PDF einbinden 24
Weiter suchen (Schaltfläche) 152
Werkzeug
  durch Drücken der Leertaste wechseln 46
  in Werkzeugleiste einfügen 48
  verborgenes 47
  wählen 45
Werkzeugleiste 40f.
  3D 363
  andocken 43
  Aufgaben 27
  ein- und ausblenden 43
  Formularbearbeitung 261
  Menüleiste 27
  Multimedia 285
  Neues Dokument 71

PDF-Portfolio 124
Schwärzung 307
schweben lassen 43
sperren 45
Standard 45

Titeltext 130
Werkzeuge einfügen 48
Werkzeugleistenposition
  zurücksetzen 45, 49, 151
Werkzeugleistenschaltflächenbeschriftung
  ein- und ausblenden 44
Widget
  in PDF-Datei einfügen 293
Willkommenseite
  in PDF-Portfolio 130
Word-Datei
  in Adobe PDF konvertieren 99
Word-Kommentar
  in PDF-Notiz konvertieren 102
Word (Registerkarte)
  in PDFMaker 102

Z

Zeichenwerkzeuge
  für Kommentare 238
Zertifikat
  digitale ID 217
Zertifzierung, ACE 17
Zoom-Werkzeug (3D) 366
Zoom-Werkzeuge 320
Zugriffstasten 49
Zur gemeinsamen Überprüfung senden (Befehl) 249
Zurücksetzen
  Navigationsfenster 54
  Werkzeugleistenposition 45, 49, 151
Zurücksetzen-Schaltfläche
  in Formular einfügen 265
Zusammenführen
  Dateien in eine einzige Datei 290
  Dateireihenfolge bei mehreren Dateien 290
  Zusammenführen (Schaltfläche) 117
Zusätzliche Beleuchtung aktivieren (Menü) 371
Zuschneidemarken 356
Zwischenablage, Adobe PDF aus Inhalt erstellen 78